21世纪高等院校国际经济与贸易专业精品教材

辽宁省普通高等学校一流本科教育示范专业

新形态教材

U0656774

国际贸易
理论与实务

INTERNATIONAL TRADE THOERY AND PRACTICE

孙莉莉　王俊凯　主　编

吴国秋　刘　莹　副主编

东北财经大学出版社　大连
Dongbei University of Finance & Economics Press

图书在版编目（CIP）数据

国际贸易理论与实务 / 孙莉莉，王俊凯主编 . —大连：东北财经大学出版
社，2025.6. —（21世纪高等院校国际经济与贸易专业精品教材）. —ISBN
978-7-5654-5415-8

Ⅰ. F740

中国国家版本馆CIP数据核字第2024QD5542号

国际贸易理论与实务

GUOJI MAOYI LILUN YU SHIWU

东北财经大学出版社出版

（大连市黑石礁尖山街217号　邮政编码　116025）

网　　址：http://www.dufep.cn

读者信箱：dufep@dufe.edu.cn

大连东泰彩印技术开发有限公司印刷　　东北财经大学出版社发行

幅面尺寸：185mm×260mm　　　　字数：461千字　　　　印张：19.25

2025年6月第1版　　　　　　　　　2025年6月第1次印刷

责任编辑：蔡　丽　刘东威　　　　　　责任校对：孟　鑫

封面设计：原　皓　　　　　　　　　　版式设计：原　皓

书号：ISBN 978-7-5654-5415-8　　　　定价：55.00元

教学支持　售后服务　　联系电话：(0411) 84710309

版权所有　侵权必究　　举报电话：(0411) 84710523

如有印装质量问题，请联系营销部：(0411) 84710711

前　言

　　中国持续扩大开放，释放改革红利，成为世界经济增长的主要稳定器和动力源。与此同时，中国对从事国际贸易的专业人才的数量和质量的需求不断提高，加快培养适应社会主义现代化建设需要的专门人才是国际经济与贸易专业教学的一项重要任务。为此，我们广泛吸收国内外国际贸易理论与实务教材的精华，结合多年的国际贸易教学实践，编写了本教材。

　　与同类教材相比，本教材主要有以下特点：

　　（1）融入党的二十大及二十届三中全会精神。党的二十大报告指出："用社会主义核心价值观铸魂育人，完善思想政治工作体系，推进大中小学思想政治教育一体化建设。坚持依法治国和以德治国相结合，把社会主义核心价值观融入法治建设、融入社会发展、融入日常生活。"本教材在部分章设有"素养园地"的课程思政栏目，引导学生关注现实问题，使他们既能灵活地应用专业知识，又能遵纪守法，经世济民，坚定中国特色社会主义道路自信、理论自信、制度自信、文化自信，努力践行习近平新时代中国特色社会主义思想，达到价值塑造、知识传授、能力培养三位一体的立德树人之效。

　　（2）注重实践。本教材在每章设置了导入案例以及章后的材料和案例分析内容，注重培养学生理论联系实际的能力，与目前国内各类院校国际经济与贸易专业的课程设置相适应，满足创新型人才培养的需要。

　　（3）难度降低。本教材为应用型高校教学提供教学服务，因此在保证内容完整的基础上，难度大幅度降低；在理论知识和实务知识的比例方面，适当增加了实务内容的比重。

　　（4）引入互联网阅读元素，全书设置了多种二维码栏目——拓展阅读、案例窗、在线测试题（分单选题、多选题、判断题），以拓宽学生的学习视野，增强其实践分析能力，随堂检测知识掌握程度。

　　本教材由沈阳师范大学孙莉莉和亳州学院王俊凯两位老师共同主编，进行全书的框架设计和统稿工作，各章节具体内容由孙莉莉、王俊凯、吴国秋、刘莹共同编写完成。

　　在本教材的编写过程中，编者参考和引用了大量文献，但由于不具备广泛且深入地查询馆藏资料的条件，以及电子数据资源的覆盖范围有限，在脚注和"主要参考文献"中可能没有列全资料来源，或者所列的可能不是最早来源的作者的作品，请相关作者谅解；若相关作者与本教材编者联系，编者愿意根据引用作品的篇幅提供相应的字数报酬。在此，编者向所有的相关作者表示衷心的感谢。

　　由于水平和时间有限，书中疏漏乃至错误在所难免，恳请专家、学者和读者批评指正。

编　者
2025年6月

目 录

第12章   国际贸易合同的签订/286

主要参考文献/299

第1章　国际贸易概述

学习目标

◆ 了解国际贸易的产生与发展历程。

◆ 掌握国际贸易相关的基本概念。

◆ 熟练掌握国际贸易的分类以及国际贸易与国内贸易的区别。

◆ 牢固树立民族自信心和自豪感，培养国际视野。

❖ **导入案例**

中国货物贸易情况

2023年是全面贯彻党的二十大精神的开局之年。面对复杂严峻的国际环境和艰巨繁重的国内改革发展稳定任务，在以习近平同志为核心的党中央坚强领导下，各地区各部门坚持以习近平新时代中国特色社会主义思想为指导，全面贯彻落实党的二十大和二十届二中全会精神，按照党中央、国务院决策部署，坚持稳中求进工作总基调，完整、准确、全面贯彻新发展理念，加快构建新发展格局，着力推动高质量发展，全面深化改革开放，加大宏观调控力度，着力扩大内需、优化结构、提振信心、防范化解风险，国民经济回升向好，高质量发展扎实推进，现代化产业体系建设取得重要进展，科技创新实现新的突破，改革开放向纵深推进，安全发展基础巩固夯实，民生保障有力有效，社会大局和谐稳定，全面建设社会主义现代化国家迈出坚实步伐。

2023年，我国货物进出口总额为417 568亿元，比上年增长0.2%。其中，出口237 726亿元，比上年增长0.6%；进口179 842亿元，比上年下降0.3%。货物进出口顺差57 883亿元，比上年增加1 938亿元。对共建"一带一路"国家进出口额为194 719亿元，比上年增长2.8%。其中，出口107 314亿元，比上年增长6.9%；进口87 405亿元，比上年下降1.9%。对《区域全面经济伙伴关系协定》（RCEP）其他成员进出口额为125 967亿元，比上年下降1.6%。民营企业进出口额为223 601亿元，比上年增长6.3%，占进出口总额比重为53.5%。

资料来源：国家统计局. 中华人民共和国2023年国民经济和社会发展统计公报［EB/OL］.（2024-02-29）［2025-01-15］. https://www.stats.gov.cn/sj/zxfb/202402/t20240228_1947915.html.

1.1　国际贸易的产生与发展

国际贸易是一个历史范畴，它是在一定的历史条件下产生和发展起来的。国际贸易的产生必须具备两个前提条件：一是具有可供交换的剩余产品；二是存在国家或政治（社会）实体。从根本上说，社会生产力的发展和社会分工的扩大是国际贸易产生和发展的基础。

1.1.1　国际贸易的产生

在原始社会初期，人类处于自然分工的状态，社会生产力水平十分低下。原始公社内部人们依靠共同的劳动来获取十分有限的生存资料，并且按照平均主义的方式在公社成员之间实行分配。当时没有剩余产品和各自为政的社会实体，自然也就没有阶级和国家，因而也不可能有对外贸易。

原始社会后期，随着三次社会大分工的出现，人类社会发生了很大的变化。第一次人类社会的大分工是畜牧业和农业之间的分工，它促进了社会生产力的发展，使产品有了剩余。在氏族公社的部落之间开始有了剩余产品的相互交换，但这只是偶然的以物换物的简单交换活动。第二次人类社会的大分工是手工业从农业中分离出来，由此出现了以交换为直接目的的生产——商品生产。它不仅进一步推动了社会生产力的发展，而且使社会相互交换的范围不断扩大，最终导致了货币的产生，产品之间的相互交换渐渐演变为以货币为媒介的商品流通。这些直接促使了第三次社会大分工的产生，即出现了商业和专门从事贸易的商人，在生产力不断发展的基础上形成了财产私有制，在原始社会的末期出现了阶级和国家。于是商品经济得到进一步发展，商品交易最终超出国家的界限，形成了最早的对外贸易。

1.1.2　国际贸易的发展

1.1.2.1　前资本主义社会的国际贸易

（1）奴隶社会的国际贸易

奴隶社会制度最早出现在古代东方各国，如中国（殷、商时期已进入奴隶社会）、埃及、巴比伦，但是以欧洲的希腊、罗马的古代奴隶制最为典型。奴隶社会的基本特征是奴隶主占有生产资料和奴隶本身，同时存在维护奴隶主阶级专政的完整的国家机器。在奴隶社会，生产力水平前进了一大步，社会文化也有了很大的发展，国际贸易初露端倪。

公元前2000多年前，因为水上交通便利，地中海沿岸的奴隶制国家之间就已开展了对外贸易，出现了腓尼基、迦太基、亚历山大、希腊、罗马等贸易中心和贸易民族。但是从总体上来说，奴隶社会是自然经济占统治地位，生产的直接目的主要还是消费。商品生产在整个社会的经济生活中还是微不足道的，进入流通的商品很少，并且由于生产技术落后、交通工具简陋，各国对外贸易的范围受到很大限制。上面提到的那些商业发达的民族或国家，在当时仍只是一种局部现象。

从贸易的商品构成来看，奴隶是当时欧洲国家对外交换的一种主要商品。希腊的雅典就是当时奴隶贩卖的一个中心。此外，奴隶主阶级需要的奢侈消费品，如香料、宝石、各种织物和装饰品等，在对外贸易中占有很重要的地位。奴隶社会的对外贸易虽然影响有限，但对手工业发展的促进作用较大，在一定程度上推动了社会生产力的发展。

（2）封建社会的国际贸易

封建社会取代奴隶社会之后，国际贸易又进一步地发展。特别是从封建社会的中期开始，地租的形式从实物地租转变为货币地租，使得商品经济的范围逐步扩大，对外贸易也随之增长。到封建社会的晚期，在城市手工业进一步发展的同时，资本主义因素已经开始孕育和生长，商品经济和对外贸易都比奴隶社会有明显的发展。

国际贸易中心在封建社会时期开始出现。早期的国际贸易中心位于地中海东部，公元11世纪以后，国际贸易的范围逐步扩大到地中海、北海、波罗的海和黑海沿岸。城市手工业的发展是推动当时国际贸易拓展的一个重要因素。国际贸易的发展又促进了社会经济的发展，并加速了资本主义因素的形成和发展。

从交换的商品来看，封建社会时期仍主要是奢侈消费品，如东方国家的丝绸、珠宝、香料，西方国家的呢绒、酒等。手工业品的比重有了明显的上升。同时，交通运输工具，主要是造船技术有了较大进步，国际贸易的范围扩大了。不过从总体上来说，自然经济仍占统治地位，国际贸易在经济生活中的作用还相当小。

奴隶社会和封建社会由于社会生产力水平低下，社会分工不发达，自然经济占据统治地位。因此，对外贸易发展缓慢，国际商品交换只是个别的、局部的现象，还不存在真正的世界市场，更不存在实际意义的国际贸易。

1.1.2.2　资本主义社会的国际贸易

国际贸易的历史虽然源远流长，但其真正具有世界性质还是在资本主义生产方式确立起来之后。在资本主义生产方式下，国际贸易的规模急剧扩大，国际贸易活动遍及全球，贸易商品种类日益繁多，国际贸易越来越成为影响世界经济发展的一个重要因素。在资本主义发展的各个不同历史时期，国际贸易的发展又各具特点。

（1）资本主义生产方式准备时期的国际贸易

16世纪到18世纪中叶是西欧各国资本主义生产方式的准备时期。这一时期工场手工业的发展使社会劳动生产率得到提高，商品生产和商品交换进一步发展，这为国际贸易的扩大提供了必要的物质基础。这一时期的地理大发现，更是加速了资本主义的资本原始积累，使得世界市场初步形成，从而大大扩展了世界贸易的规模。

（2）资本主义自由竞争时期的国际贸易

18世纪后期至19世纪中叶是资本主义的自由竞争时期。这一时期，欧洲国家先后发生了产业革命和资产阶级革命，资本主义机器大工业生产方式得以建立并广泛发展，社会生产力水平大大提高，可供交换的产品空前增多，真正的国际分工开始形成。同时，大工业使交通运输和通信联络发生了变革，极大地便利并推动了国际贸易的快速发展。

（3）垄断资本主义时期的国际贸易

19世纪末20世纪初，各主要资本主义国家从自由竞争阶段逐步过渡到垄断资本主义阶段，国际贸易也出现了一些新的变化。

第一，国际贸易的规模仍在扩大，但增长速度下降。截至第一次世界大战前，国际贸易仍呈现出明显的增长趋势，但同自由竞争时期相比，增长速度下降了。比如，在1870年到1913年的43年间，国际贸易量只增加了3倍，而在自由竞争时期的1840年到1870年的30年间，国际贸易却增长了3.4倍之多。

第二，垄断开始对国际贸易产生重要影响。由于生产和资本的高度集中，垄断组织在经济生活中日益发挥着决定性的作用。它们在控制国内贸易的基础上，在世界市场上也占据了垄断地位，通过垄断价格使国际贸易成为垄断组织追求最大利润的手段。当然，垄断并不能排除竞争，反而使世界市场上的竞争更加激烈。

第三，一些主要资本主义国家的垄断组织开始输出资本。为了确保原料的供应和对市场的控制，少数资本主义国家开始向殖民地输出资本。在第一次世界大战前，英国和法国是两个主要的资本输出国。通过资本输出，不仅带动了本国商品的出口，还能以低廉的价格获得原材料，资本输出也是在国外市场上排挤其他竞争者的一种有力手段。

（4）第二次世界大战以后的国际贸易

第一，世界货物贸易发展迅速，其增长速度超过世界生产的增长速度。20世纪80年代，国际贸易的年均增长率接近6%，高于同期世界产值2%左右的年均增速。1980年，世界货物贸易总额为20 361.36亿美元，1990年增加到34 903.92亿美元，2000年提升到64 519.72亿美元，2005年，世界货物贸易总额突破十万亿美元大关，达到105 221.11亿美元，2021年世界货物贸易总额创历史新高，达到222 896.23亿美元，2024年进一步增加到244 307.72亿美元。

与此同时，20世纪80年代以来，国际服务贸易的发展也非常迅速，且增长速度大大超过货物贸易。国际服务贸易额1980年为3 956亿美元，1990年为8 313亿美元，2000年已达到15 219亿美元，2006年上升至30 237亿美元，2008年进一步增加到40 517亿美元，2014年高达50 167亿美元[1]，相比1980年，国际服务贸易额增长了15倍；相比2000年，增长了3.9倍。2018年突破6万亿美元，2019年达到62 017亿美元，是2010年的1.63倍。但2020年国际服务贸易额大幅下降至50 863亿美元。2021年随着世界经济呈现显著复苏态势，国际服务贸易额回升至59 421亿美元。[2]2024年全球贸易增长主要由服务业推动，预计2024年服务业增长9%，占总增长的近60%，而货物贸易增长2%。

第二，国际贸易商品结构发生了显著变化，制成品特别是机器和运输设备及其零部件贸易增长迅速，世界制成品的比重持续上升，由1980年的53.9%最高上升到2002年的76.69%。此后开始逐年下降，从2008年至2014年出现连续7年低于70%。此后从2015年开始一直维持在71%左右，其中2021年为70%。[3]石油贸易增长迅猛，而原料和食品贸易发展缓慢，除石油以外的初级产品在国际贸易中所占的比重下降。在制成品贸易中，各种制成品的相对重要性有了变化。非耐用品，如纺织品和一些轻工业产品的比重下降，而资本货物所占的比重上升。技术贸易及军火贸易迅速增长。

---

① 世界贸易组织数据库（http://stat.wto.org/StatisticalProgram/WSDBStatProgramSeries.aspx?Language=E）。

② 世界贸易组织数据库（https://stats.wto.org）。

③ UNCTAD数据中心（https://unctadstat.unctad.org/datacentre/）。

第三，发达国家继续在国际贸易中占据主导地位，但发展中国家在国际贸易中的地位有所提高，国际贸易已从过去发达国家的一统天下，变为不同类型国家或地区相互合作和相互竞争的场所。在第二次世界大战后的国际贸易中，增长最快的是发达经济体之间的贸易，在世界货物贸易出口中，发达资本主义国家所占比重，1950 年为 66%，1960 年为 75.4%，1982 年达到最高的 81.5%，1986 年为 79.9% 此后发达国家占比开始逐年下降，1990 年为 77.7%，2000 年为 70.5%，2010 年为 60.3%，2021 年为 55.6%。[①]但是，发展中国家与发达国家及发展中国家间的相互贸易的总规模仍是不断扩大的，特别是一些新兴工业化国家和地区的贸易、分工地位在不断提高。

第四，各种类型国家和地区间的区域贸易组织层出不穷，经济贸易集团内部各成员间的贸易发展也十分迅速。2007 年 6 月，世界贸易组织（WTO）贸易政策评审司公布了一份题为"区域贸易协定的变化情况：至 2006 年底的最新情况"的研究报告。报告透露，在过去两年内，向 WTO 通报的新的区域贸易协定的数量猛增。2005—2006 年，有 55 个新的区域贸易协定（RTA）向 WTO 作了通报，这样通报和生效的 RTA 的数量提高到了 214 个。在通知 WTO 的 214 个 RTA 中，158 个涉及货物贸易，43 个涉及服务贸易，剩余的 13 个既涉及货物贸易也涉及服务贸易。已经生效但尚未向 WTO 通告的 RTA 约 70 个，已经签署但未生效的约 30 个，正在谈判的约 65 个，正在提议阶段的约 30 个。如果在 2010 年前这些协定都得到执行，在全球范围内将约有 400 个自由贸易区（FTA）。这当中既有发达经济体间的，如欧盟（EU），也有发达经济体和发展中经济体间的，如《美国-摩洛哥自由贸易协定》，还有发展中经济体间的，如东盟自由贸易区（AFTA）。WTO 区域贸易协定数据库统计显示，截至 2025 年 3 月，全球签署或正在谈判中的区域贸易协定共计 617 个。[②]

第五，从贸易政策和贸易体制来看，从 20 世纪 50 年代到 60 年代，贸易政策和体制总的特点是自由贸易，自 20 世纪 70 年代以来，贸易政策有逐渐向贸易保护主义转化的倾向，国际贸易体制从自由贸易走向管理贸易，国际贸易的垄断化进一步发展。1995 年 1 月 1 日，随着世界贸易组织的建立，国际贸易又进入一个相对自由的时代。当然，这并不排除一些国家出于政治利益的需要而采取贸易限制措施。

前资本主义社会的国际贸易和资本主义社会的国际贸易的主要区别表现在以下三个方面：

第一，贸易的主体不同。前者的贸易主体是少数的特权阶层或其代理人，而后者属于一般的资产阶级。

第二，贸易的客体不同。前者的贸易客体主要是供特权阶层使用的奢侈品，而后者主要是供普通大众消费的大宗商品。

第三，贸易的目的不同。前者的贸易目的主要是商品的使用价值，而后者主要是商品的价值增值。

① UNCTAD 数据中心（https://unctadstat.unctad.org/datacentre/）。
② WTO 区域贸易协定数据库（http://rtais.wto.org/UI/PublicMaintainRTAHome.aspx）。

1.2　国际贸易的基本概念

1.2.1　国际贸易与对外贸易

国际贸易（international trade）是指世界各国或地区之间进行的货物与服务等的交换活动。它是世界各国或地区之间分工的主要表现形式。

对外贸易（foreign trade）是指一国或地区同别国或地区之间进行的货物与服务等的交换活动。

由于对外贸易是由进口和出口两个部分构成，因此又称为进出口贸易或输出入贸易（import and export trade）。一些海岛国家和地区，或者对外贸易货物主要依靠海运的国家和地区，如英国、日本等，还常将对外贸易称为海外贸易（oversea trade）。对外贸易早在原始社会末期、奴隶社会初期就已产生，并随着生产的发展而逐渐扩大，到资本主义社会，规模空前扩大，并具有了世界性。

1.2.2　国际贸易额与国际贸易量

国际贸易额（value of international trade）是以货币表示的和用现行世界市场价格计算的世界各国与地区的进口总额或出口总额之和，又称国际贸易值。国际贸易额一般都用美元来表示，这是因为美元长期以来是国际贸易中最广泛使用的结算货币，也是国际储备货币。同时，以美元为单位也有利于进行国际比较。

对于一个国家或地区而言，在一定时期内（如1年）从国外进口商品的全部价值，称为进口贸易总额或进口总额；在一定时期内（如1年）向国外出口商品的全部价值，称为出口贸易总额或出口总额。二者相加称为进出口贸易总额或进出口总额。由于一国的出口就是另一国的进口，因此，从世界范围来看，世界各国和地区的进口总额之和理应等于世界各国和地区的出口总额之和。但是，由于世界上绝大多数国家都是按FOB价格（即启运港船上交货价，只计成本，不包括运费和保险费）计算出口额，按CIF价格（即成本加保险费和运费价）计算进口额，因此世界出口总额小于世界进口总额。

与计算一国或地区对外贸易额的方法不同，我们不能简单地把世界各国和地区的进口总额和出口总额加起来作为国际贸易额，因为那样会造成重复计算。但也不能把各国和地区的进口总额加起来作为国际贸易额，因为进口总额中除了包括货物本身的价值以外，还包括保险费和运费。所以通常是把世界各国和地区的出口总额相加作为国际贸易额。

国际贸易量（quantum of international trade）是为了剔除价格变动的影响，并能准确地反映国际贸易的实际数量变化而确立的一个指标。具体的计算方法是：以固定年份为基期，用报告期的价格指数去除同期的贸易额，得出相当于按不变价格计算的贸易额。用这种方法计算出来的国际贸易额由于剔除了价格变动的影响，单纯反映国际贸易的量，所以称为国际贸易量。计算公式为：

贸易量=进出口贸易额/进出口价格指数×基期价格指数

价格指数=（报告期价格/基期价格）×基期价格指数

引入国际贸易量这一概念，是因为用货币表示的国际贸易额，由于商品价格经常变动，往往不能真实、准确地反映国际贸易的实际规模及其变化。如果用国际贸易量来表示，就可以避免这个缺点。但是，参与国际贸易的商品种类繁多，计量标准各异，不能直接相加。为了反映国际贸易的实际规模及其变化，只能以一定时期的不变价格为标准来计算各个时期的国际贸易额。区分贸易额和贸易量，除了能够准确衡量贸易规模以外，还可以通过不同时期某一国家或地区贸易额与贸易量的比较，了解该国或地区贸易利益的变化。如果在一段时期内，该国或地区出口额的增长快于出口量的增长，则出口收益增加；反之，则相反。

联合国等机构的统计资料，往往采用国际贸易额和国际贸易量两种数字，以供对照参考。

1.2.3　贸易差额

贸易差额是指一定时期内一国（地区）出口总额与进口总额之间的差额称为贸易差额（balance of trade）。贸易差额分为贸易顺差和贸易逆差。当出口总额大于进口总额时，其差额称为贸易顺差（trade surplus），或称贸易黑字，我国也称之为出超。它表明一国（地区）收进的货款与服务报酬大于支出的货款与服务报酬，说明该国在世界市场上处于优势。当出口总额小于进口总额时，其差额称为贸易逆差（trade deficit），或称贸易赤字，我国也称之为入超。它表明一国（地区）对外支出的货款与服务报酬大于收进的货款与服务报酬，说明该国在世界市场上处于劣势。

如果一国（地区）出口总额与进口总额相等，则称为贸易平衡（trade balance）。任何国家（地区）进出口贸易总会出现差额，不可能绝对平衡。

1.2.4　国际贸易商品结构与对外贸易商品结构

国际贸易商品结构（composition of international trade）是指一定时期内各类商品或某种商品在国际贸易中所占的比重或地位，通常以它们在国际贸易总额中的比重来表示。

对外贸易商品结构（composition of foreign trade）是指一定时期内各类商品或某种商品在一国对外贸易中所占的比重或地位，通常以它们在进出口贸易总额中的比重来表示。例如，某国 2022 年的出口额为 100 亿美元，其中初级产品为 25 亿美元，制成品为 75 亿美元，则该国的出口商品结构是初级产品占 25%，制成品占 75%。

国际贸易商品结构可以反映出整个世界的经济发展水平和产业结构状况等。一国的对外贸易商品结构可以反映出该国的经济发展水平、产业结构状况以及资源情况等。各类商品价格的变动也是影响国际贸易商品结构和对外贸易商品结构的因素。

1.2.5　国际贸易地理方向与对外贸易地理方向

国际贸易地理分布（geographical distribution of international trade）亦称国际贸易地区

分布（regional distribution of international trade），是指一定时期内世界各国、各洲、各国家集团在国际贸易中所占的地位，通常用它们的出口额或进口额占世界出口总额或进口总额的比重来表示。对外贸易地理方向又称对外贸易地区分布或对外贸易国别（区域）结构，是指一定时期内世界各国、各地区、各国家集团在一国对外贸易中所占的地位，通常以它们对该国的进出口额占该国进出口总额的比重来表示。对外贸易地理方向指明一国出口货物和服务的去向地与进口货物和服务的来源地，从而表明一国或地区与其他国家或地区之间经济贸易联系的程度，即可以看出哪些国家或地区是该国或地区的主要贸易对象或者主要贸易伙伴。

一国或地区的对外贸易地理方向通常受经济互补性、国际分工形式、贸易政策等的影响。由于国际政治经济形势不断变化，各国或地区的经济实力经常变化，国际贸易与对外贸易地理方向也随之发生变化。

对于一个国家或地区而言，如果与某一个或某几个国家或地区的贸易额占其对外贸易总额的比重较高，则称这个国家或地区对外贸易地理方向比较集中；反之，则比较分散。对外贸易地理方向的集中与分散各有优劣。以出口为例，对外贸易地理方向集中有利于出口厂商的信息交流，交易成本比较低。但出口过于集中往往会导致国内各厂商之间为了争夺客户，互相压价，进而形成恶性竞争。而无论是出口还是进口，一国对外贸易地理方向过于集中，都会使得该国容易受制于人，从而在对外贸易中处于不利的境地。对外贸易地理方向的分散则可以降低一国所面临的政治与经济风险，避免进出口厂商之间的恶性竞争，但交易成本较高。

1.2.6　贸易条件

贸易条件（terms of trade）具有多种含义，可分别以实物形态和价格来表现。根据不同的分析目的，贸易条件可分为如下四种：

1.2.6.1　商品贸易条件

商品贸易条件也称净贸易条件，是出口价格指数与进口价格指数之比（进出口比价）。如果没有明确的限定，贸易条件通常就是指商品贸易条件。这也是最基本的和最常用的一种。其计算公式如下：

$$N=\frac{P_x}{P_m}\times100^{①}$$

式中：N代表商品贸易条件；P_x代表出口价格指数；P_m代表进口价格指数。

算出的结果，如指数上升（大于100），表示贸易条件改善。换句话说，表明出口价格较进口价格相对上涨，意味着每出口一单位商品能换回的进口商品数量比原来增多，即贸易条件比基期有利，贸易利益亦增大；如指数下降（小于100），则表示贸易条件恶化。换言之，表玥出口价格较进口价格相对下降，意味着每出口一单位商品能换回的进口商品数量比原来减少，即贸易条件比基期不利，贸易利益亦减少。

---

① 假设基期价格指数值为100。

1.2.6.2　收入贸易条件

收入贸易条件指一国出口商品的实际收入水平，以反映一国出口商品的实际购买能力。它相当于商品贸易条件与出口数量指数的乘积，即考虑到出口数量变化的因素。其计算公式为：

$$I=\frac{P_x}{P_m}\times Q_x$$

式中：I 代表收入贸易条件；Q_x 代表出口数量指数。

1.2.6.3　单项因素贸易条件

单项因素贸易条件是在商品贸易条件的基础上，考虑到出口商品劳动生产率变化的因素，即出口商品劳动生产率提高或降低对贸易条件的影响。其计算公式为：

$$S=\frac{P_x}{P_m}\times Z_x$$

式中：S 代表单项因素贸易条件；Z_x 代表出口商品劳动生产率指数。

1.2.6.4　双项因素贸易条件

双项因素贸易条件不仅考虑到出口商品劳动生产率的变化，而且考虑到进口商品劳动生产率的变化。其计算公式如下：

$$D=\frac{P_x}{P_m}\times\frac{Z_x}{Z_m}\times 100$$

式中：D 代表双项因素贸易条件；Z_m 代表进口商品劳动生产率指数。

贸易条件是衡量一国对外贸易经济效益的综合性指标，也是反映国际贸易中不等价交换的重要指标。长期以来，工业发达国家向发展中国家出口的商品（工业制成品）价格不断上涨，而从发展中国家进口的商品（初级产品）价格则上涨较慢或相对下跌，造成交换比价的"剪刀差"不断扩大。这表明贸易条件有利于工业发达国家，而不利于发展中国家。

1.2.7　对外贸易依存度

贸易依存度（trade dependency）亦称贸易系数，是指贸易总额与国内生产总值（GDP）或国民生产总值（GNP）的相互关系。

对外贸易依存度是指一国或地区国民经济对对外贸易的依赖程度，是以本国或地区的对外贸易额（进出口总额）在本国或地区生产总值或 GNP 中所占的比重表示的。对外贸易依存度可分为对外贸易总依存度、对外货物贸易依存度和对外服务贸易依存度 3 种形式。

根据研究对象的不同，对外贸易依存度可以分为出口依存度和进口依存度，国际上多以出口额（进口额）占 GDP 或 GNP 的比重来表示。

对外贸易依存度的计算公式如下：

1.2.7.1　分别计算

$$出口依存度=\frac{出口额}{GNP或GDP}\times100\%$$

$$进口依存度=\frac{进口额}{GNP或GDP}\times100\%$$

对外贸易依存度=出口依存度+进口依存度

1.2.7.2　一次计算

$$对外贸易依存度=\frac{进出口额}{GNP或GDP}\times100\%$$

外贸依存度的高低与一国的经济发展水平、经济发展模式、经济发展战略、经济规模、人口规模等诸多因素的综合影响密切相关，它可以反映出一国对外贸易在国民经济中的地位、同其他国家经济联系的密切程度以及该国参与国际分工与世界市场的广度和深度。从横向比较看，一国的对外贸易依存度越高，对外贸易在国民经济中的作用越大，与外部的经济联系越多，经济开放度也越高；从纵向比较看，如果一国的对外贸易依存度提高，则表明其外贸增长率高于国内生产总值（国民生产总值）的增长率，对外贸易对经济增长的作用加大，经济开放度提高。在实践中，通常用对外贸易依存度来衡量国际贸易对经济增长的影响。

国际贸易依存度是指全球贸易进出口额在世界国民生产总值中所占的比重。其计算公式为：

$$国际贸易依存度=\frac{全球进出口总额}{世界GNP或GDP}\times100\%$$

第二次世界大战后，国际贸易依存度逐年上升，这反映世界各国或地区之间的贸易联系越来越密切，国际贸易在世界经济发展中的地位也越来越重要。

1.3　国际贸易的分类

从不同的角度和以不同的标准，可以对国际贸易进行如下分类。

1.3.1　按照货物移动方向的不同分类

按照货物移动方向的不同，国际贸易可分为出口贸易、进口贸易和过境贸易。

出口贸易（export trade）又称输出贸易，是指将本国生产和加工的货物输往国外市场销售。

进口贸易（import trade）又称输入贸易，是指将外国生产和加工的货物输入本国市场销售。

出口贸易和进口贸易是每一笔交易的两个方面。对卖方而言，为出口贸易；对买方而言，为进口贸易。

此外，从国外输入的货物，没有在本国消费，又未经加工就再输出时，称复出口（re-export trade）；反之，从本国输出的货物，未经加工又输入本国，称复进口（re-import trade）。例如，出口后退货，未售出的寄售货物退回等。一国往往在同一类货物上既有出口又有进口，如出口量大于进口量，称净出口（net export）；反之，如进口量大于出口量，称净进口（net import）。净出口与净进口反映的是一国在某种货物贸易上是处于出口国的地位还是处于进口国的地位。

过境贸易（transit trade）又称通过贸易，是指甲国出口到乙国的货物经由丙国的国境运送时，货物的所有权不属于丙国，对丙国来讲，就是过境贸易。有些内陆国家同非邻国的贸易，其货物必须通过第三国的国境。不过，如果这类贸易是通过航空运输飞越第三国领空，第三国海关不会把它列入过境贸易。

1.3.2　依据划分进出口标准的不同分类

依据划分进出口标准的不同，国际贸易可分为总贸易和专门贸易。

总贸易（general trade）是以国境（geographical boundary）为统计标准，对进入或离开一国物理边境的所有货物进行记录的贸易统计方法。凡进入本国国境的商品，不论结关与否，一律计入进口，称总进口；凡离开本国国境的商品一律计入出口，称总出口。总进口额加上总出口额，称总贸易额。

专门贸易（special trade）是以关境（customs frontier）为统计边界，对办理正式海关通关手续的进出口货物进行记录的贸易统计体系。

总贸易和专门贸易说明的是不同的问题，它们采用不同的统计口径：前者基于国境统计，反映一国在国际物流体系中的枢纽地位和过境服务能力；后者基于关境统计，体现该国实际参与国际生产和消费的货物规模。

总贸易与专门贸易的数额是不相等的，原因有二：第一，过境贸易计入总贸易而不计入专门贸易；第二，关境与国境有时并不一致。因此，联合国公布的各国和地区的贸易额一般都注明是总贸易额还是专门贸易额。

关境与国境一般说来是一致的。但是，有些国家在国境内设有自由港、自由贸易区、出口加工区等经济特区，这些地区不属于关境范围之内；保税仓库也不属于关境范围之内。所以，在设有上述区域的国家，其关境小于国境。而当几个国家缔结关税同盟时，关境包括了几个国家的领土，即参加关税同盟的国家的领土连成一片，组成统一的关境，关境则大于国境。

世界各国或地区的服务贸易额进入国际收支统计，不进入海关统计。因此，总贸易与专门贸易只适用于货物贸易统计。

1.3.3　按照商品形态和内容的不同分类

按照商品形态和内容的不同，国际贸易可分为有形贸易与无形贸易（或者货物贸易、服务贸易与技术贸易）。

有形贸易（visible trade）即货物贸易（goods trade），是指物质（实物）商品的进出口。因为货物是有形的，看得见、摸得着，如机械、设备、粮食、服装、玩具等，所以货物贸易又常常被称作有形贸易。

无形贸易（invisible trade）是指非物质（实物）商品的进出口，如运输、保险、旅游、租赁、技术等服务的交换活动。一般来说，无形贸易包括服务贸易和技术贸易。

有形贸易和无形贸易的主要区别是：有形贸易的进出口要办理海关手续，故其金额呈现在海关的贸易统计表上，这是国际收支中的重要项目。无形贸易则不办理海关手续，其金额通常不显示在海关的贸易统计表上，但呈现在一国的国际收支表上。

1.3.4　依据货物运输方式的不同分类

依据货物运输方式的不同，国际贸易可分为陆运贸易、海运贸易、空运贸易、管道运输贸易、多式联运贸易和邮购贸易。

陆运贸易（land transport trade）是指陆地相邻的国家之间采用陆路运输方式运送货物的贸易。运输工具主要有火车、汽车等。

海运贸易（maritime trade）是指采用海上运输方式运送货物的贸易。运输工具是各种船舶。国际贸易的大部分货物是通过海洋运输的。

空运贸易（airfreight trade）是指采用航空运输方式运送货物的贸易。体积小、重量轻、价值高、时效性的货物往往采用这种运输方式。

管道运输贸易（pipeline trade）是指采用管道运送货物的贸易。天然气、石油等采用这种运输方式。

多式联运贸易（multimodal transport trade）是海、陆、空各种运输方式结合运送货物的行为。国际物流"革命"促进了这种贸易方式的发展。所谓国际物流是指不同国家或地区之间的货物流动。国际物流是国际贸易的重要环节，世界各国或者地区之间的货物贸易是通过国际物流来实现的。

邮购贸易（mail order trade）是指用邮政包裹寄送货物的贸易。主要适用于样品传递和数量不多的货物贸易。

1.3.5　按照贸易有无第三者参加分类

按照贸易有无第三者参加，国际贸易可分为直接贸易、间接贸易与转口贸易。

直接贸易（direct trade）是指商品生产国与商品消费国不通过第三国而直接进行的贸易。贸易双方直接洽谈、直接结算，交易的货物既可直接从生产国运到消费国，也可经由第三国国境转运到消费国，只要两者之间直接发生交易关系，即不通过第三国的商人作为中介人。例如，过境贸易是直接贸易，而不是间接贸易。直接贸易，对生产国而言是直接出口，对消费国而言是直接进口。

间接贸易（indirect trade）是指商品生产国与商品消费国通过第三国而间接进行的贸易。交易的货物既可从出口国经由第三国转运到进口国，也可从出口国直接运到进口国。间接贸易，对生产国来说是间接出口，对消费国来说是间接进口。

转口贸易（entrepôt trade）也称中转贸易。从商品的生产国进口商品不是为了本国生产或消费，而是再向第三国出口，这种形式的贸易称为转口贸易。前述的商品生产国与商品消费国通过第三国进行的贸易，对第三国来说，就是转口贸易。即使商品直接从生产国运到消费国去，只要两者之间并未直接发生交易关系，而是第三国转口商分别同生产国与消费国发生的交易关系，仍属于转口贸易。转口贸易属于复出口。

从事转口贸易的大多是地理位置优越、运输条件便利以及贸易限制较少的城市，如伦敦、鹿特丹、新加坡等。由于其地理位置优越、运输条件便利、易于货物集散，所以转口贸易十分发达。目前在中国香港的出口总值当中转口贸易额占将近一半，香港是世界最大的转口商埠。

转口贸易和间接贸易的区别在于看问题的角度不同。而转口贸易和过境贸易的区别在于前者有第三国的商人参与商品的交易过程，而不论货物是否经由第三国运送，后者则无第三国的商人参与；转口贸易以营利为目的（即要有一个正常的商业加价）；过境贸易通常只收取少量的手续费，如印花税等。间接贸易和过境贸易的区别在于一个是间接贸易，一个是直接贸易。

案例窗 1-1

拓展阅读 1-1

素养园地

加快建设贸易强国的主要任务

我们要深入贯彻党的二十大精神，加强党对建设贸易强国的全面领导，提高贸易发展质量和效益，培育贸易竞争新优势，增强贸易发展新动能，积极参与国际经贸规则制定，为服务党和国家工作大局作出更大贡献。

一、推动货物贸易优化升级

促进贸易创新发展，夯实贸易发展的产业基础，增强贸易创新能力，推动外贸质量变革、效率变革、动力变革，增强对外贸易综合竞争力。

1. 优化贸易结构

加快推动智能制造发展，逐步转向研发设计、营销服务、品牌经营等环节，稳步提高出口附加值。做强一般贸易，加强品牌、质量和渠道建设，提高效益和规模。提升加工贸易，推动产业链升级。构建绿色贸易体系，优化国际市场和国内区域布局，促进内外贸易一体化。鼓励企业加强研发，打造"中国商品"品牌。

2. 积极扩大进口

推动降低进口关税和制度性成本，激发进口潜力，优化进口来源地，优化进口结构。扩大优质消费品进口，引入先进技术、重要设备、关键零部件，增加能源资源产品和国内紧缺农产品进口，促进贸易平衡发展。

3. 推动贸易投资协调发展

实施自由贸易试验区提升战略，加快建设海南自由贸易港。合理缩减外资准入负面清单，依法保护外商投资权益，营造市场化、法治化、国际化的一流营商环境。实施好《鼓励外商投资产业目录》，以更大力度吸引和利用外资，鼓励外资更多投向中高端制造、高新技术、传统制造转型升级、现代服务等领域。创新对外投资合作方式，高质量建设境外经贸合作区，推动构筑互利共赢的产业链供应链合作体系。

4.加快发展贸易新业态

促进跨境电商健康持续创新发展，推进跨境电商综合试验区建设，鼓励引导多元主体建设海外仓，优化跨境电商零售进口监管。推进市场采购贸易方式发展，发挥外贸综合服务企业带动作用，提升保税维修业务发展水平，稳步推进离岸贸易发展。

二、促进服务贸易创新发展

持续推进服务贸易深层次改革、高水平开放、全方位创新，推动服务贸易总量增长、结构优化、效益提升，促进贸易高质量发展。

1.优化服务进出口结构

扩大研发设计、节能降碳、环境服务、医疗等服务进口。扩大旅游、运输等传统服务出口，推动知识密集型服务出口，鼓励成熟产业化技术出口，推动知识产权、法律等专业服务走出去。拓展国家特色服务出口基地，扩大文化服务、中医药服务等出口，打造"中国服务"品牌。

2.加快服务外包转型升级

推进服务外包创新发展，培育云外包、众包、平台分包等新模式，积极发展研发、设计、维修、检验检测等生产性服务外包。鼓励对外发包，助力构建稳定的国际产业链供应链。推动服务外包与制造业融合发展，利用5G等新兴技术发展数字制造外包。高标准建设服务外包示范城市。

3.创新服务贸易发展机制

提升服务贸易开放水平，有效发挥自由贸易试验区、海南自由贸易港引领作用，健全跨境服务贸易负面清单管理制度。全面深化服务贸易创新发展试点，推动成效明显的地区升级为国家服务贸易创新发展示范区。

三、发展数字贸易

抓住数字经济发展机遇，加快发展数字贸易，建立健全促进政策，积极参与国际规则与标准制定，打造建设贸易强国的"新引擎"。

1.培育数字贸易新业态新模式

加快贸易全链条数字化赋能，提升贸易数字化水平。积极支持数字产品贸易，持续优化数字服务贸易，促进专业服务、社交媒体等业态创新发展。稳步推进数字技术贸易，提升云计算服务、通信技术服务等业态的关键核心技术自主权和创新能力。积极探索数据贸易，逐步形成较为成熟的数据贸易模式。

2.建立健全数字贸易治理体系

加快建立数据资源产权、交易流通、跨境传输、安全保护等基础制度和标准规范。在国家数据跨境传输安全管理制度框架下，研究开展数据跨境传输安全管理试点。加快培育数字贸易主体，建设国家数字服务出口基地，打造数字贸易示范区。加强数字经济领域国际合作，积极推动加入《数字经济伙伴关系协定》进程。

四、深化国际经贸合作

坚定不移扩大对外开放，坚持真正的多边主义，全方位扩大国际经贸合作，深度参与全球产业分工和合作，维护多元稳定的国际经济格局和经贸关系，为建设贸易强国营造良好外部环境。

1.推动共建"一带一路"高质量发展

坚持共商共建共享原则，完善贸易畅通网络，构建内外联通、安全高效的贸易大通道。支持中欧班列发展，打造国际陆海贸易新通道。积极推进数字丝绸之路建设，拓展丝路电商全球布局，建设"一带一路"电子商务大市场。

2.推进双边、区域和多边合作

坚定维护多边贸易体制，积极参与世界贸易组织改革，深入参与联合国、二十国集团、金砖国家、亚太经合组织等多边和区域合作机制，贡献更多中国智慧。促进大国协调和良性互动，深化同周边国家经贸关系，加强与发展中国家团结合作，扩大互利共赢。

3.扩大面向全球的高标准自由贸易区网络

优化自由贸易区布局，推动商签更多高标准自贸协定，积极推动加入《全面与进步跨太平洋伙伴关系协定》进程。提升自由贸易区建设水平，全面深入参与各领域议题谈判，高质量实施《区域全面经济伙伴关系协定》，全面利用自贸协定的制度性红利。

4.优化贸易促进平台

推动中国国际进口博览会越办越好，发挥好国际采购、投资促进、人文交流、开放合作四大平台功能。继续办好中国进出口商品交易会、中国国际服务贸易交易会、中国国际消费品博览会、中国国际投资贸易洽谈会等展会。建设国家进口贸易促进创新示范区。更好发挥线上贸易平台作用。

五、提升风险防控能力

贯彻总体国家安全观，树立底线思维，防范和化解贸易领域风险，筑牢安全屏障。

1.健全贸易摩擦应对机制

推进产业损害预警体系建设，积极引导企业防范应对风险。增强运用贸易救济规则能力和水平，提升贸易救济政策工具效能，完善贸易调整援助制度。

2.完善现代化出口管制体系

实施出口管制法及其配套法规、规章。优化出口管制许可制度，加大出口管制执法力度。深化国际交流合作，促进正常的两用物项贸易，妥善应对滥用出口管制等歧视性行为。

3.保障粮食安全、能源安全和资源安全

推动粮食、能源资源、关键技术和零部件进口来源更加多元，做好全链条进口保障，着力提升产业链供应链韧性和安全水平，增强开放环境下动态维护国家经济安全的能力。

资料来源：本书编写组.党的二十大报告辅导读本［M］.北京：人民出版社，2022：323-326.

【价值塑造】帮助学生深入学习贯彻党的二十大精神，在学习我国对外贸易发展情况的基础上了解我国当前加快建设贸易强国的主要任务，培养民族自信心、自豪感和使命感。

本章小结

1. 通常是把世界各国和地区的出口总额相加作为国际贸易额。

2. 贸易差额是衡量一国或地区对外贸易的重要指标。一般来说，贸易顺差表明一国或地区在对外贸易收支上处于有利地位，贸易逆差则表明一国或地区在对外贸易收支上处于不利地位。

3. 国际贸易商品结构可以反映出整个世界的经济发展水平和产业结构状况等。一国的对外贸易商品结构可以反映出该国的经济发展水平、产业结构状况以及资源情况等。各类商品价格的变动也是影响国际贸易商品结构和对外贸易商品结构的因素。

4. 一国或地区的对外贸易地理方向通常受经济互补性、国际分工形式、贸易政策等的影响。由于国际政治经济形势不断变化，各国或地区的经济实力经常变化，国际贸易与对外贸易地理方向也随之发生变更。

5. 贸易条件是衡量一国对外贸易经济效益的综合性指标，也是反映国际贸易中不等价交换的重要指标。长期以来，发达国家向发展中国家出口的商品（工业制成品）价格不断上涨，而从发展中国家进口的商品（初级产品）价格则上涨较慢或相对下跌，造成交换比价的"剪刀差"不断扩大。这表明贸易条件有利于工业发达国家，而不利于发展中国家。

6. 外贸依存度的高低与一国的经济发展水平、经济发展模式、经济发展战略、经济规模、人口规模等诸多因素的综合影响密切相关，它可以反映出一国对外贸易在国民经济中的地位、同其他国家经济联系的密切程度以及该国参与国际分工与世界市场的广度和深度。

7. 国际贸易按照不同的标准可以有多种分类。

基础训练

❖名词解释

国际贸易　对外贸易　国际贸易值　国际贸易量　国际贸易（对外贸易）商品结构
国际贸易（对外贸易）地理方向　国际贸易（对外贸易）依存度　贸易条件　总贸易　专
门贸易　有形贸易　无形贸易　服务贸易　直接贸易　一般贸易　加工贸易　补偿贸
易

❖简答题

1. 什么是国际贸易？它的主要分类有哪些？
2. 国际贸易与对外贸易的区别是什么？
3. 如何看待对外贸易地理方向的集中与分散？
4. 贸易条件有几种？各表明什么？
5. 转口贸易和间接贸易、转口贸易和过境贸易、间接贸易和过境贸易的主要区别是什么？

❖材料分析题

表1-1是我国2020年和2023年按国际贸易标准分类的出口商品金额，请分析我国出

口贸易商品结构的变化有哪些特点？并探讨从中获得哪些启示？

表 1-1　　　　　2020 年和 2023 年按国际贸易标准分类的出口商品金额　　　单位：亿元人民币

项目	2020 年	2023 年
出口总额	179 278.83	237 656.36
初级产品	8 014.77	11 538.11
食品及活动物	4 399.42	5 156.83
饮料及烟类	175.31	266.37
非食用原料（燃料除外）	1 101.53	1 570.71
矿物燃料、润滑油及有关原料	2 240.73	4 300.63
动、植物油脂及蜡	97.76	243.57
工业制品	171 264.06	226 118.26
化学成品及有关产品	11 717.89	18 251.85
按原料分类的制成品	30 094.22	38 189.43
机械及运输设备	87 009.73	115 843.98
杂项制品	40 471.48	48 662.25
未分类的其他商品	1 970.74	5 170.75

资料来源：相关年份的《中国统计年鉴》。

第2章　国际贸易理论

学习目标

◆了解重商主义的贸易思想。

◆掌握亚当·斯密的绝对优势理论以及相互需求理论的基本内容。

◆熟练掌握大卫·李嘉图的比较优势理论的主要内容。

◆熟练掌握赫克歇尔-俄林要素禀赋理论的主要内容。

◆了解需求相似理论、技术差距论。

◆掌握产品生命周期理论、国家竞争优势理论。

◆熟练掌握产业内贸易理论、规模经济理论。

◆熟练掌握幼稚工业理论的政策措施、超保护贸易理论的主要观点以及贸易乘数。

❖ 导入案例

保护主义不是解决之道

自2023年中国汽车出口量居世界第一以来，西方一些政客陷入竞争焦虑，为了给打压中国车企、实施保护主义找借口，开始渲染所谓"中国产能过剩论"。实际上，这与以往将经贸问题泛政治化、泛安全化并无二致，本质仍是通过扼杀中国优势产品，通过不公平竞争手段阻拦中国产业跃升，最终目的还是维护其资本利益集团在全球经济体系中的垄断地位以及由此带来的超额收益。

在中国经济迈向高质量发展过程中，中国以电动汽车、锂电池、光伏产品为代表的"新三样"在全球市场上备受青睐，为更多国家实现绿色低碳转型和可持续发展提供可靠助力，为全球经济增长带来新动能。中国新能源汽车行业厚积薄发，依靠持续技术创新、完整的产业供应链体系和充分的市场竞争快速发展，在经历多年努力后呈现"弯道超车"态势。西方政客抛出"中国过剩产能冲击世界市场"的论调，其本质包藏着对中国在新兴产业领域崛起、后发优势凸显的担忧，本质上还是"你赢我输"的零和思维。

至于"中国产能过剩论"诞生的背景，《南华早报》一篇文章说得透彻。该文指出，"产能过剩"的话术，是美国对中国经济政策和全球战略的又一次"抹黑"，暴露其面对竞争时的狭隘心态。法国企业家贝特朗近期在社交媒体上发文称，有关论调的实质性问题在于竞争力，而非产能，部分西方国家担心中国发展脚步太快，中国企业竞争力越来越强，会对自己在相关领域的主导地位造成威胁。美国彭博社2024年4月9日发表评论说，当谈论应对气候变化时，美国认为新能源产能仍然不足，而谈到中国新能源行业，美国又指责其"产能过剩"，这是自相矛盾的说法。

从根本上讲，市场竞争肯定会出现有先有后，有的国家在某一领域领先，这都是正常现象。西方一些国家胡乱夸大"中国冲击"，实际上是在为其保护主义政策寻找借口。贸易保护主义措施在历史上屡见不鲜，但事实证明，这无助于解决实质性问题。正如彭博社近日的一篇文章指出的，过去十年美国采取钢铁保护主义措施，并未阻止美国金属制造业就业岗位减少，还增加了美国经济其他领域的成本，降低了行业竞争力，如果将这一政策应用于新能源产业，将进一步削弱美国应对气候变化的能力。美国彼得森国际经济研究所高级研究员加里·克莱德·赫夫鲍尔说，美国无视经济规律，措辞上无论是"脱钩"还是"去风险"，都是美国向"新重商主义"错误道路转变、保护主义政策走向纵深的标志，最终还是美国企业和人民的利益受损。

一面通过《芯片与科学法案》动用联邦政府资源，拨款扶持美国高科技和新兴产业发展，一面炒作所谓"中国产能过剩论"，打压中国绿色先进产能，这种经济政策上的"双标"让人很难将美国与其信奉的经济自由主义联系起来。

在全球化背景下，新兴产业领域的保护主义做法必然会扰乱公平竞争、开放合作和市场秩序，导致一些市场出现产能过剩、一些市场需求难以满足，也必然会造成产业整体成本上升并伤及消费者利益。正如一些外媒所言，强化绿色保护主义将阻碍公众获得高性价比的新能源技术，影响全球绿色转型前景，这对全球来说将是一场"保护主义灾难"。

抱守"零和思维"只会导致多输，对产业合作持开放态度，对别国发展持开放心态，让产业活水流动，让经济活力迸发，全球市场的蛋糕才能持续做大，互利共赢才会成为可能。

资料来源：邓茜. 新华时评 | 保护主义不是解决之道——全球视野下中国产能真实叙事系列评论之二保护主义不是解决之道[EB/OL].（2024-04-12）[2024-11-14]. http://www.cppcc.gov.cn/zxww/2024/C4/12/ARTI1712885540067177.shtml.

国际贸易理论起源于市场经济中商品交换和生产分工的思想，它的产生和发展可以追溯到出现分工交换思想的古罗马和古希腊时代。大规模的国际贸易始于重商主义盛行的年代。国际贸易理论是对蓬勃发展的国际贸易实践的科学总结，重商主义是对现代生产方式最早的理论探讨，它成为"真正的国际贸易理论"——古典国际贸易理论的"逻辑起点"，是古典贸易理论的前身和批判对象，西方国际贸易理论也是从重商主义分离出来的。因此，在介绍西方古典国际贸易理论之前，有必要对重商主义作一简要介绍。

2.1 重商主义

重商主义（mercantilism）是资本主义生产方式准备时期代表商业资产阶级利益的一种经济思想和政策体系。它产生于15世纪，盛行于16世纪和17世纪上半叶，从17世纪开始便盛极而衰。重商主义最早出现在意大利，后来流行到西班牙、葡萄牙、荷兰、英国和法国等国家，16世纪末叶以后，在英国和法国得到了重大的发展。

重商主义的产生有着深刻的历史背景。15世纪以后，西欧封建自然经济逐渐瓦解，商品货币经济关系急剧发展，封建主阶级力量不断削弱，商业资产阶级力量不断增强，社会经济生活对商业资本的依赖日益加深。与此同时，社会财富的重心也由土地转向金银货币，货币成为全社会上至国王下至农民所追求的东西，具有至高无上的权威，并被认为是财富的代表和国家富强的象征，形成了货币拜物教。由于欧洲国家缺乏金银矿藏，获得金银的主要渠道来自流通，尤其是从对外贸易顺差中取得，因此对外贸易被认为是财富的源泉，重商主义便应运而生。

重商主义所重的"商"是对外经商，重商主义学说实质上是重商主义对外贸易学说。它并不是一个正式的思想学派，而只是巨商大贾、学者、政治家关于对外贸易的理论观点和政策主张。

2.1.1　早期和晚期的重商主义

2.1.1.1　重商主义的贸易思想

重商主义对外贸易学说以重商主义的财富观为理论基础，主要的贸易思想有：

第一，金银是一国财富的根本和富强的象征，是一国财富的唯一形态；

第二，衡量一切经济活动的标准是它是否能够获取金银并将其留在国内，获取金银的途径除了开采金银矿藏外，就是发展对外贸易，实现对外贸易顺差；

第三，国际贸易是一种"零和"博弈，一方得益必定使另一方受损，出口者从贸易中获得财富，而进口者则减少财富；

第四，主张国家干预经济活动，鼓励本国商品输出，限制外国商品输入，"多卖少买"，追求顺差，使货币流入国内，以增加国家财富、增强国力。

重商主义分成早期和晚期两个阶段。

早期重商主义流行于15世纪到16世纪中叶，以"货币差额论"（Balance of Trade Theory）为中心，也称重金主义或货币主义（Bullionism）。其主要代表人物是英国的约翰·海尔斯（John Hales）和威廉·斯塔福德（William Stafford）。斯塔福德的代表作是《对我国同胞某些控诉的评述》（A Compendious or Brief Examination of Certain Ordinary Complaints of Divers of Our Countrymen in These Our Days）[1]，于1581年出版。他在该书中指出："人们必须时刻注意，从别人那里买进的不超过我们出售给他们的。否则，我们将陷入穷困。而他们则日趋富足。"[2]早期重商主义者把增加国内货币积累，防止货币外流视为对外贸易政策的指导原则，认为国家应采取行政或立法手段，直接控制货币流动，禁止金银输出。在对外贸易上，更注重"多卖少买"和"奖出限入"公式中的"少买"和"限入"，最好只卖不买，使每笔交易和对每个国家都保持顺差，就可以使金银流入国内。

晚期重商主义盛行于16世纪下半期到18世纪，以"贸易差额论"为中心，最重要的代表人物是英国的托马斯·孟（Thomas Mun）。托马斯·孟的代表作是《英国得自对外贸易的财富》（England's Treasure by Foreign Trade），于1664年出版，全面系统地阐述了重

---

① 作者争议：传统归为威廉·斯塔福德，但现代学者（如剑桥经济思想史学派）认为实际作者可能是约翰·海尔斯（或团队）。

② 罗尔. 经济思想史 [M]. 陆元诚，译. 北京：商务印书馆，1981：72.

商主义的思想。马克思对此与深为赞赏，并称之为重商主义的"圣经"。贸易差额论反对国家限制货币输出，认为那样做不但徒劳无益，而且是有害的。因为对方国家会采取相应的措施进行报复，使本国的贸易减少甚至消失，货币积累的目的将无法实现。晚期重商主义者和用守财奴的眼光看待货币的早期重商主义者不同，他们已经能用资本家的眼光看待货币，认识到只有将货币作为资本投入流通，才能获得更多的货币。他们认为，国家应该允许金银（货币）输出，大力发展对外贸易，鼓励和扩大出口，保持和增加对外贸易顺差；贸易顺差愈大，货币资本流入愈多，国家也就愈富有。贸易差额论还认为，国内金银太多，会造成物价上涨，使消费下降，出口减少，影响贸易差额，如果出现逆差，金银必然外流。因而，国家应准许货币输出，把货币当作"诱鸟"放出去以吸引更多的货币。贸易差额论者信奉"货币产生贸易，贸易增加货币"。

2.1.1.2　早期和晚期的重商主义贸易思想的异同点

（1）相同点

早期和晚期重商主义都把国际贸易作为增加国内金银存量从而增加国家财富的手段，并把是否有利于金银流入和贸易顺差作为衡量一国经济政策成败的标准。

（2）不同点

在具体贸易理论与贸易政策上，不同时期的重商主义者其主张又有明显的区别，特别是在理论观点上有着较大的差异。

第一，早期重商主义者主张多卖少买或不买，强调绝对的贸易顺差，同时要保持每一笔交易和对每一个国家的贸易都实现顺差，并主张采取行政手段，禁止货币输出。

第二，晚期重商主义重视长期的贸易顺差和总体的贸易顺差，反对政府限制货币输出。晚期重商主义认为，从长远的观点看，在一定时期内的外贸逆差是允许的，只要最终能保证顺差，货币能流回国内。从总体的观点看，不一定要求对所有国家都保持贸易顺差，只要对外贸易的总额保持出口大于进口，可以允许对某些地区的贸易逆差。由于晚期重商主义强调贸易差额甚于货币差额，因此晚期的重商主义又被称为贸易差额论。

2.1.2　评价

2.1.2.1　积极方面

（1）理论贡献

重商主义贸易学说是重商主义的核心，是西方最早的国际贸易学说，它的理论为古典国际贸易理论的形成奠定了基础。经济学家熊彼特（J. A. Schumpeter）对重商主义的评价是："为18世纪末和19世纪初形成的国际贸易一般理论奠定基础。"

重商主义贸易学说冲破了封建思想的束缚，开始了对资本主义生产方式的最初考察，指出对外贸易能使国家富足。同时，晚期重商主义贸易学说看到了原料贸易与成品贸易之间巨大的利润差额，认识到了货币不仅是流通手段，而且具有资本的职能，只有将货币投入流通，尤其是对外贸易，才能取得更多的货币。

重商主义提出的贸易顺差的概念，进一步发展成为后来的"贸易平衡""收支平衡"概念。重商主义关于进出口对国家财富的影响，对后来凯恩斯的国民收入决定模型亦有启发。更重要的是，重商主义已经开始把整个经济作为一个系统，把对外贸易看成这一系统非常重要的一个组成部分。

（2）政策意义

重商主义贸易学说代表了资本原始积累时期处于上升阶段的商业资本的利益，主张国家干预对外贸易，积极发展出口产业，实行关税保护措施，通过贸易差额从国外取得货币的观点，对各国根据具体情况制定对外贸易政策是有参考价值的。

重商主义贸易学说促进了各国商品货币关系的发展，加速了资本的原始积累，促进了资本主义生产方式的建立，推动了当时的国际贸易和运输业的发展，推动了历史的进步。

重商主义的许多贸易政策和措施对当今世界各国制定对外贸易政策仍有一定的影响，如积极发展本国工业、鼓励原材料进口和制成品出口等政策。

2.1.2.2　局限性

由于商业资产阶级的历史局限性和国际贸易实践的限制，重商主义贸易学说存在许多缺陷和不足，主要表现为：

（1）理论观点不成熟，缺乏系统性

重商主义贸易学说的许多观点是以专题或小册子的形式散发的，而且除少数人（如托马斯·孟等）外，绝大多数重商主义者都只是针对某个具体问题一事一议，虽然各种观点之间存在一些联系，但并不紧密。

（2）对国际贸易问题的研究不全面、不科学

重商主义贸易学说只研究如何从国外取得金银货币，而未探讨国际贸易产生的原因以及能否为参加国带来实际利益，也没有认识到国际贸易对促进各国经济发展的重要性。此外，它对社会经济现象的探索仅限于流通领域，未深入到生产领域，没有认识到财富是在生产过程中产生的，流通中的纯商业活动并不创造财富，因而无法揭示财富的真正来源。

（3）将金银等贵金属同财富等同起来的财富观是错误的

财富不是金银，金银也不是财富的唯一形态，贵金属只是获得物质财富的手段或媒介，真正的财富是该国国民所能消费的本国和外国的商品和服务的数量和种类，是一国所掌握的与别国交换商品的能力。但重商主义者把货币与财富混为一谈，错误地认为货币是衡量一个国家富强程度的尺度，因而得出"对外贸易是财富的源泉，对外贸易的目的就是从国外取得货币，而货币有限，此得彼失"等错误结论，当然也就无法认识到国际贸易促进各国经济发展的重要意义。

（4）将国际贸易视作是一种零和博弈的观点是错误的

重商主义者认为，一方得益必定使另一方受损，出口者从贸易中获得财富，而进口者减少财富，没有认识到国际贸易对促进各国经济增长的重要意义，以及贸易的基础只能是普遍的贸易利益。这种思想的根源在于他们只把货币当作财富而没有把交换所获得的产品也包括在财富之内，从而把双方的等价交换看作一得一失。重商主义者的这些思想实际上只是反映了商人的目标，反映了资本原始积累时期商业资本家对货币或贵金属的认识，体现着重商主义者极端利己主义的心态。

（5）通过持续的贸易顺差聚敛金银财富的观点是错误的

重商主义希望通过保持持续的贸易顺差聚敛金银财富，使一国致富，没有认识到在社会商品总量不变的前提下，从海外贸易中取得大量金银，势必引起本国物价上涨，本国商品将丧失同外国商品竞争的价格优势，不仅本国的贸易顺差难以为继，还必须对外支付金银货币以弥补随之而来的贸易入超。

尽管重商主义的贸易思想存在许多错误与局限性，但他们提出的许多思想对后来的国际贸易理论和政策产生了巨大的影响，而且重商主义虽然不适应自由竞争和自由贸易的需要，但其影响从来没有消失过。事实上，除了 1815 年至 1914 年的英国，没有一个西方国家彻底摆脱过重商主义。自 20 世纪 80 年代以来，随着被高失业困扰的国家试图通过限制进口来刺激国内生产，新重商主义有卷土重来的势头。

2.2 绝对优势理论

真正意义上的国际贸易理论是从亚当·斯密（Adam Smith）的"绝对优势理论"开始的。斯密是英国著名的经济学家，资产阶级古典经济学派的主要奠基人之一，国际分工及国际贸易理论的创始者，自由贸易的倡导者。在斯密所处的时代，英国资产阶级的资本原始积累已经完成，产业革命逐渐展开，经济实力不断增强，新兴产业的资产阶级迫切要求在国民经济各个领域中迅速发展资本主义，实行自由竞争，发展自由贸易。但存在于乡间的行会制度严重限制了生产者和商人的正常活动，重商主义的极端保护主义从根本上阻碍了对外贸易的扩大，使新兴资产阶级难以从海外获得生产所需的廉价原料，并为其产品寻找更大的海外市场。

斯密于 1776 年出版了一部奠定古典政治经济学理论体系的著作《国民财富的性质和原因的研究》（An Inquiry into the Nature and Causes of the Wealth of Nations），简称《国富论》。在这部著作中，斯密站在新兴产业资产阶级的立场上，从批评重商主义的财富观入手，揭示了重商主义国际贸易理论的虚妄性和贸易政策的经济利己主义本质，第一次把经济科学所有主要领域的知识归结成一个统一、完整的体系，建立起市场经济学分析框架，把分工和专业化生产推广到整个国际经济领域，搭建起了古典国际贸易理论和政策体系的基本框架，提出了主张自由贸易的国际分工和绝对优势理论（The Theory of Absolute Advantage）。为国际贸易理论的发展掀开了新的一页。

2.2.1 绝对优势理论的主要内容

2.2.1.1 绝对优势理论的基本假设

像其他所有的经济分析一样，为了在不影响结论的前提下使分析更加严谨，在研究国际贸易时，斯密将许多不存在直接关系和不重要的变量假设为不变，并将不直接影响分析的其他条件尽可能地简化。

第一，"2×2×1模型"，即两个国家，生产两种商品，使用一种生产要素。

第二，两国在不同产品上的生产技术不同，存在劳动生产率上的绝对差异。

第三，劳动力在一国内是完全同质的，两国的劳动力资源总量相同且都得到了充分利用，劳动力市场始终处于充分就业状态。劳动力在国内可以自由流动，但在两国之间则不能自由流动。

第四，不存在技术变化，每种产品的国内生产成本都是固定的，劳动的规模报酬不变。

第五，国家间实行自由贸易政策，各国的产品和要素市场结构是完全竞争的，这表明各国的商品价格等于平均成本，无经济利润。

第六，没有运输费用和其他交易费用。

第七，贸易按物物交换方式进行，两国之间的贸易是平衡的。

2.2.1.2　绝对优势理论的主要观点

（1）分工可以提高劳动生产率

斯密非常重视分工，他在《国富论》的开篇就颂扬分工，强调分工的利益。他认为，分工可以提高劳动生产率，因而能增加社会财富。斯密认为，人类有一种天然的倾向，就是交换。交换是出于利己心并为达到利己目的而进行的活动。人们为了追求私利，会通过市场这个"无形之手"给整个社会带来利益。他认为，人类的交换倾向产生分工，社会劳动生产力的巨大增进都是分工的结果。

（2）分工的原则是绝对优势

斯密推论得出，分工既然可以极大地提高劳动生产率，那么每个人专门从事一种物品的生产，然后彼此交换，这样对每个人都是有利的。在斯密看来，适用于一国内部不同个人或家庭之间的分工原则，也适用于各国之间。因此，他主张国际分工。他认为，每个国家都有其适宜生产某些特定产品的绝对有利的生产条件，如果每个国家都按照其绝对有利的生产条件（即生产成本绝对低）去进行专业化生产，然后彼此进行交换，则对所有交换国家都是有利的。

（3）国际分工的基础是有利的自然禀赋或后天的有利条件

斯密认为，有利的自然禀赋（natural endowment）或后天的有利条件因国家不同而不同，这就为国际分工提供了前提，因为有利的自然禀赋或后天的有利条件可以使一个国家生产某种产品的成本绝对低于别国，因而在该产品的生产和交换上处于绝对有利的地位。各国按照各自的有利条件进行分工和交换，将会使各国的资源、劳动力和资本得到最有效的利用，从而将会大大地提高劳动生产率和增加物质财富，并使各国从贸易中获益。这就是绝对优势理论的基本精神。斯密提出的按各国绝对有利的生产条件进行国际分工，实质上是按绝对成本的高低进行分工，所以我们也把它叫作"绝对成本理论"。

2.2.1.3　绝对优势理论的举例说明

为了说明这个理论，斯密还举例说明如下：假定英国和葡萄牙两国都生产葡萄酒和毛呢两种产品，生产情况见表2-1。

表2-1 绝对优势理论举例（分工前）

国家	酒产量（单位）	所需劳动者人数（人/年）	毛呢产量（单位）	所需劳动者人数（人/年）
英国	1	120	1	70
葡萄牙	1	80	1	110

　　斯密认为，在这种情况下英国和葡萄牙可以进行分工和交换，英国用1单位毛呢换葡萄牙1单位酒，其结果对两国都有利。分工和交换的情况见表2-2和表2-3。从表2-2和表2-3中可见，英国、葡萄牙两国在分工后，产量都比分工前提高了，通过交换（国际贸易）两国的消费均增加了（都获得了利益）。

表2-2 绝对优势理论举例（分工后）

国家	酒产量（单位）	所需劳动者人数（人/年）	毛呢产量（单位）	所需劳动者人数（人/年）
英国			2.7	190
葡萄牙	2.375	190		

表2-3 绝对优势理论举例（交换结果）

国家	酒产量（单位）	毛呢产量（单位）
英国	1	1.7
葡萄牙	1.375	1

2.2.2　评价

2.2.2.1　积极方面

（1）开创了对国际贸易进行经济分析的先河

　　斯密把国际贸易理论纳入了市场经济的理论体系，第一次从生产领域阐述了国际贸易的基本原因；首次论证了国际贸易不是零和博弈，而是一种"双赢博弈"；揭示了国际分工和专业化生产能使资源得到更有效的利用，从而提高劳动生产率的规律。

（2）推动了历史进步

　　绝对优势理论反映了当时社会经济中已成熟了的要求，成为英国新兴产业资产阶级反对贵族地主和重商主义者，发展资本主义的有力理论工具，在历史上起过进步作用。

（3）具有重大的现实意义

　　斯密在其《国富论》中运用分工理论对自由贸易的合理性进行了论证，指出只要两个国家各自出口生产成本绝对低或者具有绝对优势的产品，进口生产成本绝对高或者具有绝对劣势的产品，就可以使两个国家都有利可图或者说获得贸易利益。这一理论虽然经历了二百多年的历史，仍具有重大的现实意义。"双赢博弈"理念至今仍然是当代各国扩大开放、积极参与国际分工贸易的指导思想。

2.2.2.2 局限性

绝对优势理论没有揭示国际贸易产生的一般原因，不能解释国际贸易的全部，而只说明了国际贸易中的一种特殊情形，即具有绝对优势的国家参加国际分工和国际贸易能够获益，而当一个国家在所有贸易产品的生产上都不具有绝对优势时的贸易基础则没有论述。因而它只能解释经济发展水平相近国家之间的贸易，无法解释绝对先进和绝对落后国家之间进行贸易的极大局限性，还不是一种具有普遍指导意义的贸易理论。其后，大卫·李嘉图用比较优势理论回答了绝对优势理论回答不了的问题，更好地解释了贸易基础和贸易所得。

2.3　比较优势理论

根据绝对优势理论，如果一个国家在两种产品的生产上均处于绝对优势地位，另一个国家均处于绝对劣势地位，则这两个国家之间不会进行贸易。因此，国际贸易可能只会发生在发达国家之间，发达国家与发展中国家之间就不会发生任何贸易。这显然与国际贸易的现实不符。英国古典经济学家大卫·李嘉图（David Ricardo）在1817年出版的《政治经济学及赋税原理》（On the Principles of Political Economy and Taxation）一书中，提出了比较优势理论（Theory of Comparative Advantage）。比较优势理论的提出是西方传统国际贸易理论体系建立的标志，这一理论的问世，对推动国际贸易的发展起到了积极的作用，并为国际贸易理论的建立奠定了科学的基础，因而具有划时代的意义。

2.3.1　比较优势理论的主要内容

2.3.1.1　比较优势理论的基本假设

李嘉图的比较优势理论以一系列简单的假定为前提，主要有：

第一，"2×2×1模型"，即两个国家，生产两种商品，使用一种生产要素。

第二，两国不同产品的生产技术不同，存在劳动生产率的相对差异。

第三，劳动力在一国内是完全同质的，两国的劳动力资源总量相同且都得到了充分利用，劳动力市场始终处于充分就业状态。劳动力在国内可以自由流动，在两国之间则不能自由流动。

第四，不存在技术变化，每种产品的国内生产成本都是固定的，劳动的规模报酬不变。

第五，国家间实行自由贸易政策，各国的产品和要素市场结构是完全竞争的，这表明各国的商品价格等于平均成本。

第六，没有运输费用和其他交易费用。

第七，贸易按物物交换方式进行，两国之间的贸易是平衡的。

从以上的假设条件中可以看出，除了强调两国之间生产技术存在相对差别而不是绝对差别之外，比较优势模型的侵设与绝对优势模型基本一样。

2.3.1.2　比较优势理论的主要观点

斯密认为，由于自然禀赋和后天的有利条件不同，各国均有一种产品的生产成本低于他国而具有绝对优势，按绝对优势原则进行分工和交换，各国均可获益。李嘉图发展了斯密的观点，认为各国不一定要专门生产劳动成本绝对低的产品，而只要专门生产劳动成本相对低的产品，便可进行对外贸易，并能从中获益和实现社会劳动的节约。李嘉图认为，决定国际分工和国际贸易的一般基础是比较成本（或称相对成本），而不是绝对成本，即一国与另一国相比，在两种产品的生产上都占绝对优势（成本都低于另一国）或均处绝对劣势（成本都高于另一国），分工和贸易仍然可以进行，结果对两国都有利。国家间应按"两优取其重，两劣择其轻"的比较优势原则进行分工。如果一个国家在两种产品的生产上都处于绝对有利地位，但有利的程度不同，而另一个国家在两种产品的生产上都处于绝对不利地位，但不利的程度不同。在此情况下，前者应专门生产更为有利的产品，后者应专门生产不利程度最小的产品，然后通过对外贸易，双方都能取得比自己以等量劳动所能生产的更多的产品，从而实现社会劳动的节约，给贸易双方都带来利益。

2.3.1.3　比较优势理论的举例说明

为了说明这一理论，李嘉图沿用了英国和葡萄牙生产毛呢和葡萄酒的例子，但对条件作了一些变更，见表2-4。

表2-4　　　　　　　　　　　国际分工产生的利益

国　家		酒产量（单位）	所需劳动者人数（人/年）	毛呢产量（单位）	所需劳动者人数（人/年）
英国	分工前	1	120	1	100
葡萄牙		1	80	1	90
合计		2	200	2	190
英国	分工后			2.2[①]	220
葡萄牙		2.125[②]	170		
合计		2.125	170	2.2	220
英国	国际交换	1		1.2	
葡萄牙		1.125		1	

注：① （120+100）÷100=2.2。② （80-90）÷80=2.125。

从表2-4中可以看出，葡萄牙生产葡萄酒和毛呢所需的劳动人数均少于英国，即在这两种产品的生产上均占有利地位。但两相比较，生产葡萄酒所需的劳动人数比英国少40人，生产毛呢只少10人，即分别少1/3和1/10，显然，在葡萄酒的生产上优势更大一些；英国在两种产品的生产上都处于劣势，但在毛呢的生产上劣势较小一些。根据李嘉图的比较成本理论，葡萄牙虽都处于优势地位，但应生产优势更大的葡萄酒，英国虽都处于劣势地位，但应生产劣势较小的毛呢。按这种原则进行国际分工，两国的产量都会增加，进行国际贸易，两国都能获利。

2.3.2　评价

李嘉图的比较优势理论具有合理的、科学的成分和历史的进步意义。其主要贡献就在于，他证明了无论各国是否具有绝对优势，都存在使双方获益的贸易基础。然而，李嘉图的比较优势理论也存在一定的局限性。

2.3.2.1　主要贡献

诺贝尔经济学奖获得者保罗·萨缪尔森认为，经济学中有许多无可否认的正确原理，但对许多人来说并非显而易见，比较优势理论就是一个最好的例子。

(1) 比绝对优势理论更全面、更深刻

从理论分析的角度考察，比较优势理论分析研究的经济现象涵盖了绝对优势理论分析研究的经济现象，这说明了斯密所论及的绝对优势贸易模型不过是李嘉图讨论的比较优势贸易模型的一种特殊形态。将只适用于某种特例的贸易模型推广至对普遍存在的一般经济现象的理论分析，正是李嘉图在发展古典国际贸易理论方面的一大贡献。该理论为具有比较优势的国家参与国际分工和国际贸易提供了理论依据，因而具有划时代的意义，成为国际贸易理论的一大基石。

(2) 具有普遍适用性

"两优取其重，两劣择其轻"的比较优势原则不仅是指导国际贸易的基本原则，也成为合理进行社会分工，以取得最大社会福利与劳动效率的原则。因而比较优势的思想除了可以用于对国际贸易问题的分析以外，还在社会生活的其他诸多方面有着较为广泛的一般适用性。

(3) 在历史上发挥了重大作用

李嘉图继承了斯密的经济自由主义思想，极力主张推行自由贸易的政策，认为对外贸易可以使一国的产品销售市场得以迅速扩张，因而十分强调对外贸易对促进一国增加生产扩大出口供给的重要作用。斯密和李嘉图站在当时新兴产业的资产阶级立场上，为了给产业资本所掌握的超强的工业生产能力以及由此产生的大量剩余产品寻找出路，从供给的角度论证了推行自由贸易政策的必要性和合理性。从这个意义上说来，可以将斯密和李嘉图的贸易思想归于贸易理论研究上的"供给派"（School of Supply），它曾为英国工业资产阶级争取自由贸易提供了有力的理论武器，而自由贸易政策又促进了英国生产力的迅速发展。

2.3.2.2　局限性

(1) 静态分析的局限性

李嘉图和斯密一样，研究问题的出发点是一个永恒的世界，在方法论上是属于形而上学的。他的比较优势理论建立在一系列简单的假设前提基础上，把多变的经济世界抽象成静止的均衡的世界，因而所揭示的贸易各国获得的利益是静态的短期利益，这种利益是否符合一国经济发展的长远利益则不得而知。李嘉图虽然偶尔也承认，当各国的生产技术及生产成本发生变化之后，国际贸易的格局也会发生变化，但遗憾的是，他并没有进一步阐述这一思想，更没有用来修正他的理论。

（2）李嘉图劳动价值论的不完全和不彻底

比较优势理论以劳动价值论为基础，但根据李嘉图的劳动价值论，劳动是唯一的生产要素或劳动在所有的商品生产中均按相同的固定比例使用，而且所有的劳动都是同质的，因此，任何一种商品的价值都取决于它的劳动成本。显然这些假设和观点是不切实际的，甚至是错误的，所以，仅用劳动成本的差异来解释比较利益是不完整和不完全的。

（3）李嘉图模型对国际贸易产生原因的剖析不全面

李嘉图模型忽略了各国资源禀赋的差异、规模经济等都是贸易产生的原因，因此漏掉了贸易体系的一个重要方面，这使它无法解释明显相似的国家之间大量的贸易往来。

（4）对国际贸易中深层次问题的研究不够深入

李嘉图模型忽略了引起各国劳动成本差异的原因、互利贸易的范围以及贸易利得的分配等问题，因而对国际贸易问题的研究足够系统。

2.4　要素禀赋理论

作为整个古典经济学理论的一个重要组成部分，古典贸易理论是建立在劳动价值论的基础上的，即认为劳动是创造价值和造成生产成本差异的唯一要素。因此，在古典学派的分析中，假定生产技术不变，只有一种要素（劳动）投入。在有两种或两种以上要素投入的情况下，许多分析过程和结论不再有效。古典贸易理论之后，经济学上发生了边际理论革命，而数学方法在经济学中的应用也为国际贸易理论的发展提供了基础。新古典贸易理论是在坚持古典比较优势理论的基础上发展起来的，它坚持了古典理论的基本观点，但是又改变甚至放弃了古典理论的某些假设，并对其结论作了进一步的引申和发展。新古典贸易理论实际上是用新的分析方法对古典贸易理论基本命题的重新表述，同时又在某些领域对其作了进一步的发展。

2.4.1　历史背景

1919 年，埃利·菲利普·赫克歇尔（Eli Filip Hecksher）在其发表的题为"对外贸易对收入分配的影响"（The Effect of Foreign Trade on the Distribution of Income）的论文中，对国际贸易比较优势形成的基本原因作了初步的分析。1933 年，贝蒂尔·戈特哈德·俄林（Beltil Gotthard Ohlin）出版了著名的《区域贸易与国际贸易》（Interregional and International Trade）一书，对其老师赫克歇尔的思想作了清晰而全面的解释，深入而广泛地探讨了国际贸易产生的深层原因。鉴于其在国际贸易方面的贡献，俄林于 1977 年荣获诺贝尔经济学奖。

由于赫克歇尔-俄林的贸易理论将贸易中国际竞争力的差异归于生产要素禀赋的国际差异，人们又称该理论为要素禀赋理论（Theory of Factor Endowment）。这一理论后由保罗·萨缪尔森（Paul Samuelson）等经济学家不断加以完善。因此，人们又称该理论为赫克歇尔-俄林-萨缪尔森定理（简称 H-0-S 模型）。要素禀赋理论被誉为国际贸易理论从古典向新古典和现代理论发展的标志，它与李嘉图比较优势理论并列为国际贸易理论中的两大理论模式。赫克歇尔-俄林要素禀赋理论无论是在理论分析上还是在实际应用中，都取得了巨大成功。在20世纪前半叶到70年代末这段时间内，要素禀赋理论成为国际贸易理论的典范，几乎成了国际贸易理论的代名词。

2.4.2　与要素禀赋理论有关的几个概念

2.4.2.1　要素禀赋与要素丰裕度

要素禀赋（factor endowment）是指一国所拥有的各种生产要素的数量。

要素丰裕度（factor abundance）是从一国整体的角度来衡量其要素禀赋状况，即一国所拥有的某种（或各种）生产要素的丰富程度。判断一国的要素丰裕度一般有两种方法：一种是以实物单位定义，即用各国所有可以利用的生产要素，如资本和劳动的总量来衡量，又称物质定义（physical definition）法。另一种则是用要素的相对价格来定义，即以生产要素相对价格的高低作为衡量一国要素禀赋的标准，因而又称价格定义（price definition）法。

首先，我们来看第一种物质定义法。假设有A、B两国，要素禀赋比可表示为总资本/总劳动（TK/TL），如果（TK/TL）$_A$>（TK/TL）$_B$，则我们说A国是资本丰裕国家，相应地，B国则为劳动力丰裕国家。但要注意，要素丰裕度衡量的是相对量而非绝对量。我们使用的是总资本和总劳动的比率，而不是可用资本与可用劳动的绝对数量，所以即使A国资本拥有的绝对数量小于B国，只要其TK/TL大于B国，则它仍是资本丰裕的国家。

下面，我们来看第二种价格定义法。依然以A、B两国为例，工资率（W）表示劳动的价格，利率（r）表示资本的租用价格，W/r则代表劳动力的相对价格。如果（W/r）$_A$>（W/r）$_B$，即劳动的相对价格在A国高于B国，则称A国为资本丰裕国家，B国为劳动力丰裕国家。同样，决定一国是否是资本丰裕国家，并不是看r的绝对水平，而是看W/r值的大小，所以不存在所有资源都丰裕的国家。

2.4.2.2　要素密集度和要素密集型产品

要素密集度（factor intensity）衡量的是产品中生产要素的投入比例，或者说是不同要素的密集使用程度。假设两种产品X和Y，分别使用资本（K）和劳动（L）两种投入要素，且两要素的投入比例分别为（K/L）$_x$、（K/L）$_y$，如果（K/L）$_y$>（K/L）$_x$，则称Y为资本密集型产品，而X为劳动密集型产品。

同样要注意，要素密集度也是一个相对概念。例如，X、Y两种产品，生产1单位Y需要投入2单位资本（$2K$）和2单位劳动（$2L$），而生产1单位X则需资本为$3K$，劳动为$12L$。尽管从绝对量来看，1单位Y投入的资本要小于1单位X（$2K<3K$），但我们不能据此判断X为资本密集型产品，因为（$2K/2L$）>（$3K/12L$），即Y产品拥有较高的资本/劳动比率，所以在生产中Y比X相对更多地使用资本，较少地使用劳动，据此，我们把Y定义为资本密集型产品。

根据产品生产所投入的生产要素中所占比例最大的生产要素种类不同，可把产品划分为不同种类的要素密集型产品（factor intensive commodity）。例如，生产小麦投入的土地占的比例最大，则小麦为土地密集型产品；生产纺织品投入的劳动占的比例最大，则称纺织品为劳动密集型产品；生产汽车投入的资本所占比例最大，于是称之为资本密集型产品；生产电子计算机投入的技术所占比例最大，因而称其为技术密集型产品，以此类推。

2.4.2.3　生产要素和要素价格

生产要素（factor of production）是指生产活动必须具备的主要因素或在生产中必须投入或侳用的主要手段。通常指土地、劳动力和资本三要素，加上企业家的管理才能为四要素，有人把技术知识、经济信息也当作生产要素。要素价格（factor price）则是指生产要素的使月费用或要素的报酬。例如，土地的租金、劳动力的工资、资本的利息、管理的利润等。

2.4.3　要素禀赋理论的假设前提

与李嘉图的比较优势理论一样，要素禀赋理论也是建立在若干假设前提基础之上的。这些假设前提有的与比较优势理论的假设前提是一致的，有的则是对比较优势理论的假设前提的重大修正。

2.4.3.1　2×2×2 模型

在该模型中，世界上只有两个国家（要素丰裕度不同），每一个国家都使用两种生产要素（资本和劳动力），从事两种不同要素密集度产品（资本密集型产品和劳动密集型产品）的生产。这就是所谓标准的"2×2×2"国际贸易理论模型。这一假设的目的是便于用一个二维的平面图来说明这一理论。实际上，放松这一假设（即研究更为现实的多个国家、多种商品、多种要素）并不会对要素禀赋理论所得出的结论产生根本的影响。

2.4.3.2　充分就业和贸易平衡

假设两个国家的所有生产要素都被充分利用，因此国内均衡是充分就业均衡，国际均衡是在贸易平衡的条件下实现的均衡。

2.4.3.3　要素禀赋的非对称性

假设两个国家所拥有的两种生产要素的数量不同。其中，一个国家资本较为充裕因而利息率相对较低，而另一个国家劳动力较为充裕因而工资率相对较低。假设在两国中，商品 X 都是劳动密集型产品，商品 Y 都是资本密集型产品。这表明，在两个国家中，生产商品 Y 相对于生产商品 X 来说，使用的资本-劳动比例较高。但这并不意味着两国生产商品 Y 的资本-劳动比例是相同的，而是在各国生产 X 的资本-劳动比例均低于该国生产 Y 的资本-劳动比例。资源禀赋差异或者说非对称性是要素禀赋理论的最基本和最主要的假设。

2.4.3.4　技术的对称性

技术的对称性即具有相同的生产函数，两个国家在两种产品生产上所使用的技术完全相同，产量只是生产要素投入量的因变量，而且反映每种产品生产技术的生产函数都满足边际收益递减和规模报酬不变两个假设。

每种要素的边际收益递减，或单位产出的边际成本和平均成本递增，表明贸易后，两国不能实现完全的专业化，即尽管是自由贸易，两国仍然继续生产两种产品。

生产的规模收益不变，表明增加生产某一产品的资本和劳动投入将带来该产品的产量以同一比例增加，即生产函数是线性齐次的，单位生产成本不随着生产规模的增减而变化。例如，如果在生产产品 X 时增加 10% 的资本和劳动投入，X 产品的产量也会增加 10%。如果资本和劳动投入增加 1 倍，X 产品的产量也会增加 1 倍。对于 Y 产品的生产也是这样。

生产技术相同这一假设，意味着如果要素价格在两国是相同的，两国在生产同一产品时就会使用相同的劳动和资本比例。由于要素价格通常是不同的，因此各国的生产者都将使用更多的价格便宜的要素以降低生产成本，是为了排除因各国技术的差异形成的生产成本差异与产品价格差异，从而把后者有效地归于生产要素禀赋的差异。

2.4.3.5　自由竞争与自由贸易

每个国家内部的产品和要素市场都表现为完全竞争的市场特征，两国两种产品的生产者和消费者数量众多，资本和劳动的使用者和供给者都是价格的接受者。

2.4.3.6　两国消费偏好相同

两国消费偏好相同表明，两国需求偏好的无差异曲线的形状和位置完全相同。当两国的产品相对价格相同时，两国消费两种产品比例也是相同的，而且不受收入水平的影响。

2.4.3.7　要素密集度不会发生逆转

给定两种生产要素资本和劳动及两种产品 A、B，假定产品 A 为劳动密集型产品，产品 B 为资本密集型产品，无论劳动和资本的价格怎样变动，产品的要素投入结构怎样调整，产品 A 为劳动密集型产品，产品 B 为资本密集型产品的性质不发生改变。

2.4.3.8　没有运输成本，国与国之间的贸易不受关税和其他贸易限制

由以上假设可知，除两国要素禀赋不同外，其他一切条件都是完全相同的。

要素禀赋理论的基本假设前提与李嘉图比较优势理论的不同之处主要体现在以下方面：

一是李嘉图是在单要素模型中展开分析的，商品价值是由生产商品所花费的劳动时间决定的，而要素禀赋理论是对两要素模型进行分析。

二是李嘉图认为国内等量劳动相交换的原则不能在国际贸易中应用，而要素禀赋理论则暗含着国内、国际贸易都是不同区域间的商品交换，本质上是相同的。

三是李嘉图认为国际贸易产生的原因主要是各国在劳动生产率上的差异，而要素禀赋理论则假设各国生产技术、生产函数相同，同种生产要素具有同样的劳动生产率。

2.4.4　要素禀赋理论的主要内容

要素禀赋理论有狭义和广义之分。狭义的要素禀赋理论又称要素比例理论或要素供给比例理论，即用生产要素的丰缺来解释国际贸易产生的原因和一国进出口商品结构的特点。广义的要素禀赋理论除了包括要素比例理论的内容外，还包括要素价格均等化学说，它主要研究国际贸易对要素价格的反作用，说明国际贸易不仅使国际商品价格趋于均等化，而且使各国的生产要素价格趋于均等化。

2.4.4.1　要素比例理论

俄林认为：商品价格的国际绝对差异是产生国际贸易的直接原因；各国不同的商品价格比例是产生国际贸易的必要条件；各国不同的商品价格比例是由各国不同的要素价格比例决定的；各国不同的要素价格比例是由各国不同的要素供给比例决定的。所有这些环节，要素供给是中心环节。

按照俄林的理论，国际分工和国际贸易的格局应该是：资本、技术占优势的国家和地区专门生产并出口资本、技术密集型产品，劳动力充足、地广人稀的国家则集中生产并出口劳动密集型和土地密集型产品。这样，各国都可以凭借各自的优势生产要素，通过生产并出口其产品而获得"比较利益"。俄林认为，这种按照生产要素的丰缺进行的国际分工和国际贸易是合理的，可以为参加分工和贸易的先进的工业化国家和落后的发展中国家都带来好处。

2.4.4.2　要素价格均等化学说

国际贸易最重要的结果是各国都能更有效地利用各种生产要素。如果世界各个区域和各个国家间彼此没有贸易往来，处于完全隔绝状态，而它们的要素禀赋又十分不同，则各种生产要素的使用效率将是最低的。在世界分为不同区域和国家的情况下，只有各种生产要素在各区域和国家间自由转移，才能使各种要素得到最充分有效的利用。生产要素在供求关系的影响下，在世界范围内自由流动，使各国的要素价格趋于相等，这意味着世界范围内没有哪个国家的生产要素缺乏或过剩。但国际生产要素的相对不流动性（要素的自由流动往往被各国政府制定的种种限制政策所阻碍），使世界生产不能达到这种理想的结果。但商品的流动性可以部分代替要素流动，弥补要素缺乏流动性的不足，所以国际商品贸易能缩小要素价格差距，使要素价格趋于均等。

如上所述，在赫克歇尔-俄林理论中已经包含了要素价格均等化学说的基本内容，萨缪尔森等人完善了要素价格均等化的基本命题，并对此进行了论证。从逻辑上讲，要素价格均等化定理是赫克歇尔-俄林定理的推论。因此，要素价格均等化学说又被称为赫克歇尔-俄林-萨缪尔森学说，它主要研究国际贸易对生产要素价格的影响，说明国际贸易（自由贸易）使各国的生产要素价格趋于均等化。

2.4.5 评价

2.4.5.1 积极方面

要素禀赋理论继承了比较优势理论，但又有新的发展，被认为是现代国际贸易的理论基础。

第一，该理论仍然属于比较优势理论的范畴，使用的是比较优势理论的分析方法，但是它对国际贸易产生的原因、各国进出口商品结构的特点和国际贸易对要素价格的影响等分析和研究更深入和全面，更接近于实际，从而增强了理论的实用性。

第二，该理论比较正确地指出了生产要素及其组合在各国进出口贸易中占据重要地位，用参与国际贸易的各国各种生产要素的丰裕程度来解释19世纪到第二次世界大战前国际贸易发生的原因和国际贸易的格局，是具有说服力的。

第三，该理论对于一个国家如何利用本国的资源优势参与国际分工和国际贸易，仍然具有现实意义。

2.4.5.2 局限性

第一，该理论用要素比例理论来反驳李嘉图和马克思的劳动价值论，抹杀了劳动收入和财产收入的区别，使比较成本理论庸俗化了。

李嘉图还以劳动价值论来解释其理论，赫克歇尔-俄林理论则完全违背了劳动价值论。马克思主义的观点是，资本主义是一个剥削体系，资本的利润、土地的地租都是剥削收入。而俄林认为它们都是正当收入，地租是符合土壤自然肥性的，工资是符合劳动生产率的，利润是符合资本生产率的。

第二，与比较优势理论一样，要素禀赋理论也是建立在一系列假设条件之上的，如自由贸易、完全竞争、两国的技术水平相同、生产要素在国内能自由流动而在国际不能流动、同种生产要素具有同样的劳动生产率等，而这些假设与现实都有一定的距离。这影响了其对现实国际贸易现象和问题的解释力。事实上，以后不少经济学家对这个理论进行验证时，都发现它存在很多无法解释的矛盾。例如：

① 关于"要素禀赋"的论述以及两种要素的假设前提。俄林指出：如果一个地区有丰富的铁和煤，而另一个地区有肥沃的土地可生产小麦，那么，前者最好从事制铁，后者则最好生产小麦。俄林简单地把要素禀赋看作一种单纯的数量，而没有把它看成一个变量或者说没有把要素禀赋看作一个动态因素。事实上，每一个国家的生产要素都是一个变量。随着生产的发展、经济的增长，生产要素的数量、质量乃至种类都会发生变化。如第二次世界大战后的日本已由一个劳动力充裕的国家变为一个资本丰裕的国家。此外，俄林假定一种产品在各国都是按同样两种生产要素组合生产的。事实上，某种产品在一国可能利用某种主要的要素生产，而在另一国则可能用另一种主要的要素去生产。如中国可以投入大量的劳动力去生产小麦，而美国则可以投入大量的资本去生产。根据要素禀赋论，两国都使用了自己相对丰富的要素去生产，应该可以进行贸易，但却出口或进口同一种产品。

② 关于贸易前提与贸易结果的矛盾。要素价格均等化学说认为，贸易的结果使要素的价格趋于一致。而要素比例理论所论证的是，国际贸易产生的原因是各国商品价格的差异，而要素价格的差异才导致了商品价格的差异。那么，贸易的结果却导致了贸易前提条件的消失，这一矛盾是无法自圆其说的。

③ 要素禀赋理论与当代发达国家间贸易迅速发展的实际情况不符。按照这一理论，国际贸易的大部分应该发生在要素禀赋不同、需求格局相异的工业国与初级产品生产国之间。但当代国际贸易的一个突出特征却是大量贸易发生在要素禀赋相似、需求格局相近的工业国之间。

第三，抹杀和掩盖了国际分工与国际贸易发生和发展的最重要的原因。俄林认为，土地、劳动和资本的比例关系是决定国际分工和国际贸易发生、发展的最重要因素，从而将资本主义的生产关系、资本家追逐利润和超额利润，从而使市场和生产无限扩大等这些最重要的原因掩盖了。

第四，该理论没有考虑国际生产关系和国际政治环境对国际贸易分工的影响。现实中，国际分工在某些方面很大程度上受它们的影响。这使得一些国家参与国际贸易分工往往偏离其要素禀赋格局。例如，根据要素禀赋理论，像中国这样的发展中国家也许应该专门生产资源、劳动密集型产品，而从美欧等发达国家进口资本、技术密集型产品，但为了国家的经济安全，乃至国防安全，中国必须拥有独立的、完整的工业体系，自己生产一部分关键产品。

2.5　需求相似理论

所谓当代国际贸易理论（国际贸易新理论），是相对于古典国际贸易理论和新古典国际贸易理论而言的，是指第二次世界大战以后特别是 20 世纪 80 年代以来伴随着国际贸易的迅速发展而产生的一系列国际贸易理论与学说。由于这些理论改变了传统国际贸易理论的假设条件，其分析框架也不相同，故我们称之为当代国际贸易理论或国际贸易新理论。

需求相似理论（Theory of Demand Similarity）又称偏好相似理论（Theory of Preference Similarity），是由瑞典经济学家林德（S.B.Linder）在 1961 年出版的《论贸易和转变》（An Essayon Trade and Transformation）一书中提出来的。该理论从需求方面探讨了国际贸易发生的原因。

2.5.1　需求相似理论的主要观点

林德认为，不同国家由于经济发展水平不同，需求偏好也不相同。各国的需求结构状况决定了其贸易格局。要素禀赋论只适用于解释初级产品贸易，制成品贸易则需从需求方面去研究。一般来讲，各国开发出的新产品，都是针对本国消费者的消费偏好的，都是首先满足本国市场的需求，然后才向国外出口的。这是由于企业家的信息是有限的，他们不可能随时了解国外消费者的需求变化情况，即使了解了外国消费者对某种产品的需求信息，由于企业并不熟悉这种需求，也不会集中大量的资源进行生产。另外，要试制出能够满足国外市场需求的商品往往要经过多次反复试验，这也是相当困难的。所以，各国企业都是根据本国市场的需求状况来进行生产，通过扩大产量来实现规模经济，促成成本的下降，在满足了国内市场需要后再进入国际市场。而在出口时，首先就要选择那些与本国需求结构相似的国家，这有助于其迅速打开市场。所以，需求结构（需求偏好）相似的国家之间开展贸易的可能性就大。

该理论还认为，一国的需求结构取决于该国的人均收入水平。不同收入水平的国家需求偏好是有很大差异的，高收入国家偏好于消费技术水平高、加工程度深、价值较高的商品；低收入国家偏好于购买低档次的商品，以满足其基本生活需要。

为了进一步说明问题，林德还提出了代表性需求的概念。我们知道，同一类商品可以分成不同的档次，两个国家即使对同一类商品有需求，但如果它们的人均收入不同，它们所需求的档次也会存在差异，而一个国家消费者消费某种商品的平均档次就叫这个国家的代表性需求。很显然，人均收入水平越高的国家，其代表性需求的档次就越高，人均收入水平低的国家则代表性需求的档次就越低。

林德的需求相似理论在解释发达国家之间的贸易方面具有较强的说服力。概括起来，其主要内容包括：

2.5.1.1 需求是产生贸易的基础

如果两国经济发展水平相当、收入水平相近，那么它们之间需求结构就越相似，发生潜在贸易的可能性就越大。

2.5.1.2 需求结构越相似，两国间贸易量越大

既然可以出口的工业品是基于本国大规模生产和大量消费需求的，那么两国对产品需求的档次变动范围重叠部分越大，表示需求结构越相近，开展贸易的可能性就越大。

2.5.1.3 人均收入水平是影响需求结构的最主要因素

一国的人均收入水平决定了该国特定的需求偏好模式。每个国家都生产那些迎合本国居民的需求和偏好的商品，贸易将发生在那些具有重叠需求的商品上。两国的收入水平越相似，其需求结构就越接近，进行制成品贸易的可能性也就越高。

需求相似理论得出的结论是：工业制成品的贸易在具有相同或相近发展水平的国家间更易于开展。

2.5.2 评价

2.5.2.1 积极方面

首先，需求相似理论从需求的角度对国际贸易进行了分析，是对比较优势理论的一个重要补充。以前人们在分析国际贸易问题时总是从供给的角度入手，需求相似理论则独辟蹊径，以需求来解释贸易的原因，从而得出了更符合客观实际的结论。它证明了，随着经济的发展和各国经济水平的日益接近，国际贸易并不像比较优势原理所预言的那样会越来

越少，而是会越来越发达，这是对比较优势理论的重大补充和发展。

其次，这一理论对解释战后产业内贸易迅速发展的原因作出了贡献。根据传统理论，国际贸易之所以发生，是由于各国之间要素禀赋存在差异，因此贸易必须在不同的产业（部门）之间进行；但是第二次世界大战之后，产业（部门）内贸易却得到了迅速发展，且远远超过了产业（部门）间贸易的规模。对于这一现实，传统贸易理论是无法解释的。需求相似理论则从需求角度论证了，各国经济发展水平越接近，它们之间的贸易规模则越有扩大的可能性。这是对比较利益理论的补充，更贴近国际贸易的实际。克鲁格曼从供给的角度对此进行了解释，林德从需求的角度对此进行了解释，对国际贸易理论的发展起到了极大的推动作用。

2.5.2.2　局限性

需求相似理论过分地强调了人均收入在决定消费结构中的作用。事实上，消费结构除了取决于人均收入外，还受诸如气候、地理环境、风土人情、宗教信仰、法律、消费嗜好等各种因素的影响。例如，科威特、沙特阿拉伯与美国的人均收入水平十分接近，但需求结构却相去甚远。

2.6　产品生命周期理论

产品生命周期理论（Product Life Cycle Theory）是由美国经济学家弗农（R. Vernon）于1966年在其《产品周期中的国际投资与国际贸易》一文中首先提出，后经美国哈佛大学教授威尔斯（L. T. Wells）和赫希（S. Hirsch）等人加以补充和完善的。

2.6.1　产品生命周期理论的主要内容

弗农在技术差距论的基础上，将市场营销学中的概念引入国际贸易理论，认为许多新产品的生命周期经历如下三个时期：

2.6.1.1　产品创新时期

少数在技术上领先的创新国家的企业首先开发出了新产品，然后便在国内投入生产。这是因为国内拥有开发新产品的技术条件和吸纳新产品的国内市场。该国在生产和销售方面享有垄断权。新产品不仅满足了国内市场需求，而且出口到与创新国家收入水平相近的国家和地区。在这一时期，创新国几乎没有竞争对手，企业竞争的关键也不是生产成本，同时国外还没有生产该产品，当地对该新产品的需求完全靠创新国家的出口来满足。

2.6.1.2　产品成熟时期

随着技术的成熟与扩散，生产企业不断增加，市场竞争日趋激烈，对企业来说，产品的成本和价格变得更加重要。与此同时，随着国外该产品的市场不断扩大，出现了大量仿制者。这样一来，创新国家企业的生产不仅面临着国内原材料供应相对或绝对紧张的局面，而且面临着产品出口运输能力和费用的制约、进口国家的种种限制及进口国家企业仿制品的取代。在这种情况下，企业若想保持和扩大国外市场份额，就必须选择对外直接投资，即到国外建立子公司，在当地生产，在当地销售，在不大量增加其他费用的同时，由于利用了当地各种廉价资源，减少了关税、运费、保险费的支出，因而大大降低了产品成本，增强了企业产品的竞争力，巩固和扩大了市场。

2.6.1.3 产品标准化时期

在这一时期，技术和产品都已实现标准化，参与此类产品生产的企业日益增多，竞争更加激烈，产品的成本和价格在竞争中的作用十分突出。在这种情况下，企业通过对各国市场、资源、劳动力价格进行比较，选择生产成本最低的地区建立子公司或分公司从事产品的生产活动。此时往往由于发达国家劳动力价格较高，生产的最佳地点从发达国家转向发展中国家，创新国的技术优势已不复存在，国内对此类产品的需求转向从国外进口。对于创新企业来说，若想继续保持优势，选择只有一个，那就是进行新的发明创新。

从产品的要素密集性上看，不同时期产品存在不同的特征。在产品创新时期，需要投入大量的科研与开发费用，这一时期的产品要素密集性表现为技术密集型；在产品成熟时期，知识技术的投入减少，资本和管理要素的投入增加，高级熟练劳动的投入越来越重要，这一时期的产品要素密集性表现为资本密集型；在产品标准化时期，产品的技术趋于稳定，技术投入更是微乎其微，资本要素投入虽然仍很重要，但非熟练劳动投入大幅度增加，产品要素密集性也将随之改变。在产品生命周期的各个时期，由于要素密集性不同，产品所属类型不同、技术先进程度不同以及产品价格不同，使得不同国家在产品处于不同时期所具有的比较利益不同，因此"比较利益也就从一个拥有大量熟练劳动力的国家转移到一个拥有大量非熟练劳动力的国家"[①]。产品的出口国也随之转移。

2.6.2 评价

2.6.2.1 积极方面

产品生命周期理论从一个侧面解释了工业先进国家与落后国家之间比较优势的不断转化和产业结构的不断调整过程。工业先进国家的产业转移不仅促进了工业落后国的工业化，也导致了彼此之间比较优势和贸易结构的变化。从产品要素的密集性来看，在产品生命周期的不同时期，其生产要素的比例会发生规律性的变化；从不同国家来看，在产品生命周期的各个阶段，其比较优势将从某一国家转向另一国家。可见，产品生命周期理论是一种动态经济理论。该理论运用动态分析法，从技术创新和技术传播的角度分析了国际分工的基础和贸易格局的演变。因此，产品生命周期理论也可视为对比较成本理论和要素禀

---

① VERNON R. International investment and international trade in the product cycle [J]. Thunderbird International Business Review，1966，8（4）：1-56.

赋理论的发展。

2.6.2.2　局限性

当代，许多产品已不具备产品生命周期。因为：

第一，随着跨国公司全球化经营的发展，跨国公司的研发、生产都全球化了。一些产品，跨国公司往往在东道国就地研发、就地生产，直接面向全球销售，已没有这样一个梯度转移的过程。

第二，科学技术的迅速发展使产品的生命周期大大缩短，许多产品创新出来以后很快进入成熟期，甚至衰退期。因此，产品生命周期理论对当代国际贸易、国际投资只能起到一定的借鉴作用。对发展中国家而言，既要抓住发达国家产业转移的机遇，引进相对于国内较为先进的产业，又不能满足于吸引发达国家转移过来的成熟技术，而要加强创新，并吸引跨国公司前来设立研发中心。

2.7　产业内贸易理论

产业内贸易理论（Intra-industry Trade Theory）是 20 世纪 60 年代以来在西方国际贸易理论中产生和发展起来的一种解释当时出现的国际贸易分工格局的理论。其主要代表人物是美国经济学家格鲁贝尔（E. G. Grubel）和劳埃德（P. J. Loyld）等人。

2.7.1　产业内贸易的概念

最早贸易增长与规模经济之间关系的是荷兰经济学家费尔顿（P. J. Verdoorn）。1960年，费尔顿在考察比荷卢经济联盟内部的贸易形式时发现，联盟内部各国专业化生产的产品大多是同一贸易分类项下的。[1]1962年，麦克利（M. Michaely）在分析 36 个国家的贸易数据时也发现，发达国家间的进出口商品构成有较大的相似性，发展中国家则较小。[2]1966年，巴拉萨（B. Balassa）将这种不同国家在同一个产业部门内部进行贸易的现象称为产业内贸易。[3]

当代国际贸易从产品内容上来看大致可以分为两种基本类型：

2.7.1.1　产业间贸易

产业间贸易（inter-industry trade）亦称部门间贸易，即一国或地区出口和进口属于不同产业部门生产的完全不同的产品。例如，发展中国家向发达国家出口初级产品和劳动密集型产品，从发达国家进口资本密集型和技术密集型产品。

①　VERDOORN P J. The intra-block trade of Benelux［M］//ROBINSON E A G.Economic consequences of the size of nations.London：Macmillan，1960.

②　MICHAELY M. Concentration in international trade［M］. Amsterdam：North-Holland Publish Company，1962.

③　BALASSA B. Tariff reductions and trade in manufactures among the industrial countries［J］. American Economic Review，1966，56（3）：466-473.

2.7.1.2　产业内贸易

产业内贸易（intra-industry trade）也称部门内贸易，即一国或地区既出口又进口某种或某些同类产品。所谓同类产品，一般依据联合国《国际贸易标准分类》（Standard International Trade Classification，SITC）的前3位数来确定。SITC第四次修订将国际贸易中的商品分为十大类[①]，其中第0~4类大多为初级产品，第6类和第8类大多为劳动密集型的制成品，第5类和第7类大多为资本或技术密集型的制成品，第9类为未分类产品。大类以下分为67章，章以下又分为262组。这就是说属于同一"组"的产品即为同类产品。但也有人采用较为宽松的划分标准，即将同一"章"的产品视作同类产品。还有人提出了同类产品的两个标准：一是消费上能够互相替代；二是生产中有相近或相似的生产要素投入。只要符合这两个标准，就可以被称为同类产品。

2.7.2　产业内贸易的类型、基础和原因

2.7.2.1　产业内贸易的类型

格鲁贝尔和劳埃德在其1975年合著的《产业内贸易》一书中，对以前的产业内贸易理论进行了总结和综合，并对此进行了深入、系统的研究。他们把产业内贸易分为两种类型：一种是同质产品的产业内贸易，另一种是异质产品的产业内贸易。

（1）同质产品的产业内贸易

同质产品也称相同产品，是指那些在价格、品质、效用上都相同的产品，产品之间可以完全互相替代，即商品需求的交叉弹性极大，消费者对这类产品的消费偏好完全一样。这类产品一般情况下属于产业间贸易，但由于生产区位和制造时间不同等原因，也在相同产业内进行贸易。格鲁贝尔和劳埃德认为，同质产品是符合下列三个条件的产品：产品之间可以完全互相替代；生产的区位不同；制造的时间不同。这种同质产品的产业内贸易包括以下五种情况：

①大宗原材料贸易。像水泥、石料、砖瓦等原材料，本身的价值较低，但运输费用较高。这样人们在采购这些商品时首先所要考虑的可能就是运输距离的远近和运输费用高低，就会从距离最近的生产地点来买进这些商品，而自然资源的分布又决定了这些产品的生产区位。所以，在这类商品的交易中，就会出现一国的需求者不从距离较远的本国生产者而从距离较近的外国生产者购进的现象，特别是在两国边境地区更为普遍。这时，两国之间的产业内贸易就发生了。

②服务贸易。由于各国之间的经济技术合作和特殊的技术条件，会引起同质的服务领域的国际贸易，如金融、保险、运输等为商品流通服务的业务活动在各国之间就是交叉进行的，各国会同时既有这些项目的"出口"，又有"进口"，形成产业内贸易。另外，还

---

①　第0类为食品和活动物；第1类为饮料及烟草；第2类为非食用原料（不包括燃料）；第3类为矿物燃料、润滑油及有关原料；第4类为动植物油、脂和蜡；第5类为未另列明的化学品和有关产品；第6类为主要按原料分类的制成品；第7类为机械及运输设备；第8类为杂项制品；第9类为《国际贸易标准分类未另分类》的其他商品和交易。

有一种情况，如在欧洲电力系统是联网的，其中各国会由于用电高峰时间的不同而在一天中既出口又进口电力。信息服务贸易也属于这种类型。

③ 转口贸易和再出口、再进口贸易。世界上许多国家或地区（如新加坡等），存在许多转口贸易和再出口贸易，它们进出口的商品往往在基本形态上没有什么变化，只是提供一些诸如仓储、包装、运输、零售等服务性的活动，这就会形成大量的产业内贸易；同时，还会有国家对其他国家进行低价倾销，由于倾销商品形成的国内外价格差异过大，会有人把倾销出去的商品再进口回来以获利。

④ 跨国企业的避税贸易。世界上一些大的跨国公司为了追求利润最大化，经常会进行国际避税活动。其方法是：在国际避税地设立一家公司，通过这家公司对跨国公司的各个子公司进行同种商品的低价买进、高价卖出活动，将利润转移到这家避税公司来，以达到少缴税或不缴税的目的。这种避税贸易现已成为国际贸易中不可忽视的一部分，显然这就属于产业内贸易。

⑤ 季节性产品贸易。由于某些商品如水果、蔬菜等农产品的生产受季节因素的影响较大，这就使得一些国家在生产旺季出口而在淡季又进口这些商品，以平衡国内市场的需要。同时，自然灾害也会使一国本来大量出口的产业的生产遭到破坏，转而进口这些商品。

（2）异质产品的产业内贸易

异质产品也称差异产品，是指在消费上并不能完全替代，而在生产上又需要有极其类似的要素投入的产品，大多数产业内贸易的产品都属于这类产品。异质产品的产业内贸易主要有以下三种情况：

① 产品的使用价值完全一样，但生产投入极不相同。

② 生产投入极为相似，但产品的使用价值极不相同。

③ 产品的使用价值几乎完全一样，生产投入又极为相似。

2.7.2.2 产业内贸易的基础和原因

格鲁贝尔和劳埃德认为，同质产品的产业内贸易是可以用 H-O 模型进行说明的，只不过是要对 H-O 模型加以改造，在其中加入运费、规模经济、价值增值、政府行为和时间等因素。困难的是对于异质产品的产业内贸易进行解释。

国家间要素禀赋的差异，进而形成的比较成本的差异，是产业内贸易发生的基础和原因。国家间的要素禀赋差异越大，产业内贸易量便越大。这是传统贸易理论对产业内贸易的解释。国际贸易中的产业内贸易现象显然不能用传统的贸易理论来解释，因为传统贸易理论有两个重要假定：

一是假定生产各种产品需要不同密度的生产要素，而各国所拥有的生产要素禀赋也是不同的。因此，贸易结构、贸易流向和比较优势是由各国不同的要素禀赋来决定的。

二是假定市场竞争是完全的，在一个特定产业内的企业，生产同样的产品，拥有相似的生产条件。而这些假定与现实相差甚远。

产业内贸易形成和发展的原因及三要制约因素比较复杂。

（1）产品的差异性是产业内贸易的基础

在每一个产业部门内部，由于产品的质量、性能、规格、商标、牌号、款式、包装装潢等方面的不同而被视为差异产品，即使实物形态相同，也可能由于信贷条件、交货时间、售后服务和广告宣传等方面的不同而被视为差异产品。各国由于财力、物力、人力的约束和科学技术的差距，使它们不可能在具有比较利益的部门生产所有的差异产品，而必须有所取舍，着眼于某些差异产品的专业化生产，以获取规模经济利益。因此，每一产业内部的系列产品常常产自不同的国家。而消费多样化造成的需求多样化，使各国对同种或同类产品产生相互需求，从而产生贸易。例如，美国和日本都生产小汽车，但美国生产的小汽车一般比较豪华，价格也较昂贵；日本生产的小汽车大多比较实用、节能，物美价廉。这与两国大多数消费者的消费偏好相吻合，两国都各有一部分消费者喜欢对方国家的产品，所以在两国之间就会发生相互交换汽车的产业内贸易。

与产业内差异产品贸易有关的是产品零部件贸易的增长。为了降低成本，一种产品的不同部分往往通过国际经济合作在不同国家生产，追求多国的比较优势。例如，波音777飞机的32个构成部分，波音公司承担了22%，美国制造商承担了15%，日本供给商承担了22%，其他国际供给商承担了41%。飞机的总体设计在美国进行，美国公司承担发动机等主要部件的生产设计和制造，其他外国承包商在本国设计、生产和制造有关部件，然后运到美国组装。显然，波音777飞机是多国合作的产物。类似的跨国公司间的国际联盟、协作生产和零部件贸易促进了各国经济的相互依赖和产业内贸易的发展与扩大。

（2）需求偏好相似是产业内贸易的动因

最早试图对当代工业化国家之间的贸易和产业内贸易现象作出解释的是瑞典经济学家林德。他提出，不同国家由于经济发展水平和人均收入水平不同，需求结构与需求偏好亦不同。两国的经济发展水平和人均收入水平越接近，需求结构与需求偏好越相似，相互间的贸易量便越大。相反，世界上国家或地区间经济发展水平和人均收入水平的参差不齐反而成了阻止国际贸易的障碍。例如，一国根据本国国内需求开发生产的产品，由于别的国家收入水平较低而对该产品缺乏需求，或者由于别的国家收入水平过高而对此产品不屑一顾，彼此间的贸易自然无法进行。

（3）不同国家产品和消费层次结构的重叠使得相互间的产业内贸易成为可能

不同国家的产品和消费层次结构是存在重叠现象的。对发达国家来说，由于其经济发展水平相近，其产品和消费层次结构也大体相同。比如，A国厂商提供的各种档次的同类产品基本上能够为B国各种层次的消费者所接受；反过来，A国各种层次的消费者也能接受B国厂商提供的各种档次的同类产品。这种重叠是发达国家之间产业内贸易的前提和基础。在发达国家与发展中国家之间，产品和消费层次结构也有部分重叠。发展中国家能够提供适合发达国家消费者的产品，发展中国家消费者也能够接受发达国家的部分产品。例如，发达国家中相当数量的中、低收入者与发展中国家高收入者的需求相互重叠。这种重叠使得发达国家与发展中国家之间具有差别的产品的相互进出口成为可能。

（4）规模经济是产业内贸易的利润来源

富兰克林·鲁特曾经作过如下分析：如果A、B两国具有相同的要素比例和技术水平，那么两国生产出的商品的成本和价格比率必然是相同的，根据传统的国际贸易理论，这两国之间就不会有贸易往来。但如果考虑到规模经济的因素就不同了，如果A国在某种商品生产上具有规模经济，随着其产量的增加，长期平均成本呈递减的趋势，那么它将排挤B国的同类商品而占领B国的市场；同时，B国原来生产这种商品的资源将转移到其他的商品生产上，这样产业内贸易就发生了。可见，由于规模经济会使企业随生产量的扩大而产生节约的经济效果，从而使企业在大规模的专业化生产过程中占据优势，在相同的生产要素禀赋与生产技术水平的国家之间也能进行贸易。在这一分析中，实际上是有如下 3 个假设条件的：

① 每个产业内部都存在广泛的有差异的产品系列；

② 存在不完全竞争市场，差异产品间存在垄断性竞争；

③ 每种产品的生产收益是随着规模的扩大而递增的。

2.7.3　产业内贸易指数

目前，国际上通用的评价产业内贸易程度的指标是格鲁贝尔和劳埃德提出的"GL 指数"（Grubel-Lloyd Index）。产业内贸易指数的计算公式为：

$$A_i = 1 - |X_i - M_i| \div (X_i + M_i)$$

式中：X_i 指一国 i 产品的出口额；M_i 指该国的进口额；A_i 代表 i 产品的产业内贸易指数，在 0～1 之间变动，越接近 1 说明产业内贸易程度越高，越接近 0 表明产业内贸易程度越低。

在评价产业内贸易程度时，还有其他可供选择的方法。费尔顿提出，用同一产业内的出口值与进口值的比值来表示产业内贸易的程度。用公式表示为：

$$U_i = X_i / M_i$$

产业内贸易指数是从一个产业部门的角度来研究产业内贸易程度的，所以，产业内贸易指数的大小主要受到 3 个因素的影响：

一是与某一产业部门的产品特性有关，因为有些产业部门的产品生产和消费具有明显的地域性，难以发生大规模的产业内贸易。

二是与该产业部门的成熟度有关，因为高度发达的产业部门容易发生产业内贸易，不发达的产业部门难以发生产业内贸易。

三是与该产业部门的划分有关，如果产业部门的划分较细，产业内贸易指数就比较小；如果产业部门的划分较粗，产业内贸易指数就比较大。

2.7.4　评价

产业内贸易理论对传统贸易理论的突破在于其分析框架从完全竞争市场转向不完全竞争市场。另外，产业内贸易理论不仅从供给方面进行了论述，而且从需求角度进行了考察，这实际上将比较优势理论中贸易利益等于国家利益的隐含假设转化为供给者与需求者均可受益。这一理论还认为，规模经济是当代经济的重要内容，它是各国都在追求的利益，而且将规模经济的利益作为产业内贸易利益的来源，这样的分析较为贴近实际。

产业内贸易理论是对比较优势理论的补充，它揭示了比较优势理论和要素禀赋理论用于解释初级产品与标准化产品的合理性，但产业内贸易发生的原因应该从其他角度予以说明。产业内贸易理论仍然是静态分析，但在政策建议上该理论赞同动态化的建议。

尽管产业内贸易理论比传统的国际贸易理论更贴近现实，但在现实生活中，经济的多元化和消费者行为的复杂性等因素使产业内贸易理论的很多模型显得过于理想化与简单化，多数模型只能解释产业内贸易中的很小一部分，未能作出更一般的解释。

2.8　规模经济理论

古典和新古典贸易理论以比较优势为基础，把国与国间要素禀赋差异作为贸易产生的唯一原因。规模经济理论则认为，规模经济也可能成为国际贸易的动因，在规模经济作用下，不完全竞争的市场结构普遍存在。规模经济理论的代表人物是保罗·克鲁格曼（Paul R.Krugman）。

2.8.1　规模经济的含义

规模经济是规模报酬的一种情况。

所谓规模报酬，是指当所有投入要素同比例增加时，即生产规模扩大时，总产出量的变化情况。根据产量变化的程度，规模报酬可以分为3种情况：

① 规模报酬递增，即所有投入要素的同比例增加导致了产出水平更大比例的增加；

② 规模报酬不变，即所有投入要素的同比例增加导致了产出水平的同比例增加；

③ 规模报酬递减，即所有投入要素的同比例增加导致了产出水平较小比例的增加。

规模经济指的是规模报酬递增的情况。在规模经济条件下，随着生产规模的扩大，总产量增加的速度超过了要素投入增加的速度，这意味着平均成本下降，生产效率提高。在这种情况下，大厂商比小厂商更有竞争力，少数大厂商逐渐垄断了整个市场，不完全竞争成为市场的基本特征。

根据厂商平均成本下降的原因，规模经济可以分为外部规模经济和内部规模经济两种情况。其中，外部规模经济是指单个厂商由于相关产业其他厂商生产规模的扩大而出现的平均成本下降；内部规模经济是指厂商自身产出量的增加而导致的平均成本下降。外部规模经济的实现依赖产业规模，内部规模经济的实现则依赖厂商自身规模的扩大和产量的增加，它们对于市场结构和国际贸易的影响是不同的。

2.8.2　外部规模经济与国际贸易

外部规模经济出现的主要原因是整个产业集中在一个地理区域内，有利于形成专业化的供应商，培育共同的劳动力市场，并有利于知识外溢，使得整个产业的生产效率得以提高，所有厂商的平均生产成本下降。如美国硅谷的计算机工业、中国义乌的小商品市场等。

在外部规模经济下，产业规模的扩大使得厂商的成本下降，从而竞争力增强，一国就有可能出口该产品。但是一国出口产业的最初建成或扩大却纯粹是由偶然因素决定的，一旦该国建立起大于别国的生产规模，随着时间的推移，该国会拥有更多的成本优势。这样，一旦该国先行将该产业发展到一定规模，即使其他国家具有更大的比较优势，也不可能成为该产品的出口国。因此，在外部规模经济存在的情况下，贸易模式会受到历史偶然因素的极大影响。

2.8.3　内部规模经济与国际贸易

在存在内部规模经济的产业中，大厂商要比小厂商更具有成本优势，因而能迫使小厂商退出市场，并最终把市场控制在自己手中，形成不完全竞争的市场结构。在封闭经济情况下，这会导致一系列的负面影响，如经济中的竞争力下降、消费者支付的成本上升、产业多样化程度降低等，而国际贸易可以解决这些问题。与封闭的国内市场相比，世界市场可以容纳更多的厂商，同时单个厂商的规模也会扩大，从而解决了规模经济与竞争性之间的矛盾。在规模经济较为重要的产业中，国际贸易还可以使消费者享受到比封闭条件下更加多样化的产品。

具有内部规模经济的一般是资本密集型或知识密集型行业。内部规模经济之所以会出现，是由企业所需特种生产要素的不可分割性和企业内部专业化生产造成的。采用大规模生产技术的制造业可以使用特种巨型机器设备和流水生产线，进行高度的劳动分工和管理部门的分工，有条件进行大批量的销售，而且有可能进行大量的研究和开发工作，从而可以大幅度降低成本，获取利润。对于研究和开发费用较大的产业来说，规模经济的实现更是至关重要。如果没有国际贸易，这类产业可能就无法生存。只有在进行国际贸易的情况下，产品销往世界市场，产量得以增加，厂商才能最终实现规模经济下的生产。

2.8.4　规模经济理论的主要观点

通过以上分析，规模经济理论的主要观点可以总结为：

第一，规模经济存在的原因有两个：一是大规模的生产经营能够充分发挥各种生产要素的效能，更好地组织企业内部的劳动分工和生产专业化，提高固定资产的利用率，取得内部规模经济效应；二是大规模的生产经营能更好地利用交通运输、通信设施、金融机构、资源条件等良好的企业环境，获得外部规模经济。

第二，规模经济是国际贸易存在的重要原因。当某个产品的生产出现规模报酬递增时，随着生产规模的扩大，单位产品的成本会发生递减从而形成成本优势，这会导致该产品的专业化生产和出口。

第三，在存在规模经济的条件下，以此为基础的分工和贸易会通过提高劳动生产率、降低成本，最终使产业达到更大的国际规模，参与分工和贸易的双方均能享受到这种好处。

2.8.5　评价

规模经济理论提出了有别于比较优势的另一种国际贸易的起因，内部规模经济和外部规模经济分别从不同角度决定了国际贸易的发生。同时，该理论还解释了产业内贸易发生的原因。在开放经济条件下，两个国家的市场统一，市场规模扩大。厂商会扩大生产规模，产品的单位成本降低，同时更多的厂商进入这个行业，生产更多的差异化产品。每个国家出口差异化产品，进口另一些差异化产品。建立在内部规模经济和差异产品基础上的国际贸易发生在同一个行业内，则产生了产业内贸易。

规模经济理论忽视了其他可能影响国际贸易的重要因素，如技术进步、资源禀赋、政策因素等。这些因素在实际贸易中也发挥着重要作用。该理论主要解释了发达国家之间的产业内贸易，但对于发达国家与发展中国家之间的贸易，尤其是资源密集型产品的贸易，解释力较弱。

2.9　国家竞争优势理论

20世纪八九十年代，美国哈佛大学商学院教授迈克尔·波特（Michael E. Porter）先后出版了《竞争战略》《竞争优势》《国家竞争优势》，分别从微观、中观和宏观的角度论述了竞争力问题，对传统理论提出了挑战。在《国家竞争优势》一书中，波特讨论了如何从长远的角度将一国的比较优势转化为竞争优势，提出了比较系统的国家竞争优势理论（Theory of Competitive Advantage of Nations）。他利用竞争优势理论对当代国际贸易竞争的方式和内容进行了深入研究，大大推动了国际贸易理论的进一步发展。

2.9.1　国家竞争优势理论的基本内容

国家竞争优势理论的中心思想是：一个国家的竞争优势，就是企业、行业的竞争优势，也是生产力发展水平的优势。他认为，一国兴衰的根本原因在于能否在国际市场上取得竞争优势，竞争优势形成的关键在于能否使主导产业具有优势，优势产业的建立有赖于提高生产效率，提高生产效率的源泉在于企业是否具有创新机制。

创新机制可从微观、中观和宏观3个层面来阐述：

① 微观创新机制：国家竞争优势的基础是企业内部活力，企业缺乏活力或不思进取，国家就难以树立整体优势。

② 中观创新机制：企业的创新涉及产业和区域发展，企业经营过程中的升级要依赖企业的前、后向和横向关联产业的辅助与支持；

③ 宏观竞争机制：如何把企业、产业、产品等局部优势整合为国家竞争优势，这时政府的行为会起到一定作用。

从宏观层面来看，一个国家的竞争优势的获得取决于四个基本因素和两个辅助因素，这些因素构成该国企业的竞争环境，并促进或阻碍国家竞争优势的产生。这是国家竞争优势理论的中心思想。

具体地讲，波特认为国家竞争优势有以下4个来源，即4个基本因素是：

2.9.1.1　生产要素

波特把生产要素区分为初级生产要素和高级生产要素、一般性生产要素和专业性生产要素。其中，初级生产要素是指一国先天拥有或不用太大代价就能得到的要素，包括自然资源、气候、地理位置、非熟练劳动力、资本等；高级生产要素则是指通过长期投资或培育才能创造出来的要素，包括现代化电信网络、高科技人才、高精尖技术等。他认为，一国的真正竞争优势主要来源于不断的、大量的投资、创新和升级所取得的高级生产要素和专业性生产要素。要素是动态的,可以被升级、被创造以及被特定化。初级生产要素的重要性会因对其需求的下降和容易得到而不断下降,拥有初级生产要素优势的国家由于对其的依赖而使其国际竞争力反而下降。如果能够充分利用和提升要素的质量,那么在一定条件下要素劣势也能转化为优势。

2.9.1.2　市场需求

波特认为,本国市场对有关行业的需求是影响一国竞争优势的重要因素。例如,本国市场对有关行业的某类产品需求扩大,就会促使该行业竞争和发展,形成一定的规模经济,从而有利于国际竞争优势的加强。而国内需求质量高,更有利于促进创新,提高产品竞争力。如果国内的消费者善于挑剔、品位较高,就会迫使本国企业努力提高产品的质量、档次和服务水平,从而取得竞争优势。例如,荷兰人特别喜爱鲜花,并由此形成了庞大的花卉产业。正是由于国内对鲜花的强烈需求和高度挑剔,才使荷兰成为世界上最大的鲜花出口国。

2.9.1.3　相关和支持性产业

波特认为,以国内市场为基础的有竞争优势的供应商会以 3 种重要方式对下游产业竞争优势的形成产生影响:

(1) 可以使下游产业更容易、更迅速地接近尽可能低的成本;

(2) 可以提供一种不断发展中的协调优势;

(3) 下游产业的公司也能够调整它们的战略计划,并利用供应商发明、创新的优势。

因此,如果一国的一定区域能为某个产业聚集起健全且具备国际竞争力的相关和支持性产业,从而形成强大的产业群,则不仅有利于降低交易成本,而且有助于改进激励方式,改善创新条件,就会更容易形成竞争优势。

2.9.1.4　企业组织、战略和竞争

不同企业的目标不同,战略、生产与管理方式也不同,跨国公司的发展会促进一国的竞争优势的提升,这些都影响企业竞争力的强化。国内市场的竞争程度对一国产业取得国际竞争优势具有重大影响。波特强调,强大的本地、本国竞争对手的存在是企业竞争优势产生并得以长久保持的最强有力的刺激。他反对“国内竞争是一种浪费”的传统观念,认为国内企业之间的竞争在短期内可能会损失一些资源,但从长远看则是利大于弊的。激烈的国内竞争迫使企业不得不苦练内功,努力提高竞争能力。同时,还迫使它们走出国门参与国际竞争。

另外,还有两个辅助因素分别是:机遇因素和政府因素。

机遇因素是指世界经济的发展变化,某些主要发明、技术突破和创新、汇率变化及其他突发事件等。政府因素是指一国政府所采取的宏观经济政策等,这些都影响着该国的国际竞争优势的变化。

波特认为,一国的竞争优势由生产要素、国内需求、相关与支持性产业以及企业组织、战略与同业竞争四个关键因素决定。这 4 个关键因素之间的关系呈菱形状,似钻石,因而该理论被称为“钻石理论”。另外,机遇和政府力量也会在其中起到一定的辅助作用

（如图2-1所示）。

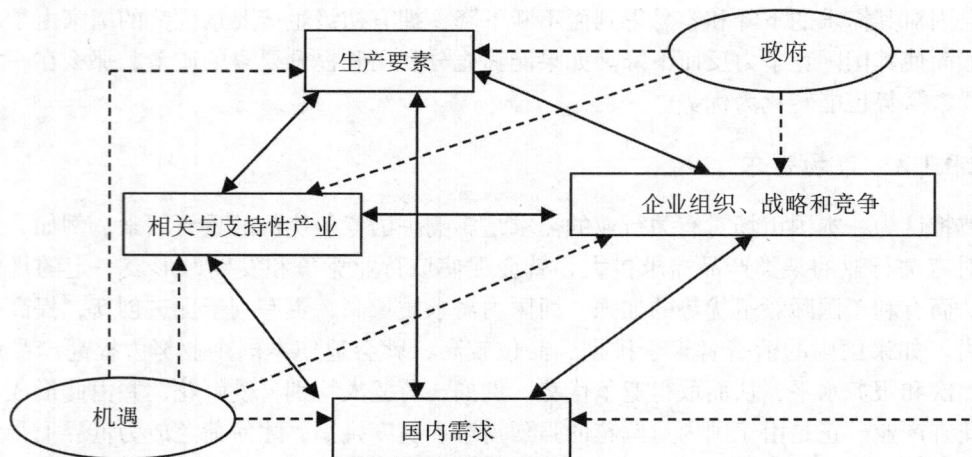

图2-1　国家竞争优势的决定因素

2.9.2　评价和启示

2.9.2.1　积极方面

波特提出的竞争优势理论对于解释第二次世界大战后国际贸易的新格局、新现象确实具有相当大的说服力。他的关于竞争优势来源于四个基本因素和两个辅助因素的观点，关于竞争优势取得的关键在于是否具有适宜的创新机制和充分的创新能力的观点，关于政府的主要作用是为企业提供一个公平竞争的外部环境的观点，关于国家竞争优势发展四个阶段的观点，对一国提高国际竞争力、取得或保持竞争优势有很大的借鉴作用。波特的竞争优势理论是对比较优势理论的超越和当代国际贸易现实的逼近，第一次明确阐述了国家竞争优势的内涵。

2.9.2.2　局限性

波特的竞争优势理论过多地强调了企业和市场的作用，贬低了政府在当代国际贸易中扮演的重要角色。在波特看来，一个国家要具备竞争优势，主要依赖企业或产业的自强不息和创新机制。政府的作用是纠正市场扭曲行为，恢复公平的竞争环境；政府实行的贸易政策，应该是促进贸易伙伴之间相互开放市场，而不是相互进行贸易保护，而且政府的作用只是一个辅助性的因素。

2.9.2.3　启示

从以上对竞争优势理论的分析得出，一个国家如果想谋取更大的福利，取得或保持竞争优势，必须注意如下几点：

第一，提高国际竞争力的基本途径是竞争和创新。政府的首要任务是完善市场经济体制，为企业提供公平的竞争环境，鼓励企业竞争和创新，鼓励企业发挥主观能动性。政府应该积极推动自由贸易，并把本国企业推向国际市场。

第二，对于关键产业和高科技产业，政府可以采取适当的保护措施，但这种保护必须是暂时的、积极的，必须与促进企业竞争、提高企业的国际竞争力结合起来。而且，应该尽可能取得其他国家的谅解。

第三，任何情况下，政府对于本国能否取得竞争优势始终发挥着非常重要的作用。不管是推动企业或产业竞争和创新，还是对企业或产业进行适当的保护，政府都具有重大的、不可替代的作用。对于发展中国家来说，这一点尤其值得重视。

2.10　保护贸易理论

从国际贸易产生以来，保护贸易与自由贸易理论的争论就没有停止过，特别是在主要资本主义国家处于经济不景气阶段，保护贸易的理论仍发挥着重要作用。对保护贸易理论的学习，有助于全面和深刻理解当今世界各国保护贸易政策的思想根源。

2.10.1　保护贸易理论的发展历程

保护贸易理论的产生可以追溯到15世纪重商主义时期。保护贸易的政策可以无限制地保持贸易出超，以及消费者可从贸易中获得利益的论点成为重商主义学说的致命弱点，受到了古典学派经济学家的猛烈抨击。此后，这一学派的影响力日渐衰退。

美国的亚历山大·汉密尔顿（Alexander Hamilton）提出美国应在对外贸易上实行关税保护，并提出一系列政策主张，使美国工业得以受到有效保护而顺利发展。保护贸易理论的完善和成熟是以弗里德里希·李斯特（Friedrich List）幼稚工业（infant industry）保护理论的出现为标志的。李斯特深受汉密尔顿观点的启发，在吸收了重商主义的观点和汉密尔顿的政策主张后，结合德国的政治经济实际，在其代表作《政治经济学的国民体系》（The National System of Political Economy）一书中系统地提出了保护德国国内工业的一系列主张。

进入20世纪后，保护贸易理论受到了新的挑战，也得到新的发展。这一时期又可分为两个阶段：

一是20世纪初期至第二次世界大战以前，资本主义国家实行保护贸易政策的目的有了变化，它已不限于以保护幼稚工业、保护本国市场和提高生产力为目标，而是着眼于进一步夺取外国市场，进行对外经济扩张，保护垄断组织获取高额利润，被称为"超保护贸易主义"。"超保护贸易主义"实质上是凯恩斯学派理论在对外贸易方面的体现。

二是20世纪70年代之后，一方面，国际贸易领域自由化程度不断提高；另一方面，由于固定汇率制度的崩溃，石油危机的爆发，世界性经济危机的发生以及后来的债务危机，多边贸易体制受到冲击，使得市场争夺日趋激烈，因此出现了新贸易保护主义。据世界银行统计，1988年各种非关税壁垒已经增加到2 500多种，且具有很大的隐蔽性和歧视性。进入21世纪，国际贸易这种自由贸易与保护贸易相互交替的格局依然存在。

2.10.2 保护关税说

1776 年，也就是斯密的《国富论》出版的同一年，美国宣告独立，英国极力反对，派军队进行镇压，于是一场独立和反独立战争爆发并持续了7年之久。美国虽然取得了战争的最后胜利，但经济却遭到了严重的破坏，加之战后英国的经济封锁，使其经济更加凋敝，工业处于落后状态。当时摆在美国面前有两条路：一条是实行保护关税政策，发展本国的制造业，减少对外国工业品的依赖；另一条是实行自由贸易政策，继续向西欧国家出口农产品，用以交换这些国家的工业品。前者反映了北方工业资本家的要求，后者符合南方种植园主的利益。

美国的开国元勋、政治家和金融家，美国独立后的首任财政部部长亚历山大·汉密尔顿代表当时美国工业资产阶级的利益，极力主张美国实行保护关税政策。他于1791年12月向美国国会递交了一份《关于制造业的报告》（Report on Manufacture）。在报告中，他阐述了保护和发展制造业的必要性，以及一个相当大的非农业消费阶层对于一个稳定而繁荣的农业的重要性，并提出了以加强国家干预为主要内容的一系列措施。

2.10.2.1 保护关税说的政策主张

汉密尔顿认为，保护和发展制造业有利于提高整个国家的机械化水平，促进社会分工的发展；有利于扩大就业，吸引移民流入，加速国土开发；有利于提供更多的创业机会，使个人才能得到更充分的发挥；有利于消化农业生产原料和生活必需品，保证农产品的销路和价格稳定，刺激农业发展；等等。他还指出，保护和发展制造业对维护美国经济和政治独立具有重要意义。一个国家如果没有工业的发展，不但不能使国家富强，而且很难保持其独立地位。况且，美国工业起步晚，基础薄弱，技术落后，生产成本高，很难与英国、法国、荷兰等国家的廉价商品进行自由竞争。因此，美国必须实行保护关税制度以使新建立起来的工业得以生存、发展和壮大。他提出的具体措施有：第一，向私营工业发放政府信用贷款，扶持私营工业发展；第二，实行保护关税制度，保护国内新兴工业；第三，限制重要原料出口，免税进口本国急需的原料；第四，为必需品工业发放津贴，给各类工业发放奖励金；第五，限制改良机器及其他先进生产设备的输出；第六，建立联邦检查制度，保证和提高工业品质量；第七，吸引外国资金，以满足国内工业发展需要；第八，鼓励移民迁入，以增加国内劳动力供给。

汉密尔顿递交《关于制造业的报告》时，自由贸易学说在美国占上风，因而他的主张遭到不少人的反对。随着英、法等国工业革命的不断发展，美国工业遇到了国外越来越强有力的竞争和挑战，汉密尔顿的主张才在美国的外贸政策上得到反映。1816年，美国提高了制成品的进口关税，这是美国第一次实行以保护为目的的关税措施。1828年，美国再度加强保护措施，工业制成品平均关税（从价税）率提高到49%。

汉密尔顿的主张虽然只有一部分被美国国会采纳，但却对美国政府的内外经济政策产生了重大而深远的影响，促进了美国资本主义的发展，具有历史进步意义。与旨在增加金银货币财富、追求贸易顺差，因而主张采取保护贸易政策的重商主义不同，汉密尔顿的保护贸易思想和政策主张，反映的是经济不发达国家独立自主地发展民族工业的愿望和正当要求，它是落后国家进行经济自主并通过经济发展与先进国家进行经济抗衡的保护贸易学说。汉密尔顿保护关税说的提出，标志着保护贸易学说基本形成。

2.10.2.2　对保护关税说的评价

汉密尔顿的保护关税说标志着从重商主义分离出来的两大西方国际贸易理论体系已基本形成。重商主义是人类对资本主义生产方式的最初理论考察，但是这种考察基本停留在对现象的表面描绘上。随着资本主义生产方式的进一步发展和变革，重商主义开始瓦解和分化，逐渐形成两个独立的分支体系：一个是斯密和李嘉图开创的自由贸易理论体系；一个是汉密尔顿和以后的李斯特建立的保护贸易理论体系。汉密尔顿的保护关税说的提出则标志着和自由贸易理论体系相对立的保护贸易理论体系的形成，因而具有重要的理论意义。

汉密尔顿的保护关税说对于美国对外贸易政策的制定产生了深刻的影响，促进了美国资本主义的发展，具有历史进步意义。汉密尔顿的许多政策主张后来成了当时美国对外贸易经济政策的重要组成部分，事实证明这些政策措施对于发展美国工业、增强经济实力起到了很大的积极作用。恩格斯也曾肯定了当时美国选择保护贸易道路的重要意义。恩格斯在 1888 年为马克思发表的《关于自由贸易问题的演说》而写的序言《保护关税制度和自由贸易》中指出，假如美国也必须变为工业国，而且它不仅有赶上它的竞争者，还有超过它的竞争者的机会的话，那么美国面前摆着两条道路：一是以比它先进 100 年的英国工业为对手，在自由贸易之下，用 50 年的工夫，作极大牺牲的竞争战；二是实行保护贸易，在 25 年之内拒绝英国工业品进口，在 25 年之后，美国工业在世界公开市场上能够居于强国的地位，是有绝对把握的。

汉密尔顿的保护关税说对于落后国家寻求经济发展和维护经济独立具有普遍的借鉴意义。汉密尔顿的保护关税说实际上回答了这样一些问题：落后国家应不应该建立和发展自己的工业部门？如何求得本国工业部门的发展？对外贸易政策如何体现本国经济发展战略？这对于落后国家赶超先进国家来说，不无借鉴意义。当然，在当时的历史条件下，汉密尔顿没有能够进一步分析其保护措施的经济效益和经济后果，没有注意到保护贸易措施也有其消极的一面——制约本国的经济发展。

2.10.3　幼稚工业保护理论

2.10.3.1　幼稚工业保护理论的产生背景

保护幼稚工业的思想最先由汉密尔顿提出，后经李斯特发展和完善。李斯特是德国政治家、理论家、经济学家，资产阶级政治经济学历史学派的先驱者，早年在德国提倡自由主义。当 19 世纪上半期英国已完成了工业革命、法国近代工业也有长足发展时，德国还是一个政治上分裂、经济上落后的农业国。英、法工业的发展，造成大量廉价商品冲击德国市场。与此同时，德国境内小邦林立、关卡重重，严重地阻碍商品流通和国内统一市场的形成。这两种情况都不利于德国资本主义的顺利发展。新兴的工业资产阶级迫切需要摆脱外国自由贸易的威胁，扫清发展资本主义的障碍。李斯特积极倡导并参与了取消德意志各邦之间的关税、组建全德关税同盟的活动，因此他触犯了政府当局，1825 年初被迫流亡美国。李斯特移居美国以后，受到汉密尔顿保护贸易思想的影响，并亲眼见到美国实施保护贸易政策的成效，乃转而提倡贸易保护主义。1832年，他以美国领事的身份返德驻守莱比锡，并在德国积极宣传发展工业、反对自由贸易的主张，逐渐形成了自己的思想体系。1841年，李斯特的代表作《政治经济学的国民体系》一书出版。在书中，他批判了古典学派的自由贸易理论，发展了汉密尔顿的保护关税说，提出了自己的以生产力理论为基础，以经济发展阶段论为依据，以保护关税制度为核心，为经济落后国家服务的幼稚工业保护理论。所谓幼稚工业，是指处于成长阶段尚未成熟，但具有潜在优势的产业。

2.10.3.2　幼稚工业保护理论的主要内容

李斯特代表了德国新兴资产阶级的利益，提倡废除割据，建立统一的关税同盟，以促进商品流通，对外实行保护贸易，以减少外国商品进口，从而促进本国工业的发展。李斯特吸收了重商主义保护贸易的观点，受到汉密尔顿的启发。李斯特在《政治经济学的国民体系》一书中以生产力理论为基础，采用历史学派的历史发展阶段方法，就国民经济发展列举史实，反复论证，认为德国所处的发展阶段，应采取保护关税抵御英国的廉价工业品，以保护德国的国内工业市场，发展德国的生产力。李斯特保护贸易理论主要有以下几方面内容：

（1）经济发展阶段论

李斯特反对不加区别的自由贸易，主张一定条件下的保护政策。他认为，古典学派的国际贸易理论忽视了各国的历史和经济发展的特点，所宣扬的是世界主义经济学，把将来世界各国经济高度发展之后才有可能实现的经济图式作为研究现实经济问题的出发点，因而是错误的；各国的经济发展必须经过五个阶段：即原始未开化时期、畜牧时期、农业时期、农工业时期和农工商业时期。他认为，处于不同经济发展阶段的国家应实行不同的对外贸易政策。李斯特认为，当一国处于未开化时期或以农业为主的发展阶段时，即第一至第三阶段，应实行自由贸易政策，以利于农产品的自由输出和工业品的自由输入，并培育工业化的基础。处在农工业阶段的国家，工业尚处于建立和发展时期，还不具备自由竞争的能力，故应实施保护贸易政策，使其避免外国竞争的冲击。而进入农工商业阶段的国家，已具备了对外自由竞争的能力，理应实行自由贸易政策，以享受自由贸易的最大利益，刺激国内产业进一步发展。

李斯特提出上述主张时，认为英国已达到第五个阶段，法国在第四个阶段与第五个阶段之间，德国和美国均在第四个阶段，葡萄牙和西班牙则在第三个阶段。因此，李斯特根据其经济发展阶段论，认为德国在当时必须实行保护贸易政策。

（2）幼稚工业论

李斯特认为在德国内部应废除各邦的关卡，建立统一的关税同盟，使商品在国内可以自由流动。但对于他国贸易，李斯特认为德国当时仍处于农业时代，工业生产刚刚兴起，应实行保护贸易，避免外国先进工业品的竞争，保护幼稚工业，促进本国工业发展。

（3）生产力论

李斯特反对"比较成本论"关于当外国能用较低的成本生产并出口某种产品时，本国就不必生产该产品，而是通过对外贸易获得之，双方都能从贸易中获益的主张。因为贸易只是既定财富的再分配，它虽使一个国家获得了短期的贸易利益——财富的交换价值，却丧失了长期的生产利益——创造物质财富的能力。他认为：“财富的生产力比之财富本身，不晓得要重要多少倍；它不但可以使已有的和已经增加的财富获得保障，而且可以使已经消失的财富获得补偿。”①因为有了生产力的发展，就有了财富本身。“生产力是树之本，可以由此而产生财富的果实，因为结果子的树比果实本身价值更大。”②从国外进口廉价的商品，短期内看来是要合算一些，但是这样做的结果，本国的工业就得不到发展，以致长期处于落后和依附的地位。如果采取保护关税政策，开始时国产工业品的成本要高些，消费者要支付较高的价格，但当本国的工业发展起来之后，生产力将会提高，生产商品的成本将会下降，本国商品的价格将会下降，甚至会降到进口商品的价格以下。古典派自由贸易理论只单纯追求当前财富交换的短期利益，而不考虑国家和民族的长远利益。正如他所说的：“保护关税如果使价值有所牺牲的话，它却使生产力有了增长，足以抵偿损失而有余。由此使国家不但在物质财富的量上获得无限增进，而且一旦发生战事，可以保有工业的独立地位。工业独立以及由此而来的国内发展，使国家获得了力量。”③

（4）保护程度有别论

李斯特受汉密尔顿的启发，认识到实行保护贸易将使国民经济的某一部分遭受损失。因此，他主张实行保护贸易，并不是一切都保护，受保护的程度也应不同。对工业应有选择地加以保护，这样可以将实行保护贸易带来的损害降到最低限度，以便将来被保护的工业发展后所获得的利益，能补偿因实行保护政策所造成的损失。

（5）国家干预论

李斯特认为，要想发展生产力，必须借助国家的力量。同将国家视为“消极警察”，只负担国家安全与公共安全的保障工作，与主张实行自由放任经济政策的英国自由贸易论者相反，李斯特将国家比喻为国民生活中如慈父般的有力指导者，认为在培植国家生产力，尤其是发展民族工业方面，国家应当作为一个理性的“造林者”，采取主动而有效的产业政策。他以风力和人力在森林成长中的不同作用作比喻，来说明国家调控在经济发展中的作用。他说：“经验告诉我们，风可以把种子吹送到荒地上，从而逐渐出现茂密的森林；但是如果因为这样就听任风的作用，等待它在几个世纪内来完成这样的转变，那岂不是一个非常愚蠢的想法吗？如果有造林者走来，用树苗进行人工种植，使同一块地方在几十年内达到了同样的目的，这难道不是一个可取的方法吗？历史告诉我们，有许多国家就是由于采用了这种造林者的办法，结果获得了胜利和发展。”④李斯特还以英国经济发展的历史为证，论述了英国经济之所以能够快速发展，主要是由于当初政府实行扶植政策的结果。德国正处于类似英国发展初期的状况，应实行国家干预下的保护贸易政策。

2.10.3.3 幼稚工业保护理论的政策主张

（1）保护的对象

李斯特认为，国家综合生产力的根本点在于工业成长，因此，保护关税的主要对象应当是新兴的（即幼稚的）、面临国外强有力竞争的并具有发展前途的工业。在李斯特看

---

① 李斯特. 政治经济学的国民体系 [M]. 陈万煦，译. 北京：商务印书馆，1961：119.
② 李斯特. 政治经济学的国民体系 [M]. 陈万煦，译. 北京：商务印书馆，1961：47.
③ 李斯特. 政治经济学的国民体系 [M]. 陈万煦，译. 北京：商务印书馆，1961：128.
④ 李斯特. 政治经济学的国民体系 [M]. 陈万煦，译. 北京：商务印书馆，1961：118.

来，一个国家工业生产力发展了，农业自会随之发展。当然，农业不是绝对不需要保护，只有那些刚从农业阶段跃进的国家，距离工业成熟期尚远，这时的农业才应当保护。他指出，侧重农业的国家，人民精神萎靡，一切习惯与方法必然偏于守旧，缺乏文化福利和自由；侧重工商业的国家则全然不同，人民充满自信，具有自由的精神。从这一点看，也应该保护和提高国内工业生产力。

（2）保护的目的

李斯特认为，保护关税政策的根本目的就是通过国家干预，保护和促进国内生产力的发展，最终仍然是进行国际贸易。

（3）保护的手段

李斯特认为，保护本国工业的发展，有很多的手段可供选择，但保护关税制度是建立和保护国内工业的主要手段，不过应根据具体情况灵活地加以运用。一般说来，在从自由竞争过渡到保护阶段初期，不可把税率定得太高，因为税率过高会中断与外国的经济联系，如妨碍资金、技术和企业家精神的引进，这必然对国家不利。历史经验表明，成功的工业保护必须遵循"培育-保护同步"原则：关税税率的提升节奏应当严格匹配国内生产力要素（资本、技术、企业家精神）的成长速度。在从禁止政策改变过渡到温和的保护制度阶段的过程中，采取的措施则恰恰相反，应当由高税率逐渐降低而过渡到低税率。总之，一国的保护税率应当有两个转折点，即由低到高，然后由高到低。税率的升降程度，是不能从理论上来决定的，需根据落后国家相对于先进国家的特殊国情和相对发展水平来决定。

（4）保护的程度

区别不同对象给予不同程度的保护。李斯特认为，那些有关国计民生的重要部门，保护程度要高一些。比如，建立和经营时需要大量资本、大规模机械设备、高水平技术知识和丰富经验以及人数众多的、生产最主要的生活必需品的工业部门，就应该特别保护。那些次要的工业部门，保护程度要相对低一些。

（5）保护的时间

李斯特认为，保护必须有一个时限，而不应该是永远的。保护的时间不宜过长，最多为30年。在此期限内，如受到保护的工业还发展不起来，表明其不适宜成为保护对象，就不再予以保护。换言之，保护贸易不是保护落后的低效率。

（6）保护的最终归向

保护关税并不是永久性的政策，它随着国内工业国际竞争力的逐渐提高而逐步降低，乃至取消。李斯特原则上承认自由贸易的合理性，他承认国内自由贸易的必要性，否认国际范围内自由贸易的现实可能性，即在国家间经济实力与地位极不均衡的条件下，贸易自由化不仅使落后国失去长期的经济利益——国家财富的生产力，而且动摇了长期的政治利益——国家的政治自主性和国防安全，基于此种认识，李斯特重视关税保护的适度性和暂时性。他认为，禁止性与长期性关税会完全排除外国生产者的竞争，其助长了国内生产者的不思进取、缺乏创新的惰性，如被保护工业生产出来的产品，其价格低于进口同类产品，且在其能与外国竞争时，应当及时取消关税保护，当国家的物质与精神力量达到相当强盛时，应实行自由贸易政策。

2.10.3.4　对幼稚工业保护理论的评价

（1）积极方面

首先，幼稚工业保护理论的许多观点是有价值的，对经济不发达国家制定对外贸易政策具有较大的借鉴意义。例如，他的关于"财富的生产力比之财富本身，不晓得要重要多少倍"的思想是深刻的，具有较强的理论说服力；他的关于处于不同经济发展阶段的国家应实行不同的对外贸易政策的观点是科学的，为经济落后国家实行保护贸易政策提供了理论依据；他的关于以保护贸易为过渡时期和仅以有发展前途的幼稚工业为保护对象，其保护也是有限度的，不是无限期的主张是积极的和正确的，说明了他对国际分工和自由贸易的利益也予以承认；他对保护贸易政策的得失的分析是实事求是的，揭示了建立本国高度发达的工业是提高生产力水平的关键。

其次，幼稚工业保护理论具有理论上的合理性。自由贸易的倡导者约翰·穆勒尚且将幼稚工业保护论作为保护"唯一成立的理由"。幼稚工业保护论在现实中有着广泛的影响力，世界贸易组织也以该理论为依据，列有幼稚工业保护条款，允许一国为了建立新工业或者为了保护刚刚建立、尚不具备竞争力的工业采取进口限制措施，对于被确认的幼稚工业，可以采取提高关税、实行进口许可证、征收临时进口附加税的方法加以保护。

（2）局限性

首先，李斯特以经济部门作为划分经济发展阶段的基础，这实际上是把社会历史的发展归结为国民经济部门的变迁，而撇开了生产关系这个根本原因，因而是错误的。

其次，李斯特把他的生产力理论与古典学派的国际价值理论对立起来，片面强调国家干预对经济发展的决定性作用，这也是错误的。

再次，该理论在实践中成效不大。发展中国家都很注重对幼稚工业的保护，但多数都未达到预期效果，反而付出惨痛代价。

最后，具体操作过程中存在困难。主要体现在两个方面：

一是保护对象的选择。正确选择保护对象是保护幼稚产业政策成败的关键，为此，许多经济学家提出了各种选择保护对象的标准和方法，如成本差距标准将产业定位于具有成本下降趋势，且国内与国际的差距越来越小的产业；要素动态禀赋标准则提出若一国对某种产业的保护，使该国的要素禀赋发生有利于该产业发展或获得比较利益的变化，则该产业是有前途的。

二是保护手段的选择。保护幼稚产业的传统手段主要是采用征收进口关税，但很多经济学家认为，既然保护的目的是增加国内生产，而不是减少国内消费，最佳的策略应是采取生产补贴而不是关税的手段来鼓励国内生产。由于采用关税手段政府可以得到关税收入，而采取生产补贴则政府既失去关税收入，又要增加财政支出，因而发展中国家更多地倾向于采用限制进口的手段来保护本国工业。

2.10.4　超保护贸易理论

随着生产力的发展，在两次世界大战期间，资本主义经济由自由竞争进入垄断时代，国际经济秩序发生了巨大变化，1929—1933 年资本主义世界爆发了空前严重的经济危机，

市场问题进一步尖锐化。上述变化使得诞生于资本主义自由竞争时期的保护贸易理论不再
适用，超保护贸易理论在这种情况下诞生。

2.10.4.1　超保护贸易理论的历史背景

20世纪初至第二次世界大战以前，资本主义经济发生了重大变化，其对外贸易政策
也由此而产生了新的改变，旧有的保护贸易主义被抛弃，产生了以进一步夺取国外市场，
进行对外经济扩张，保护垄断企业或组织获取超额利润为目的的"超保护贸易主义"。这
一时期，超保护贸易主义在美、英两国得到集中体现。

美国自19世纪实施强有力的保护贸易政策后，其工业迅速发展，到第一次世界大战
期间，成为世界最大的工业国家，逐渐取代了老牌资本主义强国英国在世界经济中的地
位。但是，美国在第一次世界大战结束以后，未放松其传统的保护贸易政策，反而强化其
保护措施。英国由于战争和经济地位的下降，也逐渐背离原来实施的自由贸易政策。1921
年，英国实行了《保护工业法》。1931年，由于严重经济危机的影响，英国对外贸易产生
了大量入超，黄金储备锐减，被迫宣布停止金本位货币制度。1931年11月，英国制定了
《非常关税法》，并于1932年4月制定了《一般关税法》。至此，其广泛的保护体系完成，
英国最终放弃了自由贸易，转而实行超保护贸易主义。

2.10.4.2　超保护贸易理论的主要内容

超保护贸易理论是由凯恩斯及其追随者马克卢普、哈罗德共同创立的。

约翰·梅纳德·凯恩斯是英国经济学家，凯恩斯主义的创始人和现代宏观经济学的奠
基人，他一生著作很多，其中最有名的是1936年出版的《就业、利息和货币通论》（The
General Theory of Employment，Interest and Money），这是他的代表作。

马克卢普（F. Machlup）是出生于奥地利的美国经济学家，曾是美国普林斯顿大学教
授，马克卢普在战后货币理论辩论中与凯恩斯学派有对话，但始终保持方法论独立性。继
哈罗德（Roy F. Harrod）最早将乘数原理扩展至国际贸易领域后，马克卢普在1943年通
过系统建模推动其成为完整理论。马克卢普的代表作是《国际贸易与国民收入乘数》
（International Trade and the National Income Multiplier），1943年出版。

哈罗德是英国著名经济学家，牛津大学教授，凯恩斯的主要追随者之一。《国际经济
学》和《动态经济学导论》是其代表作，分别于1933年和1948年出版。

虽然凯恩斯没有一本全面系统地论述国际贸易的专著，但是他和他的追随者们有关国
际贸易的论点却对各国制定对外贸易政策产生了深刻的影响。凯恩斯主义的国际贸易理论
主要有两方面的内容：

（1）对外贸易乘数论（Foreign Trade Multiplier）

古典学派的贸易理论是建立在国内充分就业这个前提下的。他们认为，国与国之间的
贸易应当是进出口平衡，以出口抵偿进口，即使由于一时的原因或人为的力量使贸易出现
顺差，也会由于贵金属的移动和由此产生的物价变动得到调整，进出口仍归于平衡。他们
认为不要为贸易出现逆差而担忧，也不要为贸易出现顺差而高兴，故主张自由贸易政策，
反对人为的干预。

凯恩斯及其追随者认为，古典学派的自由贸易理论过时了。首先，20世纪30年代，

大量失业存在，自由贸易理论充分就业的前提已不存在。其次，凯恩斯及其追随者认为，古典学派的自由贸易理论虽然以"国际收支自动调节说"说明贸易顺差、逆差最终均衡的过程，但忽略了其在调节过程中对一国国民收入和就业所产生的影响。他们认为，应当仔细分析贸易顺差与逆差对国民收入和就业的作用；贸易顺差能增加国民收入，扩大就业，而贸易逆差会减少国民收入，加重失业。凯恩斯指出，总投资包括国内投资和国外投资。国内投资额由"资本边际效率"和"利息率"决定，国外投资量由贸易顺差大小决定。贸易顺差可为一国带来黄金，扩大支付手段，降低利息率，刺激投资，有利于缓和国内危机和扩大就业。因此，他们赞成贸易顺差，反对贸易逆差。

对外贸易乘数论是凯恩斯投资乘数论在对外贸易方面的运用。为了证明增加新投资对就业和国民收入的好处，凯恩斯在《就业、利息和货币通论》中提出了投资乘数论。凯恩斯把反映投资扩大和国民收入增加之间的依存关系称为乘数或倍数理论。[①]他认为，在消费倾向不变的情况下，增加一定量的投资会带来国民收入和就业量的成倍增加。这是由于各经济部门是相互联系的，某一部门投资的增加，不仅会使本部门的收入增加，还会在国民经济各部门中引起连锁反应，从而使其他部门的投资与收入增加，最终使国民收入成倍增长。例如，投资于生产资料的生产，从而会引起从事生产资料生产的人们的收入增加；他们收入的增加又会引起他们对消费品需求的增加，进而又引起从事消费品生产的人们的收入增加……。如此推演下去，结果由此增加的国民收入总量会等于原增加投资量的若干倍。凯恩斯认为，增加的倍数取决于"边际消费倾向"。如果"边际消费倾向"为零，就是说，人们将增加的收入全部用于储蓄，而一点也不消费，国民收入就不会增加。如果"边际消费倾向"为1，即人们把增加的收入全部用于消费，那么国民收入增加的倍数将为1+1+1+1……到无穷大。如果"边际消费倾向"介于零与1之间，人们将增加的收入的1/2或1/3或1/4用于消费，则国民收入增加的倍数将在1和无穷大之间（0<倍数<∞）。

在投资乘数论的基础上，凯恩斯的追随者马克卢普和哈罗德等人引申出了对外贸易乘数论。所谓对外贸易乘数，就是指净出口量与其所引起的国民收入变动量之间的比率。他们认为，一国的出口和国内投资一样，有增加国民收入的作用；一国的进口，则与国内储蓄一样，有减少国民收入的作用。当货物和服务出口时，从国外得到的货币收入会使出口产业部门的收入增加，消费也增加。它必然引起其他产业部门生产的增加，就业增加，收入增加。如此反复下去，国民收入的增加量将为出口增加量的若干倍。当货物和服务进口时，必然向国外支付货币，于是收入减少，消费也随之下降，与储蓄一样，属于国民收入的漏出。他们得出的结论是：只有当贸易为出超或顺差时，对外贸易才能增加一国的就业，提高国民收入，此时，国民收入的增加量将为贸易顺差的若干倍。这就是对外贸易乘数论的含义。

（2）关于进出口量对国内经济的影响

凯恩斯主义者认为，进口与储蓄、政府税收一样，在国民收入流量模型中属于漏出（leakage），漏出对国民收入是一种收缩性力量，即进口的增加将使国民收入减少。而出口与投资、政府支出一样，在国民收入流量模型中属于注入（injection），注入的变动引起国民收

---

① 乘数论是英国经济学家卡恩（R. F. Kahn）在1931年发表的《国内投资与失业的关系》一文中首先提出的。

入的同方向变动，即出口的增加将提高国民收入水平，出口的减少将降低国民收入水平。

在论述进出口贸易差额对国内经济（国民收入及就业）的影响时，凯恩斯认为，总投资由国内投资和国外投资构成。国内投资额的大小取决于资本边际效率和利息率。国外投资额的大小取决于贸易顺差的大小。贸易顺差可为一国带来黄金，可以扩大支付手段，压低利息率，从而扩大投资。在国内投资不变的情况下，有利于缓和危机，扩大就业，增加国民收入。而贸易逆差会造成黄金外流，物价下降，经济萧条，失业增加。正因为如此，凯恩斯主义者极力主张国家干预对外贸易活动，运用各种保护措施，以扩大出口，减少进口，实现贸易顺差。

2.10.4.3　对超保护贸易理论的评价

（1）积极方面

从理论上看，凯恩斯主义的国际贸易理论在一定程度上揭示了对外贸易与国民经济发展之间的内在规律性，具有一定的科学性。国民经济是一个完整的庞大系统，各个子系统之间存在密切的相互联系。投资、储蓄、进口和出口的任何变动都会对其他部门产生影响，把这种变动所产生的影响传递到其他部门。乘数论就是反映这种相互联系的内在规律之一。只要条件具备，成熟的经济机制作用就会直接或间接地影响经济增长。

从方法论上看，把经济学的分析从微观扩展到宏观是一种进步。传统的贸易理论侧重于要素分析、价格分析和利益分析等，因而属于微观经济分析。凯恩斯及其后来者应用乘数理论时，注意将贸易流量与国民收入流量结合起来，经分析认为出口额的增加对国民收入的倍数起促进作用，从而将贸易问题纳入宏观分析的范围，这在贸易理论上是一种突破。

从实践上看，出口贸易的增加对国民收入的提高是非常重要的。日本"贸易立国"政策的成功和"亚洲四小龙"以出口为主导带动经济起飞的实绩完全证实了这一点。因而重视对外贸易乘数论的研究是有现实意义的。

（2）局限性

第一，不应夸大乘数的作用。因为乘数要起作用，社会再生产过程的各个环节必须运转顺畅，但实际情况却是经常处于不平衡状态。同时，新增投资部分不可能全部转化为收入，收入也不可能全部用来吸收就业，因而，投资乘数的作用往往是有限的。

第二，如果在国内已经或接近实现充分就业的情况下，出口的继续增加将会造成需求过度，从而推动生产要素价格上涨。生产要素价格上涨不仅会削弱本国商品的国际竞争力，而且可能迫使政府采取反通货膨胀政策。所以，在这种情况下出口继续增加实际上并不会推动国民收入的连续增长。

第三，乘数作用还要受出口商品的供给和需求弹性的影响，因此乘数论在工业化国家适用性较强，而在农业比重大的国家则适用性较弱。

第四，对外贸易乘数论把贸易顺差视为国内投资，是对国民经济体系的一种"注入"，能对国民收入产生乘数效应。其实，贸易顺差与国内投资是不同的，投资增加会形成新的生产能力，使供给增加，而贸易顺差增加实际上是出口相对增加，它本身并不能形成生产能力。投资增加和贸易顺差增加对国民收入增加的乘数作用不能等同。

第五，对外贸易乘数论是资本主义世界生产过剩的产物，它将贸易保护主义的范围进一步扩大，将贸易盈余作为解决本国失业和促进经济增长的外部手段。如果各国都以此理论指导其贸易行为的话，那么必将导致贸易规模的缩小和贸易利益的损失，不利于世界经济一体化的发展和国际分工的进一步深化。

案例窗2-1

拓展阅读2-1

素养园地

为什么要加快建设贸易强国？

党的二十大报告明确要求"加快建设贸易强国"。这是以习近平同志为核心的党中央在全面建设社会主义现代化国家开局起步的关键时期作出的战略部署，为新形势下高质量发展我国贸易、高水平推进对外开放指明了前进方向。

党的十八大以来，我国贸易高质量发展取得历史性成就，贸易大国地位不断得到巩固。2013年我国成为货物贸易第一大国，2020年货物与服务贸易总额跃居全球第一位。2021年我国出口国际市场份额达15.1%。贸易结构不断优化。中西部地区进出口占比显著提高，民营企业带动作用更加突出。汽车、船舶等高技术含量、高附加值产品逐步成为新的增长点。贸易新业态新模式快速发展，跨境电商综合试验区132个，区内企业建设海外仓超2 000个。贸易伙伴不断增多，市场布局日益优化，已同26个国家和地区签署19个自由贸易协定，其贸易额占比达我国贸易总额的35%。2021年，货物与服务净出口拉动国内生产总值增长1.7个百分点，对国内生产总值增长贡献率达20.9%。我国进口对全球进口增长的贡献率达13.4%，有力促进了世界经济复苏。但是从总体上讲，我国对外贸易仍大而不强，发展的质量和效益需进一步提升，对高质量发展的支撑作用有待进一步增强。

加快建设贸易强国是全面建设社会主义现代化国家的题中应有之义。社会主义现代化强国一定是综合国力和国际影响力领先的国家。经济全球化时代，贸易的重要性超过历史上任何时期。加快建设贸易强国，打造更多开放新高地，搭建更多开放合作新平台，有利于充分开拓全球市场，高效利用全球资源，改善供给结构、提升供给水平，激发国内市场潜力，实现国内国际两个市场两种资源深度融合，为全面建设社会主义现代化国家注入强大动力。

加快建设贸易强国是完整、准确、全面贯彻新发展理念的实际行动。加快建设贸易强国，进一步释放贸易业态模式创新活力，推动内需和外需、进口和出口、货物贸易和服务贸易、贸易和双向投资、贸易和产业协调发展，加快绿色低碳转型，开创开放合作、包容普惠、共享共赢的国际贸易新局面，有利于加快实现贸易领域创新发展、协调发展、绿色发展、开放发展、共享发展。

加快建设贸易强国是提升我国产业链供应链国际竞争力的迫切需要。当前世界百年变局加速演进，国际产业分工深度调整，发达国家加快产业回归，发展中国家积极承接产业转移，国内综合要素成本上涨，我国外贸发展的国内外环境发生深刻变化。加快建设贸易强国，推动外贸优化结构、转换动力，有利于巩固提升优势产业的国际领先地位，密切国际产业链对我国的依存关系，维护多元稳定的国际经济格局和经贸关系。

加快建设贸易强国是推动建设开放型世界经济的重要支撑。建设开放型世界经济，顺应了经济全球化历史潮流。我国货物贸易稳居全球第一位、服务贸易稳居全球第二位，货物与服务贸易总额已连续两年位居全球第一位，我国已成为全球140多个国家和地区的主要贸易伙伴，对世界经济贡献越来越大。加快建设贸易强国，坚持互利共赢，提升贸易领域开放合作水平，有利于促进贸易投资自由化、便利化，扩大深化与贸易伙伴利益交汇，以中国开放促进世界共同开放，促进开放型世界经济建设。

加快建设贸易强国，必须依托我国超大规模市场优势，推动货物贸易优化升级，创新服务贸易发展机制，发展数字贸易，提升贸易平台服务能力，培育贸易发展新动能，为提升我国经济发展韧性和安全水平创造更好的经济环境和基础条件。

资料来源：本书编写组．党的二十大报告学习辅导百问［M］．北京：学习出版社，党建读物出版社，2022.

【价值塑造】帮助学生充分理解我国建设贸易强国的重要意义，增强学生的理论认同、政治认同，并进一步思考如何为我国贸易强国建设贡献自身力量。

本章小结

1.重商主义者认为国际贸易是一种零和博弈，出口者从贸易中获得财富，而进口减少财富。其政策主张是"奖出限入"。

2.斯密的绝对优势理论认为，国际贸易和国际分工的原因和基础是各国间存在的劳动生产率和生产成本的绝对差别。各国应该集中生产并出口其具有劳动生产率和生产成本绝对优势的产品，进口其不具有绝对优势的产品。贸易的双方都会从交易中获益。因此，国际贸易可能只会发生在发达国家之间，发达国家与发展中国家之间就不会发生任何贸易。这显然与国际贸易的现实不符。

3.李嘉图继承和发展了斯密创立的劳动价值理论，并以此作为建立比较优势理论的理论基础，即承认劳动是商品价值形成的唯一源泉，社会必要劳动时间的多少决定商品价值量的高低。国际商品价格的差异完全由劳动生产率差别决定，国际贸易中各方的利益完全取决于国际市场上各类商品的交换价值，即相对价格水平。李嘉图的比较优势理论在一系列前提假定的基础上得出以下结论：贸易的基础是生产技术的相对差别（而非绝对差别）以及由此产生的相对成本的不同。每个国家都应集中生产并出口其具有比较优势的产品，进口其具有比较劣势的产品。"两优取其重，两劣择其轻"是比较优势理论的基本原则。

4.赫克歇尔和俄林在李嘉图比较优势理论的基础上提出的要素禀赋理论（H-O理论）是国际贸易理论的基石，在国际贸易理论发展中具有里程碑意义。要素禀赋理论认为，国家之间互利贸易的基础是要素禀赋的差异，一国应当生产并出口其相对丰裕和便宜的生产要素生产的产品，进口该国相对稀缺而昂贵的生产要素生产的产品。

5.林德的需求偏好相似理论在解释发达国家之间的贸易方面具有较强的说服力。他认为，需求是产生贸易的基础，需求结构越相似，两国间贸易量越大；人均收入水平是影响需求结构的最主要因素。两国经济发展水平越接近，人均收入越接近，需求偏好就会越相似，相互需求也就越大，贸易的可能性也就越大。

6.产品生命周期理论认为，产品也和有机物一样，存在产生、发展、成熟、衰退和消亡的过程，随着技术的扩散，产品一般也要经过新生期、成长期、成熟期和衰退期。在产品的整个周期中，生产产品所需要的要素是会发生变化的，因此在新产品的生产中就可以观察到一个周期。该理论对第二次世界大战后的制成品贸易模式和国际直接投资作出了令人信服的解释。

7.产业内贸易理论引入了不完全竞争的市场结构，认为决定两个相似或相同国家司一产业内分工的根本原因是规模经济和产品差别化，其利益来源主要是规模经济的充分实现和可供消费者选择的变体产品范围的扩大。同时，各国的历史条件对国际产业内分工格局也具有重要的意义。

8.规模经济理论则认为，规模经济也可能成为国际贸易的动因，在规模经济作用下，不完全竞争的市场结构普遍存在。根据厂商平均成本下降的原因，规模经济可以分为外部规模经济和内部规模经济两种情况。它们对于市场结构和国际贸易将产生不同的影响。

9.国家竞争优势理论是波特提出的，认为一国的竞争优势由生产要素、国内需求、相关与支持性产业以及企业组织、战略与竞争决定。这4个关键因素之间的关系呈菱形状，似钻石，因而该理论被称为"钻石理论"。另外，机遇和政府力量也会在其中起到一定的辅助作用。

基础训练

❖名词解释

重商主义　要素禀赋　要素丰裕度　要素密集度　要素密集型产品　要素价格　规模报酬　规模报酬递增　外部规模经济　内部规模经济　产业间贸易　产业内贸易　同质产品　异质产品

❖简答题

1.简述斯密的绝对优势理论并作出评价。

2.简述李嘉图比较优势理论的主要贡献和局限性。

3.赫克歇尔–俄林理论的基本思想是什么？

4.规模经济理论的主要观点是什么？

5.产业内贸易产生和发展的基础是什么？

6.按照波特的竞争优势理论，一国的竞争优势由哪些因素决定？

7.简述李斯特幼稚工业保护理论的观点，并对其作出评价。

8.对外贸易乘数论的局限性和不足表现在什么地方？

❖材料分析题

2024年，我国外贸总量首次突破43万亿元大关，同比增长5%，连续8年保持货物贸易第一大国地位。家电、服装、家具等"老三样"加快转型焕新，电动汽车、锂电池、光伏产品等"新三样"发展势头迅猛。2024年，我国光伏产品连续4年出口超过2 000亿元；锂电池出口39.1亿个，创历史新高；电动汽车出口量首次突破200万辆。2024年，我国跨境电商全年进出口2.63万亿元，比2020年增加1万亿元。同时，自主品牌占出口比重同比提升至21.8%。海外刮起的"中国风"里，展现着"中国制造"难以替代的竞争实力。

要求：试运用国际贸易相关理论对上述材料进行分析。

第3章　国际贸易政策

学习目标

◆ 理解自由贸易政策和保护贸易政策的含义。

◆ 熟悉中国现阶段执行的外贸政策。

◆ 掌握进口替代、出口导向、出口替代战略等基本概念。

◆ 掌握超保护贸易政策和新贸易保护主义的特点。

❖ 导入案例

美方加征关税是逆时逆势的保护主义

美国时间2024年9月13日，美国确定将大幅上调中国产电动汽车、半导体、医疗产品等的进口关税。美方将经贸问题政治化、工具化、武器化，一意孤行加征关税，是逆时逆势的保护主义。美方应立即纠正错误做法，取消全部对华加征的关税。

美方301关税措施是典型的单边主义、保护主义做法，严重破坏全球产业链供应链稳定。自2017年以来，美方为了转嫁国内矛盾，以"美国优先"为出发点，无视世贸组织规则与成员的期待，大搞单边主义、保护主义和贸易霸凌主义，严重冲击多边贸易体制，严重破坏国际贸易秩序和全球产业链供应链稳定。美国是"全球产业链供应链扰乱者"。中方已多次向美方就301关税问题提出严正交涉。世贸组织早已裁决301关税违反世贸组织规则，美方不但不纠正，反而进一步提高对华关税，这是错上加错。

美国政府无视本国民意诉求执意加征关税，不得人心。美国民众多数意见反对加征关税或要求扩大关税豁免范围。相关企业负责人表示，对二极管这种最基本半导体器件加征关税会导致美国相关企业生产成本显著提高；加税政策可能导致美国相关车企竞争力不足，不利于美国应对气候变化、减少碳排放。但美国政府不尊重民众意见，而是一味出于国内政治需要，执意提高对华301关税。美方做法不可能实现其宣称的目标，只会反噬自身，削弱本国产业竞争力。

美方加征关税扭曲市场规则，满足了美国一些政客对华示强的需要，却推高了美国进口商品价格，严重损害美国民众利益。美国消费者承担了加征对华关税92%的成本，美国家庭每年因此增加开支1 300美元。过时的保护主义政策也不利于保护美国工人的利益。对华加征关税不但没有解决美国工人就业问题，反而导致美国流失14.2万个工作岗位。美国医疗设备进口商等认为，对注射器等医疗产品加征关税将影响医生获取优质工具，对美国新生儿和其他脆弱群体造成严重影响。美国加征关税等保护主义措施只会推高国内物价、限制消费者选择，危及美国和全球经济增长。

美方应认清现实，停止加征关税的荒唐之举，信守"不寻求打压遏制中国发展""不寻求与中国脱钩断链"的承诺，同中方一道维护全球产业链供应链稳定畅通，切实为推动世界经济增长承担大国责任。

资料来源：钟声. 美方加征关税是逆时逆势的保护主义［N］. 人民日报，2024-09-20.

3.1　国际贸易政策概述

国际贸易政策（international trade policy）是各国在一定时期内对进口贸易和出口贸易所实行的政策，是运用国际贸易理论指导国际贸易实践的杠杆和中介。

3.1.1　国际贸易政策的目的、内容与类型

3.1.1.1　国际贸易政策的目的

各国制定国际贸易政策的目的在于维护国家经济安全，促进经济发展。具体表现在：

第一，保护本国的市场；

第二，扩大本国产品和服务的出口市场；

第三，促进本国产业结构的改善；

第四，积累资本或资金；

第五，维护本国的对外政治关系。

3.1.1.2　国际贸易政策的内容

国际贸易政策由下述 3 个方面内容构成：

第一，国际贸易总政策，其中包括货物和服务进口总政策和出口总政策。它是从整个国民经济出发，在一个较长的时期内实行的政策。

第二，进出口货物与服务贸易政策。它是根据国际贸易总政策和经济结构、国内市场状况而分别制定的政策，一国的商品进出口政策通常与该国的产业发展政策有关。

第三，国别与地区国际贸易政策。它是一国根据有关国际经济格局以及政治社会关系等，对不同的地区或国家制定不同的政策。

当然，在现实生活中，上述 3 个方面是相互交织在一起的，比如商品的进出口政策总是离不开国际贸易总政策的指导，而外贸总政策又不是纯粹抽象的东西，应通过具体的商品进出口政策来体现。

3.1.1.3　国际贸易政策的类型

国际贸易自产生以来，对应着两种基本贸易理论流派，大致存在两种类型的国际贸易政策：自由贸易政策和保护贸易政策。

（1）自由贸易政策

自由贸易政策（free trade policy）是指国家取消对进出口贸易的限制和障碍，取消对本国进出口商品的各种特权和优惠，使商品自由地进出口，在国内外市场上自由竞争。

（2）保护贸易政策

保护贸易政策（protective trade policy）是指国家广泛利用各种限制进口和控制经营领域与范围的措施，保护本国产品和服务在本国市场上免受外国商品和服务的竞争，并对本国的出口商品和服务贸易给予优待和补贴，以鼓励其出口。保护贸易政策的基本特征就是"限入奖出"。

3.1.2　国际贸易政策的制定与执行

3.1.2.1　制定对外贸易政策时应考虑的因素

国际贸易政策从单个国家或地区的角度看就是对外贸易政策。对外贸易政策属于上层建筑，是为经济基础服务的。它反映了经济发展与当权阶级的利益与要求。追求本国、本民族经济利益和政治利益的最大化，是一国或地区制定对外贸易政策的基本出发点。一般来说，一个国家或地区在制定对外贸易政策时，要考虑下列因素：

（1）本国的经济发展水平和商品竞争能力

一般来说，经济发展水平较高、商品竞争能力较强的国家往往实行自由贸易政策，而经济发展水平较低、商品竞争能力较弱的国家则常常实行保护贸易政策。因此，在当今世界上，发达国家多倡导贸易自由化，发展中国家则推崇贸易保护主义。

（2）本国的经济结构和比较优势

传统产业（如农业、手工业）占主导地位，现代工业尚未成长起来的国家，为保护传统产业和促进"幼稚产业"的成长，往往实行保护贸易政策；经济结构已高度现代化的国家则推行自由贸易政策。

（3）本国的经济状况

如一国国内经济出现严重萧条和失业，对外贸易逆差，国际收支赤字，劳动生产率和商品竞争力下降，其对外贸易政策就会出现保护主义色彩；反之，其对外贸易政策就会增加自由贸易成分。

（4）本国各种利益集团力量的对比

一国在制定对外贸易政策时，往往要考虑某种利益集团的要求。由于实行不同的对外贸易政策对不同的利益集团会产生不同的利益影响，就不可避免地造成各种利益集团在外贸政策上的冲突。一般说来，那些同进口商品竞争的行业和与之有生产联系的各种力量是贸易保护主义的推崇者；相反，以出口商品生产部门为中心参与许多国际经济活动的各种经济力量，则是自由贸易的倡导者。这两股力量都力图影响对外贸易政策的制定和实行，以维护和扩大自己的利益。它们之间力量对比的消长，直接对对外贸易政策的变动产生重大影响。

（5）政府领导人的经济贸易思想

各国对外贸易政策的制定与修改是由国家立法机关进行的。最高立法机关在制定和修改对外贸易政策及有关规章制度前，要征询各个经济集团的意见。如发达资本主义国家一般要征询大垄断集团的意见。各垄断集团经常通过各种机构（如企业主联合会、商会）的领导人协调、商定共同立场，向政府提出各种建议，甚至派人参与制定或修改有关对外贸易政策的法律草案。

最高立法机关所颁布的各项对外贸易政策，既包括一国较长时期内对外贸易政策的总方针和基本原则，又规定某些重要措施以及给予行政机构的特定权限。例如，美国国会往往授予美国总统在一定范围内制定某些对外贸易法令、进行对外贸易谈判、签订贸易协定、增减关税和确定数量限额等权力。

（6）本国与他国的政治、外交关系

一般说来，一国往往对那些政治、外交关系友好，经济上不会构成威胁的国家开放国内市场，扩大商品和技术的出口。对那些政治或经济上的敌对国家则采取保护贸易政策。

需要指出的是，一国实行自由贸易政策，并不意味着完全的自由。发达资本主义国家在标榜自由贸易的同时，总是或明或暗地对某些产业实行保护。事实上，自由贸易口号历来是作为一种进攻的武器，即要求别国能够实行自由贸易，而且只有在双方都同意开放市场之后，自由贸易政策才会付诸实施。同时，一国实行保护贸易政策也并不是完全封闭，不与别国开展贸易，而是对某些商品的保护程度高一些，对有些商品的保护程度则低一些甚至很开放，在保护国内生产者的同时，也要维持同世界市场的某种联系。更有一些国家实际上实行保护贸易，而口头上却宣称自由贸易。所以说，绝对的自由贸易政策和完全的保护贸易政策是不存在的。无论是自由贸易政策，还是保护贸易政策，都是相对而言的。

总之，一国实行什么样的对外贸易政策，取决于本国的具体情况和国际环境，但这并不否认有某些共同的原则和规则。总的来看，既要积极参与国际贸易分工，又要把获取贸易分工利益的代价降到最低限度，可以说这是各国制定对外贸易政策的出发点。还要指出的是，虽然各国采取的对外贸易政策措施大都是从本国利益出发的，但在各国经济相互依赖、相互联系日益加深的今天，一味采取"以邻为壑"的政策，也是很难行得通的。如果每个国家都只从自己的利益出发来制定和实施贸易政策，那么国际贸易就会陷入无序和混乱状态，各国贸易分工的基础将会受到破坏。一种对他国绝对不利的贸易政策很难长期地起到有利于本国的结果，因为这个国家的对外贸易政策必然会招致其贸易伙伴的报复。由此看来，一国对外贸易政策的制定固然是从本国或本民族的利益出发的，但也要考虑到他国的利益，这样才能使互利性的贸易得以长远发展。实践证明，各国制定对外贸易政策的"天平"总是倾向于本国利益，因此，要真正体现互惠互利，就必须有贸易政策的国际协调，以使贸易各方遵循某些共同的"竞赛规则"。贸易政策的国际协调要求把各国的对外贸易政策当作国际贸易总体政策的不同组成部分，考虑到各方利益。可见，一国的对外贸易政策不能不考虑到其他国家的利益，不能不考虑某些国际规则，这是对外贸易政策的又一大特点。

3.1.2.2 国际贸易政策的执行方式

各国国际贸易政策是通过以下方式执行的：

第一，通过海关对进出口贸易进行管理。海关是国家行政机关，是设置在对外开放口岸的进出口监督管理机关。它的主要职能是：对进出境货物和物品、运输工具进行实际监督管理，稽征关税和代征法定的其他税费；查禁走私，一切进出境货物和物品、运输工具，除国家法律有特别规定的以外，都要向海关申报，接受海关检查。

第二，广泛设立各种机构，负责促进出口和管理进口，如美国商务部、美国贸易代表办公室、美国国际贸易委员会等。

第三，参加国际机构与组织，协调国际贸易关系。国家政府出面加入各种国际贸易、关税等国际机构与组织，以进行国际贸易、关税方面的协调与谈判，如WTO。

3.2　自由贸易政策的演变

从历史上看，自由贸易政策盛行的时期主要有两个阶段：第一个阶段是 19 世纪中叶至第一次世界大战前的资本主义自由竞争时期，英国带头实行自由贸易政策；第二个阶段为 20 世纪 50 年代到 70 年代初期，出现了全球范围的贸易自由化。

3.2.1　资本主义自由竞争时期：自由贸易政策

在资本主义自由竞争时期，资本主义生产方式占据统治地位，自由贸易政策是这一时期国际贸易政策的基调。自由贸易的政策主张从 18 世纪末开始形成，19 世纪 70 年代达到高峰。

但由于各国资本主义发展的不平衡，西方国家在这一时期的对外贸易政策也不相同。最早完成工业革命的英国和航海业发达的荷兰是全面实行自由贸易政策的国家。

英国自 18 世纪中叶开始进入产业革命，到 19 世纪初，"世界工厂"的地位已经确立，其产品成本低、质量好、不怕外国产品的竞争。同时，英国的工业迫切需要国外市场，需要从国外进口大量廉价的原料和粮食。在这种状况下，英国工业资产阶级迫切要求废除保护贸易政策，实行自由竞争和自由贸易政策。但是，自由贸易政策并不是自然而然地取代保护贸易政策的，而是经过了长时间的激烈斗争。

从 19 世纪 20 年代开始，英国工业资产阶级以伦敦和曼彻斯特为中心开展了一场大规模的自由贸易运动，运动的中心内容是废除代表地主、贵族阶级利益、限制粮食进口、维持国内粮食高价的《谷物法》。经过近 30 年的长期斗争，最后工业资产阶级战胜了地主、贵族阶级，使自由贸易政策得到广泛推行。其主要表现如下：

第一，废除了《谷物法》。《谷物法》是英国在谷物充足和低价时期，为了本国农业生产者的利益而控制谷物贸易的议会法规。该法于 1663 年开始实施，主要是运用关税措施限制或禁止谷物的进口。它是英国推行重商主义的保护贸易政策的重要立法，它的实施引起了其他粮食输出国对英国工业品的关税报复。《谷物法》代表英国封建地主阶级利益，受到英国工业资产阶级的强烈反对。1838 年英国棉纺织业资产阶级组成"反《谷物法》同盟"（Anti-Corn Law League），对农产品贸易保护进行无情的抨击。1844—1846 年，爱尔兰发生大面积饥荒，使得英国限制谷物自由输入变得不可容忍，国会于 1846 年通过废除《谷物法》的议案，并于 1849 年生效。马克思称"英国《谷物法》的废止是 19 世纪自由贸易所取得的最伟大的胜利"[①]。

第二，废除了《航海法案》（又译作《航海条例》）。《航海法案》是英国限制外国航

---

① 马克思，恩格斯. 马克思恩格斯全集：第4卷［M］. 中共中央马克思恩格斯列宁斯大林著作编译局，译. 北京：人民出版社，1958：444.

运业竞争和垄断殖民地航运业的法律。该法规定，凡亚洲、非洲、美洲产品必须由英国船舶装运进口。《航海法案》从1824年开始逐步废除，到1854年，英国的沿海贸易和对殖民地贸易全部向其他国家开放，至此，重商主义时期的航海贸易限制完全废除。

第三，取消了特权公司。1831年和1834年，英国先后取消了东印度公司对印度和中国贸易的垄断权，对印度和中国的贸易向所有英国人开放。

第四，逐渐降低了关税税率，减少了纳税商品数目，简化了税法。经过几百年的重商主义的实践，到19世纪初，英国有关关税的法令达1 000个以上。1825年英国开始简化税法，废止旧税率，建立新税率。进口纳税的商品数目从1841年的1 163种减少到1853年的466种、1862年的44种和1882年的20种。所征收的关税全部是财政关税，税率大幅度降低。禁止出口的法令完全废除。

第五，改变对殖民地的贸易政策。18世纪，殖民地的商品输入英国享受特惠关税待遇。大机器工业建立后，英国对殖民地的贸易逐步采取自由放任的态度。1849年《航海法案》废除后，殖民地可以向任何国家输出商品，也可以从任何国家输入商品。通过关税法的改革，废止了对殖民地商品的特惠税率。同时准许殖民地与外国签订贸易协定，建立直接的贸易关系，英国不再干涉殖民地与他国的贸易。

第六，与外国签订体现自由贸易精神的贸易条约。1860年，英国与法国签订了第一个体现自由贸易精神的贸易条约，即《科布登–谢瓦利埃条约》（Cobden-Chevalier Treaty）。该条约规定，英国对法国的葡萄酒和烧酒的进口税予以减低，并承诺不限制煤炭的出口；法国则保证从英国进口的制成品征收不超过30%的从价税。该条约中还列有最惠国待遇条款。19世纪60年代，英国与外国缔结了8个类似的条约。

英国实行自由贸易政策达60年之久。自由贸易政策对当时英国经济和对外贸易的发展起了巨大的促进作用，使英国经济跃居世界首位。1870年，英国的工业生产总值占世界工业生产总值的32%；煤、铁产量和棉花消费量各占世界总量的一半左右；对外贸易额占世界贸易总额的近1/4，几乎相当于法、德、美3国的总和；拥有的商船吨位居世界第一，约为荷、美、法、德、俄5国的总和。伦敦成为国际金融中心。

在英国的带动下，19世纪中叶欧美的一些资本主义国家降低了关税率，开展了自由贸易运动，荷兰和比利时也相继实行自由贸易政策。

3.2.2 20世纪50年代至70年代初期：贸易自由化

第二次世界大战爆发后，世界经济陷入混乱，国际分工与国际贸易都处于停顿。第二次世界大战结束后，随着资本主义各国经济的迅速恢复和发展，从20世纪50年代到70年代初期，出现了全球范围的贸易自由化（trade liberalization）。

3.2.2.1 贸易自由化的表现

（1）关税大幅度降低

《关税及贸易总协定》（简称《关贸总协定》）成员内部大幅度地降低了关税。从1947年到1979年，在《关贸总协定》的主持下共进行了7轮多边贸易谈判，总协定缔约方的平均进口税率从战后初期的50%降到5%上下；欧洲经济共同体对内取消关税，对外通过谈判达成关税减让协议，使关税大幅度降低。例如，共同体原6国之间工农业产品的自由流通已于1969年完成，后加入的国家也已按计划完成，实现了成员之间全部互免关税；从1973年开始，欧共体与欧洲自由贸易联盟之间逐步降低工业品关税，到1977年实行工业品互免关税，从而建立起一个包括17国的占世界贸易总额40%的工业品自由贸易区。1975年，欧共体同非洲、加勒比海和太平洋地区的46个发展中国家签订了《洛美协定》，规定共同体对来自这些国家的全部工业品和96%的农产品给予免税进口的待遇。之后又分别签订了几个《洛美协定》，扩大到向60多个非、加、太的发展中国家提供免税进口待遇。此外，欧共体还与地中海、阿拉伯、东南亚一些国家签订了优惠贸易协定，规定对某些商品实行关税减让。从1971年开始，20多个发达国家对170多个发展中国家实施制成品和半制成品的普惠制优惠关税待遇。

（2）非关税壁垒逐渐减少

第二次世界大战后初期，发达国家对许多商品进口实行严格的进口限额、进口许可证和外汇管制等非关税壁垒措施。随着经济的恢复和发展，这些国家在不同程度上放宽了进口数量限制，到20世纪60年代初，西方主要国家间进口自由化率已达90%以上。由于各国国际收支状况的改善，到20世纪50年代，这些国家还在不同程度上放宽或取消了外汇管制，实行货币自由兑换。

3.2.2.2　贸易自由化的特点

第二次世界大战后的贸易自由化是在新的国际政治、经济背景下进行的。它和资本主义自由竞争时期英国等少数国家倡导的自由贸易不同。资本主义自由竞争时期的自由贸易反映了英国工业资产阶级资本自由扩张的利益与要求，代表了资本主义上升阶段工业资产阶级的利益和要求。而第二次世界大战后的贸易自由化是在国家垄断资本主义日益加强的条件下发展起来的，它主要反映了垄断资本的利益，是世界经济和生产力发展的内在要求。它在一定程度上同保护贸易政策相结合，是一种有选择的贸易自由化，因而呈现出如下的特点：

（1）发达国家之间的贸易自由化程度超过它们对发展中国家和社会主义国家的贸易自由化程度

发达国家根据《关贸总协定》等国际多边协议的规定，较大幅度地降低了彼此之间的关税，放宽了相互之间的数量限制。但对发展中国家的一些商品特别是劳动密集型产品仍征收较高的关税，并实行其他的进口限制；而对社会主义国家征收更高的关税和实行更严格的非关税壁垒进口限制。不仅如此，发达国家还对社会主义国家实行出口管制。

（2）区域性经济集团内部的贸易自由化程度超过集团对外的贸易自由化程度

欧洲经济共同体内部取消关税和数量限制，实行商品完全自由流通，对外则有选择、有限度地实行部分的贸易自由化。

（3）不同商品的贸易自由化程度不同

工业制成品的贸易自由化程度超过农产品的贸易自由化程度；在工业制成品中，机器设备的贸易自由化程度超过工业消费品的贸易自由化程度，特别是所谓"敏感性"的劳动密集型产品，如纺织品、服装、鞋类、皮革制品和罐头食品，受到较多的进口限制。

3.2.2.3　贸易自由化的主要原因

第一，美国在第二次世界大战后发展成为世界头号经济强国，为了实行对外经济扩张，美国积极主张削减关税、取消数量限制，成为贸易自由化的积极倡导者和推行者。

第二，《关贸总协定》的签订有力地推动了贸易自由化。《关贸总协定》以自由贸易为基础，通过多边贸易谈判和贸易规则的实施，不仅大幅度地削减了关税，而且在一定程度上限制了非关税壁垒的使用。

第三，经济一体化组织的出现加快了贸易自由化的进程。各种区域性的自由贸易区、关税同盟、共同市场均以促进商品自由流通、扩大自由贸易为宗旨。

第四，跨国公司的大量出现和迅速发展促进了资本的国际流动，加强了生产的国际化，客观上要求资本、商品和劳动力等在世界范围内自由流动。

第五，国际分工的广泛和深入发展，分工形式的多样化，使商品交换的范围扩大，在一定程度上促进了贸易自由化的发展。

第六，西欧和日本经济迅速恢复与发展，而发展中国家为了发展民族经济，扩大资金积累，也愿意通过减少贸易壁垒来扩大出口。

3.2.3　20世纪90年代以来：贸易自由化向纵深发展

20世纪90年代以来，贸易自由化进一步向纵深发展的主要表现如下：

3.2.3.1　世界贸易组织建立后继续推动贸易自由化

从1986年到1993年，在《关贸总协定》的主持下，举行了8年的乌拉圭回合多边贸易谈判，终于达成了建立世界贸易组织等众多协定和协议。1995年世贸组织取代《关贸总协定》，成为多边贸易体制的组织和法律基础。截至2024年，世界贸易组织的成员数量已经达到166个。比1995年的128个增加了38个。还有一些国家和地区正在进行加入世贸组织的谈判，这势必使世贸组织的多边贸易体制和贸易自由化更趋全球化。

世贸组织建立后，继续坚持和扩展《关贸总协定》的基本原则，根据有关协定和协议在国际货物贸易、服务贸易和投资领域等进一步推动贸易自由化向纵深发展。在货物贸易方面，通过大幅度降低关税和取消非关税等措施，推动货物贸易自由化的进程，促进国际货物贸易的发展。在服务贸易方面，除了管辖与推动服务贸易总协定的实施外，还相继达成4份重要协议，即《自然人流动服务协议》（Agreement on Movement of Natural Persons Supplying Services）、《基础电信协议》（Agreement on Basic Telecommunications）、《信息技术产品协议》（Information Technology Agreement）、《金融服务协议》（Agreement on Financial Services），扩大了服务贸易自由化的领域。在投资方面，监督和推进了成员方实施与贸易有关的投资协议，推进了投资自由化的进程，扩大了对外投资的领域和数量。在争端解决方面，根据争端解决规则和程序协议，加速解决成员的争端案件。从1995年到2002年3月，世贸组织受理了近240起案件，其中1/4来自发展中成员，而在总协定近50年中受理贸易争端才约300起；根据有关协定和协议，特别是对发展中成员的特殊和差别待遇条款，在一定程度上维护发展中成员的利益，促进发展中经济体经济贸易的发展。不仅如此，从1995年到2005年，在世贸组织的主持下，共举行了6届部长级会议，这些会议的成果多有不同，有得有失，但从总体上看，世贸组织按照其基本原则和规则，继续反对新贸易保护主义的倾向，维护和推动贸易自由化的发展。2001年11月9日至14日，第四次部长级会议通过了启动新一轮的"多哈回合"的多边贸易谈判。在谈判进程中，成员间的分歧和矛盾重重，2003年9月在墨西哥坎昆举行的世界贸易组织第五次部长级会议上，各成员在农业问题上无法达成共识，令多哈回合谈判陷入僵局。2004年8月1日，世界贸易组织总理事会议，达成《多哈回合框架协议》，为全面达成协议跨出一步。协议包括5个部分：农产品贸易、非农产品市场准入、发展、服务贸易及贸易便利化。协议明确规定美国及欧盟逐步取消农产品出口贴补并降低进口关税，回应发展中国家的诉求。在2005年12月13日开幕的世界贸易组织第六次部长级会议上，各国期望就多哈回合贸易谈判收窄分歧，并希望于2006年完成整个回合的谈判。但由于各成员间尤其在农业议题上的巨大分歧，2006年7月24日，世界贸易组织总理事会正式批准中止多哈回合贸易谈判。为期5天的世界经济论坛年会于2008年1月27日在瑞士达沃斯闭幕。与会代表在会议期间重点讨论了多哈回合谈判中应用的"瑞士公式"关税削减方案，希望推动这一陷入僵局的多边贸易谈判取得突破。但自2001年发起的多哈回合谈判，由于成员间分歧严重，谈判一直拖延至今。其间，2015年12月15日至19日，世贸组织第十届部长级会议在肯尼亚内罗毕举行，会议通过《内罗毕部长宣言》及10项部长决定，就农产品出口竞争等议题达成重要成果，并承诺继续推动多哈议题，但就是否坚持多哈发展议程，各方立场存在严重分歧，多哈回合谈判的前景充满不确定性。

3.2.3.2　地区经济一体化推动贸易自由化

20世纪80年代中期以后，地区经济一体化出现了新的高潮，地区经济一体化的形成、范围、广度、深度，成员参与状况均发生较大变化。区域经济一体化的深入发展推动贸易自由化向更高水平迈进。

3.2.3.3　发展中国家和转型国家也推行和实施贸易自由化措施

20世纪80年代至90年代初，在《关贸总协定》框架下，超过65个发展中国家缔约方实施了单边贸易自由化改革，这些改革多与世界银行结构性调整计划及乌拉圭回合谈判准备密切相关。一些实行严格限制进口制度的国家，如巴基斯坦等国家在90年代实行了较为自由化的经济改革。原实行计划经济的国家相继转向市场经济体制，改革和完善贸易体制，主动对外开放，并已加入或正在申请加入世贸组织，参与地区经济一体化的活动，加快贸易自由化的步伐。

总之，20世纪90年代以来，全球性贸易自由化向纵深发展，在一定程度上遏制了贸易保护主义的蔓延。但是，由于多国经济发展不平衡和市场竞争的尖锐化，一些国家仍在不同程度地实施各种进口限制措施，这些国家的贸易保护主义有所抬头。因此，世贸组织在维护和继续推行贸易自由化方面任重道远。

3.3　保护贸易政策的演变

从历史上看，保护贸易政策盛行的时期主要有四个阶段：第一个阶段是16—18世纪资本主义生产方式准备时期，西欧国家普遍实行强制性贸易保护政策；第二个阶段是19世纪70年代末以后的资本主义自由竞争时期，美国和德国等西欧国家实行保护贸易政策；第三个阶段是第二次世界大战前（两次世界大战之间）的垄断资本主义时期，帝国主义国家实行超保护贸易政策；第四个阶段是20世纪70年代中期以后，在国际贸易中出现了新贸易保护主义。

3.3.1　资本主义生产方式准备时期：重商主义的保护贸易政策

16至18世纪是资本主义生产方式准备时期，也是西欧各国开始走向世界市场的时期。在这一时期，为了促进资本的原始积累，西欧各国在重商主义的影响下，实行强制性的贸易保护政策。重商主义最早出现于意大利，后来在西班牙、葡萄牙和荷兰实行，最后英国、法国和德国也先后实行，其中英国实行得最彻底。

3.3.2　资本主义自由竞争时期：一般性的保护贸易政策

19世纪70年代以后，美国和西欧的一些国家（如德国）纷纷从自由贸易转向保护贸易。其主要原因在于这些国家的工业发展水平不高，经济实力和商品竞争能力都无法与英国抗衡，需要采取强有力的政策措施（主要是保护关税措施）来保护本新兴的产业，即幼稚产业，以免与英国商品进行竞争，因而逐步实施了一系列限制进口和鼓励出口的保护性措施，并取得了良好的效果，使美国和德国等国家的工业得以避免外国的竞争而顺利发展。

3.3.3　垄断资本主义时期：超保护贸易政策

第一次与第二次世界大战之间，资本主义处于垄断阶段，垄断代替了自由竞争，成为一切社会经济生活的基础。此时，西方各国普遍完成了产业革命，工业得到迅速发展，市场问题趋于尖锐，各国争夺市场的斗争加剧。尤其是1929—1933年的世界性经济危机，使市场问题进一步尖锐化。资本主义各国的垄断资产阶级为了垄断国内市场和争夺国际市场，纷纷实行超保护贸易政策（hyper-protective trade policy）。

与资本主义自由竞争时期一般性的保护贸易政策相比，超保护贸易政策具有以下特点：

第一，保护的对象扩大了。其不仅保护幼稚工业，而且更多地保护已高度发展的或出现衰落的垄断工业。

第二，保护的目的改变了。其不再是培养自由竞争的能力，而是巩固和加强对国内外市场的垄断。

第三，保护的措施多样化。其不只限于关税和贸易条约，还有各种非关税壁垒和其他限入奖出措施。

第四，从防御性转入进攻性。其不是防御性地限制进口，而是在垄断国内市场的基础上对国外市场进行进攻性的扩张。

第五，保护的阶级利益从一般的工业资产阶级利益转向大垄断资产阶级利益。

综上所述，超保护贸易政策是指帝国主义国家采用关税和非关税等一系列措施，阻止外国商品进口，鼓励本国商品出口，以保护国内已高度发展的或已出现衰落的垄断工业，巩固和加强其在国内外市场上的垄断，保护大垄断资产阶级利益的一种进攻性的对外贸易政策。

3.3.4　20世纪70年代中期以后：新贸易保护主义

进入20世纪70年代，西方经济不景气，特别是美国的经济地位相对衰落，于是70年代中期以后，在国际贸易中出现了新贸易保护主义（new protectionism）。到80年代下半期，新贸易保护主义思潮几乎席卷全球。与传统的贸易保护主义相比，新贸易保护主义在性质上有所不同。传统的贸易保护主义是经济较落后国家为了发展民族经济、实现工业化目标，通过实施对某些幼稚产业的保护而实行的一种措施。这种对某些部门和行业保护的最后趋势是走上自由贸易之路。而新贸易保护主义是经济发达国家为保住昔日的经济优势地位，通过广泛实行保护措施来维持垄断政治经济利益的一种需要。由于新贸易保护主义是20世纪80年代以后发达资本主义国家普遍实行的一种对外贸易政策，因而对国际贸易的影响就更加深刻。

3.3.4.1　新贸易保护主义的特点

（1）被保护的商品范围不断扩大

保护对象从商品向投资、服务、技术知识和环保等方面展开。从传统商品（如钢铁、纺织品）、农产品扩大到高级工业品（如汽车、飞机、数控机床、计算机等）、服务贸易和知识产权。

（2）保护的措施日益多样化

加强了征收反补贴税和反倾销税的活动，并按照有效保护税率设置阶梯关税。非关税壁垒措施不断增加，从20世纪70年代初的800多种增加到70年代末的1 000多种。在"有秩序的销售安排"（orderly marketing arrangement）和"有组织的自由贸易"（organized free trade）的口号下，绕过《关贸总协定》的原则，采取"灰色区域措施"（grey area measures）。所谓"有秩序的销售安排"，就是由进口国与出口国就有关商品在数量上进行有控制的销售。通常是由进口国与出口国进行会谈，达成双边的"自动"限额协议，即出口国"自愿"限制其商品在一定时期内对进口国的出口量。实际上，所谓有秩序的销售安排，是出口国迫于进口国的政治、经济压力，而不得不接受的数量限制。例如，1977年美国与日本谈判"有秩序的销售安排"，要求日本减少彩色电视机、收音机、电炉、铁路设备等产品对美国的出口，规定日本到1980年每年对美国出口彩色电视机175万台，比1976年减少40%。所谓"有组织的自由贸易"，即管理贸易（在下面介绍）。所谓"灰色区域措施"，即在《关贸总协定》规定范围之外，不受总协定法律规则管辖与监督的保护性贸易限制措施，如"自动"出口限制、"有秩序的销售安排"等。

（3）**从贸易保护制度转向更系统化的管理贸易制度**

所谓管理贸易（managed trade），就是以协调为中心，以政府干预为主导，以磋商为手段，对本国进出口贸易和全球贸易关系进行干预、协调和管理的一种贸易制度。它是一种介于自由贸易和保护贸易之间的贸易制度，有人称之为"不完全的自由贸易"。其基本特点是：

① 通过贸易立法使贸易保护主义合法化。一些发达国家管理对外贸易的法律已由单行的法律发展成为以外贸法为中心、与其他方面的国内法相配套的法律体系。例如，美国《1974年贸易法案》中的"301条款"授权美国总统，对美国出口实施不公平待遇的国家进行报复，如实行配额或提高关税。美国《1988年贸易与竞争综合法》中的"超级301条款"要求政府与在实行"自由公平贸易"方面做得不好的国家进行谈判或实施报复，"特别301条款"要求政府与保护美国知识产权做得不够好的国家进行谈判或实施报复。

② 贸易保护主义措施不断充实和调整，成为对外贸易体制中的重要组成部分。

（4）**各国"奖出限入"措施的重点从限制进口转向鼓励出口**

因为限制进口容易遭到对方的谴责和报复，故各国纷纷从经济、法律、组织等方面采取措施推动出口的扩大。如在经济方面，实行出口补贴、出口信贷、出口信贷国家担保制、商品倾销、外汇倾销、建立出口加工区等；在法律方面，用立法为扩大出口提供支持，以法律为武器强迫国外开放市场。例如，1989年美国就对日本动用"超级301条款"，强迫日本在1年内向美国开放计算机、卫星、森林产品等市场；在组织方面，建立商业情报网络，设立有权威的综合协调机构，为扩大商品出口服务。此外，各国都重视精神奖励，如法国设有"奥斯卡出口奖"，美国、日本等也有类似奖励。

（5）**贸易保护从国家贸易壁垒转向区域贸易壁垒**

随着世界经济一体化的发展，贸易保护主义也由一国的贸易保护演变为区域贸易保护。在区域范围内，国家之间仍实行自由贸易，而对区域范围外的国家则实行共同的关税壁垒。例如，欧共体（现欧盟）不仅通过关税同盟与共同的农业政策对外筑起贸易壁垒，而且将这种区域保护范围扩大到联系国。

3.3.4.2　新贸易保护主义出现与不断加强的原因

（1）"滞胀"迫使主要工业国家放弃自由贸易转向保护贸易

20世纪70年代初以来，主要工业国家受两次石油危机（1973—1974年，1979—1980年）的影响，经济增长速度、劳动生产率增长速度和对外贸易增长速度下降，通货膨胀率和失业率升高。"滞胀"（stagflation）迫使这些国家放弃自由贸易转向保护贸易。

（2）美国、西欧和日本三者间的贸易摩擦增多

美国、西欧和日本经济力量对比的消长，打破了战后初期美国在国际贸易中的垄断地位，出现了美、欧、日三足鼎立的局面，三者间的贸易摩擦增多。从1971年开始，美国结束了自1893年以来商品贸易顺差的历史，开始出现逆差，而且以后逆差不断增大。美国在世界制成品市场和国内市场上不但面临日本、西欧国家的激烈竞争，而且面临新兴工业化国家和地区的竞争。

（3）国际货币关系失调带来了巨大的贸易保护压力

首先，浮动汇率迫使贸易商通过购买期货和进行套期保值（hedging）来规避汇率风险，这既增加了交易成本，又引起价格、投资效益和竞争地位的变化。其次，汇率的大幅波动使各国为减少汇率波动对国内经济的影响而对贸易实行保护。

（4）世界经济区域集团化趋势日益加强

区域集团化趋势的加强对外贸政策产生两方面的影响：一方面，区域集团内部取消贸易壁垒，实现自由贸易；另一方面，对外高筑贸易壁垒，限制区域集团外国家和地区的商品进入。对此，区域集团以外的国家为保护自身利益，都作出积极反应，或加强单边管理和双边协调管理，或组建新的区域集团与之抗衡。贸易政策的保护色彩自然越来越浓。

（5）国内利益集团的贸易保护压力加大

当某些商品的进口对本国国内市场或有关行业造成较大的损害或潜在的威胁时，有关利益集团便对政府施加压力，要求政府采取措施保护他们的利益，而政府从维护社会稳定和保护国内经济的目的出发，往往会同意其要求。例如，美国贸易保护主义的最大压力来自纺织工业部门，法国对农产品市场的保护主要是迫于农民的压力。

（6）贸易政策的相互影响和连锁反应

由于生产国际化和资本国际化的日益发展，各国的外贸依存度不断提高，各国经济的相互依赖性日益增强，贸易政策的相互影响和连锁反应也越来越大，各国对此也越来越敏感。一国的贸易保护措施往往会招致其他国家的仿效或报复，从而使贸易保护主义在世界传播并蔓延。从一定意义上说，新贸易保护主义是从美国传播开来的。

（7）政治上或外交上的需要

一些国家为了达到某种政治或外交目的，经常以贸易制裁、贸易禁运等方式来胁迫另一些国家。例如，20世纪70年代，美国经常以苏联限制犹太人移民为借口，对苏联实行粮食禁运。20世纪80年代末以来，美国以"人权"问题为借口，在给中国最惠国待遇的问题上大做文章。

总之，从20世纪70年代开始，贸易保护主义重新抬头和蔓延，这是第二次世界大战后资本主义经济发展从迅速增长走向"滞胀"，经济相互依赖加深，以及国际竞争日益激烈的结果。

3.4　中国对外贸易政策

中华人民共和国自成立以来，为了促进经济复苏和发展，特别是工业化建设的顺利实施，中国根据不同时期国民经济发展的现状和要求不断调整贸易政策。

3.4.1　国家统制下的封闭型保护贸易政策（1949—1978年）

1948年3月，中国共产党第七届中央委员会第二次全体会议确定实行"对内的节制资本和对外的统制贸易"的基本方针政策。1949年9月，《中国人民政治协商会议共同纲领》规定：我国实行对外贸易统制，并采用贸易保护政策。封闭型经济和计划经济是这一时期保护贸易政策的主要历史背景。

为了抵御新中国成立初期美国等资本主义国家对我国的封锁和禁运政策，防止资本主义对本国经济的冲击，保护民族幼稚工业，以及避免国际收支逆差和对外举债，我国实行了坚定内向型的进口替代战略，即通过限制某些重要工业品的进口，来扶植和保护本国相关工业部门的发展，从而达到用国内生产的工业品替代进口产品，减少本国对国外市场的依赖，促进民族工业发展的目的。这一战略的实施，使我国建立起了完整的民族工业体系和以劳动密集型制成品为主的比较优势，但也付出了高昂的代价，如结构失衡、科技落后、低效率和沉重的财政负担。国家为了推动这种封闭性发展战略模式的实现，在外贸政策上必然实行高关税政策，并实行严格的进口数量限制、外汇管制等措施限制进口，以实施保护。

这一时期，国家实行统制贸易，外贸统一由国营专业外贸公司经营，外贸公司的经营活动受多方面的限制和约束，特别是受到行政管理机构的包揽和干预；实行高度集中的计划管理，全国外贸年度计划支配着全部的外贸活动，且计划是指令性的，不能随意变动；实行高度集中的外贸财务体制，由外贸部统一核算并由财政部统收统支、统负盈亏。与此相应，在贸易政策上也必然实行高度集中的、以行政手段为主的、强制性的政策措施。

3.4.2 国家统一领导和有限开放条件下的保护贸易政策（1978—1992年）

这一时期，从贸易政策的基本特征看，仍然是保护贸易政策。但经济开始由封闭走向开放，国家对外贸的管理方式也发生了一定的改变。

1978年12月，在改革开放政策的指引下，我国在对外贸易领域进行了一系列的改革，如下放外贸经营权，开展工贸结合的试点，简化外贸计划内容，实行外贸承包经营责任制，实行外汇留成制和出口退税政策。实行汇率双轨制，取消对企业出口的财政补贴。在外贸管理方式上，国家通过制订计划、审批制度、关税和非关税措施以及鼓励出口的财政税收和信贷政策，把外贸置于国家的统一领导之下。随着经济的开放，外资的进入，国家制定了一系列吸引外资的政策与法规。1988年，沿海地区外向型经济发展战略的实施，使我国经贸发展战略模式由进口替代战略开始转向进口替代与出口替代或出口导向相结合的发展模式。

所谓进口替代（import substitution）战略，就是一国采取高关税、进口数量限制和外汇管制等措施，严格限制某些重要的工业品进口，扶植和保护本国有关工业部门发展的战略。其目的在于用国内生产的工业品代替进口产品，以减少本国对外国产品的依赖，减少外汇支出，平衡国际收支，促进民族工业的发展。它也是一些拉美国家和亚洲（主要是东亚）国家为实现工业化而实施的经济发展战略。

所谓出口导向（export oriented/outward-looking）就是将经济发展的重点放在出口贸易上，通过出口的增长推动整个国民经济的增长。出口导向战略又分为初级产品出口战略和出口替代战略。

初级产品出口战略即出口食品和原料，进口工业制成品，它是初级外向战略。提出这种战略的经济学家认为，发展中国家应从政治独立后人口大多数仍在农村和农矿产品生产在国民经济中仍占极其重要地位的实际出发，通过发展初级产品出口来积累工业化资金，同时在此基础上发展农矿产品出口加工工业，促进国民经济的发展。

出口替代（export substitution）战略就是一国采取各种鼓励或保护措施，来促进出口工业的发展，用工业制成品、半制成品的出口替代过去的初级产品的出口，以增加外汇收入，并带动工业体系的建立和经济的持续增长的战略。

但这一时期国家对外贸的管理形式及其政策是与经济体制的状况相适应的，外贸发展原则确定为"统一计划，统一政策，联合对外"。这一时期的对外开放尚属于有限开放，主要表现在以下3个方面：

第一，东部沿海地区实行对外开放，而广大的中西部地区仍基本处于封闭状态。

第二，整个国家经贸发展战略模式仍然是具有内向型特征的进口替代，而东部沿海地区实行的出口替代战略的基本点，仍是从多创汇、节约使用外汇角度出发。因为以制成品出口替代传统初级产品出口可多创汇，而以国产消费品替代进口消费品又可以节省外汇。

第三，在国际贸易中保护主义日趋严重、市场竞争日益激烈的情况下，我国在减少计划管理进出口商品范围的同时，重新恢复了对部分进出口商品的许可证制度和配额管理。

总体来看，这一时期我国外贸政策仍是处于国家统一领导和经营下、主要靠高关税和非关税壁垒限制进口的贸易保护政策，且政策不统一，扩大了东西部区域间的利益冲突，形成了国内非关税屏障。另外，这一时期的外资政策主要以税收优惠为主，易造成各地招商引资的过度竞争和对投资环境的忽视，政策的不完善也给民族工业带来一定的冲击。

3.4.3　国家管理下的开放型的过渡时期贸易政策（1992—2001年）

这一时期，我国以新一轮改革开放来推动外贸体制向社会主义市场经济体制和国际贸易规范方向转变。1992年10月，党的十四大确立了对外开放的目标，即形成多层次、多渠道、全方位开放的格局，并且明确提出继续深化外贸体制改革，尽快建立适应社会主义市场经济发展的、符合国际贸易规范的新型外贸体制。

根据20世纪90年代我国面临的国内外环境和改革开放阶段的要求，我国在1994年5月提出了"大经贸战略"构想，即实行以进出口贸易为基础，商品、资金、技术、劳务合作交流相互渗透、协调发展，对外贸易、生产、科技、金融等部门共同参与的经贸发展战略。其基本点在于扩大全方位、多渠道和多领域的开放，加快各项业务与部门机构的融合和密切合作，尽快将对外贸易功能转变到促进产业结构调整、技术进步和提高效益方面。

20世纪90年代以来，我国为了加快外贸体制改革，解决外贸工业中出现的重量不重质、低价竞销、不计成本和不讲效益等问题，开始在对外贸易行业落实中央提出的两个根本性转变，即由传统的外贸体制转变为符合社会主义市场经济体制和国际惯例的新体制，外贸增长方式从粗放型增长向集约型增长转变。从企业制度改革入手，通过建立产权明晰、自主经营、自负盈亏、科学管理的现代企业制度来促进经营方式的转变。此外，还提出"以质取胜""科技兴贸"的战略，力争使我国由贸易大国向贸易强国迈进。

总的来看，这一时期是我国力争加入世贸组织并最终取得胜利的关键时期，贸易政策也发生了重要的变化。主要体现在以下6个方面：

第一，多次大幅度自主降低关税和减少非关税壁垒，实行更加自由和开放的贸易政策；

第二，建立起一整套外贸宏观调控体系，充分利用多种市场化的政策工具对外贸实施管理；

第三，实行全方位协调发展的国别地区政策，和世界各国和区域发展经贸关系；

第四，通过信贷重点支持和提高出口退税率等政策措施，促进机电产品和高技术产品的出口；

第五，采取放宽投资领域和控股限制等措施，鼓励外商投资于农业、基础设施和中西部地区；

第六，根据世贸组织基本原则调整贸易政策，使之更加规范、统一和公正。

可以说，我国为加入世贸组织以及为履行入世承诺所作的努力，使我国经济和贸易政策与手段加速向国际规范靠拢。

3.4.4　WTO规则下公平与保护并存的对外贸易政策（2001年至今）

2001年12月11日，中国正式加入了世界贸易组织。正式成为世贸组织成员后，为了适应国际形势，更好地执行世贸组织的规则要求，中国的对外贸易政策进行了一系列改革，确立了WTO规则下公平与保护并存的对外贸易政策。

WTO规则下公平与保护并存的对外贸易政策既注重公平，又注重保护，这是因为我国加入世界贸易组织后需要在享受优惠的情况下履行责任，以符合世界各国在贸易过程中对公平性的要求；同时，由于我国国内尚存在一些幼稚产业，在国际贸易中不具备充分的市场竞争力，我国的对外贸易政策在制定过程中又必须具有对这些产业的保护性。其主要内容如下：

3.4.4.1　中国对外贸易政策的目标是促进经济均衡发展

贸易政策的选择与经济结构的演进在感性层次上具有历史一致性，因此，这一时期，为了适应中国经济结构的变化，对外贸易政策目标已经变为：构建有利于我国经济均衡全面发展的产业结构，实现国内产业的优化升级，促进我国对外贸易的蓬勃发展，以推动中国经济在内外适度均衡的基础之上又好又快地发展。[①]

3.4.4.2　中国对外贸易政策的实施方式是实行国内产业结构优化

为了尽快达到经济均衡发展的政策目标，适应中国经济结构的调整，中国在对外贸易过程中必须加快产业结构优化升级。

这一时期经济结构调整已经成为经济发展战略的核心内容，贸易政策的调整势在必行。随着经济全球化和贸易与投资一体化的不断推进，我国实行了全面融入国际经济循环的外贸政策。这种外贸政策放宽外资进入的产业领域，大幅度地降低关税和非关税壁垒，鼓励跨国公司进入中国市场，鼓励国内外企业在国内市场和国际市场上公平竞争，借以提高产业和企业的国际竞争力。现阶段的对外开放政策的主要内容涉及贸易政策和利用外资，它所关注的焦点是国家总体竞争实力的上升与否。尽管国家竞争战略在某种程度上不

---

① 张松涛. 主动应对——经济全球化再认识及中国"入世"[J]. 国际贸易，2001（2）：24-27.

属于贸易政策的范畴，但在对外经济领域中，国家竞争战略仍然在贸易与投资政策的制定和实施过程中得以集中体现。

案例窗 3-1　　　　　　　　　　　　　　　　拓展阅读 3-1

素养园地

完善高水平对外开放体制机制

党的二十届三中全会审议通过的《中共中央关于进一步全面深化改革、推进中国式现代化的决定》提出，必须坚持对外开放基本国策，坚持以开放促改革，依托我国超大规模市场优势，在扩大国际合作中提升开放能力，建设更高水平开放型经济新体制。完善高水平对外开放体制机制的战略部署，不仅是对当前国际国内形势的深刻洞察，更是对中国未来发展路径的精准把握。

"开放是中国式现代化的鲜明标识"，这一论断深刻揭示了开放对于推动中国现代化进程的重要性。新时代新征程，中国必须继续坚持对外开放，以更加开放的姿态融入全球经济体系，积极参与国际竞争与合作，不断提升国际影响力和竞争力。

开放是推动改革的动力。"坚持以开放促改革"，意味着中国将继续通过扩大开放推动国内体制机制的改革和创新，在更深层次上推动规则、规制、管理、标准等制度型开放，打造透明稳定可预期的制度环境，吸引更多外资和先进技术进入中国市场，同时推动国内企业"走出去"，参与国际竞争与合作。

中国拥有超大规模的市场优势，这是推动对外开放的重要依托。随着经济体量不断增长和消费市场持续扩大，中国大市场的吸引力持续增强。依托这一优势，可以在扩大国际合作中提升自身的开放能力。一方面，通过优化区域开放布局，深化京津冀、长三角、粤港澳大湾区等区域合作，强化规则衔接和机制对接，打造更多高水平开放平台。另一方面，积极扩大进口规模，优化进口结构，满足国内消费升级的需求。同时，还可以加强与世界各国的经贸往来和投资合作，推动形成全面开放新格局。

为更好地适应经济全球化的发展趋势和中国经济发展的内在要求，必须建设更高水平的开放型经济新体制。

深化外贸体制改革。通过简化通关流程、降低企业成本、提高贸易便利化水平等措施，不断优化外贸政策体系和服务环境。积极培育外贸新业态新模式，如跨境电商、海外仓等，拓宽外贸渠道和提升外贸竞争力。

深化外商投资和对外投资管理体制改革。通过放宽市场准入限制、优化外资营商环境等措施，吸引更多外资进入中国市场。同时，加强对外投资管理体制改革，完善境外投资监管体系和服务平台，支持中国企业"走出去"参与国际竞争与合作。

构建全国统一大市场。通过打破地方保护和市场分割壁垒，促进商品和要素在全国范围内的自由流动和优化配置。通过加强知识产权保护和市场监管体系建设等措施，打造公平竞争的市场环境。

完善推进高质量共建"一带一路"机制。通过加强同共建国家发展战略对接、深化经贸产能科技人文等领域合作等措施，挂动共建"一带一路"朝着更高质量、更高水平发展。同时，加强风险防控和可持续发展能力建设，确保高质量共建"一带一路"行稳致远。

完善高水平对外开放体制机制是开拓广阔发展空间的必由之路。面对未来更加复杂多变的国际形势和更加艰巨繁重的改革发展任务，中国必须坚持对外开放基本国策不动摇，以开放促改革，推动制度型开放取得新突破，依托超大规模市场优势提升开放能力，为高质量发展注入新动力、提供新机遇。

资料来源：经济日报评论员. 完善高水平对外开放体制机制——学习贯彻党的二十届三中全会精神［N］. 经济日报，2024-07-27.

【价值塑造】学习贯彻党的二十届三中全会精神，培养学生具有包容、公正、开放、共赢的国际视野。

本章小结

1. 国际贸易政策是各国在一定时期内对进口贸易和出口贸易所实行的政策，是运用国际贸易理论指导国际贸易实践的杠杆和中介。国际贸易自产生以来，对应着两种基本贸易理论流派，大致存在两种类型的国际贸易政策：自由贸易政策和保护贸易政策。

2. 制定对外贸易政策时应考虑的因素包括本国的经济发展水平和商品竞争能力；本国的经济结构和比较优势；本国的经济状况；本国各种利益集团力量的对比；政府领导人的经济贸易思想；本国与他国的政治、外交关系等因素。

3. 自由贸易政策盛行时期主要有两个阶段：第一个阶段是19世纪中叶至第一次世界大战前的资本主义自由竞争时期，英国带头实行自由贸易政策；第二个阶段为20世纪50年代到70年代初期，出现了全球范围的贸易自由化。20世纪90年代以来贸易自由化继续向纵深发展。

4. 保护贸易政策盛行的时期主要有四个阶段：第一个阶段是16—18世纪资本主义生产方式准备时期，西欧国家普遍实行强制性贸易保护政策；第二个阶段是19世纪70年代末以后的资本主义自由竞争时期，美国和德国等西欧国家实行保护贸易政策；第三个阶段是第二次世界大战前（两次世界大战之间）的垄断资本主义时期，帝国主义国家实行超保护贸易政策；第四个阶段是20世纪70年代中期以后，在国际贸易中出现了新贸易保护主义。

5. 中国的对外贸易政策经过了国家统制下的封闭型的保护贸易政策，国家统一领导和有限开放条件下的保护贸易政策，国家管理下的开放型的过渡时期贸易政策，WTO规则下公平与保护并存的对外贸易政策。

基础训练

❖ 名词解释

国际贸易政策　自由贸易政策　保护贸易政策　超保护贸易政策　管理贸易　进口替代战略　出口替代战略　出口导向战略

❖简答题

1. 各国制定对外贸易政策的目的是什么?

2. 一国制定对外贸易政策主要考虑哪些因素?

3. 与传统的保护贸易政策相比,超保护贸易政策具有哪些特点?

4. 战后的贸易自由化具有哪些特点?

5. 新贸易保护主义的主要特点是什么?

6. 改革开放以后中国的国际贸易政策有什么特点?

第4章 国际贸易措施

学习目标

◆ 掌握关税的含义、特点及作用。

◆ 熟悉关税的种类。

◆ 了解关税的征收方法、依据及程序。

◆ 理解关税水平和保护程度。

◆ 了解非关税壁垒的特点和作用。

◆ 掌握直接性非关税壁垒的定义和种类以及间接性非关税壁垒的种类。

◆ 掌握鼓励出口的各项措施。

◆ 掌握出口管制的对象、形式以及程序。

❖ 导入案例

"关税大棒"无助于提升欧盟车企竞争力

2023年，欧盟委员会主席冯德莱恩宣布，欧盟委员会将对中国电动汽车展开反补贴调查。2024年10月4日，欧盟成员表决通过了对从中国进口的电动汽车加征关税的决定。这一决定虽然尚未正式执行，但已经引发了业界的反思。从长远来看，对本土电动汽车的保护主义举措将使欧盟在该产业逐渐丧失国际竞争力。

一、加征关税缺乏广泛支持

在欧盟此次对中国电动汽车加征关税的投票中，有10个成员赞成、12个成员弃权、5个成员明确反对。从投票结果来看，有一半以上的成员并不支持欧盟对中国电动汽车加征关税的提议。"如果欧盟想要提升其汽车行业急剧下降的竞争力，那么将中国视为竞争对手，加剧冲突，反而更加无法实现（这一目标）。"匈牙利外长在接受媒体采访时表示，欧盟委员会对中国电动汽车加征关税是一个"坏主意"。

欧洲经济界人士普遍认为，欧盟投票支持加征关税，将抬高中国电动汽车在欧盟国家的销售价格，由此所产生的溢价将由欧洲普通消费者承担，这无疑剥夺了他们以更实惠价格购买更优质产品的权利。欧洲智库布鲁盖尔（Bruegel）研究所近日发文表示，欧盟对中国电动汽车加征关税是一个错误的决定，此举对欧盟民众来说弊大于利。该文称，欧洲市场上电动汽车价格长期处于高位，这损害了消费者权益，尤其是低收入者的权益。

二、"内病外治"难有疗效

欧盟国家电动汽车竞争力羸弱并非由所谓中国产业补贴所致，而应归咎于欧盟相关产业政策失当。

欧盟未能提前布局电动汽车产业链，直接导致其在电动汽车赛道落后于中美。欧盟此次对中国电动汽车加征关税在很大程度上源于对本土企业的不自信，希望通过这一手段弥补过去政策的不足。欧洲央行前行长德拉吉曾坦言，欧盟在电动汽车领域如今处于落后位置，这是欧盟缺乏规划、在没有产业政策的情况下实施气候政策的完美例子，"欧盟委员会2017年才成立欧洲电池联盟，致力于在欧洲建立电池价值链，而欧盟作为一个整体在充电基础设施的安装方面十分滞后。相反，中国从2012年起就瞄准整个价值链，因此行动更快、规模更大"。德拉吉的表态可谓指出了欧洲在电动汽车领域起步晚、竞争力弱的一大原因。

欧盟未能出台有效的电动汽车消费激励政策，使得欧洲市场对电动汽车的需求不足，进而导致研发生产缺乏动力。欧盟虽然提出了在2035年全面禁止销售新的内燃机汽车的目标，但并未出台有效的政策进行衔接，导致在没有政策鼓励的情况下，欧洲电动汽车与内燃机汽车相比毫无优势。尤其是其电动汽车缺乏价格优势，民众不愿为"绿色环保"埋单。美国银行称，欧洲电动汽车增长缓慢的一个主要原因是，与内燃机汽车相比，电动汽车的总持有成本更高。欧洲汽车制造商协会发布的《电动汽车需求下降，欧洲汽车业呼吁紧急采取行动》报告称，2024年8月电动汽车的销量仅占欧盟汽车市场的14.4%，这是2024年连续第4个月下滑。

在此背景下，当全球其他地区电动汽车企业得益于消费群体增加，已进入"消费促盈利、盈利促创新、创新促消费"的良性循环后，欧洲电动汽车厂商再想追赶已有很大难度。

三、保护主义于事无补

有舆论指出，欧盟关税或许能为欧洲车企赢得短暂的喘息时间。但从长期来看，该政策无异于饮鸩止渴，将削弱欧洲车企走出"舒适区"的勇气与能力。有法媒分析指出，欧盟对中国加征电动车关税政策不利于欧洲汽车竞争力提升，在其他国家汽车品牌进入欧洲本土制造电动汽车的进程加速、对欧洲汽车品牌构成更激烈的直接竞争之前，这一政策对欧洲汽车生产商的保护作用将只能是短暂的。

此间分析人士认为，反补贴税将使欧盟的电动汽车生产商失去经历全球竞争洗礼的机会，削弱其降低成本和加强创新的动力。大众汽车此前也表态称，从长远来看，反补贴税不适合增强欧洲汽车工业的竞争力——"我们拒绝"。

营造公平的市场竞争环境将有助于欧盟实现降碳目标。欧盟计划在2035年实现汽车全电动化，并承诺对在此之前未达到淘汰内燃机车型门槛的公司处以重罚。欧洲媒体分析称，竞争将有效促推欧洲汽车制造商尽快转变其研发和生产重心，加快从内燃机汽车向电动汽车过渡，将原本可能浪费在缴纳二氧化碳超额排放罚款上的资金更多地用于电动汽车的研发上，从根本上减少欧盟降碳成本。因此，欧洲车企在没有贸易壁垒的情况下参与公平的市场竞争，将有助于推动欧盟实现绿色转型。

资料来源：孙铁牛.《关税大棒》无助于提升欧盟车企竞争力 [N]. 光明日报，2024-10-14（12）.

尽管自由贸易能提高效率并增进福利，但在因进口竞争而面临收入下降以及失业命运的企业和工人当中，自由贸易政策却遇到了巨大阻力，因此，各国并未坚持自由贸易准则，政策制定者们运用不同的措施来限制商品和服务的自由流动。从本章开始，将介绍干预自由贸易条件下资源配置的各种政策工具，即国际贸易政策措施。政策制定者运用各种措施来限制商品和服务的自由流动，主要表现为"奖出限入"。从"限入"来看，这些措施分为关税壁垒和非关税壁垒，"奖出"即采用鼓励出口的政策措施。此外，还对某些重要资源和战略物资实施出口管制、限制或禁止出口。

4.1 关税措施

4.1.1 关税的含义、特点与作用

4.1.1.1 关税的含义

关税（customs duties，tariff）是进出口商品经过一国的关境时，由政府所设置的海关向其进出口商所征收的一种税。关境（customs frontier）又称税境，是一个国家征收关税和执行海关各项法令和规章的区域。

关税是通过海关征收的。海关（customs）是设在关境上的国家行政管理机构。它是贯彻执行本国有关进出口政策、法令和规章的重要工具。其任务是根据国家有关法律和规定对进出关境的货物、金银、货币、行李、邮件、运输工具等进行监督查验，对应税物品依照本国税法税则征收关税，缉查走私，对不符合本国进出口规定的物品不予放行、罚款，直至没收或销毁。

早在欧洲古希腊雅典时代就出现了关税。到资本主义社会，关税制度普遍建立，并一直延续到今天。

4.1.1.2 关税的特点

关税是一种间接税，是构成国家财政收入的一个重要部分。与其他国内税一样，关税具有强制性、无偿性和固定性等特点。强制性是指海关凭借国家权力依法征收，纳税人必须无条件地履行纳税义务。无偿性是指征收关税后，其税款成为国家财政收入，无须给予纳税人任何补偿。固定性是指国家通过有关法律事先规定征税对象和税率，海关和纳税人均不得随便变动和减免。但关税又有别于其他国内税，主要表现在3个方面：

第一，关税的税收主体即关税的纳税人是进出口商，税收的客体即课税的对象是进出口货物。

第二，关税具有涉外性，是实行对外贸易政策的重要手段，可以起到调节一国进出口贸易的作用。

第三，关税属于间接税。因为关税主要是对进出口商品征税，其税负可以由进出口商垫付，然后把它作为成本的一部分加入货价，货物出售后可收回这笔垫款。因此，关税负担最后转嫁给买方或消费者。

4.1.1.3　关税的作用

关税具有积极和消极双重作用。

（1）积极作用

第一，增加国家的财政收入。关税是国家财政收入的一个重要组成部分，关税的纳税人即税收主体是本国进出口商，但最终是由国内外的消费者负担，它属于间接税的一种。进出口货物则是税收客体，即被依法征税的标的物。

第二，保护本国的生产和市场。通过对进出口商品征收关税，提高进口商品的价格，削弱进口商品与本国同类产品的竞争能力，以保护本国的生产和市场，免受外国竞争者的损害。同时进口商品价格提高以后，国内同类产品的市场价格同样会提高，从而可以鼓励国内厂商生产同类商品的积极性。对出口商品征收关税，可以抑制其出口，使国内市场得到充分供应，防止国内紧缺物资外流，保护国内资源。

第三，调节国内生产、物价、市场供求和财政、外汇收支。国家利用税率的高低或减免，影响企业的利润，有意识地引导各类商品的生产，改善产业结构；国家利用税率的高低或减免，调节某些商品的进出口数量，调节国内物价，保证国内市场供求平衡；通过提高进口关税税率和征收进口附加税，减少进口数量和外汇支出；保持国际收支平衡。

第四，维护国家的对外关系。关税一直与国际关系有着密切的联系。由于关税的高低会影响到对方国家对外贸易的规律和生产的发展，涉及对方国家的经济利益，因此，一方面，可以把关税作为对外经济竞争的工具；另一方面，可以把关税作为争取友好贸易往来、改善或密切关系的手段。例如，在对外贸易谈判中，关税可以作为迫使对方作出某些让步的手段；在经济贸易集团中，互免关税是各成员经济联盟的纽带之一。

（2）消极作用

第一，加重消费者的负担。由于征收的进口或出口税最后都要加到商品的售价之中，必然会增加消费者的开支，加重消费者的负担。

第二，保护过度会造成保护落后。关税虽有保护本国生产的作用，但如果税率过高，保护过度，就会使有关企业养成依赖性，不思进取，长期处于落后地位，不能参与竞争。

第三，容易恶化贸易伙伴间的友好关系。如关税征收不当，很容易引起贸易伙伴间的矛盾，导致对方采取相应的报复措施，不利于改善双方的贸易关系。

第四，影响本国出口贸易的发展。如关税保护过分还会影响本国出口贸易的发展。因为各国都讲求贸易平衡，有进有出，进出结合，任何一方都不能只出不进，否则他方也采用高关税，限制外国商品进口，这样一来，都想多出不进或少进，结果谁也出不去，反而阻碍了各自的出口。

第五，有些商品由于征税过高使国内外差价过大，遂成为走私对象。

4.1.2　关税的种类

关税的种类很多，按照不同的标准，可进行如下分类：

4.1.2.1 按照征收的对象或商品的流向分类

按照征收的对象或商品的流向，关税可分为进口税、出口税和过境税。

（1）进口税

进口税（import duty）是进口国家的海关在外国商品输入时，对本国进口商所征收的关税。进口税是关税当中最主要的一种税，一般是在外国商品直接进入关境或国境时征收，或者在外国商品从自由港、自由贸易区或海关保税仓库等提出运往国内市场销售，在办理海关手续时征收，因而又被称为一般进口税。

进口税主要可分为最惠国税和普通税两种。最惠国税适用于从与该国签订有最惠国待遇条款的贸易协定的国家或地区所进口的商品。普通税适用于从与该国没有签订这种贸易协定的国家或地区所进口的商品。最惠国税率比普通税率低，两种税率的差幅往往相差很大。第二次世界大战后，大多数国家都加入了《关贸总协定》——世贸组织，或者签订了双边贸易条约或协定，相互给予最惠国待遇，实行最惠国税率，因此这种关税通常被称为正常关税。

一些国家通过征收高额进口税的办法来提高进口商品的价格，削弱其竞争能力，从而达到限制或阻碍其进口的目的。通常所说的关税壁垒（tariff barriers）指的就是高额进口税。

世界各国对不同的进口商品制定不同的税率。税率的高低决定于本国的经济利益。一般来说，发达国家的进口税率往往随商品加工程度的提高而提高。工业制成品税率最高，半制成品次之，初级产品最低，甚至免税。这是为了保证其原料来源和提高实际保护程度；发展中国家为保护和发展民族经济，对国内尚不能生产的机器设备和生活必需品制定较低的税率或实行免税，对国内已能大量生产的商品和奢侈品制定较高的税率。

（2）出口税

出口税（export duty）是出口国家的海关在本国商品输出时，对本国出口商所征收的关税。目前大多数国家对绝大部分出口商品都不征收出口税，因为征收出口税势必会提高本国出口商品在国外市场上的销售价格，降低其竞争能力，不利于扩大出口。第二次世界大战后，只有少数国家主要是发展中国家征收出口税。其目的有三：

一为增加财政收入。以增加财政收入为目的而征收的出口税，税率一般都不高，在1%～5%之间。被征收出口税的商品，一般地说，在国际市场上具有独占或支配的地位。

二为保护国内生产和保障本国市场供应。一种情况是对某些出口的原料征收，以保证对国内相关产业的供给。例如，瑞典和挪威为保护其纸浆和造纸工业而对木材出口征税。另一种情况是为保障本国人民所需要的粮食和食品的供应，尤其是在农产品减产或遭受灾害之年，通过征收出口税的办法，限制其出口。

三为防止无法再生的资源枯竭而对其出口征税。

四为保证其贸易利益，某些单一型经济国家为维护其为数不多的几种初级产品的国际市场价格而征收出口税。

（3）过境税

过境税（transit duty）又称通过税，是一国对通过其关境或国境而运往另一国的外国货物所征收的关税。

在资本主义生产方式准备时期，这种税制开始产生并普遍流行于欧洲各国。到19世纪后半期，各国相继废止了过境税。因为货物通过本国领土可以增加本国运输业的收入，而对国内生产和市场也不产生影响，所征税率又很低，财政意义不大，所以一些国际公约和协定都规定了不准征收过境税。第二次世界大战以后，大多数国家在外国商品通过其领土时只收取少量的准许费、印花费、登记费和统计费等。

4.1.2.2　按照征税的目的分类

按照征税的目的，关税可分为财政关税和保护关税。

（1）财政关税

财政关税（revenue tariff）又称收入关税，是以增加国家的财政收入为主要目的而征收的关税。为了达到增加财政收入的目的，对于进口商品征收财政关税时，必须具备以下3个条件：

① 征税的进口商品必须是国内不能生产或无替代品而从国外输入的商品；

② 征税的进口商品在国内必须有大量的消费；

③ 关税税率要适中或较低，如税率过高，将阻碍进口，达不到增加财政收入的目的。

关税的征收，最初多是为了获取财政收入。随着经济的发展，财政关税的作用相对降低，这一方面是由于其他税源增加，关税收入在国家财政收入中所占比重相对下降，更为主要的是由于市场竞争日趋激烈，各国纷纷采用征收高额进口税的办法，限制外国商品进口，以保护国内生产和市场，使保护关税的作用日益加强。

（2）保护关税

保护关税（protective tariff）是指以保护本国生产和市场为主要目的而征收的关税。保护关税的税率一般都较高，因为越高越能达到保护的目的。保护关税率有时高达100%以上，等于禁止进口，成了"禁止关税"（prohibitive duty）。

随着第二次世界大战后的贸易自由化，各国进口税的税率均大幅度降低，因此，关税对本国生产和市场的保护作用已大为减弱。但关税仍然是各国实行贸易保护主义的重要措施之一。

4.1.3　关税的征收

4.1.3.1　关税的征收方法

（1）从量计征

从量计征是指以商品的计量单位如重量、数量、容量、长度、面积和体积等为标准计征关税的方法。按这种方法征收的关税称为从量税（specific duty）。

从量税额=每单位从量税×商品数量

从量计征方法简便易行，但有下列两个缺点：

第一，从量计征的税额是固定的，不随商品价格的变动而变动。当商品价格下跌时，关税的保护作用加强；当商品价格上涨时，关税的保护作用减弱。

第二，从量计征对同一种商品，不分质量好坏、档次和价格高低，都按同样税率征收，造成优质高档高价的商品税负较轻，而劣质低档低价的商品税负较重，使纳税人税收负担不公平。另外，对某些物品如艺术品和贵重物品（古玩、字画、雕刻、宝石等）不便使用。

第二次世界大战以前，世界各国普遍采用从量计征关税的方法。战后，由于商品的种类、规格日益繁杂，再加上通货膨胀、物价上涨等原因，各国纷纷采用从价计征关税的方法。目前，采用从量方法计征关税的国家极少，发达国家中仅有瑞士一国。

（2）从价计征

从价计征是指按照商品价格的一定百分比计征关税的方法。按这种方法征收的关税称为从价税（ad valorem duty）。

从价税额=商品总值×从价税率

从价计征方法有如下几个优点：

① 税率明确，便于各国比较；

② 纳税人的税收负担较为公平，因为从价税额随商品档次与价格高低的变化而增减；

③ 关税的保护作用不受商品价格变动的影响。

商品价格上涨，从价税额也随之增加。

从价计征方法的缺点是：

① 商品价格下跌，税额相应减少，国家的财政收入也就减少。

② 按从价方法计征关税时，需要先确定进口商品的完税价格，其确定比较复杂。所谓完税价格（dutiable price），是指经海关审定的作为计征关税依据的商品价格，也称海关价格（customs value）。它和税率一样都是决定税额的重要因素。

（3）复合计征

复合计征是指对同一种进口商品同时采用从量和从价两种税率计征关税的方法。按这种方法征收的关税称为复合税（compound duty）或混合税（mixed duty）。

复合税额=从量税额+从价税额

复合税具体运用时可分为两种情况：

① 以从量税为主加征从价税，即在对每单位进口商品征税的基础上，再按其价格加征一定比例的从价税。

② 以从价税为主加征从量税，即在按进口商品的价格征税的基础上，再按其数量单位加征一定数额的从量税。

复合税常用于本身较重的原材料或耗用原材料较多的工业制成品的进口计税。复合税的优点是，当物价上涨时，所征税额比单一从量税为多；物价下跌时，所征税额比单一从价税为高，从而增加了关税的保护程度。其缺点是手续繁杂，征收成本高，从量税与从价税的比例难以确定。

由于混合税结合使用了从量税和从价税，扬长避短，哪一种方法更有利，就用哪一种方法或以其为主征收关税，因而无论进口商品价格高低，都可起到一定的保护作用。目前世界上大多数国家和地区都使用混合税，如美国、欧盟、加拿大、澳大利亚、日本、印度、巴拿马等。

（4）选择计征

选择计征是指对同一种进口商品同时规定有从量和从价两种税率，但选择其中税额较高的一种计征，或在物价上涨时采用从价计征，物价下跌时采用从量计征关税的方法。按这种方法征收的关税称为选择税（alternative duty）。一般情况下各国都选择其中税额高者征收。当为鼓励某种商品进口时，也可以选择其中税额低者征收。

4.1.3.2　关税的征收程序

关税的征收程序即通关手续，又称报关手续，是指出口商或进口商向海关申报出口或进口，接受海关的监督和检查，履行海关所规定的手续。通关手续通常包括申报、审核、查验和放行4个基本环节，现以进口为例加以说明。

（1）货物的申报

货物的申报是指货物运抵进口国港口、车站或机场时，进口商应向海关提交有关单证和填写海关所发的表格。一般说来，有关单证主要有：进口报关单、提单、商业发票或海关发票、原产地证明书、进口许可证或进口配额证书、品质证书和卫生检验证书等。

（2）单证的审核

当进口商填写和提交有关单证后，海关按照有关法令和规定，审核有关单证。如发现有不符合有关法令和规定时，海关通知申报人及时更正或补充。

（3）货物的查验

通过对进口货物的查验，核实单货是否相符，防止非法进口。查验货物一般在码头、车站、机场的仓库、场院等海关监管场所内进行。

（4）货物的征税与放行

海关在审核单证、查验货物后，照章办理收缴税款等费用。

进口税款用本国货币缴纳，如用外币，应按本国当时汇率折算缴纳。货物到达时，如发现货物"缺失"（short landed）一部分，可扣除缺失部分的进口税。当办妥一切海关手续以后，海关即在提单上盖上海关放行章，进口货物即可通关放行。

通常进口商在货物到达后在规定的时间内办理通关手续。对某些特定的商品，如水果、蔬菜、鲜鱼等易腐商品，如果进口商要求货到即刻从海关提出，可在货到前先办理通关手续，并预付一笔进口税，到日后再正式结算进口税。如果进口商品想延期提货，则可在办理存栈报关手续后将货物存入保税仓库，暂不缴纳进口税。存仓期间，货物可再行出口，仍不必交纳进口税。但如打算运往国内市场销售，在提货前必须办理纳税报关手续。

货物到达后，进口商如在规定的时间内未办理通关手续，海关有权将货物存入候领货物仓库，一切责任和费用都由进口商负责。如果存仓货物在规定的期限内仍未办理通关手续，海关有权处理该批货物。

许多国家的通关手续往往十分繁杂。为了及时通关提货，进口商也可委托熟悉海关规章的报关行代为办理通关手续。

4.1.4　关税水平与保护程度

世界各主要国家出于保护国内生产和市场的目的，对各种商品规定了不同的进口关税税率，用以限制商品进口数量，同时也利用其作为争取互惠、扩大出口市场和换取对方让步的手段。因此，关税水平和保护程度的高低是各国缔结贸易条约或协定时谈判的主要内容。

4.1.4.1　关税水平

要分析各国间关税水平的差异，可以从关税水平比较上看出来。关税水平是一个国家进口税税率的平均值。

进口税税率的平均值，不宜使用那种把税则中各个税目的税率简单相加再除以税目数的简单平均法求得。因为各个税目所进口的商品数量不同，有的相差甚大；有的税目税率虽低，但进口数量极少；有些税目的商品则属免税进口商品。如果这些进口数量不同的税率和税率为零的税目都参与平均，显然这样求得的平均值不能如实反映关税水平。所以，一般是用加权平均法计算平均值，即以进口商品数量或金额为权数进行平均。具体有以下两种方法：

（1）全额加权平均法

用进口税总额与进口商品总额之比计算。用公式表示：

$$关税水平=\frac{进口税总额}{进口商品总额}\times100\%$$

或

$$关税水平=\frac{进口税总额}{纳税商品进口总额}\times100\%$$

后一公式是在进口商品总额中减去免税商品的进口额，这样计算出的平均值反映纳税商品的关税水平较前一公式更合理。

（2）取样加权平均法

选取若干种有代表性的商品，用这些有代表性商品的进口税总额与这些有代表性商品的进口总额之比计算。用公式表示：

$$关税水平=\frac{若干种代表性商品进口税总额}{若干种代表性商品进口总额}\times100\%$$

由于这种计算方法选取的是各国相同的若干种代表性商品，增强了各国关税水平的可比性。在《关贸总协定》"肯尼迪回合"谈判中，就是采用联合国贸发会议选取的504种代表性商品计算各国关税水平进行比较的。

4.1.4.2　关税的保护程度

（1）关税税率

一般说来，关税水平的高低可以大体反映关税的保护程度。但两者又不能简单地画等号，因为影响保护程度的还有其他因素。自第二次世界大战结束后，西方经济学家对保护关税率进行了研究，提出了名义保护关税率和有效保护关税率的概念。

① 名义保护关税率。

世界银行给名义保护关税率（nominal rate of protection，NRP）下的定义是：一种商品的名义保护关税率是由于实行保护而引起的国内市场价格超过国际市场价格的部分与国际市场价格的百分比。用公式表示：

$$名义保护关税率=\frac{进口商品的国内市场价格-国际市场价格}{国际市场价格}\times100\%$$

　　这一公式是一个国家制定保护关税税率的根据，因为关税的保护作用就是通过征税增加进口商品的到岸成本，提高其销售价格，抵消其价格竞争优势。制定某种商品保护关税率的依据，应该是该种商品的国内市场价格和国际市场价格的差额与国际市场价格之比，通过对进口商品按税率征收关税后，消除商品的进口价格与国内价格之间的差额，即使进口商品价格不低于或高于国内同类商品的价格。因此，一般就把一个国家的法定税率，即海关根据海关税则征收的关税税率，看作名义保护关税率。在其他条件相同和不变的情况下，名义保护关税率越高，对本国同类产品的保护程度越高。

　　在各国征收关税的实践中，法定税率与根据商品国内外价格差额计算出的名义保护关税率往往存在差别，这是因为在制定法定税率时，除价格之外，还要考虑其他因素，如国内外货币汇率的对比、供求关系、国内税收和人们对进口商品的追求心理等，但这些因素是很难用数字计算的。

　　名义保护关税率并不能准确真实地反映对国内受保护商品的有效保护程度。

　　名义保护关税率考察的是关税对某种进口制成品价格的影响，是为了在征收关税之后使其价格与国内同类产品的价格处于同一水平，以达到削弱其竞争力、保护国内生产的目的。这对保护完全用本国原材料生产的产品是适用的，但对用进口原材料或元器件生产的制成品则不完全适用。因为名义关税率并没有将国内生产同类制成品所用进口原材料的进口税率包括在考查范围之内。而原材料的进口关税率是影响本国产品竞争力的一个重要因素。因此，有必要研究有效保护关税率的问题。

　　② 有效保护关税率。

　　有效保护关税率不仅考察进口制成品的所征关税率对其价格的影响，而且考察本国同类制成品所用进口原材料的关税率对本国产品竞争力的影响。因为进口原材料的关税率会影响本国制成品的增加值。从商品价值的构成角度看，增加值是商品价格减去原材料费用后的余额，即新创造的价值。所谓保护国内生产，表面上看是保护、维持国内产品的价格，实际上是保护本国产品的增加值。本国产品价格为一定时，进口原材料关税率低，则产品的物质成本就低，产品的增加值就会相应扩大，竞争力也随之提高，同类外国产品进口税率的有效保护作用也就会增强。相反，进口原材料关税率高，则产品的物质成本就高，产品的增加值就会相应缩小，竞争力随之下降，同类外国产品进口税率的有效保护作用也就会减弱。

　　影响有效保护关税率的因素除了进口原材料的税率以外，还有进口原材料价格在制成品价格中所占的比重。原材料价格及其在制成品价格中所占的比重是影响制成品增加值的决定性因素。

　　有效保护关税率（effective rate of protection，ERP）是由征收关税而引起的国内加工增加值同国外加工增加值的差额与国外加工增加值之比。这里所说的国外加工增加值是指在自由贸易条件下商品的增加值。用公式表示：

$$有效保护关税率 = \frac{国内加工增加值 - 国外加工增加值}{国外加工增加值} \times 100\%$$

　　例如，假设在自由贸易条件下，从国外进口1千克棉纱的到岸价格为20元，其投入的原棉价格为15元，占成品棉纱价格的75%，国外加工增加值为5元。如果我国进口原棉在国内加工棉纱，原料投入系数同样是75%，依据对原棉和棉纱进口征收关税情况而引起的有效保护率如下：

假如我国对棉纱进口征收10%的关税，对原棉进口免税，则国内的棉纱市价应为22元（20+20×10%）。其中原棉价仍为15元，则国内加工增加值为7元（22-15）。按公式计算，有效保护关税率为：（7-5）÷5×100%=40%。

假如我国对棉纱进口征收10%的关税，对原棉进口也征收10%的关税，国内棉纱市价为22元，而其原料成本因对原棉征收10%的关税则增加到16.5元（15+15×10%），这时国内加工增加值变为5.5元（22-16.5）。按公式计算，有效保护关税率为：（5.5-5）÷5×100%=10%。

假如在上例中，我国对原棉进口征税由10%提高到20%，其他条件不变，则原料成本为：15+15×20%=18（元），国内加工增值为：22-18=4（元）。按公式计算，有效保护关税率为：（4-5）÷5×100%=-20%。

综上可见：

① 当制成品进口名义关税率高于原材料进口名义关税率时，有效保护关税率高于名义关税率。

② 当制成品进口名义关税率等于原材料进口名义关税率时，有效保护关税率等于名义保护关税率。

③ 当制成品进口名义关税率低于原材料进口名义保护关税率时，有效保护关税率低于名义保护关税率。甚至出现负有效保护关税率，即不仅没有保护作用，反而还起了负作用。

从中可以得出结论：对原材料进口征收的名义关税率相对于制成品进口的名义关税率越低，对国内生产的制成品的有效保护程度越强；反之，对原材料进口征收的名义关税率相对于制成品进口的名义关税越高，对国内生产的制成品的有效保护程度越弱；超过一定界限，还会出现负保护作用。因此，以出口工业制成品为主的工业发达国家对原材料等初级产品的进口征收低关税甚至免税，对半制成品的进口征收较适中的关税，对制成品的进口征收较高关税。工业发达国家这种关税结构对发展中国家向其出口制成品无形地施加了更大的限制作用。发达国家主要从发展中国家进口原材料等初级产品，发达国家在形式上对发展中国家出口的初级产品给予优惠关税待遇，实质上是起到了更有效地限制发展中国家向其出口制成品的作用。

因此考察一国对某商品的保护程度，不仅要考察该商品的关税税率，还要考察对其各种投入品的关税税率，即要考察整个关税结构。了解这一点，对于一国制定进口税率或进行关税谈判都有重要意义。

（2）关税结构

关税结构又称关税税率结构，即指一国关税税则中各类商品关税税率之间高低的相互关系。世界各国因其国内经济和进出口商品的差异，关税结构也各不相同。但一般都表现为：资本品税率较低，消费品税率较高；生活必需品税率较低，奢侈品税率较高；本国不能生产的商品税率较低，本国能生产的商品税率较高。其中一个突出的特征就是关税税率随产品加工程度的逐渐深化而不断提高。制成品的关税税率高于中间产品的关税税率，中间产品的关税税率高于初级产品的关税税率。这种关税结构现象称为关税升级。

用有效保护理论可以很好地解释关税升级现象。有效保护理论说明，原料和中间产品的进口税率与其制成品的进口税率相比越低，对有关加工制造业最终产品的有效保护率则越高。关税升级，使得一国可对制成品征收比其所用的中间投入品更高的关税，这样，对该制成品的关税有效保护率将大于该国税则中所列该制成品的名义保护率。以发达国家为例，在20世纪60年代，其平均名义保护关税率在第一、第二、第三、第四加工阶段分别为4.5%、7.9%、16.2%、22.2%，而有效保护关税率分别为4.6%、22.2%、28.7%、38.4%。由此可见，尽管发达国家的平均关税水平较低，但是，由于关税升级现象普遍，关税的有效保护程度一般都高于名义保护程度，且对制成品的实际保护程度最强。在关税减让谈判中，发达国家对发展中国家初级产品提供的优惠远大于对制成品提供的优惠。这种逐步升级的关税结构对发展中国家极为不利，它吸引了发展中国家扩大原料出口，阻碍了其制成品、半制成品的出口，从而影响到其工业化进程。

4.2　非关税壁垒

虽然自国际贸易开展以来，关税作为重要的贸易措施对国际贸易的发展产生了重要影响，已成为各国管理对外贸易的重要手段，但通过关税限制进口，并不能完全达到保护国内生产和市场的目的。因为：一方面，可以通过直接投资、出口补贴等措施绕过和突破关税壁垒；另一方面，也是最主要的，第二次世界大战后经过《关贸总协定》的多轮减税谈判，各缔约方的进口关税税率大幅度降低，目前已降到较低的水平。但是，关税壁垒的减弱并不意味着贸易限制的放宽，各国在削减关税壁垒的同时，纷纷采用和加强非关税壁垒，并把其作为限制进口的主要措施。当前，随着世界经济的持续萧条，新贸易保护主义开始抬头，非关税壁垒措施与日俱增，名目繁多，已成为国际贸易中的主要手段，严重影响国际贸易的正常开展。下面对当前国际贸易中存在的主要非关税壁垒加以介绍。

4.2.1　非关税壁垒的含义及作用

非关税壁垒（non-tariff barriers，NTBs）是指除关税以外的一切限制进口的措施。非关税壁垒早在重商主义时期就已经开始盛行，但直到20世纪70年代中期才真正成为贸易保护的主要手段。非关税壁垒名目繁多、内容复杂，但从限制进口的方法看，大致可分为直接性非关税壁垒和间接性非关税壁垒两大类。直接性非关税壁垒是由海关直接对进口商品的数量、品种加以限制，其主要措施有进口配额制、自动出口限制和进口许可证制等；间接性非关税壁垒是指进口国利用行政机制，对进口商品制定苛刻的条例、标准或要求而间接限制进口。另外，非关税壁垒又可分为行政性壁垒、法律性壁垒、技术性壁垒、环境壁垒、社会壁垒，其中技术性贸易壁垒、环境壁垒、社会壁垒又称为新型非关税壁垒。

由于非关税壁垒具有上述特点和关税壁垒日渐受到WTO的约束，发达国家的贸易政策越来越将非关税壁垒作为实现其政策目标的主要工具。对发达国家而言，非关税壁垒的作用主要表现为三个方面：

第一，作为防御性武器限制外国商品进口，用以保护国内陷入结构性危机的生产部门及农业部门，或保障国内垄断资产阶级能获得高额利润；

第二，在国际贸易谈判中用作砝码，以逼迫对方妥协让步和争夺国际市场；

第三，用作对他国的贸易歧视手段，甚至作为实现其政治利益的手段。

总之，发达国家设置非关税壁垒是为了保持其经济优势地位，维护不平等交换的国际格局，具有明显的剥削性和压迫性。

必须承认，发展中国家亦越来越广泛地使用非关税壁垒，但其与发达国家存在截然不同的目的：首先，限制非必需品进口，节省外汇；其次，削弱外国进口品的竞争力，保护民族工业和幼稚工业；最后，发展民族经济，摆脱发达资本主义国家对本国经济的控制和剥削。

由于发展中国家与发达国家的经济发展水平存在巨大差距，故设置非关税壁垒具有合理性和正当性。

4.2.2　直接性非关税壁垒

4.2.2.1　进口配额

（1）进口配额的含义

进口配额（import quotas）又称进口限额，是指一国政府在一定时期内（通常为1年），对某些商品的进口数量或金额预先规定一个限额，在这一限额内的商品准许进口或者征收较低的关税，超过这一限额的则不准进口或者征收较高的关税后才能进口。它是进口数量限制的重要手段之一。

（2）进口配额的种类

进口配额在具体采用时分为绝对配额和关税配额两种形式。

绝对配额（absolute quotas）是指一国在一定的时期内，对某种商品的进口数量或金额规定一个最高数额，达到此数额后，该商品便不准进口。根据实施的方式，绝对配额又可分为3种：全球配额、国别配额和进口商配额。

① 全球配额（global quotas）属于世界范围内的绝对配额，对于任何国家和地区的商品一律适用。主管当局通常按进口商申请的先后顺序或过去某一时期的实际进口额批给一定的额度，直至总配额发完为止，超过总配额的商品就不准进口。因此，全球配额关注的是进口数量或金额，而不关心产品来源地。

② 国别配额（country quotas）又称选择性配额，是在总配额内按国别或地区分配固定的配额，超过规定的配额便不准进口。为区分来自不同国家或地区的商品，进口商须提交原产地证书。故通过国别配额进口国可有效贯彻国别经贸政策，即进口国可根据其与有关国家或地区的政治经济关系分配额度。

③ 进口商配额（importer quotas）是对某些进口商实行的配额。进口国为加强垄断资本在对外贸易中的垄断地位和进一步控制某些商品的进口，将某些商品的进口配额在少数进口商之间进行分配。

虽然绝对配额意味着某产品的配额数额用完后就不准再进口，但有些国家由于某种特殊需要和规定，往往另行规定额外的特殊配额或补充配额，如进口某种半制成品加工后再出口的特殊配额、展览会配额或博览会配额等。

关税配额（tariff quotas）是一种把征收关税和进口配额相结合的限制进口的措施。其对商品绝对数额不加限制，而是对一定时间内、规定的关税配额内的进口商品给予低税、减税或免税的待遇，对超过配额的进口商品则征收较高的关税、附加税或罚款。

绝对配额规定一个最高进口额度，超过就不准进口，而关税配额在商品进口超过规定的最高额度后仍允许进口，只是超过限额的进口要被课以较高关税。两者的共同点是都以配额的形式出现，可通过提供、扩大或缩小配额向贸易方施加压力，使之成为贸易歧视的一种手段。

4.2.2.2 自动出口配额制

虽然进口配额是非关税壁垒的主要形式，但须注意进口配额制已遭到《关贸总协定》和WTO的反对，如总协定规定了禁止数量限制条款。因此，当前有不少国家逐步转向采取"灰色区域措施"，如自动出口配额制。

（1）自动出口配额制的含义

自动出口配额制（voluntary export restraints，VERs）又称自动出口限制，是出口国在进口国的要求或压力下，"自动"规定在某时期内某种商品对该国的出口配额，在限定的配额内自行控制出口，超过配额即禁止出口。这是在第二次世界大战后出现的非关税壁垒措施，实质是进口配额制的变种，同样起到限制商品进口的作用。自动出口配额制的额度通常由进出口双方通过谈判共同确定，包括有秩序销售协定、自动限制协定和出口预测等具体形式。

（2）自动出口配额制的主要形式

自动出口配额制形式复杂，但按配额数量确定的权限，其大致分为如下两类：

第一，单方自动出口配额制。单方自动出口配额制是指由出口国单方面自行规定出口到某国的限额或价格，以限制其出口。主要包括：

① 政府规定配额并予以公布，出口商须向有关机构申请配额，领取出口授权或出口许可证才能进行商品的出口，如20世纪50年代日本对美国出口的纺织品实行自动限制；

② 出口国的出口厂商和同业公会根据政府的意图规定额度并控制出口，如20世纪70年代日本6家大型钢铁厂联合实行对输往欧洲共同市场的钢铁实行自动限制。

单方自动出口配额制形式上是出口国单方的自愿行为，但事实上却是出口国受到进口国警告、威胁或压力后才作出的。

第二，协议自动出口配额制。协议自动出口配额制是指由出口国和进口国通过谈判的方式签订"自限协定"（self-restriction agreement）或"有秩序的销售安排"。在协定的有效期内规定某种商品的出口配额，出口国则根据此配额实行出口许可证制或出口配额签证制（export visa），自动限制出口，进口国则根据海关统计进行监督检查。协议自动限制是自动出口配额制的主要形式，协议达成的谈判形式主要有政府间双边谈判、进口国政府与出口国企业间谈判和进出口国的双边企业谈判等几种形式。

（3）自动出口配额制的主要内容

自动出口配额制通常包括以下内容：

① 配额水平，即规定在协定有效期内，第一年度的出口额和其他各年度增长幅度。配额水平的规定有的只规定总限额，有的按不同类别规定个别限额，有的则对某些商品实行磋商限额。

② 自动出口配额的商品分类和细目。其具有品种日渐增多、分类日趋复杂的趋势。

③ 限额的融通，即各种受限商品限额相互间使用的权限和数额问题。它又分为水平融通和垂直融通两种。水平融通是指同一年度内组与组、项与项之间在一定百分比内的融通使用；垂直融通是指有关留用额和预用额的规定。前者为当年未用完的余额拨入下年使用的最高额度和权限，后者为当年度配额不足而预先使用下年度配额的额度和权限。

④ 保障条款的规定，即进口国有权通过一定的程序，限制或停止某种造成"市场扰乱"或使进口国国内产业受到损害的商品的进口，这实际上扩大了进口国限制某种商品进口的权限，即后来的"灰色区域措施"。

4.2.2.3　进口许可证制

各国为有效实施和加强对进口配额制的监管，都采用发放许可证的方式，对进口配额实施有效控制，以达到保护国内市场和产业的目的。

（1）进口许可证制的含义

进口许可证制（import license system）是指国家规定某些商品的进口必须得到批准、领取许可证后方能进口的措施，是一种凭证进口的制度。凡实施许可证管理的商品，无许可证一律不得进口，且常与配额、外汇管制相结合使用。进口许可证制作为一种行政手段，具有简便易行、见效快、比关税保护手段更有力等特点，因而成为各国监督和管理进口贸易的有效手段。

当前，进口许可证制是世界各国进口贸易行政管理的一种重要手段，也是国际贸易中一项应用较为广泛的非关税措施。发展中国家为保护本国工业、贸易发展和财政需要，比较多地采用此制度；发达国家在农产品和纺织品等处于国际竞争劣势的产业也经常求助于进口许可证制。但须注意，进口许可证制与 GATT/WTO 基本原则相违背，如运用不当，不仅会妨碍国际贸易的公平竞争和国际贸易的发展，还容易导致对出口国实行歧视性待遇。

（2）进口许可证制的方式

第一，按进口许可证与配额是否结合使用，可分为有定额和无定额进口许可证。

有定额进口许可证是指进口国预先规定有关商品的进口配额，然后在配额的限度内，根据进口商的申请对每一笔进口货物发给进口商一定数量或金额的进口许可证，配额一旦用完，进口许可证就停止发放。它是将进口配额和进口许可证结合使用的管理进口方法。如果是自动出口配额，则由出口国发放出口许可证来实施，即进口国将配额发放权限交给出口国自行分配使用。

无定额进口许可证不与进口配额结合，有关政府机构亦不必预先公布进口配额，只在个别考虑的基础上颁发有关商品的进口许可证。此种无公开标准的发放办法，在执行时具有很大的灵活性和隐蔽性，更能起到限制进口的作用。

第二，根据对来源国有无限制，进口许可证亦可分为公开一般许可证和特种进口许可证。

公开一般许可证（open general license，OGL）又称自动进口许可证、公开进口许可证或一般许可证，它对进口国别或地区无限制，属于此类许可证管理的商品，只要进口商填写公开一般许可证后便可获准进口。

特种进口许可证（special import license，SIL）又称非自动进口许可证，对于此许可证项下的商品，进口商必须向有关政府机构提出申请，经逐笔严格审查批准后方可进口。特种进口许可证大多规定进口国别或地区，以体现经贸政策的国别原则。

目前，各国为区分这两种许可证所管理的进口商品类别，发挥各自的效应，有关政府机构通常定期公布有关商品目录，并根据需要随时进行调整。如前所述，进口许可证作为一种进口统计和管理的手段，完全取消是不现实的，但各国应保证进口许可证的实施具有透明性、公开性和平等性。

4.2.3　间接性非关税壁垒

4.2.3.1　外汇管制

外汇管制（foreign exchange control）是指一国政府通过法令对外汇收支、结算、买卖和使用实行限制，以平衡国际收支和维持本国货币汇价的一种制度。

在实行外汇管制的国家，出口商必须把他们出口所得到的外汇按官定汇率（official exchange rate）卖给外汇管制机关；进口商也必须在外汇管制机关按官定汇价申请购买外汇；携带本国货币出入国境也受到严格的限制。有些国家往往将外汇管制与进口许可证制、进口配额制结合使用。对准予进口的商品，发给进口许可证，批给进口配额，同时供给所需外汇；反之，则相反。这样，国家的有关政府机构就可通过确定官定汇价、集中外汇收入和控制外汇供应数量的办法来达到限制进口商品品种、数量和国别或地区的目的。

外汇管制的形式一般有如下几种：

（1）数量性外汇管制

数量性外汇管制是指国家外汇管理机构对外汇买卖的数量直接进行限制和分配。其办法是集中外汇收入、控制外汇支出、实行外汇分配。

（2）成本性外汇管制

成本性外汇管制是指国家外汇管理机构对外汇买卖实行复汇率制度（system of multiple exchange rate），利用外汇买卖的成本差异，间接影响不同商品的进出口。

所谓复汇率，又称多重汇率，是指一国政府对本国货币与另一国货币的兑换规定两种或两种以上的汇率，分别适用于某种交易或某类进出口商品。如对进口和出口规定不同汇率，对不同类别商品的进口和出口规定不同汇率。其目的是利用汇率的差别达到限制或鼓励某些商品进口或出口的目的。各国实行复汇率制的基本原则大致如下：

在进口方面：

① 对于国内需要而又供应不足或不生产的重要原材料、机器设备和生活必需品适用较为优惠的汇率。

② 对于国内可大量供应和非重要的原材料和机器设备适用一般汇率。

③ 对于奢侈品和非必需品适用最不利的汇率。

在出口方面：

① 对于缺乏国际竞争力但又要扩大出口的某些出口商品给予较为优惠的汇率。

② 对于其他一般商品出口适用一般汇率。

（3）混合型外汇管制

混合型外汇管制是指同时采用数量性外汇管制和成本性外汇管制，对外汇实行更为严格的管制。

（4）利润汇出限制

利润汇出限制即国家对外国公司在本国经营所获利润的汇出加以管制。

国家对外国公司在本国经营所获利润汇出加以管制。一般而言，一国外汇管制的强弱主要取决于该国的经济、贸易、金融和国际收支状况，如近年随着货币金融危机（如阿根廷比索危机、墨西哥比索危机和东南亚危机等）的不断加深，部分国家对外汇管制有逐渐加强之势。但通常而言，发达工业国家的外汇管制较为宽松，发展中国家外汇管制较为严格。这主要是由于发展中国家的外汇短缺、经济基础较弱、出口商品国际竞争力不强等原因所造成的。

4.2.3.2　进出口国家垄断

进出口国家垄断（state monopoly of foreign trade）是指在对外贸易中，对某些或全部商品的进出口，规定由国家机关直接经营，或把商品的进口或出口的垄断权给予某些组织。经营受国家专控或垄断的企业，被称为国有贸易企业（state trading enterprise）。

世界各国对进出口商品垄断的情况不尽相同，但归纳起来，主要集中于以下 4 类商品：

（1）烟和酒

烟、酒是非生活必需品，但却是消费者众多、消费量很大的商品，国家对其实行垄断，既可获得巨大的财政收入，又可将其进口控制在一定的数量之内。

（2）农产品

农产品是敏感性商品，关系国计民生，故许多国家对其进出口实行垄断。

（3）武器

武器直接关系整个国防和社会安定，几乎世界上所有的国家都由国家直接垄断武器的进出口，或委托一些大的跨国公司、国有企业来负责，以有效控制武器的进出口。

（4）石油

在现代化工业经济中，石油已成为一国的经济命脉，故不仅出口国，而且主要的石油进口国都设立国有石油公司，对石油贸易进行垄断经营。

4.2.3.3　歧视性政府采购政策

歧视性政府采购政策（discriminatory government procurement policy）是指国家通过法令，规定政府机构在采购时要优先购买本国产品，进而限制进口商品销售的一种歧视性政策。商品的最终消费由私人消费和公共消费两部分构成，各国庞大的政府机构是商品销售的主要对象之一，由于政府采购数量较大，政府采购本国货使得进口商品受到歧视，缩小了进口商品市场。此种采购政策，既可影响国内采购，也可影响国际采购；在国际采购中，主要体现为国别政策。

为规范政府采购，在 1994 年 4 月 15 日的马拉喀什会议上，WTO 成立并通过了乌拉圭回合最终文件，同时修订了《政府采购协议》（GPA 1994），该修订版于 1996 年生效，对政府采购作出原则性约束。

（1）采购主体

由直接或基本上受政府控制的实体或其他由政府指定的实体进行采购。

（2）采购标的

采购标的不仅包括货物，还包括工程建设等提供劳务的标的。

（3）采购原则

政府采购须坚持非歧视性待遇原则、透明度原则，对发展中国家成员实行差别待遇原则（发展中国家成员可以保障国际收支平衡、发展自身工业等为由，要求其政府采购的产品和服务背离差别待遇原则，并可对参加投标的供应商提出当地含量和补偿采购等要求，但该差别待遇必须通过与协议现有成员方逐个谈判经其同意后方可取得），以及例外原则（若政府采购涉及国家安全、公共道德、居民及动植物健康、知识产权、残疾人福利、慈善机构或强迫劳动等，则可不履行《保障措施协议》）。

（4）监督机构

世贸组织成立政府采购委员会监督《政府采购协议》的实施，督促各成员履行其承诺的义务，并协助解决各成员间就政府采购活动方面发生的争端。

4.2.3.4　歧视性的国内税

国内税（internal taxes）是指一国政府对在本国境内生产、销售、使用或消费的商品所征收的各种捐税。歧视性的国内税（discriminatory internal taxes）是指用征收高于国内产品的各种国内税的办法来限制外国商品进口。国内税与关税不同，它的制定与执行是属于本国政府机构（有的甚至是属于地方政府机构）的权限，通常不受贸易条约与协定的限制和约束。因此，国内税是比关税更灵活、更隐蔽的一种贸易限制措施。

采用征收国内税限制进口的做法具有如下特点。

第一，具有一定的灵活性。此方法比关税灵活得多，可巧立名目。

第二，具有一定的伪装性。因国内税的制定和执行是属于本国政府机构，有时属于地方政府机构的事情，是一国的内政，不受贸易条约或多边协定的限制和约束。

第三，可体现差别性。对同一种商品，因由不同国家生产，所征国内税可以差别很大。

许多国家都利用征收国内税的办法来提高进口商品的成本，降低其竞争能力，从而起到限制进口的作用。例如，法国曾规定对引擎为5马力的汽车每年征收12.5美元的养路税，对引擎为16马力的汽车每年征收30美元的养路税。实行这种税率的目的在于限制进口汽车，因为当时法国生产的汽车的发动机最大马力为12马力。

4.2.3.5　最低限价和禁止进口制

最低限价与禁止进口制（minimum price and prohibition of imports）是指一国政府规定某种商品进口的最低价格，凡进口货价低于规定的最低价格时，则禁止进口或征收进口附加税，以达到保护国内产业的目的。

进口国有时把最低价格定得很高，使得进口商品在国内市场上缺乏竞争力。进口最低限价的形式有启动价格、门槛价格等。因此，进口最低限价实质上就是通过抬高进口商品的价格，削弱其在进口国国内市场的竞争能力。例如，1975 年 4 月，英国为了限制欧共体以外的鱼类进口，采用了最低限价的做法，如规定一吨鳕鱼的最低限价为 575 英镑，进口时若低于这一价格，就征收进口附加税或禁止进口。又如，美国为了抵制欧洲和日本等国的低价钢材和钢制品的进口，从 1977 年对这些产品的进口实行所谓"启动价格制"（trigger price mechanism，TPM）。这种价格制也是一种最低限价制。

当部分国家感到实行进口数量限制已不足以解救其国内市场受冲击的困境时，还可通过颁布法令，直接禁止某些商品的进口，即实施极端的进口限制政策。例如，1976 年，墨西哥因偿还外债，国际收支发生困难，遂宣布几百种商品自当年 2 月至 6 月禁止进口。一般而言，在正常的经贸活动中，禁止进口的极端措施不宜贸然采用，因其极可能引发对方国家的相应报复，从而酿成愈演愈烈的贸易战，这对双方的贸易发展都无益处。但对于一个国家因政治原因实施的贸易禁运，则另当别论。

4.2.3.6　进口押金制

进口押金制（import advanced deposit system）又称进口存款制或进口担保资金制。在此制度下，进口商在进口商品前，必须预先按进口金额的一定比率和规定的时间，在指定的银行无息存储一笔现金，以加重进口商的资金负担，使其不愿进口，从而达到限制进口的目的。例如，1974 年 5 月 7 日至 1975 年 3 月 24 日意大利曾对 400 多种进口商品实行这种制度，规定进口商无论从哪国进口这些商品，在办理信用证时都必须先向中央银行交纳相当于进口总额 50% 的现款押金，无息冻结 6 个月。据估计，这相当于征收 5% 以上的进口附加税。法国、芬兰、新西兰、巴西等国也都采用过这种措施。又例如，巴西政府规定进口商必须按进口商品船上交货价格预先交纳与合同金额相等的为期 360 天的存款方能进口。

但必须注意，进口押金制对进口的限制有很大的局限性。如果进口商以押款收据作担保，在货币市场上获得优惠利率贷款，或国外出商为保证销路而愿意为进口商分担押金金额时，此制度对进口的限制作用就显得微乎其微了。

4.2.3.7　海关程序

海关程序（customs procedures）是指进口货物通过海关的程序，通常包括申报、查验、征税、放行四环节。海关程序本来是正常的进口货物通关程序，但通过滥用则可起到歧视或限制进口的作用，成为有效的、隐蔽的非关税壁垒。

（1）改变进口关道

为限制外国商品的进口，部分国家通过改变进口关道、进境地或报关地的办法，限制商品的进口。即让进口商品在海关人员少、海关仓库狭小、商品检验能力差的海关进口，以拖延商品过关时间，限制商品的进口。

（2）利用商品归类

进口国可利用不同的定义或解释作借口，故意将货物列入高税率的税目中，以增加进口商品的关税负担，从而达到限制进口的目的。

（3）严格申报单证

为限制进口，进口国海关可要求进口商出示商业发票、原产地证书、货运单证、保险单、进出口许可证、托运人报关清单等，缺少任何一种单证或任何一种单证不规范，都会使进口货物不能顺利通关；部分国家还将表格复杂化，使得部分进出口商在商品进关申报时经常出错，从而增加进口成本，延长进口时间。

（4）海关估价制度

海关估价（customs valuation）是最重要的海关程序，是指一国在实施从价征收关税时，由海关根据国家的规定，确定进口商品完税价格，并以海关固定的完税价格作为计征关税基础的一种制度。但海关估价若被滥用，如人为地高估进口商品的价格，无疑会增加进口商的税收负担，提高进口商品价格，降低其国际竞争力，从而达到限制商品进口的目的。

4.2.4　新型非关税壁垒

近年来，由于社会进步及发达国家人民生活水平日益提高，人们的安全健康意识和环保意识空前加强，传统贸易壁垒日益受到严格约束以及科学技术的日新月异，因此逐步催生出新型非关税壁垒，并对国际贸易的发展产生严重影响。

4.2.4.1　新型非关税壁垒的含义

新型非关税壁垒是指以技术壁垒为核心的包括绿色壁垒和社会壁垒在内的所有阻碍国际商品自由流动的新型非关税壁垒，更多地考虑商品对于人类健康、安全以及环境的影响，着眼于商品数量和价格等商业利益之外的社会利益和环境利益，采取的措施不局限于边境措施，还涉及国内政策和法规。

4.2.4.2　技术性贸易壁垒

技术性贸易壁垒（technical barriers to trade，TBT）是指一国以维护国家安全、保障人类健康、保护生态环境、防止欺诈行为及保证产品质量等为由所规定的复杂苛刻的技术标准、卫生检疫规定以及商品包装和标签等，主要是通过颁布法律、法令、条例、规定，建立技术标准、认证制度、卫生检验检疫制度等方式，对外国进口商品制定苛刻的技术、卫生检疫、商品包装和标签等标准，提高对进口商品的技术要求，以达到限制商品自由进入本国市场的目的。技术性贸易壁垒纷繁复杂，种类繁多，但大致可划分为6种。

（1）技术法规

技术法规是指必须强制性执行的有关产品特性或其工艺和生产方法，包括适用的管理规定在内的文件，以及适用于产品、工艺或生产方法的专门术语、符号、包装、标志或标签要求。技术法规主要涉及劳动安全、环境保护、卫生健康、交通规则、无线电干扰、节约能源与材料等，也有部分是审查程序的要求。

（2）技术标准

技术标准是指经公认机构批准的、规定非强制执行的、供通用或重复使用的产品或相关工艺和生产方法的规则、指南或特性的文件，包括专门适用于产品、工艺或生产方法的专门术语、符号、包装、标志或标签要求。目前，根据适用范围，技术标准主要分为国际标准、国家标准和行业标准。

（3）**质量认证和合格评定程序**

第一，质量认证程序是根据技术法规和标准对生产、产品、质量安全、环境等环节以及整个保障体系的全面监督、审查和检验，合格后由本国或外国权威机构授予合格证书或合格标志来证明某项产品或服务符合规定的规则和标准。

全世界各国的产品认证一般都依据国际标准进行认证，但亦有依据各国各自的国家标准和国外先进标准进行认证的。产品质量经认证合格的，由认证机构颁发产品质量认证证书，准许企业在产品或者其包装上使用产品质量认证标志。

根据认证内容不同，产品认证可分为合格认证和安全认证两种。

依据标准中的性能要求进行认证的叫合格认证。合格认证就是某一产品经第三方检验后，确认其符合规定标准，并颁发合格证书或合格标志，予以正式承认。

依据标准中的安全要求进行认证的叫安全认证。由于产品的安全性直接关系到消费者的生命和健康，故安全认证通常为强制认证，未经过安全认证的产品不能进口或在市场上销售。

第二，合格评定程序是指任何用于直接或间接确定满足技术法规或标准有关要求的程序，尤其包括抽样程序、测试和检验评估、验证和合格保证、注册、认可和核准以及其组合。

如果一种质量认证体系和合格评定程序能被各国接受，并能相互承认对方的检验结果，将会促进国际贸易的发展。但各国在经济发展阶段、科学技术水平等方面存在差异，致使质量认证和合格评定越来越成为其用来保护国内市场的有效武器以及提高国际竞争力的工具，特别适用于发达国家对发展中国家的出口。

（4）**卫生检疫标准**

卫生检疫标准是指以人类健康为理由对进口动植物及相关产品实施苛刻的卫生检验检疫标准，以限制或禁止商品进口的贸易措施，主要适用于农副产品及其制成品、食品、药品、化妆品等。随着世界性贸易战和战略性贸易摩擦的加剧，发达国家更广泛地利用卫生检疫规定来限制商品的进口。从发展趋势看，发达国家的食品安全卫生指标将持续提高，尤其对农药残留、放射性物质残留及重金属含量的要求日趋严格，从而使很多出口产品达不到其卫生标准而被迫退出市场。

（5）**商品包装和标签标识**

商品包装和标签标识规定主要是通过对包装标识进行强制性规定来达到限制或者禁止进口的目的，是技术壁垒的重要组成部分。主要发达国家在包装标识制度上都有明确的法规和规定，如美国对除新鲜肉类、家禽、鱼类和果菜以外的全部进口食品强制使用新标签，食品中使用的食品添加剂必须在配料标识中如实标明经政府批准使用的专用名称等。

（6）**信息技术标准**

信息技术标准是指进口国利用信息技术优势，对国际贸易信息传递手段提出要求，从而造成贸易障碍。如在电子数据交换（EDI）和企业对企业（B2B）电子商务领域，由于在技术和商务应用上均是发达国家处于主导地位，故其对发展中国家而言可能是新的贸易壁垒。

4.2.4.3　绿色贸易壁垒

绿色贸易壁垒（green barrier to trade）通常被称为环境壁垒，指那些为维护人类健康和生态环境安全而直接或间接采取的限制甚至禁止贸易的措施，是指进出口国为保护本国生态环境和公众健康而设置的各种环境保护措施、法规标准等。

（1）绿色贸易壁垒的种类

虽然绿色贸易壁垒纷繁复杂，但总体包括如下6种主要形式：

第一，绿色技术标准，是进口国制定的严格的强制性环保技术标准，限制国外不符合标准的产品进口。这些标准都是根据发达国家较高的技术水平制定的，而发展中国家难以达到这样的标准，因而实质上构成了一道技术屏障。例如，美国为保护本国汽车工业出台《清洁空气法案》，要求所有进口汽车必须装有污染控制装置，并制定了苛刻的技术标准。又如前几年我国苏南服装厂出口欧洲的服装因拉链用材"含铅过度"，白白损失10多万美元。

第二，绿色环境标志，是一种粘贴或印刷在产品或其包装上的图形，以表明产品在生产加工或使用的各环节均符合环境保护要求，不危害人体健康，不污染环境，如德国的"蓝色天使"标志、日本的"生态标志"、欧盟的"欧洲环保标志"等。绿色环境标志制度有利于加强环境保护，但是由于各国环境与技术标准的依据和指标水平、检测和评价方法不同，很容易对外国产品构成贸易壁垒。

第三，绿色包装制度。绿色包装是指商品的包装可以节约能源，减少废弃物，用后易于回收再用或再生，易于自然分解，不污染环境。发达国家建立了一系列严格苛刻的包装法令法规。凭借这些法令法规，发达国家可随意将它们认为包装不符合其标准的，尤其是来自发展中国家的进口商品拒之门外。如1996年6月，我国出口到欧盟某国的一批机械产品由于其包装材料不符合欧盟的检疫标准，欧盟单方面采取紧急措施，致使我国70多亿美元的对欧盟出口贸易受阻。

第四，绿色卫生检疫制度。目前发达国家所实施的各种检验检疫措施极为严格，名目烦琐复杂。它们对食品的安全卫生指标十分敏感，尤其对农药残留、放射性残留、重金属含量的要求日趋严格。WTO通过的《卫生和动植物卫生措施协议》规定各成员政府有权采取措施，保护人类和动植物的健康，使人畜食物免遭污染物、霉素、添加剂的影响，确保人类健康避免因感染进口动植物携带的疾病而受伤害。但发达国家却往往借口保护本国人民和动植物生命健康，采用高于国际标准的本国标准。如我国出口到日本的大米，日方规定的检验项目多达56个，其中有90%以上是卫生和检疫措施项目（一般仅检验9个项目）；又如我国输出到日本的家禽，其卫生标准要求竟高出国际卫生标准500倍。

第五，绿色补贴制度。发达国家要求将环境成本内在化，即污染制造者应将治污费计算在生产成本内。理论上，环境成本内在化是纠正因工业生产活动而产生的环保负面效应的最有效方法，但却在客观上提高了发展中国家的生产成本，降低了其产品的国际竞争力（发展中国家的国际竞争力主要体现在低成本、低价格上）。同时，由于发展中国家企业无力承担治污费用，政府有时给予一定的环境补贴，而发达国家却以这种补贴违反世贸组织反补贴协议为由征收反补贴税。

第六，绿色关税和市场准入。发达国家以保护环境为名，对一些污染环境和影响生态的进口产品征收进口附加税，或者限制甚至禁止进口和实行贸易限制。

（2）**绿色贸易壁垒的特点**

相对于传统的关税和非关税贸易壁垒，绿色贸易壁垒具有如下特征：

第一，内容更具合理性。绿色贸易壁垒的产生是以保护生态环境、自然资源和人类健康为依据，更符合消费者的需求，更顺应全球范围内环境保护的需要。

第二，形式更具合法性。绿色壁垒是以国际公约、国际双边或多边协定和国内法律、法规为制度实施的依据和基础。部分国家在完善国内环保法律体系的同时，试图通过WTO积极寻求在新的国际多边贸易协定中签署有关贸易与环境的专门性法律文件，其中最为突出的就是力争将环境贸易问题列入谈判议题。

第三，保护对象更具广泛性。凡是与生态环境、自然资源和人类健康有关的产品都是绿色贸易壁垒所要保护的对象。从初级产品、中间产品到工业制成品，从原材料、生产制造过程、保障销售、消费者使用到产品报废全过程都受影响。

第四，保护方式更具隐蔽性。绿色壁垒是以环境保护为理由而制定的，且检验手续复杂、各种环境标准处于经常变动之中，使出口商难以适应。

第五，实施效果更具歧视性。发达国家与发展中国家的科技与经济发展状况已呈现极大的不平衡性。而发达国家无视发展中国家的现实情况，以其先进的技术、雄厚的资金提出过高标准，把发展的不平衡导入国际贸易领域，引致更多的不平衡。有的发达国家甚至提出远高于国内标准的标准，执行双重标准，加剧歧视性。

4.2.4.4　社会壁垒

社会壁垒（social barriers to trade）是指以劳动者劳动环境和生存权利为借口采取的贸易保护措施。社会壁垒由社会条款而来，社会条款并不是一个单独的法律文件，而是对国际公约中有关社会保障、劳动者待遇、劳工权利、劳动标准等方面规定的总称，其与公民权利和政治权利相辅相成。目前相关的国际公约有一百多个，包括《国际劳工组织第100号公约》（简称《同酬公约》）、《儿童权利公约》和《经济、社会及文化权利国际公约》等。这些国际公约对劳动者权利和劳动标准问题作出详尽规定。

社会壁垒根据内涵大致可分为"核心劳工标准"和"延伸劳工标准"两大类。

（1）**核心劳工标准**

核心劳工标准由国际劳工组织的七个基本公约或核心标准构成，又称为"社会条款"，主要内容有：消除一切形式的强制性或强迫性劳动、有效废除使用童工、自由组织工会和进行集体谈判；同工同酬以及消除就业歧视等。

（2）**延伸劳工标准**

延伸劳工标准是指由国际劳工组织在核心劳工标准的基础上，根据实践不断充实、细化和完善，逐步扩展其外延而建立起来的劳动标准，主要包括如下三类：

第一，工时与工资条款。

① 公司应在任何情况下都不能经常要求员工一周工作超过48小时，并且每7天至少应有一天休假；每周加班时间不超过12小时，除非在特殊情况下及短期业务需要时；应保证加班能获得额外津贴。

② 公司支付给员工的工资不应低于法律或行业的最低标准，并且必须足以满足员工

的基本需求，并以员工方便的形式如现金或支票支付；对工资的扣除不能是惩罚性的；应保证不采取纯劳务性质的合约安排或虚假的学徒工制度以规避有关法律所规定的对员工应尽的义务。

第二，健康与安全。

公司应具备避免各种工业与特定危害的知识，为员工提供安全健康的工作环境，采取足够的措施，降低工作中的危险因素，尽量防止意外或健康伤害的发生；为所有员工提供安全卫生的生活环境，包括干净的浴室、洁净安全的宿舍、卫生的食品存储设备等。

第三，管理系统。

高层管理者应根据本标准制定公开透明、各个层面都能了解并实施的符合社会责任与劳工条件的公司政策，要对此进行定期审核；委派专职的资深管理代表具体负责，同时让非管理阶层自选一名代表与其沟通；建立并维持适当的程序，证明所选择的供应商与分包商符合本标准的规定。

4.3 鼓励出口与出口管制措施

4.3.1 鼓励出口措施

在当今的国际贸易中，各国采用的鼓励出口措施很多，涉及经济、政治、法律等诸多方面，运用财政、金融、汇率等经济手段和政策工具较为普遍。

4.3.1.1 出口信贷

（1）出口信贷的含义

出口信贷（export credit）是一个国家为了鼓励商品出口，增强出口商品的竞争能力，通过银行对本国出口厂商或外国进口厂商或进口方银行提供低息贷款，以解决本国出口厂商资金周转困难或进口方付款的需要。它是一国的出口厂商利用本国银行的贷款扩大商品出口的一种重要手段。

（2）出口信贷的种类

第一，按时间长短，出口信贷可分为短期信贷、中期信贷和长期信贷。

① 短期信贷（short-term credit）一般不超过1年，主要用于原材料、消费品及小型机器设备的出口。

② 中期信贷（medium-term credit）通常为期1～5年，常用于中型机器设备的出口。

③ 长期信贷（long-term credit）通常是5～10年，甚至更长时间，用于大型成套设备和船舶、飞机等运输工具的出口。

第二，按借贷关系，出口信贷可分为卖方信贷、买方信贷和混合信贷。

① 卖方信贷（supplier's credit）是指出口方的银行向本国出口厂商（即卖方）提供的信贷。其贷款合同由出口厂商与银行签订。卖方信贷通常用于成交金额大、交货期限长的项目。对于这类交易，进口厂商一般都要求采用分期或延期付款的方式，出口厂商为了加速资金周转，往往需要取得银行的贷款。因此，卖方信贷是出口方银行直接资助出口厂商

向外国进口厂商提供分期或延期付款，以促进商品出口的一种方式。

②买方信贷（buyer's credit）是出口方银行直接向进口厂商（即买方）或进口方银行提供的信贷。买方信贷的附带条件是贷款必须用来购买债权国的商品，因此又称为约束性贷款（tied loan）。

③混合信贷（mixed credit）是卖方信贷或买方信贷与政府对外援助贷款或赠款相结合的一种贷款方式。有人称其为挂钩援助贷款。混合信贷中的出口信贷由本国的出口信贷机构或商业银行提供，而援助资金完全由政府出资，其利率更低、期限更长、条件更优惠，对本国出口支持的力度更大，增强了本国出口商品的国际竞争力，更有利于促进本国商品特别是设备的出口。因此，混合信贷近年来发展较快。

（3）出口信贷的主要特点

第一，出口信贷必须联系出口项目，即贷款必须全部或大部分用于购买提供贷款国家的商品。

第二，出口信贷的利率低于国际金融市场贷款的利率，其利差由出口国政府给予补贴。

第三，出口信贷的贷款金额通常只占买卖合同金额的80%～85%，其余15%～20%由进口商先用现汇支付。

第四，出口信贷的发放与出口信贷保险或担保相结合，以避免或减少信贷风险。

为了搞好出口信贷，许多国家都设立专门银行，办理此项业务。如美国的"进出口银行"、日本的"输出入银行"、法国的"对外贸易银行"等。这些专门银行除对成套设备和大型运输工具的出口提供出口信贷外，还向本国商业银行提供低息贷款或贷款补贴，以资助其出口信贷业务。

我国于1994年4月26日批准成立中国进出口银行，同年7月1日正式开业。这是一家政策性银行，其主要任务是对国内机电产品及成套设备等资本货物的进出口提供必要的政策性金融支持，从根本上改善我国的出口商品结构，以促进出口商品结构的升级换代。

4.3.1.2　出口信用保险

（1）出口信用保险的含义

出口信用保险（export credit insurance）是由保险机构或保险公司承保出口贸易中出口商由于境外的商业风险或政治风险而遭受损失的一种特殊保险，是为出口商提供出口收汇风险的保障措施。

（2）出口信用保险的特点

出口信用保险具有区别于其他保险种类的特点。

第一，出口信用保险具有明确的政策性目的——为一个国家的出口和对外投资提供保障和便利，并通过扩大出口带动经济发展和就业，而非以营利为目的。因此，出口信用保险属政策性业务，具有很强的政策导向性，其与国家外贸、外交政策紧密结合。

第二，出口信用保险以政府财政支持为后盾。从技术层面看，出口信用保险所承担的风险集中度高，风险程度大，受国际政治、经济变化等因素的影响大，因此，不具备市场化运作的盈利条件，必须由政府的财政支持；从政策层面看，由于这项业务必须体现政府的外贸政策导向，因此也只有政府的主导作用才能确保政策导向的正确体现。

（3）出口信用保险的类别

出口信用保险承保的风险类别，按风险的性质可分为以下两大类：

第一，国家风险，是指在国际经济活动中发生的、与国家主权行为相关的、超出债权人所能控制的范围的，并给其造成经济损失的风险。如债务人所在国家由于政治原因、社会原因或经济与政策原因等所造成的风险和损失。

第二，商业风险，又称买家风险，是指在国际经济活动中发生的与买家行为相关的，给债权人造成经济损失的风险。其中包括：

① 买方宣告破产，或实际丧失偿付能力；

② 买方拖欠货款超过一定时间，通常规定为4个月或6个月；

③ 买方在发货前单方面中止合同或发生发货后不按合同规定提货付款或付款赎单；

④ 因其他非常事件致使买方无力履约等。

上述的风险如按不同的期限又可分为短期出口信用保险和中、长期出口信用保险。

4.3.1.3　出口信贷国家担保制

（1）出口信贷国家担保制的含义

出口信贷国家担保制（export credit guarantee system）是指国家设立专门机构，对于本国出口厂商或商业银行向外国进口厂商或银行提供的信贷进行担保，当外国债务人不能付款或拒绝付款时，该机构即按承保的数额给予补偿。

（2）出口信贷国家担保的类型

第一，按信贷融资阶段的不同，可分为出运前信贷担保和出运后信贷担保。

出运前信贷担保是指对出口商取得的发货前信贷资金支持提供担保。出运后信贷担保是指为了保障出口信贷机构或商业银行在出口货物出运后向出口商提供的贷款本息能按时足额偿还的担保。

第二，按具体承保方式的不同，可分为个别交易信贷担保、个别企业账户信贷担保和银行总括出口信贷担保。

个别交易信贷担保是指针对个别交易的担保，通常适用于金额大、信用期长的出口交易。个别企业账户信贷担保是指负责赔偿出口信贷机构或商业银行在一定时期内（通常是1年）对某个出口商的所有出口贷款的风险损失。银行总括出口信贷担保是指对出口信贷机构或商业银行在1年内对客户发放的全部出口贷款承担赔偿责任。

第三，按融资期限的不同，可分为短期信贷担保和中、长期信贷担保。

① 短期信贷担保：短期一般为6个月左右。

② 中、长期信贷担保：中、长期通常为2～15年。

第四，按风险性质的不同，一般可分为政治风险信贷担保和经济风险信贷担保。

① 政治风险信贷担保：如由于进口国发生政变、革命、暴乱、战争以及政府实行禁运、冻结资金或限制对外支付等政治原因所造成的损失，可给予补偿。这类风险的承保金额一般为合同金额的85%～95%。

② 经济风险信贷担保：如由于进口厂商或借款银行破产倒闭无力偿付、货币贬值及通货膨胀等经济原因所造成的损失，可给予补偿。此类风险的承保金额一般为合同金额的70%～85%。

4.3.1.4　出口补贴

(1) 出口补贴的含义

出口补贴 (export subsidy) 又称出口津贴, 是一国政府为了降低出口商品的价格, 增强其在国际市场上的竞争能力, 在出口某种商品时给予出口厂商以现金补贴或财政上的优惠。

(2) 出口补贴的方式

出口补贴的方式包括直接补贴和间接补贴两种。

第一, 直接补贴 (direct subsidy) 即出口厂商在政府政策的支持下, 以低于国内市场的价格出口某种商品, 政府直接付给出口厂商以现金补贴, 以弥补其低价出口所受的损失, 确保其能获得一定利润。一般地说, 补贴的数额是该商品的国内市场价格与出口价格的差额。第二次世界大战后, 美国和一些西欧国家对农产品的出口就采用这种补贴方式。这些国家的农产品生产成本较高, 其国内市场价格一般高于国际市场价格, 按国际市场价格出口就会出现亏损, 由政府对这部分差价或亏损给予补贴, 就使过剩农产品的出口得以实现。

第二, 间接补贴 (indirect subsidy) 即政府对某些出口商品给予财政上的优惠。如在税收、运费、物资供应、汇率等方面给予优惠, 以减少税费支出, 降低出口成本, 从而提高国际竞争能力, 促进和扩大出口。

这种补贴方式不仅被工业生产技术落后的发展中国家所采用, 工业生产技术先进的发达国家也广泛采用, 是导致商品不正当竞争的主要因素, 因此为商品进口国所禁止。

出口补贴是目前一些国家促进出口的重要措施之一。为防止和抵消别国实行出口补贴, 许多国家都加征反补贴税。

4.3.1.5　商品倾销

(1) 商品倾销的含义

商品倾销 (dumping) 是指出口厂商在控制国内市场的条件下, 以低于国内市场价格甚至低于生产成本的价格向国外市场抛售商品, 以打击竞争对手, 扩大销售和垄断市场。

(2) 商品倾销的形式

第一, 偶然性倾销 (sporadic dumping), 通常是因为销售旺季已过, 或因公司改营其他业务, 将在国内市场上一时难以售出的 "剩余商品" 以倾销方式向国外市场抛售。其目的是清理积压库存, 实现资金周转。这种倾销对进口国的同类商品生产当然会造成不利影响, 但由于时间短暂, 进口国通常较少采用反倾销措施。

第二, 有策略的间歇性或掠夺性倾销 (predatory intermittent/predatory dumping), 是以低于国内价格甚至低于成本的价格向某一国外市场抛售商品, 旨在削弱或打垮竞争对手, 阻碍当地同类商品的生产和发展, 在占领和垄断国外市场之后, 再提高价格, 以获取高额垄断利润而暂时实行的倾销。这种倾销严重损害进口国家的利益, 因而许多国家都采取征收反倾销税等措施进行抵制。

第三, 持续性倾销 (persistent dumping), 又称长期性倾销 (long-run dumping), 即长期地以低于国内市场的价格向国外市场抛售商品, 其目的一般是为国内过剩商品或过剩生产能力寻求出路，保护国内产业和生产者利益，转嫁经济危机，同时利用这一手段从经济上控制进口国家。因为这种倾销具有长期性，所以其出口价格至少应高于边际成本，否则商品出口将长期亏损。为此，倾销者往往采用"规模经济"的方法，扩大生产以降低成本。

（3）商品倾销的条件

商品倾销的发生一般需具备如下3个条件：

第一，该行业是不完全竞争的，出口商品生产企业在国内市场有一定的垄断力量，在很大程度上操纵价格；

第二，市场是分割的，国内市场与国外市场相互隔绝，从而不存在从一国到另一国间倒买倒卖的可能性，即出口国与进口国之间能保持价差；

第三，出口国与进口国具有不同的需求价格弹性，出口国的需求价格弹性低于进口国的需求价格弹性。

4.3.1.6　外汇倾销

（1）外汇倾销的含义

外汇倾销（foreign exchange dumping）是指一国利用降低本国货币对外国货币的汇价，即利用使本币对外币贬值这种特殊手段，以达到降低出口商品价格、提高出口商品竞争能力和扩大商品出口目的的做法。

本币对外币贬值会产生两种效应：一方面，出口商品用外币表示的价格降低，竞争能力增强，从而可以扩大出口；另一方面，进口商品用本币表示的价格升高，竞争能力削弱，从而可以抑制进口。因此，本币对外币贬值具有促进出口和限制进口的双重作用。

（2）外汇倾销的条件

外汇倾销不能无限制地和无条件地进行，只有具备下述几个条件才能起到扩大出口的作用。

第一，本币贬值的幅度大于国内物价上涨的幅度。本币贬值必然导致一国国内物价上涨。当国内物价上涨的幅度赶上和超过本币贬值的幅度时，外汇倾销的条件也就不复存在了。

第二，其他国家不同时实行同等幅度的货币贬值。如果其他国家也实行同等幅度的货币贬值，那么国内外货币贬值的幅度就相互抵消，汇价仍处于贬值前的水平。

第三，对方国家不采取其他报复性措施。如果对方国家采取提高关税等其他限制进口的报复性措施，外汇倾销也就不起作用了。

但是，国内物价上涨也好，其他国家采取报复措施也好，都要有一个过程。因此，在一定时期内，外汇倾销还是能够起作用的。不过必须注意，本币贬值不但有损于本国货币的国际地位，而且会因为国内物价上涨造成生产成本提高，从而削弱出口商品的竞争能力。

4.3.1.7　出口退税

出口退税（export tax rebate）是指国家为了增强出口商品的竞争力和扩大出口，由税务等行政机构将商品中所含的间接税退还给出口商，使出口商品以不含税的价格进入国际市场参与国际市场竞争的一种措施。

我国对出口商品实行退税制度。一般来说，我国出口退税制度的制定和实施遵循四个原则，即公平税负原则、属地管理原则、征多少退多少原则和宏观调控原则。这与世界贸易组织对出口退税的要求是相符的。

4.3.1.8　经济特区措施

许多国家和地区为了促进本国或本地区经济和对外经济贸易特别是出口贸易的发展，采取了兴办经济特区的措施。所谓经济特区（special economic zone），是指一个国家或地区在其关境以外划出一定的范围，实行免除关税等特殊的优惠政策，吸引外国投资，从事对外贸易和出口加工工业等业务活动的区域。

4.3.2　出口管制措施

出口管制（export control）是指国家通过法令和行政措施，对某些商品，特别是战略物资、先进技术及其有关资料实行限制出口或禁止出口，以达到一定的经济、政治或军事目的。

4.3.2.1　出口管制的对象

（1）战略物资、先进技术及其有关资料

从所谓的"国家安全"和"军事防务"的需要出发，大多数国家都对武器、军事设备、军用飞机、军舰、先进的电子计算机和通信设备、先进技术及有关资料等严格控制出口，防止其流入政治制度对立和政治关系紧张的国家。另外，从保持科技领先地位和经济优势的角度看，对一些先进的机器设备及其技术资料也严格控制出口。

（2）国内紧缺物资

即国内生产紧迫需要的原材料和半制成品，以及国内供应严重不足的商品。这些商品在国内本来就比较稀缺，倘若允许自由流往国外，只能加剧国内的供给不足和市场失衡，进而阻碍经济发展。

（3）历史文物和艺术珍品

出于保护本国文化艺术遗产和弘扬民族精神的需要，各国一般都禁止这类物品的输出。

（4）需要"自动"限制出口的商品

为了缓和与进口国的贸易摩擦，在进口国的要求或压力下，不得不对某些具有较强国际竞争力的商品实行出口管制。

（5）在国际市场上具有垄断优势和出口量大的商品

对发展中国家来讲，对这类商品实行出口管制尤为重要。因为很多发展中国家出口商品单一，出口市场集中，出口商品价格容易出现大起大落的波动。当国际价格下跌时，发展中国家应控制该商品的过多出口，以促使其国际价格提高，出口效益增加，否则会加剧世界市场供大于求对本国不利的形势，使本国遭受更大的损失。如石油输出国组织（OPEC）对其成员的石油产量和出口量实行控制，以稳定石油价格和增加利润。

4.3.2.2　出口管制的形式

出口管制的形式主要有单边出口管制和多边出口管制两种。

（1）单边出口管制

单边出口管制是指一国根据本国的出口管制法案，设立专门的执行机构，对本国某些商品的出口进行审批和颁发出口许可证，实行出口管制。换句话说，实行出口管制的决定完全由一国自主作出，不对他国承担义务。美国凭借其强大的军事和经济实力，成为当代世界为了达到其政治目的实行单边出口管制最多的国家。早在1917年美国国会就通过了《与敌对国家贸易法案》，禁止所有私人与美国敌人及其同盟者在战时或国家紧急时期进行财政金融和商业贸易的交易。第二次世界大战结束后，为了对社会主义阵营国家实行禁运，于1949年通过了《出口管制法》（Export Control Act），禁止和削减全部商业性出口（即通过贸易渠道的全部商品和技术资料的出口）。该法案以后几经修改，直至1969年《出口管理法》（Export Administration Act）出台才被取代。此后，美国国会1979年颁布了《出口管理法》，1985年颁布了《出口管理法修正案》等，这些法案或修正案一个比一个宽松，但主要规定不变。

冷战结束后，世界政治经济形势发生了巨大的变化，商业利益已越来越与国家安全利益并驾齐驱。美国于1995年推出了新的出口管制法案，力求使美国国家安全和出口商的商业利益达到更好的平衡。除美国以外，其他资本主义国家也有类似的法案。

（2）多边出口管制

多边出口管制又称共同出口管制，是指若干个国家的政府通过一定的方式建立国际性的多边出口管制机构，商讨和编制多边出口管制货单和出口管制国别，规定出口管制办法等，以协调彼此的出口管制政策和措施，达到共同的政治和经济目的。过去的"巴黎统筹委员会"就是一个典型的国际性多边出口管制机构。

4.3.2.3　出口管制的程序和手续

一般而言，西方国家出口管制的程序是：国家有关机构根据出口管制的有关法案制定出口管制货单（commerce control list）和输往国别分组管制表（country group list），列入出口管制的商品，必须办理出口申报手续，获得出口许可证之后方可出口。

仍以美国为例加以说明。美国商务部贸易管理局是办理出口管制工作的具体机构，它负责制定出口管制货单和输往国别分组管制表。在管制货单中列有各种需要管制的商品名称、商品分类号码、商品单位及其所需的出口许可证类别等。在输往国别分组管制表中，将商品输往国家或地区分成Z、S、Y、P、W、Q、T、V 8个组，实行从严到宽程度不同的出口管制。

出口商出口受管制的商品，必须向贸易管理局申领出口许可证。美国的出口许可证分为如下两种：

（1）一般许可证

一般许可证（general license）也称普通许可证。这种许可证的管理很松。一般而言，出口商出口这类商品不必向贸易管理局提出申请，只要在出口报关单上填明管制货单上该类商品的一般许可证编号，经海关核实，即可视为办妥出口许可证手续。

（2）特种许可证

特种许可证（validated license）亦称有效许可证。出口商出口这类商品必须向贸易管理局专门申请。出口商在许可证上要填明商品的名称、数量、管制编号及输出用途，还要附上有关证件（进口证明书和交易说明书）一起送交审批，经批准后才能出口。对于那些涉及所谓"国家安全的商品"，还要提交更高层的机构审批，如不予批准则禁止出口。

案例窗 4-1

案例窗 4-2

拓展阅读 4-1

素养园地

中国外贸"朋友圈"越来越大的启示

8 838 万份报关单，成就了 2024 年中国外贸总量、增量、质量的"三量"齐升。中国海关总署发布的数据显示，2024 年中国货物贸易进出口总值达 43.85 万亿元人民币，同比增长 5%，规模再创历史新高；外贸增长规模达 2.1 万亿元人民币，货物贸易第一大国地位更加稳固；进出口产品结构不断优化升级，含"新"量不断上升。中国外贸经受住多重挑战，持续彰显韧性，展现了中国经济的活力和潜力，表明在世界经济面临保护主义威胁之际，开放合作仍是发展经济具有战略眼光的选择。

联合国和国际货币基金组织近日都警告，提高关税可能影响全球经济增长。在保护主义抬头的背景下，很多国家都在思考如何降低贸易壁垒增多对本国经济的影响。中国在坚持创新发展、大力提振消费的同时，不断扩大高水平对外开放，持续增强在全球化逆风中的开放合作、共赢合作能力，外贸"朋友圈"越来越大。数据显示，中国对联合国统计分组中几乎全部国家和地区都有进出口记录，对 160 多个伙伴实现进出口增长，是 150 多个国家和地区的主要贸易伙伴；在对欧盟、美国等传统市场贸易保持增势的同时，共建"一带一路"国家占中国进出口的比重首次超过 50%，大部分贸易量来自东盟等新兴市场。可以说，是扩大开放使中国外贸韧性进一步增强了。

日前在拉斯维加斯举行的消费电子展上，美国记者帕特里克·乔治三次坐进中国电动汽车内体验。让他一再折回的原因，是中国电动汽车"似乎无可挑剔的制造质量"。"在中国，这些电动汽车不再是未来，而是当前的现实。"他表示，中国汽车产业取得进步，在于大量投资并专注于电动化和软件、向合作伙伴学习、完善的供应链和激烈的内部竞争。拉斯维加斯消费电子展上中国产品受到广泛青睐，证明升级版的中国制造是中国外贸高质量发展的源头活水。中国有完整的产业体系，科技创新引领新质生产力持续发展。迭代升级的中国制造，向广大贸易伙伴提供更多高端化、绿色化、智能化的商品。中国生产的搭载人工智能（"智慧洗"）的洗衣机，能够自动检测衣物的重量、材质，选取最优的洗涤模式；中国生产的智能料理机，内置多种菜单，只需放入食材，按下按钮，一首歌的时间，色香味俱全的菜品就能够出锅。中国不断提高创新能力，产品走向世界是自然而然的过程。

大规模的中国市场，也是中国外贸高质量发展、"朋友圈"越来越大的重要原因。中国有序扩大自主开放和单边开放，稳步扩大制度型开放，超大规模市场潜力持续释放，不仅促进外贸高质量发展，也为世界各国提供了更多市场机遇。中国东部地区继续发挥外贸"压舱石"的作用，中西部地区也日益走向开放前沿。更多的国际元素正在走进内陆腹地的日常生活。新西兰的毛肚、越南耗儿鱼等，经过西部陆海新通道冷链运输，登上中国餐厅的火锅菜单；泰国的榴莲、老挝的香蕉等经过中老铁路入境，中国消费者的水果选择更多了。2024年12月1日，中国给予所有已建交的最不发达国家100%税目产品零关税待遇，带动当月自相关国家进口增长18.1%，较前11个月加快5.8个百分点，再次证明中国超大规模市场潜力巨大，能够为更多国家带来广阔机遇。

中国外贸量稳质升，彰显在开放中发展、在合作中共赢才是正确的发展之道。中国经济基础稳、优势多、韧性强、潜能大，长期向好的支撑条件和基本趋势没有变，这是中国与世界共享机遇、共谋发展的最大底气与信心。

资料来源：和音. 中国外贸"朋友圈"越来越大的启示［N］. 人民日报，2025-01-15（3）.

【价值塑造】使学生进一步了解中国改革的决心和开放的态度，了解中国外贸的魅力，培养学生开拓创新、勇于担当、开放包容、兼容并蓄的精神品格。

本章小结

1. 在国际贸易中，关税是各国普遍采用的重要贸易政策工具和措施。关税由进口税、出口税和过境税构成，是海关对日常进出口货物开征的最基本的税种。

2. 进口附加税通常是一种特定的临时性措施，是限制商品进口的重要手段，在特定时期有较大的作用。

3. 从价税表现为贸易价格的百分比，从量税表示为每单位商品固定的税收额，这两种关税有时候结合成一种复合关税。目前大多数国家都采用复合税。

4. 海关税则是关税制度的重要内容，是各国征收关税的依据，是一个国家对外贸易政策和关税政策的具体体现，利用海关税则可以达到保护本国经济和实行差别待遇的目的。按照税率表的栏数，可将海关税则分为单式税则和复式税则两类。依据制定税则的权限又可分为自主税则（或称国定税则）和协定税则。目前，在海关税则中复式税则占主导地位。

5. 关税和非关税壁垒共同构成各国对外贸易的管理措施，但和关税壁垒相比，非关税壁垒具有直接性、隐蔽性、歧视性、灵活性和针对性等特点。从对贸易影响的途径而言，非关税壁垒主要可分为直接性非关税壁垒（如进口配额、自动出口限制、进口许可证制等）和间接性非关税壁垒（如外汇管制、进口国国家垄断、歧视性政府采购、国内税制度等）。直接性非关税壁垒主要通过直接限制进口数量或金额达到限制进口的目的；间接性非关税壁垒是指进口国利用行政机制，对进口商品制定苛刻的条例、标准或要求而间接限制进口。非关税壁垒又可分为行政性壁垒、法律性壁垒、技术性壁垒、环境壁垒、社会壁垒，其中技术性贸易壁垒、环境壁垒、社会壁垒又称为新型非关税壁垒。

6. 各国政府为达到刺激经济发展的目的，在财政、金融、汇率等各方面采取一系列措施，运用各种经济手段和政策工具来鼓励和刺激商品出口。鼓励出口措施主要包括出口信贷、出口信用保险、出口信贷国家担保制、出口补贴、商品倾销、外汇倾销、出口退税以及兴办经济特区等措施。

7. 出口管制是指国家通过法令和行政措施，对某些商品，特别是战略物资、先进技术及其有关资料实行限制出口或禁止出口，以达到一定的经济、政治或军事目的。

基础训练

❖ 名词解释

关税 进口附加税 反倾销税 反补贴税 洛美协定 从量税 从价税 关税水平 关税结构 名义保护关税率 有效保护关税率 海关税则 单式税则 复式税则 非关税壁垒 进口配额 绝对配额 全球配额 国别配额 关税配额 "自动"出口限额制 外汇管制 进口押金制 歧视性的国内税 歧视性的政府采购政策 技术性贸易壁垒 绿色贸易壁垒 社会壁垒 出口信贷 卖方信贷 买方信贷 混合信贷 出口信用保险 出口信贷国家担保制 出口补贴 商品倾销 外汇倾销 出口退税 经济特区

❖ 简答题

1. 反补贴税与反倾销税有何异同?

2. 从量和从价计征关税的方法各有何优缺点?

3. 与关税壁垒比较，非关税壁垒具有哪些特点?

4. 试比较配额效应与关税效应的异同。

5. 什么是技术性贸易壁垒? 其主要方式有哪些?

6. 新型非关税壁垒相对于传统非关税壁垒的特点。

7. 卖方信贷和买方信贷有哪些异同点?

8. 出口信贷的主要特点是什么?

9. 试分析比较小国和大国实行出口补贴的影响及其程度。

10. 商品倾销有哪几种形式? 倾销所致的损失可通过哪些途径得以补偿?

11. 试述外汇倾销的作用及其限制条件。

12. 出口管制的对象和形式是什么? 美国如何实行出口管制?

第5章 国际贸易体制

学习目标

◆ 了解《关贸总协定》的起源及历次谈判。

◆ 掌握《关贸总协定》的宗旨与主要内容。

◆ 掌握世界贸易组织的宗旨、目标、职能及基本原则。

◆ 熟悉中国加入世界贸易组织的承诺，以及入世后的权利和义务。

◆ 了解世界区域经济一体化发展情况以及主要的区域经济一体化组织。

◆ 掌握区域经济一体化的不同形式。

◆ 掌握大市场理论、协议性国际分工理论。

❖ 导入案例

聚焦中国入世：双赢互补向世界

入世，是中国参与国际分工和适应全球化趋势的必然选择，也是WTO对负责任和可以发挥建设性作用的中国的拥抱和首肯。入世后的中国，将给自身及世界经济带来某种变局，但可以断言的是，双赢互补向世界将是一大趋势。WTO素有"世界经济联合国"之称。中国复关入世，标志着这个发展中大国已成为世界经济圈中平等的一员。在这个大家庭里，中国政府作出了庄严的承诺：一是按国际通行规则办事，二是向全球开放中国市场。换言之，中国在享受WTO成员正当权益的同时，将履行相应的义务，遵守同样的游戏规则。

20世纪70年代末，中国推开尘封网结的国门，实行对外开放的国策，就一直向顺应国际经济发展规律的方向推进，并从国际分工和协作中获取经济发展的利好。如今，中国的入世，为中国经济创造了公平的国际竞争环境，将享有永久性最惠国待遇，享有与发达国家平等贸易的权利，有利于中国产品进入世界市场。

与此同时，入世将有助于中国加快市场经济取向改革，通过立法和政策的透明性、统一性和可预见性推进统一大市场的建立，鼓励公平竞争，实行国民待遇，从而创造更好的投资环境，实现与全球化发展和合作的对接，使外国投资者在华更具信心和稳定感。此外，WTO所遵循的平等、非歧视原则，也能为解决贸易伙伴与中国的贸易争端提供稳定的基础。

按国际通行规则和开放的市场经济本质办事的中国，将更大程度、更宽领域地开放市场。除继续降低关税和逐步取消非关税措施外，还将进一步有步骤地开放金融、保险、电信、外贸、商业、运输、建筑、旅游以及中介服务等领域，更全面、深入地与世界经济融为一体。

毋庸置疑，在这些新开放的领域中，欧美各国完全可以在金融、保险、电信等优势领域进入中国，并获取可观的利益；在激烈的竞争中，中国民众同样可以获得更好的服务，中国企业也可以得到结构的调整和产业升级。

资料来源：王永志. 聚焦中国入世：双赢互补向世界［EB/OL］.（2001-11-11）［2025-03-16］. http://news.sina.com.cn/c/2001-11-11/396 905.html.

多边贸易体制即 WTO 所管理的体制。世界贸易组织（World Trade Organization，WTO）是多边经济体系中三大国际机构之一，也是世界上唯一处理国与国之间贸易规则的国际组织。在 WTO 事务中，"多边"是相对于区域或其他数量较少的国家集团所进行的活动而言的。大多数国家，包括世界上几乎所有主要贸易国，都是该体制的成员，但仍有一些国家不是，因此使用"多边"（multilateral）一词，而不用"全球"（global）或"世界"（world）等词。

世界贸易组织，简称世贸组织，它是根据乌拉圭回合多边贸易谈判达成的《建立世界贸易组织协定》，于 1995 年 1 月 1 日建立的，取代了 1947 年的《关税及贸易总协定》（简称《关贸总协定》）。《关贸总协定》是 WTO 的前身和基础，WTO 则是《关贸总协定》的继承和发展。

5.1　多边贸易体制

5.1.1　《关贸总协定》

《关贸总协定》的产生与 20 世纪 30 年代的世界政治、经济背景密切相关。由于生产过剩的危机，各国纷纷从原来一直奉行的自由贸易政策转向奉行高关税的贸易保护主义政策，严重阻碍了国际贸易的发展，打乱了国际贸易的正常秩序，使世界贸易发生严重的萎缩。

1929 年，美国首先爆发了经济危机，随后波及各国。美国在贸易保护理论的指导下，从 19 世纪初开始，一直制定保护性关税法案，进口税率始终维持在高关税水平。在危机严重的 1930 年，胡佛总统签署颁布了《斯姆特–霍利关税法》（The Smoot-Hawley Tariff Act），制定了美国历史上最高的进口关税。美国的高关税遭到了当时欧洲大陆各国的抵制，各国也相应通过制定自己的限制性关税，对美国进行报复，从而引发了一场激烈的"关税战"。高关税阻碍了国际贸易的正常进行，加剧了 20 世纪 30 年代的世界经济危机。而随后而来的第二次世界大战，更是雪上加霜，给世界各国带来了巨大灾难，国际贸易量严重萎缩，世界经济陷入严重困境。

为了保护本国经济，许多国家采取了关税和非关税保护措施，限制别国商品进入，导致各国之间贸易战频繁发生，影响了世界各国经济的发展。由于贸易保护主义的空前发展，给美国对外进行经济扩张和争夺世界市场带来了不利影响，因此美国试图凭借其逐渐增强的政治、经济实力，改变贸易保护政策的现状，消除各种贸易壁垒，使美国从世界经济的健康发展中获利。与此同时，世界性的经济危机使各国意识到加强国际贸易协调与合作的必要性。

1943年，第二次世界大战尚未结束，美国急于在大战后确立自己在全球经贸关系中的主导地位，倡议成立一个旨在削减关税、促进贸易自由化的国际贸易组织。1944年7月，美国、英国等44个国家，在美国新罕布什尔州的布雷顿森林（Bretton Woods）召开会议，讨论国际货币金融体系问题，建立了以稳定国际金融、间接促进世界贸易发展为目标的国际货币基金组织（IMF）和国际复兴与开发银行（IBRD）。美国的初衷是另外再设立一个处理国际贸易与关税的专门组织，以铲除贸易限制和关税壁垒，促进贸易自由化。1945年11月，美国提出了一个计划，建议缔结一个制约和减少国际贸易限制的多边公约，以补充布雷顿森林会议决议。该方案被称为"扩大世界贸易与就业方案"或称"国际贸易与就业会议考察方案"。该方案将确定国际贸易所有方面的各项规则，包括关税优惠、数量限制、补贴、国有贸易企业、国际商品协定等；并提议成立国际贸易组织，作为贸易领域中与国际货币基金组织、国际复兴与开发银行相对应的、专门协调国际贸易关系的第三个国际性组织。1946年美国拟定了《国际贸易组织宪章》草案。

1946年2月，联合国经济和社会理事会通过决议，召开商业、就业问题国际会议，制定世界贸易的纪律，制定与就业、商品协定、限制性商业惯例、国际投资和服务有关的规则，并成立了筹备委员会。10月在伦敦正式召开了国际贸易与就业会议，会议邀请了包括当时中国政府在内的19个国家，即美国、英国、苏联、中国、法国、澳大利亚、新西兰、荷兰、比利时、卢森堡、巴西、加拿大、古巴、捷克斯洛伐克、挪威、智利、南非、印度、黎巴嫩等共同组建一个筹备委员会。委员会于1946年10月和1947年1月，分别在伦敦和纽约两次讨论并审议了《国际贸易组织宪章草案》。除对文字及内容方面进行讨论、补充和修改外，纽约会议还由与会国选派专家起草并通过了一项《关贸总协定》大纲，该协定纲要即为《关贸总协定》的雏形。协定纲要采纳了《国际贸易组织宪章》草案中能够保证贸易谈判和关税减让的条款，之后这些条款在《关贸总协定》中加以具体化。

1947年4月至10月，联合国贸易与就业筹委会第二次会议在日内瓦举行，审议了《国际贸易组织宪章》草案，并同步完成了GATT关税谈判。该宪章最终于1948年3月在哈瓦那会议上正式通过，故称《哈瓦那宪章》。该宪章号召各成员和签约国政府在经济上和贸易政策上予以合作，采取行动维持充分就业以及有效需求的大幅度和稳定增长。宪章包括国际投资、国际商品协定、限制性商业惯例、发展中国家互惠、公平的劳动力标准和秘书处工作等内容。虽然宪章体现了当时各国雄心勃勃的目标，但由于它涉及经济发展、国际投资、就业等较敏感的国内外经济问题，使缔结国际贸易新秩序的历程比预想的要困难得多。当时美国国内共和党占多数的国会，倾向于贸易保护主义，在美国国内开始形成反对《国际贸易组织宪章》的力量。加之当时各国的对外经济政策，尤其是发达国家与不发达国家之间存在较大的分歧，一些国家提出重新审议并修改《哈瓦那宪章》的要求，而在当时的条件下，这些要求是不可能实现的。美国国会拒绝批准，其他国家亦未跟进，最终未能生效，导致国际贸易组织（ITO）未能成立。

然而，《关贸总协定》却在国际贸易组织谈判的过程中产生了。1947年初，联合国贸易与就业筹委会下的《国际贸易组织宪章》起草委员会就起草"《关贸总协定》及多边关税问题"进行了讨论。日内瓦会议期间，23个国家在双边谈判的基础上，签订了123项双边关税减让协议。为使协议尽快实施，参加国把这些协议与联合国经济和社会理事会第二次筹备会通过的《国际贸易组织宪章》中有关贸易政策部分的条款加以合并，与达成的123项协议一起构成一个独立的协定。为区别于上述的双边协议，将合并修改后的协议起名为"关贸总协定"。

1947年10月30日，筹委会在日内瓦结束，23个缔约方签订了《关贸总协定》。各国在进行《关贸总协定》谈判时，并没有设想将其发展成为一个国际组织，而只是作为《国际贸易组织宪章》的一部分，因此《关贸总协定》的大部分条款与《国际贸易组织宪章》的条款相同。由于无法确定《关贸总协定》条款生效之日，会议期间，美国提议以"临时"适用议定书的形式，联合英国、法国、荷兰、比利时、卢森堡、加拿大、澳大利亚等8国于1947年11月15日签署《〈关税及贸易总协定〉临时适用议定书》，从而使《关贸总协定》提前在上述8个国家领土范围内实施，1948年1月1日将《关贸总协定》第一、第三部分暂行实施，第二部分在与各国现行立法不违背的情况下最大限度地临时实施。23国签署临时适用议定书，本意是想把《关贸总协定》作为一项过渡性的临时协议，来处理战后急需解决的各国在关税与贸易方面的问题，以尽快地获得关税减让的好处，待《国际贸易组织宪章》生效后就用宪章的有关部分来代替《关贸总协定》。然而，由于《国际贸易组织宪章》中途夭折，《关贸总协定》实际上代替了《国际贸易组织宪章》而临时生效，《关贸总协定》由此诞生。

5.1.1.1　《关贸总协定》的宗旨与主要内容

（1）宗旨

《关贸总协定》的序言明确规定其宗旨是：缔约各国政府认为，在处理它们的世界贸易和经济事务的关系方面，应以提高生活水平、保证充分就业、保证实际收入和有效需求的巨大持续增长、扩大世界资源的充分利用以及发展商品生产与交换为目的。

实现上述宗旨的途径是，各缔约方"通过达成互惠互利协议，大幅度地削减关税和其他贸易障碍，取消国际贸易中的歧视待遇"。

（2）主要内容

《关贸总协定》分为序言和四大部分，共计38条，另附若干附件。第一部分从第1条到第2条，规定缔约各方在关税及贸易方面相互提供无条件最惠国待遇和关税减让事项。第二部从第3条到第23条，规定取消数量限制以及允许采取的例外和紧急措施。第三部分从第24条到第35条，规定协定的接受、生效、减让的停止或撤销以及退出等程序。第四部分从第36条到第38条，规定了缔约方中发展中国家的贸易和发展问题。这一部分是后加的，于1966年开始生效。具体内容包括：

第一，适用最惠国待遇，缔约方之间对于进出口货物及有关的关税规费征收方法、规章制度、销售和运输等方面，一律适用无条件最惠国待遇原则。但关税同盟、自由贸易区以及对发展中国家的优惠安排都作为最惠国待遇的例外。

第二，关税减让。缔约方之间通过谈判，在互惠基础上互减关税，并对减让结果进行约束，以保障缔约方的出口商品适用稳定的税率。

第三，取消进口数量限制。总协定规定原则上应取消进口数量限制。但由于国际收支出现困难的，属于例外。

第四，保护和紧急措施。对因意外情况或因某一产品输入数量剧增，对该国相同产品或与它直接竞争的生产者造成重大损害或重大威胁时，该缔约方可在防止或纠正这种损害所必需的程度和时间内，暂停所承担的义务，或撤销、修改所作的减让。

5.1.1.2 《关贸总协定》的作用及局限性

（1）作用

在《关贸总协定》不断发展完善的40多年中，其内容及活动所涉及的领域不断扩大，对国际贸易的影响也日益增强。主要体现在：

第一，促进了国际贸易发展和规模的不断扩大。在《关贸总协定》框架下，经过八轮贸易谈判，各缔约方的关税均有了较大幅度的降低。发达国家加权平均关税从1947年的平均35%下降至1995年的4%，发展中国家的平均税率则降至12%。第七轮（东京回合）谈判就部分非关税措施达成诸边协议。第八轮（乌拉圭回合）谈判将非关税措施全面纳入多边纪律，并首次要求成员将农产品配额、许可证等非关税措施"关税化"（即转为等效关税）。这对于促进贸易自由化和国际贸易的发展起到了积极作用。国际贸易规模从1950年的607亿美元，增加至1995年的43 700亿美元。世界贸易的增长速度超过世界生产的增长速度。

第二，形成了一套国际贸易政策体系，成为贸易的主要规则。《关贸总协定》的基本原则及其谈判达成的一系列协议，形成了一套国际贸易政策与措施的规章制度和法律准则，这些成为各缔约方处理彼此间权利与义务的基本依据，并具有一定的约束力。《关贸总协定》要求其缔约方在从事对外贸易和制定或修改其对外贸易政策措施，处理缔约方间经贸关系时，均需普遍遵循这些基本原则和相关协议。因此，成为各缔约方进行贸易的主要规则。

第三，缓和了缔约方之间的贸易摩擦和矛盾。《关贸总协定》及其一系列协议是各缔约方之间谈判相互妥协的产物，协议执行产生的贸易纠纷通过协商、调解、仲裁方式解决，这对缓和或平息各缔约方的贸易矛盾起到了一定的积极作用。

第四，对维护发展中国家利益起到了积极作用。《关贸总协定》条款最初是按发达资本主义国家的意愿拟定的，但是随着发展中国家的壮大和纷纷加入《关贸总协定》，也增加了有利于发展中国家的条款。所以，《关贸总协定》为发达国家、发展中国家在贸易上提供了对话的场所，并为发展中国家维护自身利益和促进其对外贸易发展起到了一定的作用。

（2）局限性

虽然《关贸总协定》曾在国际经济事务中发挥过巨大的作用，但其本身存在不可避免的局限性，主要表现在：

第一，从法律基础上看，《关贸总协定》仅是根据《〈关税及贸易总协定〉临时适用议定书》生效的临时协议，并不是正式生效的国际公约。它虽然在事实上发挥着世界贸易组织的作用，但只是众多国际机构中级别较低的一个，没有自己的组织基础，仅是一个政府间的行政协议，不是具有法人地位的正式组织，对缔约方不具有严格意义上的法律约束力。

第二，从内部体制来看，《关贸总协定》也不具备本着"完全协商一致"的原则作出决策的条件。《关贸总协定》的内部体制，具有很明显的权、责、义、利的不统一性。因此，很难使《关贸总协定》在公正、客观的基础上按其自身的规则，在缔约方之间解决贸易争端问题，甚至还曾出现贸易大国操纵或控制争端解决结果的事件。《关贸总协定》虽然作为事实上的国际贸易组织存在了半个世纪，但美国国会从未批准过这个协定，始终视其为一个政府间的行政协议。这不仅导致了缔约方在《关贸总协定》内权利和义务的不平衡，还导致了责任和利益的分化。

第三，《关贸总协定》缺乏一定的权威性。按约定，协定各缔约方一般应同意临时接受该协定的法律义务，同时还规定各缔约方"在不违背国内（地区）现行立法的最大限度内临时适用总协定第二部分"，即关于国民待遇、取消数量限制等规定，那些不能完全遵守总协定第二部分的缔约方在"临时"的基础上遵守总协定的规定，而不需要改变其现有的国内地区立法。这使一些缔约方以此为理由在贸易立法或政策制定中时常偏离《关贸总协定》的基本精神，使该协定的权威性受到削弱。

第四，《关贸总协定》的管理范围偏于狭窄，难以适应新经济形势的要求。《关贸总协定》仅管辖货物贸易，农产品、纺织品和服装不受《关贸总协定》的约束。这与世界性产业结构调整、国际资本向服务业等第三产业流动的新形势不相适应，也与贸易有关的知识产权保护的要求不适应。《关贸总协定》不能适应国际经贸环境的巨大变化，尤其是经济全球化和知识经济发展的要求。

5.1.2 世界贸易组织

世界贸易组织成立于 1995 年，总部设在瑞士日内瓦。世贸组织是全球唯一的一个国际性贸易组织，负责处理国与国之间的贸易往来和协定。世贸组织成立的基本目的就是促进各国的市场开放，调解贸易纠纷，实现全球范围内的贸易自由化。

5.1.2.1 世界贸易组织的建立

在《关贸总协定》临时实施的过程中，无论是各缔约方政府，还是学术界，都一直非常关心成立国际贸易组织问题，并提出了一系列构想。一种构想是源于《关贸总协定》制度本身，但是力图为主要贸易国和接受更具约束性义务的国际贸易管理制度提供指导作用。大西洋理事会提出的关于制定《关贸总协定》补充条款的建议，是这种设想的最好体现。另一种构想是按《哈瓦那宪章》建立一个更加综合性的机构，并尽可能覆盖所有国际经济贸易领域。由于乌拉圭回合谈判涉及的领域颇为广泛，几乎与《哈瓦那宪章》关于国际贸易组织的设想一致，因此，建立国际贸易组织的问题引起了普遍关注。

鉴于上述《关贸总协定》的局限性，各缔约方普遍认为有必要在《关贸总协定》的基础上建立一个正式的国际经贸组织来协调、监督、执行乌拉圭回合谈判的成果。1990 年初，欧共体轮值主席国意大利提出建立多边贸易组织（Multilateral Trade Organization，MTO）的倡议。7 月 9 日，欧共体把这一倡议以 12 个成员的名义向乌拉圭回合谈判体制职能谈判小组正式提出。同年 4 月加拿大也非正式地提出过建立一个体制机构。瑞士与美国也分别于 1990 年 5 月 17 日和 10 月 18 日，分别向《关贸总协定》体制职能谈判小组正式提出过议案。

经过磋商，1990年12月，在乌拉圭回合布鲁塞尔部长会议上，贸易谈判委员会提议起草一个组织性决议。为此，1991年12月"建立多边贸易组织协定"被纳入邓克尔草案。经过两年多的修改和各谈判方的讨价还价后，1993年11月，乌拉圭回合谈判结束前，各方原则上形成了"建立多边贸易组织协定"。在美国代表的提议下，决定将"多边贸易组织"易名为"世界贸易组织"。1993年12月15日，乌拉圭回合谈判胜利结束。1994年4月15日，在摩洛哥的马拉喀什召开的《关贸总协定》部长会议上，乌拉圭回合谈判的各项议题的协议均获通过，并采取"一揽子"方式（无保留例外）加以接受。经123个参加方政府代表签署，1995年1月1日正式生效。至此，根据其中的《建立世界贸易组织协定》的规定，1995年1月1日世贸组织正式成立，1995年与1947年的《关贸总协定》共存一年后，世贸组织担当起全球经济贸易组织的角色，发挥其积极作用。

5.1.2.2　世界贸易组织宗旨、目标和职能

（1）宗旨

在《建立世界贸易组织协定》的序言部分，规定了世贸组织的宗旨：

第一，提高生活水平，保证充分就业，大幅度稳步地提高实际收入和有效需求。

第二，扩大货物、服务的生产和贸易。

第三，坚持走可持续发展之路，各成员应促进对世界资源的最优利用、保护和维护环境，并以符合不同经济发展水平下各自成员需要的方式，加强采取各种相应的措施。

第四，积极努力以确保发展中国家，尤其是最不发达国家，在国际贸易增长中获得与其经济发展水平相应的份额和利益。

（2）目标

世贸组织的目标是建立一个完整的包括货物、服务、与贸易有关的投资及知识产权等更具活力、更持久的多边贸易体系，以包括《关贸总协定》贸易自由化的成果和乌拉圭回合多边贸易谈判的所有成果。

世贸组织实现目标的途径是协调管理贸易。为了有效地实现上述目标和宗旨，世贸组织规定各成员应通过达成互惠互利的安排，大幅度削减关税和其他贸易壁垒，在各成员方的经贸竞争中，消除歧视性待遇，坚持非歧视贸易原则，对发展中国家给予特殊和差别待遇，扩大市场准入程度并提高贸易政策和法规的透明度，以及实施通知与审议等原则，从而协调各成员间的贸易政策，共同管理全球贸易。

（3）职能

第一，组织实施世贸组织负责管辖的各项贸易协定、协议，积极采取各种措施努力实现各项协定、协议的目标，并对所辖的不属于"一揽子"协议项下的诸边贸易协议（《政府采购协议》《民用航空器贸易协议》《国际奶制品协议》《国际牛肉协议》等）的执行管理和运作提供组织保障。

第二，为成员提供处理各协定、协议有关事务的谈判场所，并为世贸组织发动多边贸易谈判提供场所、谈判准备和框架草案。

第三，解决各成员间发生的贸易争端，负责管理世贸组织争端解决协议。

第四，对各成员的贸易政策、法规进行定期评审。

第五，协调与国际货币基金组织和世界银行等国际经济组织的关系，以保障全球经济决策的凝聚力和一致性，避免政策冲突。

5.2 区域经济一体化

区域经济一体化是第二次世界大战以后世界经济领域出现的一种新现象。它发端于欧洲，进入 20 世纪 80 年代后期以来，掀起了一股区域经济一体化的高潮。各种类型的区域性经济贸易集团无一例外地采取歧视性的贸易政策，即对成员实行完全取消贸易壁垒的政策，而对非成员则继续保持贸易壁垒。因而对国际分工和国际贸易乃至世界经济、政治格局产生了广泛而深远的影响。区域经济一体化和贸易集团化已成为当今世界经济贸易发展的重要特征和趋势。

5.2.1 区域经济一体化的含义与形式

5.2.1.1 区域经济一体化的含义

区域经济一体化（regional economic integration）至今尚无公认的、明确的定义。但是，多数人认为，它是指两个或两个以上的国家或地区，通过协商并缔结协议，实施统一的经济政策和措施，消除商品、要素、金融等市场的人为分割和限制，以国际分工为基础来提高经济效率和获得更好的经济效果，把各国或各地区的经济融合起来形成一个有机整体的过程。

5.2.1.2 区域经济一体化的形式

区域经济一体化的形式可谓多种多样，从不同角度考虑可以划分为以下几种形式：

（1）按经济一体化的程度划分

① 优惠贸易安排（preferential trade arrangement），是指成员之间通过协定或其他形式，对全部或部分商品规定特别的关税优惠。这是经济一体化最低级和最松散的一种形式。1967 年 8 月建立的东南亚国家联盟（ASEAN）就是此种形式的经济一体化组织。

② 自由贸易区（free trade area），是指签订有自由贸易协定的国家所组成的贸易集团，在成员之间取消关税和数量限制，使商品在区域内自由流动，但成员仍保持各自的对非成员的贸易壁垒。这是一种松散的经济一体化形式，其基本特点是用关税措施突出了成员与非成员之间的差别待遇。1960 年 1 月成立的欧洲自由贸易联盟（EFTA）就是最典型的例子。

③ 关税同盟（customs union），是指同盟成员之间完全取消关税和其他壁垒，实现内部自由贸易，并对非成员同盟国实行统一的关税税率。这在一体化程度上较自由贸易区更进了一步。结盟的目的在于使参与成员的商品在统一关税内的市场上处于有利地位，非除非成员商品的竞争。例如，北德 6 个邦国于 1826 年成立的关税同盟，1920 年比利时和卢森堡建立、第二次世界大战中荷兰加入的比卢荷关税同盟，1958 年 1 月开始运作的欧洲经济共同体等。

④ 共同市场（common market），是指除了在成员内取消关税和数量限制并建立对非成员的共同关税，实现商品自由流动的同时，还实现生产要素（资本、劳动力等）的自由流动。例如，欧洲共同体在1992年底建成统一大市场，其主要内容就是实现商品、人员、劳务和资本在成员之间的自由流动。

⑤ 经济同盟（economic union），是指成员之间不仅实行商品与生产要素的自由流动及建立共同的对外关税，而且制定和执行某些共同的经济政策和社会政策，逐步废除政策方面的差异，使一体化的程度从商品交换扩展到生产、分配乃至整个国民经济，形成一个庞大的、有机的经济实体。如1949年1月成立、1991年6月解散的经济互助委员会（CMEA）。

⑥ 完全经济一体化（complete economic integration）。完全经济一体化比经济同盟更进了一步。它除了要求成员完全消除商品、资本和劳动力流动的人为障碍外，还要求各成员在货币政策、财政政策、福利政策等方面协调一致，进而在经济、政治上结成更紧密的联盟，统一对外经济、政治、防务政策，建立统一的金融机构，发行统一的货币。

区域经济一体化各种组织形式的主要区别见表5-1。

表5-1　　　　　　　　　区域经济一体化各种组织形式的主要区别

主要内容 / 组织形式	相互给予关税优惠	商品自由流通	共同的对外关税	生产要素自由流动	经济和社会政策的协调	制定各项统一政策的中央机构和政治上的联盟
优惠贸易安排	有	无	无	无	无	无
自由贸易区	有	有	无	无	无	无
关税同盟	有	有	有	无	无	无
共同市场	有	有	有	有	无	无
经济同盟	有	有	有	有	有	无
完全经济一体化	有	有	有	有	有	有

优惠贸易安排是最松散也是最易行的一种经济合作组织形式，成员之间的税率比最惠国税率还低，但仍存在一定程度的关税。自由贸易区和关税同盟成员相互之间关税互免，自由贸易区与关税同盟最主要的区别在于自由贸易区的缔约方与区外的国家可以制定差别关税，而关税同盟则要求缔约方与区外的其他国家的关税是一致的。不过这三种方式强调的是贸易自由化，更高层次的一体化方式进一步肯定了投资自由化和生产要素的自由流动，甚至各成员丧失了独立制定经济政策的能力，直至发行共同的货币和实行基本类似的经济政策。这六种方式由低级到高级，实际上是沿着主权让渡的程度来划分层次性的，越高级的方式，区域经济合作的时候主权国家越要采取一致行动，主权让渡得越多。需要指出的是，世界上的区域经济一体化组织并不均是沿着这一从低到高的层次序列发展而来的，也并不意味着区域经济一体化组织必定沿着由低到高的序列发展的，最终达到完全经济一体化的最高形式，也有可能长期停留在某一层次。随着区域经济一体化的加深和协作内容的增加，很有可能出现其他新的形态。

（2）按经济一体化的范围划分

① 部门一体化（sectional integration），是指区域内成员间的一个或几个经济部门（或商品）的一体化。如1952年生效的欧洲煤钢共同体和1958年生效的欧洲原子能共同体便属此类。

② 全盘一体化（overall integration），是指区域内成员间所有经济部门都一体化。欧洲经济共同体（现欧盟）就属此类。

（3）按成员的经济发展水平划分

① 水平一体化（horizontal integration），又称横向一体化，是指经济发展水平相同或相近的国家间所形成的经济一体化。从区域经济一体化的发展实践来看，现存的经济一体化组织大多属于这种形式，如欧盟、中美洲共同市场等。

② 垂直一体化（vertical integration），又称纵向一体化，是指经济发展水平不同的国家间所形成的一体化，如北美自由贸易区。

5.2.2　区域经济一体化理论

战后区域经济一体化的产生和迅猛发展引起许多经济学家对其进行研究和探讨，形成了一些理论。其中具有代表性的是关税同盟理论、大市场理论和协议性国际分工理论等。

5.2.2.1　关税同盟理论

系统提出关税同盟理论的是美国经济学家雅各布·维纳（Jacok Viner）和英国经济学家李普西（R. G. Lipsey）。维纳和李普西分别发表了《关税同盟问题》（The Customs Union Issue）和《关税同盟理论：综合考察》（The Theory of Customs Unions：A General Survey）。按照维纳的观点，完全形态的关税同盟应具备以下3个条件：第一，完全取消各参加国之间的关税；第二，对来自非成员或地区的进口设置统一的关税；第三，通过协商方式在成员之间分配关税收入。因此，关税同盟有着互相矛盾的两种职能：对内实行贸易自由化，对外则实行差别待遇。关税同盟理论主要研究关税同盟形成后，关税体制的变更（对内取消关税、对外设置共同关税）给国际贸易带来的静态效果（static effects）和动态效果（dynamic effects）。

（1）关税同盟的静态效果

维纳认为，关税同盟形成后，关税体制成为对内取消关税、对外设置共同关税，这必然会产生以下静态效果：

第一，贸易创造效应（trade creating effects）。贸易创造是指关税同盟内实行自由贸易后，产品从成本较高的国内生产转往成本较低的成员生产，从成员进口商品，从而创造出过去所不可能发生的新的贸易。其效果是：

① 由于取消关税，成员由原来生产并消费本国的高成本、高价格产品，转向购买成员的低成本、低价格产品，从而使消费者节省开支，改善福利。

② 提高生产效率，降低生产成本。从某一成员看，以扩大的贸易取代了本国的低效率生产；从同盟整体看，生产从高成本的地方转向低成本的地方，同盟内部的生产资源可以重新配置，提高了资源的利用率。可见，贸易创造效应由消费利得和生产利

得构成。

现引用李普西的数字例子加以说明（如图5-1所示）。假定在一定的固定汇率下，X商品的货币价格在A国为35美元，在B国为26美元，在C国为20美元，并假定A、B两国结成关税同盟，相互取消关税。

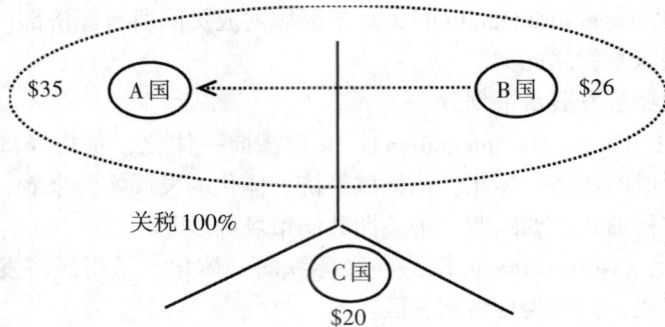

图5-1 贸易创造效应

从图5-1可以看出，在缔结关税同盟前，A国凭借征收100%的高关税有效地阻止了来自C国的X商品进口，B国也同样如此。则A、B、C 3国都生产X商品，3国之间的贸易被关税隔断了。而在A、B两国缔结关税同盟后，A国便从B国进口并停止生产X商品，把生产X商品的资源用于生产其他商品，这样就充分利用了资源。对B国而言，由于A国市场消费的X商品均由B国生产，则其生产规模扩大，生产成本降低，B国可获得生产规模扩大带来的好处。因此，在缔结关税同盟后，创造了从B国向A国出口的新的贸易和国际分工（专业化），这就是所谓的贸易创造效应。由于同盟成立前A、B两国均通过100%关税完全阻断了C国（成本20美元）的进口，同盟成立后也未改变对C国的关税政策，因此未发生贸易转移。C国虽未直接参与贸易，但若同盟内收入增长带动其他商品需求，C国可能间接受益。由此可见，建立关税同盟对整个世界都是有利的。也就是说，建立关税同盟后，关税同盟与外部关系未变，但在同盟内实现了生产的专业化和自由贸易。在此特定条件下，关税同盟通过内部专业化分工和贸易创造提升了成员国及全球福利，但需注意——若同盟对外设置歧视性关税导致贸易转移（如未来降低B国关税但保留对C国高关税），则可能抵消部分收益。

第二，贸易转移效应（trade diverting effects）。贸易转移是指由于关税同盟对外实行保护贸易，从外部非成员以较低成本进口转向从成员以较高成本进口。其效果是：

① 由于关税同盟，阻止从外部低成本进口，而以高成本的供给来源代替低成本的供给来源，使消费者由原来购买外部的低价格产品转向购买成员的较高价格产品，增加了开支，造成损失，减少福利。

② 从全世界的角度看，这种生产资源的重新配置导致了生产效率的降低和生产成本的提高。由于这种转移有利于低效率生产者，使资源不能有效地分配和利用，使整个世界的福利水平降低。

如图5-2所示，假定缔结关税同盟前A国不生产X商品，而实行自由贸易，无税（或关税很低）地从国外进口，自然就会从成本和价格最低的C国进口。

而在与B国缔结关税同盟后，假定A、B两国的关税同盟按照C国20美元与B国26美元的差距对外征收30%以上的统一进口关税。于是，A国把X商品的进口从关税同盟以外的C国转移到同盟内的B国，从成本低的供给来源向成本高的供给来源转移。A国和C国当然受到损失，同时因不能有效地分配资源而使整个世界福利降低。即使A国在缔结关税同盟前有关税保护（如在C国20美元与B国26美元之差的30%的范围以内，假设为20%），结果也是一样的。这是因为，A国的进口还是从结盟前的较低供给来源（20美元）转移到了现在较高的供给来源（26美元）。

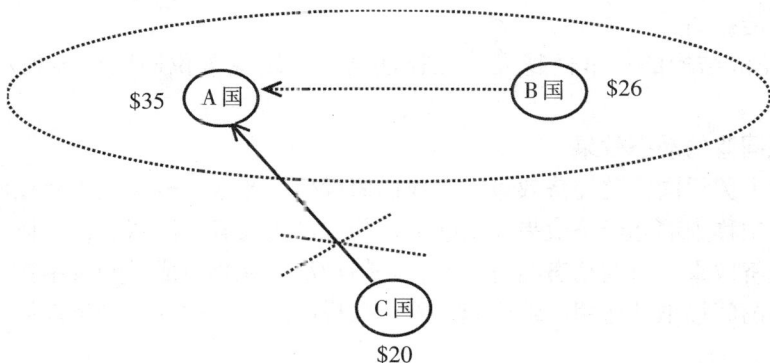

图 5-2　贸易转移效应

第三，贸易扩大效应（trade expansion effects）。缔结关税同盟后，A国X商品的价格在贸易创造和贸易转移的情况下都要比缔结关税同盟前低。这样，当A国X商品的需求弹性大于1时，则A国X商品的需求会增加，并使其进口量增加，这就是贸易扩大效果。

贸易创造效果和贸易转移效果是从生产方面考察关税同盟对贸易的影响的，而贸易扩大效果则是从需求方面进行分析的。关税同盟无论是在贸易创造还是在贸易转移的情况下，由于都存在使需求扩大的效应，从而都能产生扩大贸易的结果。因而，从这个意义上讲，关税同盟可以促进贸易的扩大，增加经济福利。

第四，可减少行政支出。缔结关税同盟后，同盟内各国间废除关税，故可以减少征收关税的行政支出费用。

第五，可减少走私。由于关税同盟的建立，商品可在同盟间自由流动，在同盟内消除了走私产生的来源，这样，不仅可以减少查禁走私的费用支出，还有助于提高全社会的道德水平。

第六，可以增强集团谈判力量。关税同盟建立后，集团整体经济实力大大增强，统一对外进行关税减让谈判，有利于同盟成员地位的提高和贸易条件的改善。如欧共体成立前后，成员与美国所处谈判地位相比有较大的变化。欧共体与美国在《关贸总协定》谈判中围绕农产品贸易而形成的对抗充分反映了欧共体地位的提高，美国地位的相对削弱。

关税同盟的静态经济效果的大小受制于以下几方面因素：

① 同盟前关税水平越高，同盟后贸易创造效果越大；

② 成员的供给和需求弹性越大，贸易创造效果越大；

③ 成员与非成员产品成本的差异愈小，贸易转移的损失愈小；

④ 成员的生产效率越高，贸易创造效果越大，结成关税同盟后社会福利水平越有可能提高；

⑤ 成员对非成员出口商品的进口需求弹性越小，非成员对成员进口商品的出口供给

弹性越小，则贸易转移的可能性越小；

⑥ 成员对外关税越低，贸易转移的可能性越小；

⑦ 参加关税同盟的国家越多，贸易转移的可能性越小，资源重新配置的利益越大；

⑧ 同盟前成员彼此之间的贸易量越大，或与非成员之间的贸易量越小，同盟后贸易转移的可能性越小，经济福利越可能提高；

⑨ 一国国内贸易比重越大，对外贸易比重越小，则参与关税同盟的可能性越大，福利水平越有可能提高；

⑩ 成员经济结构的竞争性越大，互补性越小，结成关税同盟后福利水平越有可能提高。

（2）关税同盟的动态效果

在分析以上关税同盟的经济效果时，我们假设生产要素、科学技术及经济结构不发生变化等，因而被称为静态经济效果。实际上，关税同盟及其他区域经济一体化形式还有很重要的动态经济效果。所谓动态经济效果，是指经济一体化对成员经济结构带来的影响和对其经济发展的间接推动作用。综合起来看，关税同盟产生的动态经济效果主要在表现以下几个方面：

第一，促进生产要素的自由流动。关税同盟建立后，市场趋于统一，要素可以在成员间自由流动，提高了生产要素的流动性。生产要素的投入地区从生产要素供给有余的地区转向生产要素供给不足的地区。因此，生产要素得到更加合理、有效的配置，降低了生产要素闲置的可能性。生产要素在流动中还会带来较多的潜在利益。例如，劳动力的自由流动有利于人尽其才，增加就业机会，提高劳动者素质；自然资源的流动能使物尽其用；生产要素的自由流动还可以促进区域内新技术、新观念、新管理方式的传播，减少各国的歧视性政策与措施等。

第二，获取规模经济效益。巴拉萨（Balassa）认为，关税同盟建立后，可以使生产厂商获得重大的内部与外部规模经济利益。内部规模经济主要来自对外贸易的增加，以及随之带来的生产规模的扩大和生产成本的降低。外部规模经济则来源于整个国民经济或一体化组织内的经济发展。国民经济各部门之间是相互关联的，某一部门的发展可能在许多方面带动其他部门的发展。同时，区域性的经济合作还可导致区域内部市场的扩大，市场扩大势必带来各行业的相互促进。也就是说，建立关税同盟将使各成员的国内市场联结成统一的区域市场，市场的扩大将有利于推动企业生产规模和生产专业化的扩大，而且也有助于基础设施（如运输、通信网络等）实现规模经济。

但是，金德尔伯格（C. P. Kindeberger）认为：欧共体成员厂商的原有生产规模已经够大，关税同盟成立后，生产规模的进一步扩大并不一定会产生规模效益。事实上，生产规模只有在适当的生产规模下才能实现，一旦超过可获取规模经济效益的生产规模，效率反而会下降。

第三，刺激投资。关税同盟的建立使市场扩大、投资环境改善，这不仅会吸引成员厂商扩大投资，而且也能吸引非成员的资本向同盟成员转移。具体说来，关税同盟成立后，成员市场变成统一的区域大市场，需求增加，从而使企业投资增加；商品的自由流通使同行业竞争加剧。为了提高竞争力，厂商一方面必须扩大生产规模，增加产量，降低成本，另一方面必须增加投资，更新设备，提高装备水平，改进产品质量，并研制新产品，以改善自己的竞争地位；由于关税同盟成员减少了从其他国家的进口，迫使非成员为了避免贸易转移的消极影响，到成员内进行直接投资设厂，就地生产，就地销售，以绕开关税壁垒。欧共体成立后，美国对欧共体国家投资增加的主要原因就在于此。

第四，提高技术水平。关税同盟建立后，市场扩大，竞争加剧。为了在竞争中取胜，厂商必然要努力利用新技术开发新产品。而投资增加、生产规模扩大使厂商愿意投资于研究和开发活动，这样导致了技术水平的不断提高。

第五，推动经济增长。如果以上各点有利的动态效果得以发生，则关税同盟建立后，成员的国民经济必可获得较快增长。

5.2.2.2　大市场理论

共同市场与关税同盟相比较，其一体化范围又前进了一步。这里的关键是生产要素可以在共同市场内部自由流动，把被保护主义分割的每一个国家的国内市场统一成为一个大市场，使生产资源在共同市场的范围内得到重新配置，提高效率，从而获取动态经济效果。共同市场的理论基础是超越静态的关税同盟理论的动态大市场理论。其代表人物是蒂博尔·西托夫斯基（Tibor Scitovsky）和让-弗朗索瓦·德纽（Jean-François Deniau）。

大市场理论的核心是：第一，通过扩大市场获得规模经济，从而实现技术利益。第二，依靠因市场扩大而竞争激化的经济条件，实现上述目的。两者之间是目的与手段的关系。

该理论认为，以前各国之间推行狭隘的只顾本国利益的保护贸易，把市场分割得狭小而又缺乏弹性，使得现代化的生产设备不能得以充分利用，无法实现规模经济和大批量生产的利益。只有大市场才能为研究开发、降低生产成本和促进消费创造良好的环境。总体而言，大市场具有技术、经济两方面的优势。

（1）大市场的技术优势

大市场的技术优势在于它的专业化规模生产，特别是大批量的流水线作业。它可以使机器设备得到最充分的利用，可以使专业化的工人、设备、销售渠道得到合理的使用，从而提高生产效率，降低成本。不仅如此，实现专业化规模生产的大企业还会在资金借贷、采购、仓储运输、新技术应用、生产过程合理化、产品销售、股票、调研等各方面比小企业更占优势。当前世界经济中出现的各国企业兼并、收购热潮亦充分说明了在竞争加剧的条件下实现规模生产的重要性。

（2）大市场的经济优势

第一，加剧竞争，降低成本。

实现规模生产和专业化生产虽然可以大幅度降低生产成本，但这对于一个狭小的市场来说效果并不会很明显，如果再加上政府等采取的各种保护措施，那么成本是降不下来的。因此，只有建立大市场才能达到大幅度降低生产成本的目的。大市场可以提供大量的竞争机会，可以冲破限制自由竞争的各种技术和管理条例上的障碍，使企业脱离国家的保护伞，在竞争压力的驱使下千方百计提高生产效率，规模经营，降低成本。

第二，实现资源合理配置。大市场不仅可以使最先进、最经济的生产设备得到充分利用，还可以使生产要素自由流动，使资源配置更加合理。低工资对资本的吸引，优厚的劳动条件对劳动力的吸引，以及大市场内部开业的自由，将导致成员之间生产要素的相互转移和利用达到空前规模，使成员之间的合作与分工有更大的发展。这无疑会对大市场中各成员的经济起到巨大的促进作用。正如德纽在他的共同市场理论中所指出的，充分利用机器设备进行规模生产，实现专业化，开发运用新的技术发明，恢复竞争，所有这些因素都将降低生产成本和销售价格。另外，通过取消关税降低价格，其结果将会提高购买力，真正地改善生活水平。对一种商品消费的增加会导致投资的增加，这样，经济就会开始滚雪球式地扩张。消费的增长引起投资的增加，增加的投资又导致价格下降、工资提高、购买力全面提高。只有市场规模迅速扩大，才能促进和刺激经济扩张。

1958 年，西托夫斯基出版了《经济理论与西欧一体化》(Economic Theory and Western European Integration)。他对西欧的"高利润率恶性循环"现象做过详细分析。他认为，与美国、日本等国家相比较，西欧国家陷入了高利润率、低资本周转率、高价格的矛盾之中。一方面，由于市场狭窄、竞争消失、市场停滞和建立新的竞争企业受阻等原因，高利润率长期处于平稳状态；另一方面，高昂的价格和微弱的购买力使耐用消费品需求不足，普及率很低，不能转入批量生产。然而生产者却以质量高为荣，因而陷入高利润率、高价格、市场狭窄、低资本周转率这样一种恶性循环之中。他认为，只有大市场的激烈竞争才能够打破这种恶性循环。如果竞争激化、价格下降，就会迫使生产者放弃旧式的小规模生产而转向大规模生产。若多数企业都这样做，那么就可以使成员经济进入一种积极扩张的良性循环。

（3）进入大市场的国家应具备的条件

大市场的发展方向是贸易自由化。要加入此行列，各成员需在很多方面具有一定的一致性。多数学者认为，这种一致性应该是地理上接近，发展水平、收入水平、文化水平等大致相同。

如果将众多的、具有同等经济发展水平、处于同样社会发展阶段和财政资源大体一致的国家和地区的各自狭小市场合并为一个大市场，那么就不会在竞争方面产生重大的差异，资本与人力的自由流动问题就可以在所有成员之间得以实现并发挥其优势。反之，如果各国或地区在生活水平和经济增长方面存在巨大差异，那么市场的扩大、自由竞争和劳动分配原则的实施不仅不能促进各国（地区）间的平衡，反而会加剧原来的差距。要实现市场内部的全面平衡，各成员需满足以下的条件：

第一，如果扩大市场旨在全面提高生产能力和生活水平，那么根本的一条是这些加入大市场的成员的经济必须是结构合理、发展阶段相近、各具特色且富有潜力的。

第二，成员要将其经济完全融入市场之中。一个成功的大市场要覆盖广阔的区域，有足够的调控空间。单单依赖于商品的自由流动所带给各成员的利益不仅有限，而且很容易对某些经济部门造成严重的伤害。只有在将商品流动同资本流动有机结合，同时伴以财政和社会政策转移的条件下，大市场才会使所有参与者的经济都得到发展。

由上可以得出这样的结论：第一，若要从大市场中获益，就不能对市场加以限制。第二，建立大市场会促进各成员经济的发展。但要看到，这种经济的发展是不平衡的，各国（地区）从中所得到的收益亦是不平均的。

5.2.2.3　协议性国际分工理论

协议性国际分工理论是日本著名学者小岛清在他1975年出版的《对外贸易论》一书

中首次提出的。他认为，在经济一体化组织内部如果仅仅依靠比较优势原理进行分工，不可能完全获得规模经济的好处，反而可能会导致各国企业的集中和垄断，影响经济一体化内部分工的和谐发展和贸易的稳定。因此，必须实行协议性国际分工，使竞争性贸易的不稳定性尽可能保持稳定，并促进这种稳定。

所谓协议性分工，是指一国放弃某种商品的生产并把国内市场提供给另一国，而另一国放弃另外一种商品的生产并把国内市场提供给对方，即两国达成互相提供市场的协议，实行协议性分工。就是说这种分工不是通过价格机制自动实现的，而是需要通过贸易当事国的某种协议来加以实现。

协议性国际分工理论建立在成本长期递减理论基础上。如图5-3所示的A国和B国甲、乙两种商品的成本递减曲线，其中纵轴表示两国分别生产两种商品时的成本，X_1为A国对甲商品的需求量，X_2为B国对甲商品的需求量，Y_1为A国对乙商品的需求量，Y_2为B国对乙商品的需求量。现假定A国和B国达成互相提供市场的协议，A国要把乙商品的市场、B国要把甲商品的市场分别提供给对方，即甲商品全由A国生产，并把B国X_2数量的市场提供给A国；乙商品全由B国生产，并把A国Y_1数量的市场提供给B国；两国如此进行集中生产，实行专业化之后，如图中虚线所示，两种商品的成本都明显下降。但这仅仅是每种商品的产量等于专业化前两国产量之和的情况，如果同时考虑随着成本的下降所引致的两国需求的增加，实际效果将更显著。

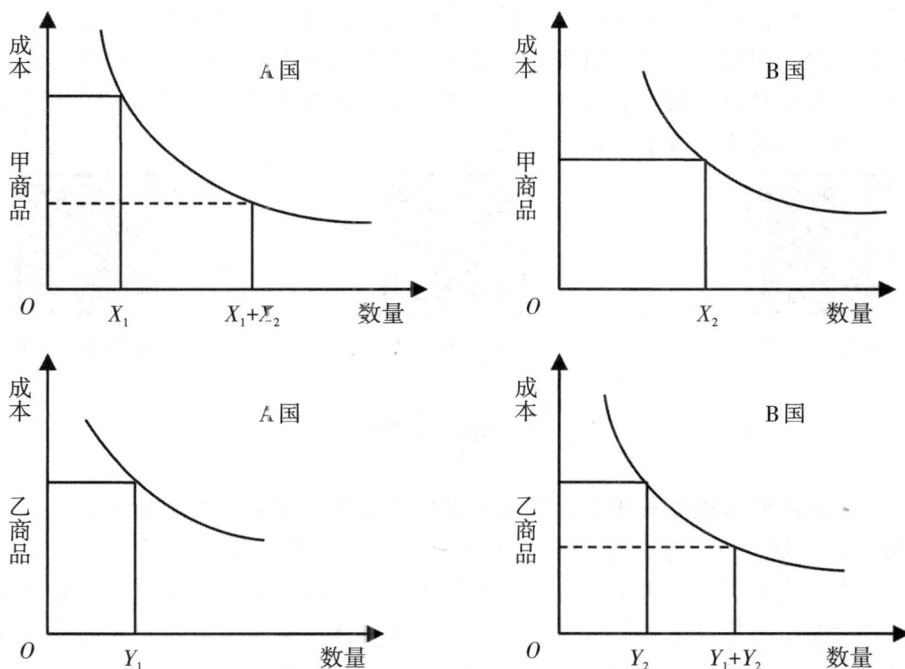

图5-3 协议性国际分工

应该注意到，以上的分工方向并不是因为甲商品在A国的成本较低、乙商品在B国的成本较低，即不是由比较成本的价格竞争原理决定的。从图中可以看到，甲商品在A国的成本较高，乙商品的成本两国相同。这就是说，尽管甲商品与比较优势竞争原理所示的方向相反，乙商品两国成本相同，但是若能互相提供市场，首先进行分工，就可以实现规模经济，互相买到价格低廉的商品。

此外，还有一点应该注意。如果与图5-3所示的情况相反，即A国对乙商品实行专业化，B国对甲商品实行专业化，也可以获得分工的益处。但由于新的分工使乙商品的成本与图示相比没有多大变化，而甲商品专业化后的成本则高于图5-3所示的成本，因而其分工的益处要小于图5-3中所得到的益处。这是因为，图5-3中，对乙商品来说，两国成本曲线基本相同，初期生产量也基本相同，因而初期成本是基本一致的；对甲商品来说，初期生产量小的A国虽然成本较高，但是它的成本递减率很大，随着生产规模的扩大，成本越来越低。

由上面的分析可以看到，为了互相获得规模经济的好处，实行协议性国际分工是非常有利的。但达成协议性分工还必须具备下列条件：

第一，参加协议的国家生产要素禀赋比率差异不大，工业化水平和经济发展水平相近，因而协议性分工的对象商品在哪个国家都能进行生产。

第二，作为协议分工对象的商品必须是能够获得规模经济的商品，一般是重工业、化学工业的商品。

第三，每个国家自己实行专业化的产业和让给对方的产业之间没有优劣之分，否则不容易达成协议。这种产业优劣主要决定于规模扩大后的成本降低率和随着分工而增加的需求量及其增长率。

上述条件表明，经济一体化必须在同等发展阶段的国家之间建立，而不能在工业国与初级产品生产国之间建立；同时也表明，在发达工业国家之间，可以进行协议性分工的商品范围较广，因而利益也较大。另外，生活水平和文化等类似、互相毗邻的地区容易达成协议，并且容易保证相互需求的均衡增长。

案例窗5-1　　　　　　　　案例窗5-2　　　　　　　拓展阅读5-1

素养园地

上海合作组织关于各国团结共促世界公正、和睦、发展的倡议

近80年前，联合国为使后世免于再遭战祸而成立。近80年后，以联合国为核心的国际体系正面临现代史上前所未有的多重威胁和挑战，紧张局势和不确定性不断加剧升级。

现有国际和平和安全架构、国际关系和全球贸易体系逐步瓦解，地缘政治对抗和军备竞赛愈演愈烈，国际恐怖主义抬头，信任赤字加剧，不宽容和民族主义不断升级，新旧冲突和危机叠加，在此背景下，《联合国宪章》及公认的国际法基本原则和准则遭到系统性破坏。全球政治经济格局发生剧变，多极世界正在形成。

地缘政治角逐加剧，人为制造贸易壁垒和经济保护主义愈演愈烈。单边制裁违反国际法并损害发展中国家利益。

数十载建立起来的贸易体制和供应链正在遭受破坏，对粮食、能源、运输安全造成难以弥补的损失，通货膨胀加速，威胁全球稳定和可持续发展。

在此背景下，上海合作组织（简称"上合组织"）坚定致力于发挥联合国的中心协调作用，支持公认的国际法准则，建立一个更具代表性、更加公正民主的多极世界体系，主张所有国家不论其地理位置，领土大小，人口、军事和资源实力，政治、经济和社会结构，应确保其平等享有发展机会。

上合组织作为负责任的区域间组织，决心通过多边合作为巩固和平、安全、稳定作出共同努力，实现上述共同目标。上合组织呼吁国际社会共同推动《上合组织关于各国团结共促世界公正、和睦、发展的倡议》，并愿为 2024 年 9 月联合国未来峰会作出建设性贡献，为实施倡议创造条件。

一、新安全体系

上合组织主张共同解决 21 世纪有关问题，防止出现新的冲突并和平解决国际争端，反对针对其他国家或地区的敌对行为。呼吁世界各国避免对抗，摒弃威胁、讹诈及干涉他国内政行为，不在政治、军事、经济和意识形态领域采取不正当施压手段。

上合组织认为，联合国会员国应开展坦诚、直接、透明的全球对话，创造有利条件，在遵循《联合国宪章》的基础上加强平等合作，巩固稳定与安全，应对传统和非传统威胁挑战。

上合组织支持降低冲突风险，增强国际关系韧性以应对危机，实现和平共处。上合组织强调政治外交手段是解决国际安全问题的唯一途径，提议寻求共建公正世界的方案。

上合组织认为，世界稳定与公平离不开多边机制与时俱进作出调整，上合组织支持联合国全面改革，巩固国际关系体系。

上合组织呼吁联合国会员国在有效国际监督下全面彻底裁军，巩固全球核不扩散体系，反对外空军备竞赛，主张由联合国主导并在其框架内采取切实措施打击恐怖主义、分裂主义和极端主义，支持开展密切合作应对现代安全威胁。

在这些领域取得成就，将使国际社会得以用实际成果迎接联合国成立 80 周年。

二、公正的经济环境

上合组织认为，全球正处于社会经济发展失衡的显著时期。需要各方共同努力，恢复经济持续增长，确保全球市场和主要行业稳定，以增进人民福祉，提高民生。国际社会需要开展更广泛合作，实现全球经济包容和可持续发展。

上合组织高度评价联合国秘书长古特雷斯提出的"可持续发展目标刺激计划"，包括通过对低碳能源、全民社保、充分就业、医疗保健、优质教育加大融资等，对全球金融架构进行改革。

上合组织认为，全面消除全球饥饿至关重要。巩固粮食安全需要扩大合作，加强粮食产量和进出口情况等信息交流。对粮食市场监测是重要有效的早期预警机制，必须辅之以国际社会应对粮食危机融资的透明跟踪机制。

上合组织指出，必须继续捍卫并加强开放、透明、公平、包容和非歧视性的多边贸易体制，推动建设开放型世界经济，为发展中国家提供公平市场准入环境和特殊与差别待遇的制度，反对保护主义行径和贸易壁垒。

上合组织指出，可靠和多元化的供应链是保持国际贸易稳定的关键因素。上合组织覆盖欧亚大陆60%以上的面积，人口占世界的近一半，将为地区陆海运输走廊发挥作用提供战略机遇。上合组织呼吁世界各国共同消除供应链中断这一问题。

三、清洁世界

上合组织指出，包括气候变化在内的全球环境问题对世界各国社会经济可持续发展产生严重负面影响。

上合组织基于公平、共同但有区别的责任和各自能力等基本原则，以及《联合国气候变化框架公约》，呼吁将环境保护问题列为全球优先议程。

上合组织支持"建设清洁安全世界"运动，恪守消除气候变化不利影响、促进绿色低排型经济可持续发展的承诺。

上合组织强调，不得以气候议程为借口限制贸易、投资以及技术合作。

上合组织认为，为实现应对气候变化的宏伟计划，提供应有的融资支持至关重要，呼吁发达国家履行承诺，为气候变化项目提供资金，并减少温室气体排放。

上合组织愿努力同有关国际机构积极对话，认为推动为包括山区开发在内的环境保护领域联合项目和方案提供资金十分重要。

总结过去，展望未来，审视时代发展大势，上合组织坚信，国际社会推动团结共促世界公正、和睦、发展的倡议，将有助于维护国际和平与安全，推动对话，深化国与国之间友好关系和互利经济合作，促进各国人民相知相亲。

资料来源：新华社. 上海合作组织关于各国团结共促世界公正、和睦、发展的倡议［EB/OL］.（2024-07-04）［2024-11-14］. https://www.gov.cn/yaowen/liebiao/202407/content_6961283.htm.

【价值塑造】帮助学生深刻理解世界经济的繁荣与发展需要各国树立人类命运共同体意识，同样，中国是一个团结统一的多民族国家，中华民族共同体意识是民族团结之本。

本章小结

1.多边贸易体制即WTO所管理的体制。世界贸易组织是多边经济体系中三大国际机构之一，也是世界上唯一处理国与国之间贸易规则的国际组织。

2.《关贸总协定》是一个政府间缔结的有关关税和贸易规则的多边国际协定。它的宗旨是通过削减关税和其他贸易壁垒，消除国际贸易中的差别待遇，促进国际贸易自由化，以充分利用世界资源，扩大商品的生产与流通。

3.1995年1月1日，世界贸易组织成立。世界贸易组织是当代最重要的国际经济组织之一。中国于2001年12月11日正式成为WTO的成员。

4.区域经济一体化是指两个或两个以上的国家或地区，通过协商并缔结协议，实施统一的经济政策和措施，消除商品、要素、金融等市场的人为分割和限制，以国际分工为基础来提高经济效率和获得更好的经济效果，把各国或各地区的经济融合起来形成一个有机整体的过程。区域经济一体化的形式多种多样。

5.具有代表性的区域经济一体化理论包括关税同盟理论、大市场理论和协议性国际分工理论等。

基础训练

❖**名词解释**

多边贸易体制 《关贸总协定》 世界贸易组织 关税减让原则 对发展中国家的优惠安排 复关 入世 区域经济一体化 自由贸易区 关税同盟 共同市场 经济同盟 贸易创造 贸易转移 贸易扩大

❖**简答题**

1.《关贸总协定》的宗旨与主要内容是什么？

2.WTO 与《关贸总协定》的区别？

3.WTO 的宗旨是什么？

4.WTO 的主要职能是什么？

5.区域经济一体化有哪些形式？

6.简述关税同盟的静态和动态效果。

7.简述大市场理论的主要内容。

8.试述协议性国际分工理论的主要内容。

第6章 国际贸易合同的标的

学习目标

◆ 熟悉商品品质的概念，掌握品质的表示方法，理解品质条款的内容和订立品质条款应注意的问题。

◆ 掌握计量单位、计量方法，理解常用计量单位及其换算，掌握数量条款及溢短装条款的规定方法。

◆ 了解国际货物买卖对运输包装和销售包装的要求，熟悉各类包装标志，掌握常见的中性包装的操作方法，掌握运输标志的设计方法和包装条款的订立方法。

❖ 导入案例

我国某出口公司向德国商人出口农产品一批，合同中的品质条款如下："含水（最高）：15%，含杂质（最高）：3%。"在谈判过程中，我方曾向买方寄送样品，订约后又电告对方成交货物与样品相似。结果，货到德国后经检验，买方拿出货物的品质规格比样品低7%的检验证明，要求我方赔偿损失600英镑。我方出口公司陈述说，这笔交易的商品在交货时是经过挑选的，因该商品系农产品，不可能做到与样品完全相符，但不至于比样品低7%。由于我方出口公司已将留存的样品遗失，对自己的陈述无法加以证明，我国仲裁机构难以处理，最后只好赔付了一笔品质差价了结此案。

资料来源：许罗丹，杨全发. 进出口贸易 [M]. 广州：中山大学出版社，1995：56.

6.1 品质

6.1.1 商品的品名

6.1.1.1 商品品名的定义和意义

商品的品名是指使某种商品区别于其他商品的一种名称。在国际贸易中，它反映了商品的自然属性、用途、特性等。

在国际贸易协议洽谈中，明确商品的品名是买卖双方的第一步。商品的品名具有重要意义。从进出口的交易角度来看，它是买卖双方进行交易的基础和前提。从法律角度来看，它是买卖双方履行权利和义务的基础性条款，也是买卖双方货物交收的基本依据。若卖方交付的商品不符合协议中的品名，买方有权提出损害赔偿要求，甚至拒收货物或撤销合同。所以，买卖双方需要明确恰当的品名并按照协议约定交付商品。

6.1.1.2　商品品名条款

商品品名条款是国际贸易合同中重要的重要组成部分，内容相对简单，没有统一的格式。一般来说，买卖双方仅需在"商品名称"或者"品名"的条款下，列明交易商品的名称。有时也可以不加标题，仅在合同的开头列明同意买卖某种商品。

6.1.1.3　规定品名条款的注意事项

由于商品品名具有重要意义，为了避免后期不必要的争议，我们在规定商品品名条款时，需要考虑以下四个注意事项：

第一，内容明确具体，避免进行空泛笼统的表述。

第二，实事求是。交易的商品必须完全符合买卖双方协议中对品名的规定。应避免因夸大的和不可实现的品名描述而造成无法履行协议的风险。

第三，尽量使用国际通用的名称。有时候，不同的产品在不同地域和国家有不同的名称。不同的名称可能指代同一商品或者同一名称却指代不同的商品。应尽量使用国际通用、被广泛接受的名称，以避免后期不必要的争议。

第四，选择合适的品名，降低关税，节省成本费用。在进出口贸易中，选择合适的品名有利于进口，降低交易成本（运费和关税）。同一进口或者出口商品，若采用不同的品名或者商品类别，根据不同种类的税收政策，会被对应征收不同的运费和税费。所以，选择恰当的品名对进口商和出口商都是有利的。

6.1.2　商品的品质

6.1.2.1　商品品质的定义和意义

商品的品质是指商品的内在质量和外观形态的综合。内在质量指商品的物理性能、化学成分、生物特征和内在成分等内在属性。外观形态指商品的结构、味觉、色泽、透明度和造型等外在指标。

作为国际贸易的重要组成部分，商品的品质具有重要意义。它不仅关乎商品的使用价值和本身价值，还直接影响着商品的市场价格和市场竞争力，甚至国家的声誉。因此，提高商品的品质，不仅能够提升出口竞争力，提高商品价格，扩大出口市场份额，还能增强出口商品在国际市场的声誉。

6.1.2.2　商品品质的要求

商品品质具有重要意义，凡不符合商品品质要求的不予进口。国际上通用的品质要求包括质量认证体系、环境保护标准、安全标准等。

（1）ISO 9000质量认证体系

ISO 9000质量认证体系是国际标准化组织在1987年制定的制造企业质量标准。出口产品如果能得到该认证体系的质量认定，就取得了进入国际市场的通行证。ISO 9000质量认证标准自发布以来，已经被包括我国在内的100多个国家和地区采用，作为国家质量认证标准。

（2）ISO 14000环境保护标准

1993年6月，ISO成立"环境管理技术委员会"——TC207，制定了ISO 14000环境保护标准。目前，一些发达国家将环境标准作为一种"绿色壁垒"。如果没有取得环境标准认证或者符合性检验证书，则这些发达国家拒绝进口，其目的是通过在组织内部建立和实施一个有效的环境管理体系来规范组织的环境行为，控制和减少企业生产经营活动对环境造成的破坏，鼓励和推动企业生产环保绿色产品，以满足社会对环境保护以及其他相关利益的需求。符合ISO 14000环境保护标准的企业成为绿色企业，其生产的产品被认可为环保产品。

（3）CE安全标准标志

根据欧盟规定，从1996年1月1日进入其市场的电器产品必须符合欧盟共同认定的安全标准。

（4）UL安全标准标志

UL标志是由美国保险人实验室（Underwrites Laboratories Inc.）这一独立安全科学机构开发和管理的。凡销往美国加拿大的电器产品，如无UL标志不能销售。

6.1.2.3　商品品质的规定方法

在国际贸易中，商品的种类繁多、特点各异，所以规定品质的方法也很多。总体来说，可以分为以下三个大类：凭实物买卖、凭样品买卖、凭文字说明买卖。

（1）买卖

凭实物买卖是指根据现有商品的实际品质进行买卖。采用这种方法时，交易通常在卖方所在地进行。若卖方现场的商品符合买方要求，双方可以直接达成交易。凭实物买卖多用于寄销、拍卖、展销会等。

（2）凭样品买卖

样品是指从整批货物中抽取少量代表性实物来代表商品的品质。凭样品买卖，是指双方用样品作为交货的质量依据。该方式多用于难以用科学描述表示其品质的货物，如轻工业制成品、农副产品、手工业产品、纺织品等。根据样品提供者的不同，凭样品买卖可分为以下3种：凭卖方样品买卖、凭买方样品买卖、凭对等样品买卖。

第一，凭卖方样品买卖。由卖方提供的样品叫作卖方样品。凡凭卖方样品作为交货品质依据的，称为"凭卖方样品买卖"。

第二，凭买方样品买卖。由买方提供的样品叫作买方样品。凡凭买方样品作为交货品质依据的，称为"凭买方样品买卖"。在凭买方样品买卖中，卖家需要彻底研究样品的外在形态和内在属性，特别是原料供给、加工技术等。考虑到当地条件的局限性，卖家为避免风险，一般建议采用凭卖方样品买卖，而不是凭买方样品买卖。

第三，凭对等样品买卖。对等样品是指由卖方根据买方提供的样品，加工复制出一个类似的样品与买方确认，经买方确认后的样品，就叫作对等样品。凡凭对等样品作为交货品质依据的，称为"凭对等样品买卖"。规定样品方法的注意事项有：

① 标准样品最好选取能代表整批货物平均质量水平的实物，而不是选取质量最好的实物。

② 参考样品必须在样品上清楚标记"仅供参考使用"。

③ 寄送方在寄送样品前，应与接收方共同封存一份相同样品（或由第三方机构公证封存），并明确约定该密封样品作为日后质量争议的比对依据。双方应签字确认封样状态，并保留完整的封样记录。

（3）凭文字说明买卖

一般来说，凭文字说明规定商品品质的方法多适用于能用科学指标表达的商品。根据商品不同的属性和自然特点，有以下6种常见的规定方法：

第一，凭商品规格买卖。商品规格是指能够反映商品质量的主要指标，比如成分、含量、纯度、长度、型号等。在国际贸易中，当买卖双方用规格来规定商品的品质，叫作凭商品规格买卖。

第二，凭等级的买卖。商品的等级是指同一类商品分为品质不同的若干等级，一般用文字、数字、符号来表示。在国际贸易中，当买卖双方用等级来规定商品的品质时，叫作凭商品等级买卖。由于不同等级的商品具有不同的规格，在规定商品品质等级时，应一并规定每一等级的具体规格。

第三，凭标准买卖。商品的标准是指将商品的规格和等级予以标准化。在国际贸易中，当买卖双方用标准来规定商品的品质时，叫作凭商品标准买卖。商品的标准有的由国家或有关政府制定，有的由工商组织规定。有的标准不具有法律约束力，仅供双方参考使用。有的标准已被国际广泛采用，如质量认证体系 ISO 9000 和环境保护标准 ISO 14000，我们可按该标准进行交易。

第四，凭说明书和图样买卖。在国际贸易中，有些机器由于有复杂的结构，很难仅用指标来表明品质的全貌，因此通常会以说明书并附以图样、图片设计、分析表及各种数据来说明其具体性能和结构特点。当买卖双方用说明书和图样来规定商品的品质时，叫作凭说明书和图样买卖。该规定方法多用于机械、精密仪器、设备等。

第五，凭产地名称买卖。由于商品产地的自然条件和传统工艺等因素，使该商品具有其他产区的产品所不具备的特色品质。在国际贸易中，当买卖双方用产地名称来规定商品的品质时，叫作凭产地名称买卖。该规定方法多用于农产品和土特产，如涪陵榨菜、贵州茅台等。

第六，凭商标或者品牌买卖。商标是指生产者或者商家用来识别商品的标志，一般由一个或者多个具有特色的单词、字母、数字、图片组成。品牌是指工商企业制造或者销售的商品名称，用以区分同行业其他竞争者的同类产品或服务。在国际贸易中，当买卖双方用商标或者品牌来规定商品的品质，叫作凭商标或者品牌买卖。商标或者品牌本身也是一种品质象征，凭商标或者品牌买卖多用于高知名度和认可度品牌的商品。

6.1.3　品质条款

6.1.3.1　基本内容

在国际货物买卖合同中，品质条款是重要的组成部分，内容一般涵盖买卖双方在商品规格、等级、标准等方面达成一致的细则。简而言之，商品的品名和商品的品质都应该体现在品质条款里。当凭样品买卖时，应列明样品的标号、寄送日期，有时还要加列交货品质与样品完全或者大致相符的说明。当凭说明买卖时，需要清楚地列明品名、规格、等级、标准、品牌、产地和说明等。

6.1.3.2　品质公差

品质公差是指国际上公认的商品品质允许的误差。这常见于工业制成品中，如在国际上机械表日误差范围在±30秒至±45秒就属于优良品。

6.1.3.3　品质公差的注意事项

第一，在品质公差以内，买方不得要求退货和赔偿。
第二，在品质公差以内，买方不得要求调整价格。

6.1.3.4　品质机动幅度

品质机动幅度是指允许规定商品品质的指标在一定范围内有相对灵活性。在国际贸易中，当卖方所交付的商品品质在合同规定的品质幅度内，买方不得拒收货物，也不得调整价格。但买方可根据实际交货品质情况调整价格，规定"品质加减价条款"。品质机动幅度主要有以下3种不同规定方法：

第一，规定一定范围，如牛肉重量为1至2千克。
第二，规定极限，如水分（最大含量不超过）12%；油分（最小含量不少于）42%。
第三，规定约束量，如鸭绒毛含量在16%±1%。

6.1.3.5　规定品质条款的注意事项

（1）采用恰当的方式表示商品的品质
在国际贸易中，商品有很多规定品质的方法，不同的方法适用于不同特征的商品。我们应该根据商品的特性，选择最恰当的方法来规定商品的质量。例如，凭品牌销售通常适用于高知名度和认可度的产品。此外，某些商品会用综合的方法来表示商品的质量。例如，同时使用样品和规格来规定商品的质量。在这种情况下，卖方应注意货物最终交付的质量依据是什么。因为在一些国家，如果贸易方同时用样品和规格来表示货物的质量，那么卖方有责任交付既与样品一致又符合规格要求的货物。

（2）出口商应了解不同国家关于商品品质的最新法律法规
不同的国家和地区有不同的法律和法规。为了能顺利地交付商品，卖家在出口时要确保商品完全符合当地的法律法规。此外，熟悉当地最新的法律法规也有利于打入当地市场。

（3）对品质的规定允许有一定的灵活性

对于一些农产品、轻工业制成品、矿产品，通常会在合同中规定机动幅度条款。

6.1.3.6　《联合国国际货物销售合同公约》

1988 年 1 月 1 日，联合国国际贸易法委员会制定的《联合国国际货物销售合同公约》正式生效。根据该公约，卖方必须交付完全符合合同中对质量描述的货物。否则，买方可要求赔偿损失，要求交付替代货物或要求卖方补救甚至拒绝货物并解除合同。总之，就商品而言，品质条款是国际货物销售合司的重要组成部分。卖方有责任按合同要求交付同等质量的货物。

6.2　数量

6.2.1　度量衡制

任何商业交易都是由卖方提供一定数量的货物和买方支付一定数额的钱组成。没有一定数量的货物，任何交易都是没有根据的。因此，数量条款也是合同的基本条款之一。卖方的交货数量必须与合同规定的一致，否则，买方保留索赔甚至拒收货物的权利。

《英国 1893 年货物买卖法案》（1979 年修订）规定："如果卖方交付的数量超过合同规定的数量，买方有权拒绝过多的货物，或者可以拒绝全部货物。"

《联合国国际货物销售合同公约》同样规定："货物交付的数量应符合合同的要求，否则买方有权拒绝超过货物需求的部分；如果发现数量少于合同规定的数量，买方可以向卖方提出索赔；如果卖方交付的货物数量超过合同规定的数量，买方可以提货，也可以拒绝提货；如果买方接受全部或部分多出的货物，他应按合同规定的价格付款。"

由于双方约定的数量是交货的基础，因此在交易中正确地规定数量并订立数量条款具有重要意义。数量条款的主要内容包括计量单位、计算单位制度、重量计算方法等。如果交货数量少于约定的数量，卖方应在规定的期限内补足，但即使如此，买方仍保留提出索赔的权利。

不同的国家有不同的计算单位系统，如长度、容量和重量，不同国家的测量单位也不同。此外，相同的计量单位可以表示不同的量。以"吨"为例。有不同的"吨"重量计量单位系统，如长吨/英吨（2 240 磅），短吨/美吨（2 000 磅）和公吨/法吨（约 2 204 磅）。因此，了解不同系统中的度量单位以及如何将它们转换为另一个度量单位，对交易员来说非常重要。世界上常用的度量衡有公制、国际单位制、英制和美制。合同中所选择的计量单位应与货物的性质相一致。

此外，每个国家也有自己的习惯测量方法。例如，每包棉花在美国是 480 磅（约 217.7 千克），在巴西是 398.8 磅（约 180 千克），在埃及是 730 磅（约 331.1 千克）；每袋糖在古巴是 133 千克（约 293 磅），在巴西是 60 千克（约 132 磅）。由于上述国家是世界上传统的国际贸易商品集散地，因此在签订合同时，上述计量标准是合适的。

6.2.1.1 国际单位制

该系统由国际标准计量组织发布，以公制为基础。它的基本单位包括千克、米、秒等。这是中国的法定计量系统。

6.2.1.2 英制

在这个系统中，主要的单位是磅和码。它被英联邦采用。然而，英国在加入欧盟后，它宣布放弃这一制度。自英国脱欧后仍然主要使用公制单位（如千克、米、升），但英制单位（如磅、品脱、英里）也在部分领域继续使用。

6.2.1.3 美制

基本单位和英制一样，即磅和码。但有些单位是不同的，如前面列举的例子，长吨（L/T）主要用于英国，等于2 240磅，而短吨（S/T）主要用于美国，等于2 000磅。另外，在英美两国，加仑、桶等容量单位名称相同，但实际容量不同。

6.2.2 计量单位

中国一般采用以下计量单位：

6.2.2.1 数量

数量常用于工业制成品及成衣、文具、纸张、玩具等一般产品的计量，如片、包、对、套、罗、令、卷、圈等。

6.2.2.2 重量

这是目前国际贸易中最常用的计量单位。它通常用于矿产品、农产品及副产品，如羊毛、棉花、谷物和矿产品。在合同中使用时，有公吨或千吨、长吨或毛吨、短吨或净吨、克、千克、盎司、磅、英担等。

6.2.2.3 长度

长度主要用于纺织产品的金属线、电线、绳索等，如米、英尺、码等。

6.2.2.4 面积

面积常用于玻璃、地毯等纺织产品的贸易，如平方米、平方英尺、平方码等。我们经常在合同中增加厚度说明。

6.2.2.5 体积

体积一般用于木材和化工气体等。它包括立方米、立方厘米、立方英尺、立方码等。

6.2.2.6　容积

容积主要用于粮食、石油、天然气、液体货物等。常用的容量单位有升、加仑、品脱、蒲式耳等。

6.2.2.7　包

包常用于水泥、棉花、罐头食品等的计量，如袋、盒、箱、包等。

6.2.3　重量计算方法

在国际贸易中，货物最常用重量单位来计量。货物重量的测量方法如下：

6.2.3.1　毛重：以毛为净

毛重是商品本身的总重量和皮重（包装重量）的总和。也就是说，它是指净重加上货物的皮重。有些产品，如袋装大米或大豆，以毛重作为净重来计量，是因为它们的单位价值不是很高，而且包装的重量可以忽略不计。在这种情况下，该方法称为以毛为净。

6.2.3.2　净重

净重是指商品本身的实际重量，不包括皮重。在国际贸易中，如果货物按重量出售，通常采用净重。

净重=总重-皮重

计算皮重有4种方法：

第一，按实际重计算：将整批商品的包装逐一过秤，算出每一件包装的重量和总重量。

第二，按平均重计算：从全部商品中抽取几件，称其包装的重量，除以抽取的件数，得出平均数，再以平均每件的皮重乘以总件数，算出全部包装重量。

第三，按习惯皮重计算：某些商品的包装比较规格化，并已经形成一定的标准，即可按公认的标准单件包装重量乘以商品的总件数，得出全部包装重量。

第四，按约定重计算：买卖双方事先约定的单件包装重量，乘以商品的总件数，求得该批商品的总皮重。

如果合同中没有明确规定以毛重或净重来计算重量，习惯上以净重来计算重量。有时，一些商品的重量通常是通过公量和理论重量来计算的。通过科学的方法去除商品的水分，再加入标准化的水分，达到规定重量，这种方法常用于生丝、羊毛等经济价值高、含水率不稳定的商品。对于规格、尺寸符合国家标准或行业惯例的商品，如镀锌板、机械电子部件，双方可以约定按理论重量称量。

6.2.3.3　按公量计重

这是指通过科学的方法除去商品中的水分，并加入标准化的水分，从而得到的重量称为公量。这种计算方法适用于羊毛、生丝等经济价值高、含水率不稳定的货物。

6.2.3.4　按理论重量计重

规格规范、尺寸固定的商品，如镀锌铁、马口铁、钢板等，往往采用理论重量计重。只要这类商品的规格和尺寸相同，它们的理论重量就由放在一起的板材数量来决定。有些固定的货物，如马口铁和钢板，形状和尺寸是统一的，只要规格相同、尺寸一致，重量就差不多，我们可以根据数量来计算重量。理论重量=单位重量×数量。

6.2.3.5　按法定重量计重

法定重量是指货物的重量和货物的直接包装重量。这类商品包括易拉罐、小纸盒、小瓶子等。法定重量=净重+皮重（直接包装）。

6.2.3.6　按净重计重

净重为毛重减去所有包装重量（包括外包装及与商品直接接触的内包装）。在国际贸易中，如果合同没有明确规定以毛重或净重计算重量，习惯上是按净重计算重量。

6.2.4　合同中的数量条款

销售合同中的数量条款是实现交货的基础。数量条款的基本内容包括交货数量和使用的计量单位两部分。按重量计算的，还应注明计算重量的方式，如毛重、净重、公量等。数量条款的内容可以根据货物的特性而有所不同。

6.2.4.1　溢短装条款

在合同的结尾之前，应该明确地规定数量条款，以免后续产生纠纷，比如"约10 000吨"这样的表述将不被允许在合同中出现，因为"大约或近似"会给出一些模棱两可的解读，如变动的幅度可能是2%、5%或10%。然而，现实生活中很难准确测量这些散装货物的重量，如玉米、大豆、小麦、煤炭等这样的农产品或矿产品。在某些情况下，由于货物加工处理工艺的限制，交付货物的数量可能不符合合同中的规定。更重要的是，受自然条件、包装方式、装卸方式的影响，实际交付数量允许与合同约定数量存在±［X］%的合理差异。该差异不视为违约，双方应按实际交付数量结算货款。为了便于合同的执行，买卖双方在规定数量条款时，一般会规定数量的机动幅度，并同意使用"溢短装条款"或"数量增减条款"。允许溢装和短装，但不得超过规定数量的一定比例。也就是说，卖方和买方同意允许货物交付的数量有所变化，但变化不能超出事先约定的固定百分比范围，如"20 000吨，卖方可溢装或短装5%"或"锌锭：10 000吨，卖方可溢装或短装7%"。"加或减""+或-"也可以用来代替"溢装或短装"。根据溢短装条款，多装或少装的费用将按合同价格或装船时的市场价格支付。

根据惯例，当某些商品（如汽车、彩电和其他制成品）的数量或项目可以精确计算时，可以采用溢短装条款。同时，根据《联合国国际货物销售合同公约》，如果在合同中出现某些表述如"大约""大概"等，将通常被解释为少许数量或单价差异不超过10%。有时，我们可以在合同数量前加上"大约""大概"等词来表示数量上的机动幅度。但是，到目前为止，对这些词还没有统一的解释。也就是说，它们代表了不同国家不同的数量限额，在实践中应建议采取下面这种方法。

一个完整的溢短装术语表达应该包括以下部分：

（1）有一定的比例

数量差异的范围通常用百分比来表示，如 3%~5%。不同的商品决定了数量差异的范围。对于一些价值较低的商品，如砂岩或煤炭，允许规定一个更大的范围，通常是 10% 左右。对于某些产品，如金属和矿物，数量差异应设定在较小的范围内。贸易商也可以相应地在溢短装条款中作多种规定，其中之一是规定合同数量差额的百分比，没有规定每批的具体范围。只要卖方交付的数量在此范围内，即视为按照合同交付。另一种方法是除了规定合同的总数量差异范围外，还规定了每批的具体范围。

（2）允许的增减幅度

在一般情况下，卖方在实际操作中决定数量上的差异。根据合同规定，同时也允许托运人或装运方根据舱位容量来决定数量。例如，在 FOB 条件下，货物由买方租船装运，因此在合同中我们可以规定由托运人或买方决定数量差额。

（3）注意溢短装的数量计算

在溢短装条款下，溢装或短装部分的款项将根据合同价格或在国际市场上的价格在装运到货后支付。因此当国际市场价格波动时，卖方不能利用溢短装条款来故意增减货物而损害买方的利益。

6.2.4.2 制定数量条款注意事项

在制定数量条件时应注意的要点：

第一，非常清楚地了解进出口货物的全部交付数量；

第二，国内市场供应情况；

第三，国外市场供应情况；

第四，外国客户的财务状况和管理能力；

第五，国际市场和国内市场的价格波动。

关于合同中的数量条款，我们应该描述清楚。为了避免不必要的争议，合同中的数量条款应该非常具体和清楚。最好不要使用"关于""近似""左右"等词。这是因为大家对这些词会有不同的理解，容易造成歧义。对于计量单位也应该非常清楚标明。例如，如果用吨来计算，就会有公吨、长吨、短吨。按重量计算的货物，应规定具体的计算方法，如"以毛为净"。

6.2.5 数量条款典型例子

数量条款根据行业和情况的不同，有不同的形式和内容，以下是一些典型的例子：

"漂白棉衣 25 000 码，卖方可溢短装 5%。"

"中国东北大豆：6 000 公吨，以毛为净，承运人可溢短装 3%。"

"500 公吨，买方可溢短装 5%。"

"卖方可溢短装 3% 的货物，价格按合同单价计算。"

"用双层麻袋包装，每袋重约100千克（含商品及内包装），每件商品单独封装于内衬袋，每只内衬袋重 1.15 千克，允许重量每袋溢短装 0.1 千克。"

"经双方同意，允许卖方交货数量有 10% 的溢短装。"

6.3　包装条款

6.3.1　商品的包装

在大多数的国际贸易中，商品或货物通常被要求按规定的形式进行包装，以确保其价值在长途运输过程中的完整性。通常，不同的货物需根据其种类、形状和自身特点来采用不同的包装方式。此外，商品包装在国际贸易循环和国际市场销售中有其特殊的重要性，因此，包装条款在国际贸易中发挥着举足轻重的作用。买卖双方在国际贸易中应该提前约定货物包装的内容、方式、材料以及价格，来避免商业纠纷、确保商品的质量。

6.3.1.1　商品包装的含义

总体而言，商品包装是指为了保护货物的质量和数量而对货物进行包装的装置。在大多数国际贸易中，商品或货物在到达最终目的地之前通常需要经过远距离的运输。经历多个中转点以及转存，因此非常有必要在运输过程中进行适当的包装和包扎。在一系列的转运过程中，为了避免商品损坏，出口的货物通常需要一定形式的包装，否则买方可以拒绝收货。此外，根据一些国际法的规定，如果出口商品没有按照国际或地方法律的规定进行标准包装，这些货物将不被允许进口。同时，各国海商法也规定，任何因包装问题造成的货物损坏，运输公司不负责赔偿。

简言之，包装是商品生产的延续，商品生产过程最终要通过包装来完成，至此商品才能进入市场流通并被消费，从而实现其自身的商品价值和使用价值。此外，在国际商贸中，商品包装的质量与商品的价格和销售表现息息相关，并且能在一定程度上影响商品生产国、生产公司以及产品自身的声誉。

6.3.1.2　商品包装的功能

随着经济全球化的蓬勃发展，商品或货物的包装越来越被许多国家认为是增加国际贸易额的重要手段。特别是在出口贸易中，包装不仅在保护货物、促进销售、美化商品等方面发挥着重要作用，而且在商品储存、运输和货物销售方面也发挥着限制作用。此外，商品包装方面所采用的一些新科技也在很大程度上反映出商品原产国的文化底蕴、经济实力等。出口货物包装的主要功能大致可分为以下几类：

（1）保护商品

货物包装最主要的目的是在流通过程中保护商品的数量和质量，特别是在进出口贸易中需要经过长距离运输的商品，尤其需要牢固的包装来避免货物损坏与财产损失。

（2）促进交付

在国际贸易中，货物包装不仅意在确保商品的安全，更是为了便于商品的存储、运输、装载、计数以及分销。比如，鲜具包装需要通气孔，玻璃、瓷器等易碎物品需垫安全垫，以防破碎。

（3）降低成本

合理的包装可以在最大程度上优化舱位、集装箱和车辆的空间，从而极大地减少运输成本。此外，货物包装也被认为是增加商品附加值的重要工具，因此卖方应该不断改进商品包装技术，从而最终实现经济回报。

（4）促进销售

在国际贸易中，货物包装的商业价值越来越被重视，一个独特而具有吸引力的包装可以提升产品形象、扩大品牌效应、传递文化价值，最终促进销售。

6.3.2　运输包装

根据商品在流通过程中的不同功能，在国际贸易中，包装可分为运输包装和销售包装两大类。

运输包装也被称为大包装或者外包装，其主要目的是保障货物安全、方便运输和降低成本。因此，运输包装通常要求坚固耐用，根据不同的货物及装货方式可分为单件包装和集体包装。

单件包装是指货物在运输过程中以单件独立包装，如箱、捆、袋、桶、罐、瓶等。

集体包装又称统一包装，是指将一定数量的单件货物装在一个大集装箱内，便于转运、装卸和配送。集体包装的容器包括集装箱、托盘和可变集装箱等。随着现代物流的快速发展，采用集体包装不仅可以增加货物的单次运输量，而且可以加快装卸速度，为货物提供更好的保障。

6.3.2.1　运输标志

运输标志指经买卖双方协商决定用于促进货物交付、装载、卸载、识别以及清关用途的特殊标识。这些标识通常以明显的图形、文字和数字等方式书写、喷绘或者刷在货物的外包装上。

在国际贸易中，运输标志主要包括以下 4 个方面：

第一，收货人代码，通常采用不同的几何图形，如圆圈、三角形、菱形等。在这些图形上写上收货人的首字母或缩写，以便识别货物。

第二，订单号，相关合同、订单、收据、发票等的编号。

第三，目的地，最终收货地名或口岸。

第四，包装编号，每个包装的连续编号。

通常，买卖双方采用标准的运输标志不仅能够方便识别和运输货物，而且能简化相关文件和材料的核对识别过程，避免商品的错装和漏装。

6.3.2.2　指示性标志

指示性标志也被称为安全标志或警示标志，把一些图形或简洁的文字书写在商品的外包装上，提醒相关工作人员在运输、存储、装卸货物时应注意的事项。一般根据货物的不同性质选择相应的指示标志，并且最好采用货物进出口国的语言或英文书写。例如，易碎物、保持干燥、不可使用钩挂、小心轻放、此面向上、不可翻转、堆码重量限制等标志。

6.3.2.3　警告性标志

在国际货运中，通常采用如下一些警告性标志来标注一些高危货物，以保证运输的安全性。警告性标志由特定的图案、颜色和书面说明组成，如"有毒""氧化剂""易感染物""易燃物""放射物""易爆炸性物质"等。

6.3.2.4　原产地标志

原产地标志是国际贸易中海关统计和税收的重要要求，在许多国家，进口商品必须以清晰、不褪色和清晰的方式标明原产地，包括特定国家要求的特定语言、单词或标记字母的大小等。因此，出口商需负责在货物上标明原产地的，在包装装运前应了解进口国的有关标志规定。

6.3.3　销售包装

销售包装又称内包装或者小包装，是指商品在被生产出来之后，采用适当的材料或容器进行最初步的包装。销售包装的主要目的不仅是保护商品、促进销售，更重要的是符合进口国的相关法律法规。因此，在国际贸易中，对商品销售包装的材料、结构、模具、包装设计以及书面说明等有明确和严格的要求。

近年来，国际贸易中普遍使用条形码，大大提升了结算功能。条形码是由不同宽度和间隔的黑白条纹组成，能够被电脑自动扫描，以便在数据库中确认诸如商品名称、规格、数量、生产商、原产地、生产日期等信息。目前，常用的条形码主要有以下两种：

6.3.3.1　UPC

UPC 即通用产品代码，是由美国及加拿大的通用条码理事会编制的，包含从 A 到 E 5 个版本，其中，版本 A 是最基本的版本，最常用于存储项目。版本 E 是第二常见的，并主要用于包装。

6.3.3.2　EAN 码

国际贸易中另一个常用的条形码是由欧洲物品编码委员会编制的欧洲物品编号系统（EAN）。该条形码系统有两个基本版本，第一个版本称为标准 EAN（又叫 EAN-13 码），由 13 位数字或数字符号组成，包括前缀代码、生产标识代码、货物项目代码和检验代码等。不同的国家有不同的前缀码，以便识别不同的原产国，如中国的前缀码为 690 至 695，这意味着任何以这些数字开头的产品都来自中国。另一个 EAN 版本为 EAN-8，它实际上是 EAN-13 的缩写，只用于小物件或窄的空间，这些空间不足以容纳 EAN-13，或 EAN-13 可能会占用物件前面 25% 以上的空间。

6.3.4　中性包装

除了上述装运包装和销售包装之外，还有一种对国际贸易发挥着重要作用的包装，那就是中性包装。

6.3.4.1　中性包装的含义

中性包装是指在商品内包装和外包装上都不标注生产商和原产地的一种特殊包装形式。采用中性包装是国际贸易中的常见方式，意在打破关税限制或限制进口的非关税壁垒。因此，中性包装不仅可以增强竞争力、扩大销售，还能减少国际贸易限制，反对歧视。

6.3.4.2　中性包装的形式

中性包装主要有以下几种形式：

（1）定牌

在国际贸易中，当出口商被要求使用进口商设计的某一特定品牌或商标时，就称为"指定品牌中性包装"，又称为定牌。

（2）无牌

与定牌相反，无牌中性包装是指商品内外包装上均不显示任何品牌、原产国、生产商等标识信息。

（3）OEM

OEM是原始设备制造商的缩写，指卖方在其制成品上使用买方指定的品牌名称或商标。采用OEM的方式在国际贸易中非常普遍，卖家不仅可以利用买方建立的品牌名称或商标来扩大销售，还可以提高自己的声誉和地位，提高自己在全球市场上的竞争力。因此，世界各国的许多超市、大型百货商店和零售商连锁店都愿意采用OEM的方式来销售商品，以维护品牌声誉并保持价格竞争力。

拓展阅读6-1

本章小结

1.品质是国际贸易合同标的的核心属性，直接关系到商品的使用价值和交易双方的利益。本章首先强调了商品品名的重要性，它是交易双方识别和确认交易对象的基础；随后，深入探讨了品质的描述方式，包括规格、等级、性能标准、样品等多种手段，以确保买卖双方对商品品质有共同的认识和理解。同时，品质条款的制定也是本章的重点之一，它规定了品质检验的方法、时间、地点和机构，为合同的顺利执行提供了有力的保障。

2.数量是国际贸易合同中不可或缺的一部分，它明确了交易的具体规模。本章介绍了国际贸易中常用的度量衡制和计量单位，强调了数量条款在合同中的准确性和清晰性。此外，还详细阐述了重量计算方法的种类和适用场景，以及合同中关于数量增减幅度（如溢短装条款）的规定。通过数量条款的明确，双方可以清楚地知道交易的具体数量范围，避免在后续环节中出现数量纠纷。

3.包装是商品在运输和销售过程中的重要保护手段，也是商品外观形象的重要组成部分。本章首先概述了商品包装的分类和作用，然后详细讲解了运输包装和销售包装的不同特点和要求。运输包装注重安全性和稳定性，以确保商品在长途运输中不受损坏；销售包装则更侧重于吸引消费者注意和提升品牌形象。此外，本章还特别关注了中性包装这一特殊形式，它是指在包装上不显示生产国别、地名和厂商名称等信息，以避免不必要的贸易摩擦和歧视。中性包装在国际贸易中具有广泛的应用场景和重要的现实意义。

4.中性包装不仅是一种包装方式的选择，更是国际贸易策略的体现。它有助于跨越贸易壁垒，扩大商品在国际市场上的销售范围；同时，也能够保护生产厂商的商业秘密和品牌形象，避免不必要的法律纠纷和市场风险。因此，在国际贸易合同中合理约定中性包装条款，对于促进交易的顺利进行和双方利益的最大化具有重要意义。

基础训练

第6章单选题

❖ 名词解释

商品品名　商品品名条款　商品品质　ISO 9000/ISO 14000　商品包装　运输包装　运输标志　销售包装　UPC EAN 码　中性包装

❖ 简答题

1.什么是溢短装条款？它包括哪些内容？
2.简述商品品质要求的几种质量体系。
3.简述商品包装的功能。

第7章 国际贸易术语和商品价格

学习目标

◆ 了解贸易术语的含义、有关贸易术语的国际惯例。

◆ 掌握 INCOTERMS 2020 对 11 种主要贸易术语的解释及其在实践中运用应注意的问题。

◆ 熟悉出口商品成本的核算、3 种常用价格的换算、佣金及折扣的计算方法、合同中价格条款的规定方法。

❖ **导入案例**

2023 年，我国进出口总值 41.76 万亿元人民币，同比增长 0.2%。其中，出口 23.77 万亿元，增长 0.6%；进口 17.99 万亿元，下降 0.3%。2023 年 12 月，以美元计价，中国出口同比增长 2.3%，进口同比降低 0.4%，贸易顺差 753.4 亿美元。以人民币计价，中国 2023 年 12 月出口同比增长 3.8%，12 月进口同比增长 1.6%，12 月贸易顺差 5 409 亿元。2023 年，我国顶住外部压力、克服内部困难，全面深化改革开放，加大宏观调控力度，经济持续回升向好，高质量发展扎实推进，货物贸易进出口好于预期，实现了促稳提质目标。具体分析，主要有以下 6 个方面的特点：

1.外贸运行总体平稳，四季度向好态势明显

进出口规模逐季提升，一个季度比一个季度强：第一季度为 9.69 万亿元；第二、三、四季度都在 10 万亿元以上；到第四季度又是一个月比一个月强，同比分别增长了 0.8%、1.3%、2.8%，12 月份达到了 3.81 万亿元，这是一个月度规模的历史新高。

2.经营主体活力充足，民营企业主力作用增强

2023 年，我国有进出口记录的外贸经营主体首次突破 60 万家。其中，民营企业 55.6 万家，合计进出口 22.36 万亿元，增长 6.3%，占进出口总值的 53.5%，提升 3.1 个百分点。同期，外商投资企业进出口 12.61 万亿元，占 30.2%；国有企业进出口 6.68 万亿元，占 16%。

3.贸易伙伴多元共进，"一带一路"占比提升

2023 年，我国对共建"一带一路"国家进出口 19.47 万亿元，增长 2.8%，占进出口总值的 46.6%，提升 1.2 个百分点。对拉美、非洲分别进出口 3.44 万亿和 1.98 万亿元，分别增长 6.1% 和 7.1%。第四季度对欧盟、美国进出口回暖，但全年对欧盟进出口 5.51 万亿元（下降 1.9%，占比 13.2%），对美国进出口 4.67 万亿元（下降 6.8%，占比 11.2%）。

4.产品竞争优势稳固，出口动能丰富活跃

2023 年，我国出口机电产品 13.92 万亿元，增长了 2.9%，占出口总值的 58.6%；同期劳动密集型产品出口 4.11 万亿元，占出口总值的 17.3%。在机电产品中，电动载人汽车、锂离子蓄电池和太阳能蓄电池被称作"新三样"，"新三样"产品合计出口 1.06 万亿元，首次突破万亿元大关，增长了 29.9%。船舶、家用电器的出口分别增长 35.4% 和 9.9%。出口动能体现了从中国制造向中国创造的迈进。

5.国内需求持续恢复，大宗、民生商品进口有序扩大

2023 年，我国能源、金属矿砂、粮食等大宗商品进口量增加 11.3%。其中，进口原油、天然气、煤炭等能源产品 11.58 亿吨，增加 27.2%；铁、铝等金属矿砂 14.58 亿吨，增加 7.6%。同期，进口农产品 1.64 万亿元，增长 5%；纺织、衣着鞋帽类消费品进口增长 5.6%，首饰、钟表进口分别增长 63%、17.2%。

6.高水平开放稳步推进，新平台新业态发展势头良好

2023 年，我国自由贸易试验区数量已扩大至 22 个，合计进出口 7.67 万亿元，增长 2.7%，占进出口总值的 18.4%；海南自由贸易港建设深入推进，年度进出口连续 3 年保持两位数增长。初步统计，2023 年我国跨境电商进出口 2.38 万亿元，增长 15.6%。

未来，外部环境的复杂性、严峻性、不确定性上升，进一步推动外贸稳增长需要克服一些困难、付出更多努力。但同时更要看到的是，我国经济回升向好、长期向好的趋势不仅没有改变，而且支撑高质量发展的要素条件还在源源不断集聚增多。相信随着政策效应逐步显现和高水平开放稳步推进，我国贸易发展新动能将加快培育，外贸外资基本盘将持续巩固，进出口稳增长、提质量、增效益的基础将进一步夯实。

资料来源：孙树文，孔令雯. 2023 年外贸"成绩单"出炉！货物贸易进出口同比增长 0.2%［EB/OL］.（2024-01-12）［2025-02-28］. https://m.bjnews.com.cn/detail/1705025131129018.html.

7.1　贸易术语概述

7.1.1　贸易术语的作用

贸易术语又称为价格术语或交货术语。贸易术语由字母或文字组成。比如，FOB 或者装运港船上交货。贸易术语在国际贸易合同中规定了一定的义务。贸易术语包含 3 项基本内容：

第一，风险转移。贸易术语规定货物灭失或损坏的风险何时从卖方转移到买方。

第二，义务转移。贸易术语规定卖方在何地及如何将货物交付给买方，以及买方如何接收货物。

第三，费用划分。贸易术语规定买卖双方如何划分与进出口货物相关的正常费用。

7.1.2　有关贸易术语的国际贸易惯例

7.1.2.1　《1932年华沙-牛津规则》

1928年国际法协会在华沙举行会议，制定了关于CIF买卖合同的统一规则，被称为《1928年华沙-牛津规则》。在1932年的牛津会议上定名为"1932年华沙-牛津规则"，包括21条。该规则主要对CIF合同的性质作了说明，并规定了在CIF术语下买卖双方的义务。

7.1.2.2　《1990年美国对外贸易定义修订本》

1919年美国九大商业团体制定了《美国出口报价及其缩写条例》，然后在1941年、1990年进行了修改，定名为"1990年美国对外贸易定义修订本"。1990年，该惯例经美国商会、美国进口商协会和美国全国对外贸易协会通过。该修正本对6种贸易术语作了解释，如EXW（Ex-point of origin）、FOE、FAS（FASC）、C&F（FCIF）、Ex-dock。除了Ex-point of origin 和 Ex-dock，其他4种贸易术语与INCOTERMS的解释都有很大的不同。美国、加拿大和其他美洲国家经常采用这些贸易术语。

7.1.2.3　国际贸易术语解释通则

贸易术语是在多年的实践中形成的。但是，合同各方常常不知道不同的国家其不同的贸易做法，由此导致了误解、争议及诉讼发生，这也意味着时间和金钱的浪费。为了解决这些问题，国际商会首先于1936年颁布了一套贸易术语解释规则。这些规则被称为《1936通则》，之后于1953年、1967年、1976年、1980年、1990年、2000年、2010年及2020年对其进行了修订和补充，以便术语与当时的国际贸易做法相一致。最新版的INCOTERMS 2020已于2020年1月1日开始生效。通则在国际贸易实践中运用得十分广泛。

7.2　INCOTERMS 2020 的种类

INCOTERMS 2020 的贸易术语分为两类：一类是适合于任何运输方式的贸易术语（EXW、FCA、CPT、CIP、DAP、DPU、DDP）；另一类是适合于海运和内河运输的贸易术语（FAS、FOB、CFR、CIF）。

7.2.1　INCOTERMS 2020 的主要贸易术语

在11种贸易术语中，FOB、CFR和CIF是最为常用的3种，其他3种贸易术语FCA、CPT和CIP也常常被用到。下面是对6种主要贸易术语的解释。

7.2.1.1 FOB

（1）FOB的含义

FOB术语是指卖方在指定的装运港，将货物交到买方指定的船上，或者获得已如此交付的货物。货物灭失或损坏的风险，在货物装上船时转移，买方承担此后的一切费用。该术语还要求卖方在适当时办理货物出口清关手续。但是，卖方没有办理货物进口清关、支付任何进口关税或办理任何进口手续的义务。

FOB可能不适用于货物在装船前交付给承运人的情况，比如通常在目的地交付的集装箱货物。在这种情况下，应使用FCA术语。如其名所示，FOB术语是一种海上贸易术语，仅适用于海上或内河运输。

（2）FOB的变形

FOB的变形用于装货费的划分。FOB的变形主要有：

第一，FOB班轮条件。货物由定期班轮运输时，运费中通常包含了装货费用。因此，在FOB的这种变形下，负责签订运输合同并支付运费的买方承担装货费用。

第二，FOB吊钩下交货。该术语仅要求卖方承担将货物运送，并放置在码头船舶吊钩可及之处的费用，此后的装货费用由买方承担。

第三，FOB理舱（FOBS）。"理舱"一词的含义，是指将货物整齐地码放在船舱中。此术语要求卖方承担包含理舱费在内的装货费用。

第四，FOB平舱（FOBT）。当我们说平舱时，其意是指平整散装货物，使船舶能平稳安全航行。该术语要求卖方承担包括平舱费在内的装货费用。

第五，FOB平舱及理舱（FOBST）。此术语要求卖方承担包括理舱费及平舱费在内的装货费用。当事方应明确，变形是仅指当事方必须承担装货费用，还是既承担装货费用又承担风险。

7.2.1.2 CFR

（1）CFR的含义

CFR术语是指卖方将货物交到船上或获得已如此交付的货物，货物灭失或损坏风险从货物装上船时转移，卖方应签订并支付将货物运至指定目的港的成本及运费。如果采用集装箱运输，通常的做法是在目的地将货物交付给承运人。在这种情况下建议使用CPT术语。

（2）CFR的变形

CFR的变形用于规定卸货费用的划分。

第一，CFR舱底交货。该术语指货物运到目的港后，由买方自行启舱，买方承担将货物从舱底卸到码头的费用。

第二，CFR卸到岸上。该术语要求货物必须卸到码头上。卖方卸货并承担费用，包括驳船费用和码头费用。

第三，CFR EX Tackle（CFR吊钩下交货）卖方负责将货物从船舱吊起卸到船舶吊钩所及之处（码头上或驳船上）的费用。在船舶不能靠岸的情况下，租用驳船的费用和货物从驳船卸到岸上的费用，概由买方负担。

第四，CFR班轮条件。由于使用定期班轮运输货物时，卸货费用通常包括在运费之中，因此，此变形是指卸货费用由订立运输合同并支付运费的卖方承担。当事方应明确，CFR EX Tackle（CFR吊钩下交货）卖方负责将货物从船舱吊起卸到船舶吊钩所及之处（码头上或驳船上）的费用。在船舶不能靠岸的情况下，租用驳船的费用和货物从驳船卸到岸上的费用，概由买方负担。

（3）CFR术语下的装船通知

无论采用哪种术语，卖方都有向买方发出装船通知的义务，通知买方或买方的代理做好接货准备。但是，CFR术语下，这一点尤为重要。因为按照CFR术语，买方在一段运输时间内无法控制或限制风险，却必须承担风险。所使用的承运人、运输中所产生的费用以及运输时间安排都由卖方控制。所发装船通知起着重要作用，它用以通知买方及时办理保险。如果卖方没有向买方发出装船通知，卖方就需承担运输过程中所发生的货物灭失或损坏的风险。

7.2.1.3　CIF

（1）CIF的含义

CIF术语是指卖方负责货物的出口清关，并将货物交到船上或获得已如此交付的货物，货物灭失或损坏的风险从货物装上船时转移，卖方应签订并支付将货物运至指定目的港的成本及运费。该术语适用于传统海运；如果采用集装箱运输或多式联运，应优先选择CIP而非CIF。

（2）CIF的变形

CIF的变形是为了明确规定卸货费用的划分，并且CIF的变形与CFR的变形相同。

（3）保险

按照INCOTERMS 2020的解释，在CIF术语下由卖方办理保险。如果合同没有明确，则投保最低责任的保险险别。然而，在买方的要求下也可以投保承保责任范围更大一些的险别。

（4）象征性交货

CIF是典型的象征性交货的术语，相较于实际交货，象征性交货是指卖方只要按期在装运港口将货物装上船，并向买方提交合同规定的有关单据，就算完成了交货义务。当货物装上了船，风险即告转移。卖方有义务按期将货物装上船，且无须保证到货。象征性交货的核心是单据的买卖非实际货物的买卖。换句话说，卖方对买方的交单即构成交货。卖方是凭单交货，买方是凭单付款。只要卖方按期提供了全套合格的单据，即使货物在运输途中损坏或者灭失，买方仍需付款。反之，如果卖方提交的单据有错误，即使货物完好无损，买方也拒绝付款。所以，CIF术语是单据的买卖。在实践中，卖方是凭单交货，而买方是凭单付款。

7.2.1.4　CPT

CPT是指卖方在约定地点将货物交付给自己指定的承运人，或由买方指定的其他人（如货运代理人）。卖方必须签订将货物运至指定目的地所必需的运输合同并支付运费。这意味着买方承担货物如此交付之后发生的所有风险及费用。CPT可用于航空运输、公路运输、铁路运输、海洋运输或者这些运输方式的结合。无论是否涉及后续承运人，风险均在货物交付给第一承运人时转移至买方。

7.2.1.5 CIP

（1）CIP的含义

CIP 是指卖方在约定地点将货物交付给第一承运人（卖方或买方指定），签订运输合同并支付至目的地的运费，同时购买运输保险。该术语适用于所有运输方式，包括多式联运。

（2）保险

在 CIP 术语下，卖方有义务按照合同约定办理货物运输保险，且最低需投保《协会货物条款（A）》（ICC A）或具有类似责任范围的险别，以覆盖货物在运输途中可能发生的灭失或损坏风险。根据 INCOTERMS 2020，保险金额至少应为合同价格的 110%（即 CIP价加成 10%），以确保买方在货物发生损失时能获得充分赔偿。不过，买卖双方也可协商约定投保责任范围较小的险别（如 ICC（C）或平安险/FPA），但需在合同中明确约定，以避免争议。若未特别约定，卖方仍应按照 ICC（A）或同等范围的条款投保。

7.2.2 INCOTERMS 2020 的其他贸易术语

7.2.2.1 EXW

EXW 术语是指卖方在其处所或另一个指定地点（如工厂、作坊、仓库等）将未办理出口清关、未装上任何运输工具的货物置于买方的处置之下，即完成交货。当买方在工厂或仓库收到货物时，卖方的义务即告终止。该贸易术语下买方的义务最多而卖方的义务最少。EXW 适用于任何一种或一种以上的运输方式。

7.2.2.2 FAS

FAS 术语是指卖方在装运港将货物交到船边（如码头上或者驳船上）时完成交货，货物灭失或损坏的风险在货物放至船边时转移，买方承担此后的一切风险。FAS 仅适用于海上或内河运输。

7.2.2.3 DAP

DAP 术语是指卖方将已到达指定目的地的运输工具上的尚未卸下的货物，交给买方处置时完成交货。卖方须承担货物运至指定目的地的一切风险。DAP 适用于任何一种或一种以上的运输方式。

7.2.2.4 DPU

DPU 术语是指卖方在指定的目的港或目的地指定终点站卸货后，将货物交给买方处置即完成交货。卖方承担将货物运至指定目的地和卸货所产生的一切风险和费用。DPU适用于任何一种或一种以上的运输方式。

7.2.2.5　DDP

DDP术语指卖方在指定的目的地，将已办理进口清关手续、在到达的运输工具上的待卸货物交由买方处置时，完成交货。卖方承担将货物运至指定目的地的一切风险和费用。DDP术语下卖方的义务最多而买方的义务最少。DDP适用于任何一种或一种以上的运输方式。

7.3　商品价格

7.3.1　进出口商品作价原则及影响因素

国际贸易商品的价格在国际贸易合同中居于核心地位，是国际商务谈判中需要解决的重点问题，也是谈判的核心问题。要全面把握进出口商品的价格，首先要了解进出口商品价格的作价原则及影响因素。

7.3.1.1　进出口商品的作价原则

进出口商品的作价原则是，在贯彻平等互利的原则下，根据国际市场价格水平，结合国家（地区）政策，按照购销意图确定适当的价格。商品的定价通常有成本导向和市场导向两种方式，但国际市场主要是一个充分竞争的买方市场，所以在确定进出口商品价格时，国际市场情形和购销意图是商品定价的主要原则。市场行情既反映了当前的价格水平，又反映了未来价格变动的趋势。只有正确把握市场行情，才能以有利的价格条件成交。国际市场价格，亦称世界市场价格或国际价格，它是国际范围市场价值或其转化形态的货币表现，是指某种商品在国际市场的一定时期内客观形成的具有代表性的成交价格。具有代表性的成交价格通常是指：一是某些国际市场集散中心成交的商品价格、集散地的市场价格；二是某些商品主要出口国（或地区）具有代表性的出口价格；三是某些商品主要进口国（或地区）具有代表性的进口价格；四是某些重要商品的拍卖价格、开标价格等。在为出口商品报价时，尤其应重视国际市场的价格。有些出口商将低价作为竞争手段导致被进口国有关企业指控"倾销"。对此，一方面应积极应诉，另一方面在报价时应充分重视市场价格水平。

7.3.1.2　进出口商品作价的影响因素

由于价格构成因素不同，影响价格变化的因素也多种多样。因此，在确定进出口商品价格时，除应遵循上述作价原则外，还必须充分考虑影响价格的种种因素。

（1）**商品的质量因素**

国际市场一般贯彻按质论价的原则，即好货好价、次货次价。品质的优劣、档次的高低、包装装潢的好坏、式样的新旧、商标、品牌的知名度等，都影响着商品的价格。

（2）**市场因素**

商品的价格还受市场供求状况的影响。当商品供过于求时，价格会下跌；反之，价格就会上涨。商品作价时应根据商品现在和将来市场上的需求状况确定。另外，谈判人员还要考虑该商品的市场生命周期、市场定位、市场购买力等因素，判断市场供求变化趋势和签约后可能发生的价格变动。

（3）运输因素

国际货物买卖一般要通过长途运输。运输距离的远近影响运费和保险费的开支，从而影响商品的价格。因此，确定商品价格时，必须核算运输成本，做好比价工作，以体现地区差价。

（4）销售季节因素

在国际市场上，某些节令性商品，如赶在节令前到货，抢行应市，就能卖上好价钱；过了节令的商品，其售价往往很低，甚至低于成本。因此，定价时应充分考虑季节性需求的变化，切实掌握季节性差价，争取按对己方有利的价格成交。

（5）成交量因素

按国际贸易的习惯做法，成交量的大小影响价格的高低。例如，当成交量大时，在价格上应给予适当的优惠，或者采用数量折扣的办法；当成交量过少，甚至低于起订量时，则可以适当提高出售价格。不论成交量大小都采取同一个价格成交的做法是不妥当的。

（6）支付条件因素

支付条件是否有利往往影响商品的价格。例如，同一商品在其他交易条件相同的情况下采取预付货款，可以考虑给予优惠价格；如果采取凭信用证付款的方式，则付款价格可以适当提高。因此，不同的支付条件，其价格应当有所区别。

（7）货币与汇率的变动因素

在国际贸易中，对于现汇贸易应采用可兑换货币。国际上主要的结算货币为美元、欧元和日元。我国的人民币已实现经常项目下可兑换，所以，也是我国对外贸易中使用的货币。可兑换货币的价值，因汇率的变动而变动，买卖双方均应密切注意货币汇率的升降趋势，以选择合适的货币，降低由汇率波动带来的风险。

在此必须指出，由于国际贸易的签约日和交货日往往相隔甚远，因此，由汇率变动带来的风险巨大，买卖双方均不可掉以轻心。确定商品价格时，买卖双方要注意所采用货币的安全性及币值的稳定性、可兑换性。一般应争取采用对自身有利的货币成交，出口商品应争取选择保持上浮趋势的"硬币"，进口商品则应选择有下浮趋势的"软币"。如被迫采用不利于自身的货币成交，应当把汇率变动的风险考虑到货价中去，即适当提高出售商品价格或压低购买价格，或采用订立保值条款的办法来避免汇率变动可能产生的风险。在一般商品的国际贸易中，买卖双方通常采用美元或其中一方的货币作为计价货币。然而，若计价货币汇率波动较大，可能对进口方或出口方造成汇兑损失，影响交易成本和利润。为规避汇率风险，常用的保值方式是远期外汇交易（forward foreign exchange transaction），即交易双方与银行签订合约，按约定的远期汇率在未来某一日期买入或卖出特定金额的外汇，从而锁定换汇成本，减少汇率波动带来的不确定性。另一种保值方式是将汇率稳定的第三国货币作为计价货币（如瑞士法郎），而将买卖双方中一方的本币作为支付货币。在交易金额巨大的贸易中，有时可采用不同的货币组合来分散风险，比如30%用美元、30%用欧元、40%用日元等。后一种做法要求贸易业务人员有良好的金融知识，而前述两种做法则比较简便可行。

此外，交货期的远近、新老客户、市场销售习惯和消费者的喜好等因素，对确定价格也有不同程度的影响，在制定商品价格时，也要认真考虑。

7.3.2　进出口商品的作价方法

在国际贸易中，作价方法多种多样，贸易双方可以根据具体情况分别采用不同的作价方法。这些作价方法主要有固定价格和非固定价格（包括待定价格、暂定价格、部分固定价格、部分非固定价格、滑动价格）等。除固定价格外的其他价格在成交之时必须依据国际市场的价格和换汇成本进行选择。

7.3.2.1　固定价格

我国进出口合同，绝大部分是在双方协商一致的基础上，明确地规定具体价格，这也是国际上常见的做法。按照各国法律的规定，合同价格一经确定，就必须严格执行。除非合同另有约定，或经双方当事人一致同意，任何一方都不得擅自更改。在合同中规定固定价格是常规做法，它具有明确、具体、肯定和便于核算的特点。不过，由于市场行情瞬息万变，价格涨落不定，因此在国际货物买卖合同中规定固定价格，就意味着买卖双方要承担从订约到交货付款以及转售时价格变动的风险。如果行市变动过于剧烈，这种做法还可能影响合同的顺利执行。一些不守信用的商人很可能为逃避亏损而寻找各种借口不履行合同。为了降低价格风险，在采用固定价格时应注意以下3个问题：

第一，综合分析影响商品供需的各种因素，对价格的变动趋势作出准确判断，以此作为确定合同价格的依据。

第二，慎重选择交易的对象。签订合同前必须对客户的资信进行充分的了解和调查，尤其是当业务人员获得的信息不充分时，必须进行专业的资信调查，以发现和防范与这些客户交易有可能产生的较大风险。

第三，大宗交易一般应订立保值条款。由于各种货币汇价动荡不定、商品市场变动频繁，固定价格往往会给买卖双方带来巨大的风险。因此，为了降低风险、促进交易、提高履约率，在合同价格的规定方面可以采用订立外汇保值条款。主要有以下3种方法：

① 计价货币和结算货币均为同一"软币"，确定订约时这一货币与另一"硬币"的汇率，折算成"硬币"，支付时按当日汇率折算成原货币支付。

② "软币"计价，"硬币"支付，即在签订合同时，以汇率波动较大的"软币"作为计价货币，同时约定按照签约时的汇率将货款金额折算成汇率较稳定的"硬币"作为实际支付货币。

③ "软币"计价，"软币"支付，即由双方协商，同意确定这一货币与另几种货币的算术平均汇率，或用其他计算方式的汇率，按支付当日与另几种货币算术平均汇率或其他汇率的变化进行相应的调整，折算成原货币支付。这种保值也称为"一揽子汇率保值"。几种货币的综合汇率可能有不同的计算方法，如简单平均法、加权平均法等。

7.3.2.2　非固定价格

非固定价格，即一般业务上所说的"活价"，大体上可分为下述几种：

（1）待定价格

待定价格是指商品价格待定，买卖双方只在合同中约定未来确定价格的依据和方法。

这种定价方法又有以下两种具体做法。

第一，在价格条款中明确规定定价时间和定价方法。例如，在合同中规定"在装船月份前30天，参照当地商品交易所该商品的收盘价，协商议定正式价格"或"按提单日期的国际市场价格计算"。

第二，只规定作价时间，如"由双方在某年某月某日协商确定价格"。这种方式由于未就作价方式加以规定，容易给合同带来较大的不稳定性，双方因缺乏明确的作价标准，在商定价格时可能会产生争议，使合同无法执行。因此，这种方式一般只适用于双方有长期交往并已形成比较固定的交易习惯的合同。

（2）暂定价格

在合同中先订立一个初步价格，作为开立信用证和初步付款的依据，待双方确定最后价格后再进行清算，多退少补。例如，"单价暂定 CIF 纽约，每吨 1 000 美元，作价方法以纽约商品交易所3个月期货，按装船月份平均价加5美元计算，买方按本合同规定的暂定价开立信用证"。由于国际市场价格瞬息万变，买卖双方在合同中的价格仅供参考。因此，由于没有订明定价依据，这种做法有可能使合同无法履行。

（3）部分固定价格，部分非固定价格

为了兼顾买卖双方的利益，也可采用部分固定价格、部分非固定价格的做法，或是分批作价的方法，即交货期近的价格在订约时固定下来，余者在交货前一定期限内作价。采用这种做法有助于暂时解决双方在价格方面的分歧，解除客户对价格风险的顾虑，不但有利于巩固和扩大出口市场，也有利于生产、收购和出口计划的安排。对进出口双方，虽不能完全排除价格风险，但对出口方来说，可以不失时机地做成生意；对进口方来说，可以保证一定的转售利润。

非固定价格的做法是先订约后作价，合同的价格是在订约之后由双方按一定的方式确定的。这就不可避免地给合同带来较大的不稳定性，存在双方作价时不能取得一致意见，而使合同无法执行的可能；或由于合同作价条款规定不当，而可能使合同失去法律效力。在采用非固定价格作价时，应注意以下问题：

第一，要明确规定作价方法。为减少非固定价格条款给合同带来的不稳定因素，消除双方在作价方面的矛盾，明确订立作价方法是一个重要的、必不可少的前提。作价标准可根据不同商品酌情规定。例如，以某商品交易公布的价格为准，或以某国际市场价格为准等。

第二，要明确规定作价时间。关于作价时间的确定，可以采用下列几种做法：

① 在装船前作价，一般是规定在合同签订后若干天或装船前若干天作价。采用此种作价方法，交易双方仍要承担从作价至付款转售时的价格变动风险。

② 装船时作价，一般是指按提单日期的行市或装船月的平均价作价。这种做法实际上只能在装船后进行，除非有明确的客观作价标准，否则卖方不会轻易采用，因为可能要承担风险。

③ 装船后作价。一般是指在装船后若干天，甚至在船到目的地后作价。采用这类方法，卖方承担的风险也较大，故一般很少使用。

（4）滑动价格

滑动价格是指先在合同中规定一个基础价格，在交货时或在交货前的一定时间内按工资、原材料价格变动的指数进行相应的调整，以确定最后的正式价格。滑动价格适用于某些大型成套设备、交通工具等商品，并从签约到合同履行完毕所需时间较长的交易。滑动价格可以避免因原材料和工资等因素的变化而引起的风险。

7.3.2.3　价格调整条款

在国际货物买卖中，有的合同除规定具体价格外，还规定各种不同的价格调整条款。例如，"如卖方对其他客户的成交价格高于或低于合同价格的5%，对本合同未执行的数量双方协商调整价格"。这样做的目的是把价格变动的风险规定在一定范围之内，以提高客户经营的信心。

值得注意的是，随着某些国家通货膨胀的加剧，有些商品合同特别是加工周期较长的机器设备合同，普遍采用价格调整条款，要求在订约时只规定初步价格，同时规定如原材料价格、工资发生变化，卖方保留调整价格的权利。

在价格调整条款中，通常使用下述公式来调整价格：

$$P = P_0\left(A + BM/M_0 + CW/W_0\right)$$

式中：P代表商品交货时的最后价格；P_0代表签订合同时约定的初步价格；M代表计算最后价格时引用的有关原料的平均价格或指数；M_0代表签订合同时引用的有关原料的价格或指数；W代表计算最后价格时引用的有关工资的平均数或指数；W_0代表签订合同时引用的平均数或指数；A代表经营管理费用和利润在价格中所占的比重；B代表原料在价格中所占的比重；C代表工资在价格中所占的比重；A、B、C分别代表的比重在签订合同时需固定下来。

如果买卖双方在合同中规定，按上述公式计算出来的最后价格与约定的初步价格相比，其差额不超过约定的范围（如百分之若干），初步价格可不予调整，合同原定的价格对双方当事人仍有约束力，双方必须严格执行。上述价格调整公式的基本内容，是按原料价格和工资的变动来计算合同的最后价格。在通货膨胀的条件下，它实质上是出口厂商转嫁国内通货膨胀风险、确保利润的一种手段。

值得注意的是，这种做法已被联合国欧洲经济委员会纳入其所制定的一些标准合同之内，而且应用范围已从原来的机械设备交易扩展到一些初级产品交易，因而具有一定的普遍中性。由于这类条款是以工资和原料价格的变动作为调整的依据，因此，在使用这类条款时就必须注意工资指数和原料价格指数的选择，并在合同中予以明确。此外，在国际贸易中，有时也以物价指数作为调整价格的依据，如合同期间物价指数发生的变动超过一定范围，价格即进行相应调整。总之，在规定价格调整条款时，合同价格的调整是有条件的。用来调整价格的各个因素在合同期间发生了变化（如约定必须超过一定的范围）才予以调整；未超过限度的，不予调整。

7.3.3　主要贸易术语的价格构成与换算

7.3.3.1　主要贸易术语的价格构成

国际贸易中的价格主要由成本、费用、利润构成。成本是整个价格的核心，是出口企业为出口其产品进行生产、加工或采购所产生的含税成本；费用是指整个交易过程发生的费用，出口报价中的费用主要有国内费用和国外费用两部分；利润是指企业预期净收入。

（1）FOB、CFR、CIF 3种贸易术语的价格构成

FOB、CFR、CIF 3种贸易术语在价格构成中包括成本、费用和利润。其中，费用的核算包括国内费用和国外费用。3种术语的价格关系见表7-1。

表7-1　　　　　　　　　　FOB、CFR、CIF的价格关系

			生产成本	自产自销的投入
CIF 价格	CFR 价格	COB 价格	进货成本价 加工成本	进料或半成品加工的投入
			采购成本	进货成本
			国内费用	国内运输费、认证费、仓储费、港口杂费、报关费、银行费用等
			净利润	一般为货价的10%
		国外运费		
		国外保险费=CIF 价×（1+投保加成率）×保险费率		

第一，国内费用：

① 加工整理费用。

② 包装费用。

③ 保管费用（包括仓租、火险等）。

④ 国内运输费用。

⑤ 证件费用（包括商检费、公证费、领事签证费、产地证费、许可证费、报关单费）。

⑥ 装船费（装船、起吊费和驳船费）。

⑦ 银行费用（贴现利息、手续费等）。

⑧ 预计损耗（耗损、短损、漏损、破损、变质等）。

⑨ 邮电费（电报、电传、邮件等费用）。

第二，国外费用：

① 国外运费（从装运港至目的港的海上运输费用）。

② 国外保险费（海上货物运输保险）。

③ 如果有中间商，还包括支付给中间商的佣金。

FOB价、CFR价、CIF价计算公式如下：

FOB价=进货成本价+国内费用+净利润

CFR价=进货成本价+国内费用+国外运费+净利润

CIF价=进货成本价+国内费用+国外运费+国外保险费+净利润

（2）FCA、CPT和CIP贸易术语的价格构成

FCA、CPT、CIP贸易术语在价格构成中包括成本、费用和利润。其中，费用的核算包括国内费用和国外费用。

第一，国内费用：

① 加工整理费用

② 包装费用。

③ 保管费用（包括仓租、火等）。

④ 国内运输费用。

⑤ 拼箱费（如果货物装不满一整个集装箱）。

⑥ 证件费用（包括商检费、公证费、领事签证费、产地证费、许可证费、报关单费）。

⑦ 银行费用（贴现利息、手续费等）。

⑧ 预计损耗（耗损、短损、漏损、破损、变质等）。

⑨ 邮电费（电报、电传、邮件等费用）。

第二，国外费用：

① 国外运费（从出口国内陆启运地运至国外目的地的运输费用）

② 国外保险费。

③ 若有中间商，还包括支付给中间商的佣金，FCA价、CPT价、CIP价计算公式如下：

FCA价=进货成本价+国内费用+净利润

CPT价=进货成本价+国内费用+国外运费+净利润

CIP价=进货成本价+国内费用+国外运费+国外保险费+净利润

7.3.3.2　主要贸易术语的价格换算

（1）FOB、CFR和CIF三种术语的换算

① FOB价换算为其他价：

CFR价=FOB价+国外运费

CIF价=（FOB价+国外运费）/（1-投保加成率×保险费率）

② CFR价换算为其他价：

FOB价=CFR价-国外运费

CIF价=CFR价/（1-投保加成率×保险费率）

③ CIF价换算为其他价：

FOB价=CIF价×（1-投保加成率×保险费率）-国外运费

CFR价=CIF价×（1-投保加成率×保险费率）

（2）FCA、CPT和CIP三种术语的换算

① FCA价换算为其他价：

CPT价=FCA价+国外运费

CIP价=（FCA价+国外运费）/（1-投保加成率×保险费率）

② CPT价换算为其他价：

FCA价=CPT价-国外运费

CIP价=CPT价/（1-投保加成率×保险费率）

③ CIP价换算为其他价：

FCA价=CIP价×（1-投保加成率×保险费率）-国外运费

CPT价=CIP价×（1-投保加成率×保险费率）

7.3.4 佣金与折扣

在订立合同价格条款时，有时会涉及佣金和折扣。价格条款中所规定的价格，可分为包含佣金的价格和不包含这类因素的净价。包含佣金的价格，业务中通常称为"含佣价"。

7.3.4.1 佣金

佣金（commission）又称手续费，是指买方或卖方支付给介绍交易或代为买卖的中间商（经纪人或代理人），作为其对货物的销售或购买提供中介服务的报酬。例如，出口商支付佣金给销售代理人，进口商支付佣金给采购代理人。给予中间商佣金会提高其与进（出）口商成交的积极性，但也意味着进（出）口商费用的增加。因此，佣金率的高低关系商品的价格和竞争能力，应根据不同商品、不同市场、不同的交易对象灵活掌握，合理规定，切不可千篇一律，机械行事。一般来说，成交数量大或畅销商品的佣金率应低一点，对新商品或积压品可高一点。佣金率一般在1%~5%之间为宜。

（1）佣金的表示方式

佣金有明佣和暗佣之分。凡在价格中表明含佣金若干的为明佣。凡在价格中不表明但实际上又另外约定含佣金若干的为暗佣，由当事人按约定另行私下交付。含有明佣和暗佣的价格通常称含佣价（commission-inclusive price）。凡价格中不含有佣金或折扣的称净价（net price）。

暗佣表面上与净价没有区别，但为明显起见，一般在净价的贸易术语后加"net"字样。例如：

明佣：USD 100 per M/T CIF London including 2% commission。

暗佣：USD 25.00 per case CFR New York。

净价：USD 25.00 per case CFR New York net。

（2）佣金的规定方式

第一，规定佣金率。例如：

每公吨100美元CIF上海包括3%佣金。

USD 100 per metric ton CIF Shanghai including 3% commission.

每公吨100美元CIFC3%上海。

USD 100 per metric ton CIFC3%Shanghai.

第二，以绝对数表示佣金。例如：

每公吨100美元CIF上海含30美元。

USD100 per metric ton CIF Shanghai including USD 30 per metric ton commission。

在实践中，通常以佣金率来表示佣金。

（3）佣金的计算方法

在国际贸易中，计算佣金的方法不一，有的按成交金额约定的百分比计算，有的按成交商品的数量来计算，即按每一单位数量收取若干佣金计算。在我国进出口业务中，计算方法也不一致，一般有以下几种方法：

第一，按FOB价计算佣金。不管买卖双方以何种价格成交，均按FOB价计算佣金。

理由是：运费、保险费是卖方固定支付的，而不是卖方销售的收入，因此不支付佣金。例如，CIF价格为1 000美元，运费为100美元，保险费为10美元，佣金率为2.5%，则佣金＝（1 000−100−10）×2.5%＝22.25（美元）。

第二，按成交价格净价计算佣金。例如，CIF价格为1 000美元，佣金率为2.5%，则佣金＝1 000×2.5%＝25（美元）。

第三，按含佣价来计算佣金这种方法最为常见，计算佣金的公式如下：

单位货物佣金金额＝含佣价×佣金率

含佣价＝净价÷（1−佣金率）

例如，已知A商品CIF纽约价格为每吨1 000美元，现外商要求改报CIFC5%纽约，如果要保持卖方的收入不变，则报价为：

含佣价＝净价÷（1−佣金率）＝1 000÷（1−5%）＝1 052.63（美元）

佣金＝1 052.63×5%＝52.63（美元）

值得注意的是，如在洽商交易时，我方报价为1 000美元，对方要求5%的佣金，在此情况下，我方应改报含佣价，按上述公式算出的应为1 052.63美元，这样才能保证实收美元不减少。

（4）佣金的支付

佣金的支付一般有两种做法：一种是由中间代理商直接从货价中扣除；另一种是在委托人付清货款后，再按事先约定的期限和佣金比率，另行支付给中间代理商。在支付佣金时，应防止错付、漏付和重付等事故发生。按照一般惯例，在独家代理情况下，如委托人同约定地区的其他客户达成交易，即使未经独家代理过手，也得按约定比率付给其佣金。

7.3.4.2　折扣

（1）折扣的含义

折扣（discount）是指卖方给予买方一定的价格减让，即在原价基础上给予适当的优惠。在我国的对外贸易中，使用折扣主要是为了扩大对外销售。国际贸易中使用的折扣，名目繁多，除一般折扣外，还有为扩大销售而使用的数量折扣（quantity discount）、为实现某种特殊目的而给予的特别折扣（special discount）等。凡在价格条款中明确规定折扣率的，叫明扣；凡交易双方就折扣问题已达成协议，而在价格条款中却不明示折扣率的，叫暗扣。折扣直接关系商品的价格，货价中是否包括折扣和折扣率的大小，都影响商品价格。折扣率越高，则价格越低。折扣如同佣金一样，是市场经济的必然产物，正确运用折扣，有利于调动采购商的积极性并扩大销路。在国际贸易中，它是加强竞销的一种手段。

（2）折扣的表示方法

在国际贸易中，折扣通常在合同价格条款中用文字表示，也可以用绝对数来表示。

第一，用百分比表示折扣比例。例如：

每公吨1 000美元CIF伦敦折扣2%。

USD 1,000 per metric ton CIF London including 2% discount.

每公吨1 000美元CIF伦敦减2%折扣。

USD 1,000 per metric ton CIF London less 2% discount.

USD 1,000 per metric ton CIF 2% London.

第二，用绝对数表示折扣。例如：

每公吨折扣10美元。

Per metric ton less USD 10 discount.

（3）折扣的计算方法

折扣通常是以成交额或发票金额为基础计算出来的。其计算方法如下：

单位货物折扣额=原价（或含折扣价）×折扣率

卖方实际净收入=原价−单位货物折扣额

例如：某商品报价CIF伦敦，每吨2 000英镑，折扣2%，则：

折扣额=2 000×2%=40（英镑/吨）

卖方实际净收入=2 000−40=1 960（英镑/吨）

折扣一般是买方支付货款时预先予以扣除，也有的折扣金额不直接从货价中扣除，而按暗中达成的协议另行支付，这种做法通常在给暗扣或回扣时采用。

7.3.5　进出口商品的成本核算

为了制定合理的成交价格，外贸企业要加强出口商品价格的审核，及时分析出口商品价格变动情况，防止抬价抢购、低价竞销造成的损失，严格按照外贸企业当期实际出口收汇额和核定的出口成本进行清算，完善内部价格管理制度，提高出口效益。在出口成本核算中，要掌握一些相关的指标，包括出口总成本、出口外汇净收入、出口换汇成本以及出口盈亏额与盈亏率。

7.3.5.1　出口价格构成

（1）实际进货成本

实际进货成本是指出口企业或外贸单位为出口其产品进行生产（或加工或采购）所实际支付的生产成本（或加工成本或采购成本）。如果为生产（或加工或采购）该出口产品而支付的进货价格中包含出口退税收入，则要从该进货价格中扣除退税收入。计算公式为：

实际进货成本=进货价（含增值税）−出口退税收入

出口退税收入=［进货价（含增值税）÷（1+增值税税率）］×出口退税率

实际进货成本=进货价（含增值税）×［1−出口退税率÷（1+增值税税率）］

（2）费用

费用的核算比较复杂，主要包括国内费用和国外费用两部分。

第一，国内费用。

国内费用的计算公式为：

国内费用（直接相关）=国内运费+订舱费+港杂费+报关费+报检费+文件费+装货费+仓储费

①国内运费是指货物从仓库到码头、车站、空港、集装箱货运站、集装箱堆场等地的运费。

②订舱费是指因为货运代理为货主订舱而发生的费用。订舱费的收费标准因船务公

司、货运代理和货柜标准的不同而不同。一般情况下，20英尺的货柜为100~300元不等，40英尺的货柜为200~400元不等。

③港杂费是货物在港口产生的综合费用，通常包括：

固定费用，如港口安保费（≤50元/柜）、铅封费（≤50元/柜）、单证费（≤200元/票）；

操作费用，20英尺柜装箱费：150~700元，码头操作费（THC）：450~500元；40英尺柜装箱费：400~1200元，THC：700~800元。

④报关费、报检费是指由代理报关公司为货主代理报关和报检时收取的费用。一般按照一笔业务一次性收取。普通货物：100~400元/票；特殊货物（如冷链、危化品）：可能加收200~1000元。

⑤财务费用指与出口业务直接相关的资金成本，包括：信用证手续费（开证/议付费：0.1%~0.3%票面金额）；汇兑损失（汇率波动导致）；利息支出（如出口押汇、垫付退税款的资金成本）。

⑥经营管理费用又称业务定额费，包括邮电通信费、交通差旅费、招待客户费用等。

第二，国外费用。

国外费用包含国外运费、国外保险费以及支付给中间商的佣金，计算公式为：

国外费用=国外运费+国外保险费+佣金

①国外运费是指货物从装运港到目的港之间的运输费用，包括基本运费和附加运费。计算公式为：

国外运费=基本运费+附加运费

②国外保险费是指货物因投保国际运输保险而缴纳的保险费，计算公式为：

国外保险费=CIF价×投保加成率×保险费率

一般来说，默认投保加成率为1.1。

（3）出关税

出口关税是指海关以出境货物为课税对象所征收的关税。征收出口关税的目的是限制调控某些商品的过度、无序出口，特别是防止一些重要自然资源和原材料的无序出口。为鼓励出口，世界各国一般不征收出口关税，或仅对少数商品征收出口关税。我国出口关税主要以货物的价格为计税标准，计算公式为：

出口关税=出口货物完税价格×出口关税税率

出口货物完税价格=FOB价÷（1+出口关税税率）

（4）利润

利润指的是卖方的预期利润，是指以成交价为基数按一定百分比算出的卖方收益，计算公式为：

预期利润=报价×预期利润率

根据以上价格构成介绍可知，FOB、CFR和CIF价格的构成分别为：

FOB报价＝（实际进货成本＋国内费用＋出口清关费用）＋预期利润

CFR报价＝（实际进货成本＋国内费用＋出口费用）＋国际海运/空运费＋预期利润

CIF报价＝（实际进货成本＋国内费用＋出口税费）＋国际海运运费＋国际海运保险费＋预期利润

7.3.5.2　出口报价核算

我们分别以 FOB、CFR 和 CIF 为例来说明出口报价的步骤及使用的公式。如上所述，我们可以得知：

FOB 报价 =（实际进货成本 + 国内费用 + 出口清关费用）+ 预期利润

预期利润=FOB 报价×预期利润率

由于出口关税税率通常为零，因此 FOB 报价的计算公式通常为：

FOB 报价=（实际进货成本+国内费用）÷（1−预期利润率）

同理，如果所报 FOB 价格是含佣价的话，由于：

佣金=含佣价×佣金率

因此，

FOBC 报价（FOB 含佣价）=（实际进货成本+国内费用）÷（1−佣金率−预期利润率）

根据 FOB、CFR 和 CIF 之间的换算公式，可得：

CFR 报价=（实际进货成本+国内费用+国际海运运费）÷（1−预期利润率）

$$\text{CFRC 报价}（\text{CFR 含佣价}）=\left(\begin{matrix}\text{实际进货}\\\text{成本}\end{matrix}+\begin{matrix}\text{国内}\\\text{费用}\end{matrix}+\begin{matrix}\text{国际海运}\\\text{运费}\end{matrix}\right)÷\left(1−\text{佣金率}−\begin{matrix}\text{预期}\\\text{利润率}\end{matrix}\right)$$

CIF =（成本 + 费用 + 运费）/ [1 − 利润率 −（1.1 × 保险费率）]

CIFC =（成本 + 费用 + 运费）/ [1 − 佣金率 − 利润率 −（1.1 × 保险费率）]

7.3.5.3　出口盈亏核算

外贸企业在完成出口任务的同时，应加强对出口商品的成本核算，这是衡量外贸企业经营管理水平的一个重要指标。出口成本的核算工作涉及 3 个数据，即出口总成本、出口外汇净收入和出口人民币净收入，根据这 3 个数据可以计算出出口盈亏率和出口换汇成本。

（1）出口总成本

出口总成本是指外贸企业为出口商品支付的国内总成本，其中包括进货成本和国内费用。需缴纳出口关税的商品，出口总成本还应包括出口关税。计算公式为：

出口总成本=出口商品进货价+国内费用−出口退税收入

（2）出口外汇净收入和出口人民币净收入

出口外汇净收入是指出口外汇总收入扣除劳务费用（如运费、保险费、佣金等非贸易外汇）后的外汇收入，即以 FOB 价格成交所得的外汇收入。如按 CFR、CIF 价格成交，则扣除国海运运费和国外保险费等劳务费用支出后，即为外汇净收入。按含佣价成交的，还要扣除佣金。出口人民币净收入是指出口外汇净收入按当时的外汇牌价折算的人民币总额。

（3）出口盈亏率

出口盈亏率是指出口盈亏额与出口总成本的比率。出口盈亏额是指出口销售人民币净收入与出口总成本的差额。前者大于后者为盈利；反之为亏损。出口盈亏率的计算公式为：

出口盈亏率= [（出口销售人民币净收入−出口总成本）÷出口总成本]×100%

例如，出口某商品 1 200 000 只，出口总价为 USD8 000 FOB 上海，商品进货价为 400 000 元人民币（含增值税 13%），国内费用为进货价的 6%，出口退税率为 9%，当时银行汇价美元买入价为 7 元人民币。求该笔业务出口盈亏率。

出口人民币净收入=80 000×7=560 000（元）

出口总成本=进货价+国内费用−出口退税收入

=400 000+400 000×6%−400 000×9%×（1+13%）

=392 140（元）

出口盈亏额=560 000−392 140=167 860（元）

出口盈亏率=（出口盈亏额÷出口总成本）×100%=167 860÷392 140×100%=42.81%

（4）出口换汇成本

出口换汇成本是指出口商品净收入一个单位的外汇所需的人民币成本，它是反映企业出口交易盈亏的重要指标，计算公式为：

出口换汇成本=出口总成本（人民币）÷出口外汇净收入（外币）

例如，我国甲公司出口新加坡乙公司货物，总货价是 CIF 新加坡 80 000 美元，其中从上海到新加坡的海运费是 3800 美元，保险费是 176 美元，该货物的出口总成本是 58 万元人民币，则该货物的出口换汇成本（结果保留两位小数点）为：

出口换汇成本=580 000÷（80 000−3 800−176）=7.63（元/美元）

从以上公式可以看出，出口商品换汇成本的高低，取决于出口总成本与出口外汇净收入的比率关系。出口总成本越高或出口外汇净收入越少，其出口换汇成本越高；出口总成本越低或出口外汇净收入越多，则换汇成本就越低，即换汇成本与出口总成本成正比关系，而与外汇净收入成反比关系。

出口换汇成本是衡量外贸企业出口盈亏状况的重要指标。核算换汇成本的意义如下：

① 比较不同类出口商品的换汇成本，以便调整出口商品的结构。

② 对于同类商品比较出口到不同国家或地区的换汇成本，以作为选择市场的依据。

③ 对于同类商品比较不同时期的换汇成本，以利于改善经营管理和采取扭亏为盈的有效措施。

（5）出口创汇率

出口创汇率也称外汇增值率，或出口收汇率，用于考核加工贸易，反映以外汇购买原料、辅料并加工成为成品再出口的创汇效果。其具体计算方法是以成品出口所得外汇净收入减去进口原料所支出的外汇，算出成品出口外汇增值的数额，即创汇额；再将其与原料外汇成本相比，计算出百分率。在采用国产原料的正常出口业务中，也可以计算创汇率，这就要将该原料的 FOB 出口价作为原料外汇成本。出口创汇率计算公式为：

出口创汇率=［（成品出口外汇净收入−原料外汇成本）÷原料外汇成本］×100%

式中：成品出口外汇净收入减去原料外汇成本即可得外汇增值额，如为正数，则表示外汇增值；若为负数，则表示"倒贴外汇"。要注意的是，其中原料外汇成本是进口的 CIF 价，出口外汇净收入是出口的 FOB 价。

【例 7-1】某公司从国外进口棉布，经加工制成成衣后出口，已知进口棉布总成本为 35 500 美元，成衣出口外汇净收入为 53 000 美元，试计算出口创汇率。

出口创汇率=［（成品出口外汇净收入−原料外汇成本）÷原料外汇成本］×100%

　　　　　　 =（53 000−35 500）÷35 500×100%

　　　　　　 =49.30%

7.3.6　合同中的价格条款

7.3.6.1　合同中完整价格条款的内容

合同中完整价格条款应包含单价（unit price）、金额（amount）和总值（toal value）。如果一个合同中成交一种以上的商品，每种商品需要分别计算金额（即单价×数量），所有商品的金额合计就是合同的总值。合同的总值必须分别以大写、小写表示。

（1）单价

通常由4个部分组成，即计量单位、单位价格金额、计价货币和贸易术语。

例如，每公吨2 000美元FOB上海（USD 2,000 per M/T FOB Shanghai）。上例中，USD为计价货币，2 000为单位价格金额，M/T为计量单位，FOB Shanghai为贸易术语。

第一，计量单位。一般来说，计量单位应该与数量条款所使用的计量单位一致，并要注意使用同一度量衡。如合同数量条款以公吨为计量单位，则单价中应以公吨为单位计价，而不应采用千克计价。再如，合同数量条款以打为计量单位，则单价应以打计价，而不应采用个或件。

第二，单位价格金额。其应按双方协商一致的价格，正确填写在书面合同中，不得有误。单位价格金额的大小直接影响买卖双方的经济利益，它是价格条款的核心。在交易磋商过程中，买卖双方应认真核算成本后慎重报价，避免因报错价格造成被动。

第三，计价货币，是指买卖双方约定用来计算价格的货币。当合同没有约定采用其他货币支付时，计价货币就是支付货币。在国际贸易中，使用哪种货币作为成交商品的计价货币，必须明确规定，以免因买卖双方理解不同而引起争议。根据贸易术语的特点，用来计价的货币可以是出口国家货币，也可以是进口国家货币，或双方同意的第三国货币，还可以是某一种记账单位，由买卖双方协商确定。计价货币通常与支付货币为同一种货币，也可以计价货币是一种，而支付货币为另一种甚至几种。

由于货币的币值不稳定，买卖双方在选择计价货币时，应遵循以下两个原则：

① 用可自由兑换的货币。当一种货币的持有人能把该种货币兑换为任何其他国家的货币而不受限制时，这种货币就被称为可自由兑换货币。世界上有60多个国家或地区接受了《国际货币基金协定》中关于货币自由兑换的规定。也就是说，这些国家或地区的货币被认定为自由兑换的货币，其中主要有美元、欧元、日元、挪威克朗、港元、加拿大元、澳大利亚元、新西兰元、新加坡元等。

② 避免汇率风险。由于各国使用的货币不同，加上各国货币汇率经常变化，在国际货款收付结算的时候就会产生汇率风险。在出口业务中，一般尽可能争取多使用汇率稳定且有升值趋势的货币，即"硬币"。在进口业务中，一般尽可能争取多使用汇率有下降趋势的货币，即"软币"。但在实际业务中，以什么货币作为计价货币，还应视双方的交易习惯、经营意图及价格而定。如果为达成交易不得不采取对我方不利的货币，则可用下述

两种方法补救：一是根据该种货币今后可能的变动幅度，相应调整对外报价；二是在可能的条件下，争取订立保值条款，以避免计价货币汇率变动的风险。

第四，贸易术语。买卖双方在使用贸易术语时，应该根据不同的含义加注不同的地点，如果有重名地点问题，应该加注国别或地区名称。

（2）总值

总值（或称总价）是单价同数量的乘积，也就是一笔交易的货款总金额。总值所使用的货币必须与单价的货币一致，除用阿拉伯数字填写外，还要用文字表示，并防止计算或书写错误。

7.3.6.2　规定价格条款应注意的问题

合同中的价格条款应真实反映买卖双方价格磋商的结果，条款内容应该完整、明晰、具体、准确。在制定价格条款时，应该注意以下问题：

第一，合理地确定商品的价格水平。贯彻我国进出口商品作价原则，考虑各种价格影响因素，并结合购销意图来确定适当的价格水平，防止偏高或偏低。出口商品价格过高不利于开拓市场，过低会造成外汇收入的减少，甚至会导致反倾销诉讼。进口合同如果价格过高会导致外汇的浪费，影响企业的经济效益。

第二，选择适当的贸易术语。贸易术语可以反映商品的价格构成，而各种贸易术语的价格构成各不相同。运费、保险费是价格的一部分，因此在选用贸易术语时，应考虑运费、保险费的因素。一般来说，在出口贸易中，海运可优先采用 CIF/CFR（控制运输链），但需尊重买方要求；多式联运优先采用 CIP/CPT（覆盖全程运输）。在进口贸易中，海运可优先采用 FOB（降低卖方加价），但需确保物流能力；多式联运优先采用 FCA（提前转移风险）。另外，在选用贸易术语时，还应注意运费变动的趋势。当运费看涨时，为了避免承担运费上涨的风险，出口时应选用 FOB 术语，进口时应选用 CIF 或 CFR 术语。如出于某种原因，采用由我方安排运输的贸易术语时则应对货价进行调整，将运费上涨的风险考虑到货价中去。

第三，争取选择有利的计价货币或订立保值条款。计价货币是指合同中规定用来计算价格的货币。在国际货物买卖合同价格条款中，必须对计价货币作出明确的规定，争取选择有利的计价货币，以免遭受币值变动带来的风险。如采用不利的计价货币，应当加订外汇保值条款。

第四，合同中金额大小写。合同中金额大小写必须相符，英文金额小写、大写须完整规范。小写金额前要填写货币代码，如 USD、EUR、JPY 等，货币符号与阿拉伯数字之间不得留有空白。

英文大写金额采用"Say+币种+金额+Only"的格式书写，金额和币种中间不得留有空白。金额到小数点后两位的，英文大写无须以"Only"结尾，否则应以"Only"结尾。常见货币的辅币参见表7-2。如果不知道某种外币的辅币英文名称，可以用"Plus 百分比"来表示。例如，"Total Value：CBP14,700.35（Say Pounds Sterling Fourteen Thousand Seven Hundred and Pence Thirty‐five）"可表述为"Total Value：GBP14,700.35（Say Pounds Sterling Fourteen Thousand Seven Hundred Plus 35/100）"。

表7-2 常见货币的辅币

货币	基本单位		辅币	
	单数	复数	单数	复数
美元 USD	元，Dollar	Dollars	分，Cent	Cent
港币 HKD	元，Dollar	Dollars	分，Cent	Cent
澳元 AUD	元，Dollar	Dollars	分，Cent	Cent
欧元 EUR	元，Euro	Euro	分，Cent	Cent
日元 JPY	元，Yen	Yen	无	无
英镑 GBP	镑，Pound Sterling	Pound Sterling	便士，Penny	Pence

第五，如交货数量约定了机动幅度，应规定金额和数量同时增减。

第六，灵活运用各种不同的作价方法，以避免价格变动的风险。

第七，参照国际贸易的习惯做法，注意佣金和折扣的合理运用。

① 净价条款。

例如：

单价：每箱0.70欧元FOB大连。

总值：14 700欧元。

Unit Price：EUR0.70 per box FOB Dalian.

Total Value：EUR14,700（Say Euro Fourteen Thousand Seven Hundred Only）.

② 含佣金条款。

例如：

单价：每公吨20 000日元CIFC2%东京。

总值：100 000日元。

Unit Price：JPY20,000 per M/T CIFC 2% Tokyo.

Total Value：JPY100,000（Say Japanese Yen One Hundred Thousand Only）.

③ 含折扣价条款。

例如：

单价：每件45英镑CIF汉堡折扣2%。

总值：44 100英镑。

Unit Price：GBP45 per piece CIF Hamburg less 2% discount.

Total Value：CBP44,100（Say Pounds Sterling Forty-four Thousand One Hundred Only）.

拓展阅读7-1

本章小结

1.贸易术语又称贸易条件或价格术语，是国际贸易中用于明确买卖双方责任和费用划分的标准化术语。它们对于商品价格的构成、交货条件及风险划分等关键事项进行了规定，有助于简化交易磋商过程，减少误解和争议。本章首先对贸易术语的基本概念和重要性进行了概述，强调了其在国际贸易合同中的不可或缺性。

2.INCOTERMS 2020根据运输方式和交货条件的不同被分为不同的组别，如适用于任何运输方式的EXW、FCA、CPT、CIP等，以及仅适用于海运的FOB、FAS、CFR、CIF等。每一种术语都详细规定了买卖双方在交货、运输、保险、费用承担及风险划分等方面的责任和义务。掌握这些术语对于正确理解和执行国际贸易合同具有重要意义。

3.商品价格是影响国际贸易成交的关键因素之一。本章分析了商品价格与贸易术语之间的紧密联系，指出不同贸易术语下的商品价格构成可能包含不同的费用和风险。例如，CIF价格包含成本、装运港费用、国际海运运费和保险费；FOB价格仅包含成本和装运港装船前费用（不含从工厂到港口的运费）。买卖双方在制定和调整价格策略时需要综合考虑多方面因素。

基础训练

❖名词解释

贸易术语　FOB　CFR　CIF　CPT　EXW　FAS　DAP　DPU　DDP　待定价格　滑动价格　暂定价格　佣金　折扣　实际进货成本　出口关税　出口总成本　出口创汇率　计价货币　总值（总价）

❖简答题

1.影响出口商品价格的主要因素有哪些？

2.进出口商品价格中的国内外费用主要有哪些？

3.FOB、CFR、CIF 3种贸易术语的价格构成有哪些异同点？

4.如何规定合同中的佣金和折扣？需要注意什么问题？

5.如何正确制定合同中的佣金和折扣？需要注意什么问题？

❖计算题

1.我国某公司出口一批货物，CIF发票金额为40 000英镑，按合同规定加一成投保，险别为水渍险，保险费率为0.6%。现客户要求改报CFR价，如我方同意，为不影响收汇，应报CFR价为多少？

2.我国某公司对美国客商出口一批商品，报价为每千克100元人民币CFR纽约，美国客商要求改报CIFC5%美元价（按10%投保一切险，保险费率为4%，当时人民币兑美元比价为1：6.3）。在不影响收汇额的前提下，准确的CIFC价应报多少？

3.某外贸公司出口商品，采购成本7 000元人民币/公吨，国内费用总和2 000元人民币/公吨，成交价CIFC3%为1 200美元/公吨（其中运费42.37美元/公吨，保险费8.58美元/公吨，佣金36美元/公吨）。假设出口200公吨，求该批商品出口盈亏率和换汇成本

（当时美元兑人民币比价为1∶6.9）。

4.我国某出口商品对外报价为每公吨1 200英镑FOB上海，对方来电要求改报CIFC5%纽约。CIFC5%纽约价为多少？（已知保险费率为1.6%，运费合计为9.75英镑）

5.我国某外贸公司出口商品货号B066共3 000箱，该货每箱净重20千克，毛重22千克，体积0.03立方米，出口总成本为每箱人民币800元，外销价每箱120美元CFR伦敦。海运运费按W/M12级计算，装班轮出口，查运价表到伦敦12级货运费每吨运费50美元。该商品的出口销售换汇成本及盈亏率是多少？

6.上海某公司拟从澳大利亚进口1个20英尺货柜的混纺织女士西服套装2 400套。该批女士套装的国内分销价为人民币320元/套，国内运输杂费共计4 000元人民币，进口商检费300元人民币，报关费200元人民币，港区港杂费1 600元人民币，管理费用5 000元人民币，财务费用8 000元人民币。从澳大利亚悉尼到上海，一个20英尺货柜的包箱费率为1 650美元，进口关税税率为25%，增值税税率13%，投保加成率为110%，投保一切险的保险费率为1%，客户要求含5%的佣金，要保证10%的预计利润，当时美元兑换人民币的汇率为1∶7.5。问：

（1）每套女士套装的CIFC5%、CFRC5%、FOBC5%的价格分别为多少？

（2）如果最终以25美元/套CIFC5%成交，出口盈亏率为多少？

第8章　国际货物运输

学习目标

◆使学生能够系统地学习与掌握国际货物运输和货运代理的相关知识。

◆使学生能够系统地学习与掌握国际海运、陆运、空运等主要运输方式的实务运作与法规，掌握国际多式联运实务流程。

◆使学生了解国际货物运输的途径、方式、路线，熟悉国际货运的基本规则和公约、协定及惯例；能够熟练运用现代物流理论开展国际货物运输业务活动。

❖ 导入案例

"阿登内斯"轮代理人对一票橘子的托运人口头保证：该轮在西班牙港口卡塔黑纳装上该批橘子后，将直接驶往伦敦并卸货。但是该船并没有直接驶往伦敦，而是驶向了比利时的安特卫普。结果当托运人的橘子到达伦敦时，橘子的进口关税提高了，且由于其他橘子的大量到货，使这批橘子的价格下降。托运人认为如果货轮是依口头的约定直驶伦敦的，则关税的提高和价格的下降都应该是在该船到达之后发生。于是托运人向法院起诉，要求承运人承担损失。但是承运人辩称：提单中载明规定承运人可以任意经由任何航线直接或间接到达伦敦。因此，不负责任。此案将如何判定？

资料来源：魏炳麒. 商贸法律与案例 [M]. 北京：高等教育出版社，2002：96.

8.1　装运条款

装运条款通常包括装运时间、装运港（地）和目的地、分批装运和转运等。

8.1.1　装运时间

如前所述，根据 INCOTERMS 2020 规定，FOB、CFR、CIF、FCA、CPT 和 CIP 均属于装运合同。在 FOB、CFR、CIF 下，卖方在货物装上船时完成交货；在 FCA、CPT、CIP 下，卖方在货物交付第一承运人时完成交货。通常情况下，装运时间即视为交货时间，但若合同另有约定或买方延迟接管货物，则可能存在例外。装运期是合同装运条款中一个非常重要的条件。任何延迟或提前交货均构成违反合同。

合同中规定交货期的方式主要有两种：

第一，明确规定装运时间。例如：202×年2月装运。

第二，在收到信用证后××天内装运。对于信用证付款的合同，为了避免由于买方未能开立信用证而造成的损失风险，或为了利用信用证作为融资的手段，卖方希望以这种方式规定交货时间。

8.1.2　装运港和目的港

装运港（port of shipment）又称装货港（loading port），是指货物起始装运的港口。为了便利卖方安排货物的装运和适应买方接收或转售货物的需要，在一般情况下，装运港都是由卖方提出的，经买方同意后确定。目的港（port of destination）又称卸货港（unloading port），是指买卖合同规定的最后卸货港口。目的港一般由买方提出，经卖方同意后确定。根据双方的需要，目的港可以规定一个，也可以规定两个或两个以上。

8.1.3　分批装运和转运

8.1.3.1　分批装运

分批装运是指一份合同中的货物要分批装运。在国际贸易中有时由于交易量大或由于供应和交易的限制，不得不分批装运。如果合同中没有这样的条款，分批装运被认为是不允许的。但有些国际规则有相反的规定。例如，根据 UCP600 规定，除非信用证另有明确禁止，否则允许分批装运和/或转运。鉴于上述差异，宜在合同中明确是否允许分批装运。

（1）只需说明允许分批装运

合同中没有规定交货的确切时间、每批的数量和总批数，这样的规定对卖方有利。因为卖方可以根据可供应的货物和运输条件选择每批货物的数量和交货时间。

（2）说明每批货物的具体交货时间和数量

例如，3月至6月分4批装运。当买方需要转售货物或在使用中有特殊要求时，通常采用这种方式。如果卖方未能履行任何一批合同，则应承担违约责任。

UCP600第31条规定，如果运输单据的表面显示货物是在同一运输工具上装运的（和同一航程），甚至运输单据上也注明了不同的装运日期和/或不同的装货港，只要它们表明了同一目的地，则不视为分批装运。

8.1.3.2　转运

根据 UCP600，转运是指在运输过程中，在同一运输方式或从一种运输方式到另一种运输方式之间的转移和重新装载。船舶应在约定的装卸时间内完成装卸作业。

8.1.4　装运通知

装运通知是指出口商寄给外国买方的信件或表格，通知所订货物在装运途中。出口商还可以附上发票和装箱单的副本（有时还可以附上提单的副本），其也被称为装船通知。

8.1.5　装卸时间、速遣费和滞期费

就航次租船而言，货物的装卸时间影响着船舶的租船时间和港口成本，直接关系到船舶的利益。因此，有必要制定奖惩措施，督促承租人迅速装卸货物。装卸时间是指承租人承诺在一定期限内完成装卸作业。装卸时间直接关系到船舶的周转和出租人的经营成本。因此，它是航次租船合同的重要内容。装卸时间可以表示为几天，也可以用装卸率来表示，如平均每天几吨。此外，计算装卸时间时，需从总天数中排除的非有效工作日。装卸时间的计算一般如下：

8.1.5.1　休息日

第一，连续日：可按天或连续日、小时计算。这意味着24小时的连续全天计算为天或连续几天。

第二，工作日：指按港口习惯，属于正常工作日。

第三，晴天工作日是指工作日，也适用于装卸前好天气的装卸时间计算。合适的装卸取决于货物的性质以及恶劣天气下的装卸是否影响货物质量（天气工作日为24时）。

第四，24小时晴天工作日：指在装卸时间计算中，无论实际作业是否跨越多日，只要累计满24小时即视为一个晴天工作日。例如，港口每日工作8小时，则需3个正常工作日才能构成一个24小时晴天工作日。此外，仅计算天气适宜装卸作业的时间，若遭遇风雨、雪雾等妨碍作业的天气（具体标准与货物性质相关），相关时段需扣除。例如，细雨对矿石装卸无影响，但可能妨碍新闻纸装卸。

8.1.5.2　速遣费和滞期费

船舶应在约定的装卸时间内完成装卸作业。如果承租人实际使用的装卸时间超过了约定时间（包括规定的装卸日、节假日/休息日等），作为对船东船舶时间损失的补偿，则承租人应当向船东支付逾期罚款，这种罚款被叫作滞期费。另外，承租人在规定期限提前完成装卸作业的，船东应当按照节省的时间向承租人支付一定的奖金（但并非义务），责任主体和支付方向需明确，该奖金被称为速遣费。一般来说，速遣费是滞期费的一半。

8.2　运输方式

国际货物运输的方式主要包括海洋运输、铁路运输、航空运输、集装箱运输、国际多式联运、大陆桥运输等。国际贸易中的买卖双方在订立合同时，应考虑各种运输方式的优

缺点，合理选择适当的运输方式。

8.2.1 海洋运输

海洋运输是国际贸易中最常用的运输方式，这种运输方式具有通过能力大、不受道路和轨道限制、运量大以及运费低廉的特点。按照海洋运输船舶营运方式的不同，海洋运输方式可以分为班轮运输和租船运输两大类。

8.2.1.1 班轮运输

（1）班轮运输的概念和特点

班轮运输（liner shipping）也称定期船运输，是在一定航线上在一定停靠港口定期开航的船舶运输。

班轮运输方式具有以下特点：

第一，"四固定"，即船舶按照固定的船期表、沿着固定的航线航行，在固定的港口停靠并按相对固定的运费率收取运费。这是班轮运输不同于租船运输最明显的标志之一。

第二，"一负责"，即由船方负责货物的配载装卸，将装卸费包含在运费中，货方不再另外支付装卸费，而且船货双方也不计算滞期费和速遣费。

第三，船、货双方权利、义务与责任的豁免，应当以船方签发的海运提单条款为依据。

第四，班轮承运货物的品种、数量比较灵活，只要舱位允许，都可接受装运。此外，班轮运输货运质量较有保证，且一般采取在码头仓库交接货物，为货主提供了更加便利的条件。

因此，班轮运输方式具有这些优点：

第一，班轮运输的港口装卸费由船方负担；

第二，船货双方不计算滞期费和速遣费；

第三，利用班轮运输货物非常灵活便利；

第四，班轮运输方式通常适用于少量货物、杂货等的海洋运输。

但是，班轮运输与租船运输相比，运费比较高。

（2）班轮运输费用

班轮运输费用是按照班轮公司制定的班轮运价表的规定计算的，确定班轮运输基本费率的运价表有两种：一种是单项费率运价表，即标出每一个商品运费的运价表；另一种是等级费率表，规定了班轮基本运费率的20个等级，这是较常用的运价表。

班轮运费由基本运费和附加运费两部分构成。基本运费是指在正常运输条件下，普通货物从装运港运到卸货港的费用，这是构成全程运费的主要部分。附加运费是班轮公司根据客观情况的变化在基本运费的基础上另外收取的费用。例如，对一些需要特殊处理的货物所加收的费用，或在运输途中有额外的正常支出，或因为突发事件、情况变化等原因蒙受一定的经济损失时，班轮公司都要向货方追加一定的附加运费。

班轮运输基本运费的计收标准如下：

第一，按货物的毛重（即重量吨）计收，在班轮运价表中用 W 表示货物的毛重。1重量吨一般为1公吨，适用于计算重量大的货物（如重金属、建筑材料、矿产品等）的基本运费。

第二，按货物的体积或尺码（即尺码吨）计收，在班轮运价表中用M表示货物的体积。1尺码吨一般为1立方米，适用于计算轻泡货物（如纺织品、日用百货等）的基本运费。

第三，按商品的价格（即FOB价）计收，也称从价运费，在班轮运价表中用A.V或Ad.Val表示商品的价格，适用于贵重物品（如精致工艺品、黄金、白银、宝石等）的基本运费计收。

第四，按货物的毛重或体积从高计收，在班轮运价表中用W/M表示。重量吨和尺码吨统称为运费吨，适用于一批商品中包含多种品质的商品的基本运费计收。

第五，按货物的件数计收运费，适用于包装固定，数量、重量、体积也固定的货物，如汽车、活牲畜等货物的基本运费计收。

第六，由船方和货主临时协商议定运费，适用于大宗低值货物，如粮食、煤炭、矿砂等货物的基本运费计收。

班轮附加运费一般以基本运费的一定百分率计收，也有以运费吨为基础计收的。常见的班轮附加运费包括燃油附加费、超重附加费、超长附加费、港口附加费、港口拥挤附加费、直航附加费、绕航附加费、转船附加费、变更卸货港附加费等。

班轮运费的计算基本步骤是：先根据货物的英文名称从货物分级表中查出货物的计费等级和计算标准，再从航线费率表中查出有关货物的基本费率，然后加上各项须支付的附加费率，总和即为有关货物的单位运费，最后乘以计费重量吨或尺码吨。

班轮运费的计算公式为：

班轮运费=总货运量×基本运费率×（1+附加费率）

【例8-1】我国某外贸公司从大连向国外港口出口一批货物，计收运费的标准为W/M，共200箱，每箱毛重25千克，每箱尺寸为49厘米×32厘米×19厘米，基本运费率为每运吨60美元，特别燃油附加费率为5%，港口拥挤费率为10%。要求：200箱该货物应付多少运费？

解：W=25千克=0.025运费吨

M=0.49×0.32×0.19=0.029（运费吨）

因为$M>W$，所以采用M计算运费。

运费=总货运量×基本运费率×（1+附加费率）

　　　=200×0.029×60×（1+5%+10%）=400.20（美元）

所以200箱该货物应付的运费为400.20美元。

8.2.1.2　租船运输

租船运输（charter transport）是指租船人向船东租赁船舶用于运输货物的业务，租船人可以租赁整条船或租赁部分舱位。租船运输和班轮运输方式下的"四固定""一负责"相反，可由船东和租船人临时议定航线、停靠港口、船期、运费和货物的装卸由谁负责等。根据租船方式的不同，租船运输一般可以分为定程租船和定期租船两大类。

（1）定程租船

定程租船（voyage charter）是以船舶完成一次航程来租赁的，依照租船合同的规定，船舶出租人提供整条船舶或船舶的部分舱位，装运约定的货物，从装运港运至卸货港，由租船人支付约定的运费的租船运输方式。

定程租船合同关于货物装卸费的收取方法规定如下：

第一，班轮条件运费（或租船费用）中已包括装卸费用，船方要负责装卸并负担装卸费。

第二，船方管装不管卸（free out，FO），运费（或租船费用）中包括了装船费用。船方不负责卸货而负责装货，而且船方只负担装货费，不负担卸货费。

第三，船方管卸不管装（free in，FI），运费（或租船费用）中包括了卸货费用。船方负责卸货而不负责装货，而且船方只负担卸货费，不负担装货费。

第四，船方不管装不管卸（free in and out，FIO），船方不管装也不管卸，不负担装卸费，也不负担理舱费和平舱费。当签订定程租船合同且合同中的货物是散装货时，多采用这一条件。一般散装货的定程租船运输由租方负担装卸费、理舱费、平舱费。

（2）定期租船

定期租船（time charter）是按一定期限来租赁船舶，是指船舶出租人向承租人提供约定的由出租人配备船员的船舶，由承租人在约定的期限内按照约定的用途使用，并支付租金的一种租船方式。简而言之，定期租船是船舶出租人将船舶出租给承租人，供其使用一定时期的租船运输方式。在船舶租赁期间，承租人可以将该定期租船当作班轮或定程租船使用。船方只负担船员薪酬、伙食等费用以及保持船舶具有适航价值而产生的相关费用。承租人承担租船期间船舶的燃料费、港口费、装卸费和垫舱物料费等各项费用。

除上述两种主要租船方式外，还有目前使用较少的光船租船方式，即在一定期限内船舶出租人向租船人提供不配备船长和船员的空船。另外，航次期租方式是近年新发展起来的租船方式，是以完成一个航次运输为目的，根据完成航次所花的时间，按约定的租金率计算租金的一种租船方式。目前，外贸企业使用较多的租船方式是定程租船，主要用于运输批量较大的大宗初级产品。

8.2.2　铁路运输

铁路运输（rail transportation）是指利用铁路进行国际贸易货物运输的一种方式，仅次于海洋运输。铁路运输运量较大、速度较快，有高度的连贯性；一般不受气候的影响，运输途中遭受的风险较小，可以保证全年正常运行；办理铁路货物运输的手续比海洋运输的手续简便。

8.2.2.1　国际铁路货物联运

国际铁路货物联运是指使用一份统一的国际铁路联运票据，由跨国铁路承运人办理两国或两国以上铁路的全程运输，并承担运输责任的一种连贯运输方式。

国际铁路货物公约主要有两个：一个是由奥地利、法国、德国、比利时等49个国家参加并签订的《国际铁路货物运输公约》（简称《国际货约》）；另一个是由匈牙利、罗马尼亚等 12 个国家参加并签订的《国际铁路货物联运协定》(简称《国际货协》)。"货协"现在已经解体,但联运业务并未终止。在我国,凡是可以办理铁路货运的车站都可以接受国际铁路货物联运。

我国通往欧洲的国际铁路联运线有两条:

一条是利用俄罗斯的西伯利亚大陆桥,贯通中东、欧洲各国。自 1980 年以来,我国用西伯利亚大陆桥开展了集装箱国际铁路联运业务。这进一步加快了货运速度,减少了运输成本,从而更有效地促进了我国对外贸易的发展。

另一条是由我国江苏连云港经我国新疆与哈萨克斯坦的铁路连接,贯通俄罗斯、波兰、德国至荷兰的鹿特丹,被称作新亚欧大陆桥,1992 年开始运营,运程比海运缩短 9 000 千米,比经由西伯利亚大陆桥缩短 3 000 千米,进一步推动了我国与欧亚各国的经贸往来,也促进了我国沿线地区的经济发展。

8.2.2.2　国内铁路货物运输

国内铁路货物运输是指仅在本国范围内按《铁路货物运输规程》的规定办理的货物运输。

对港澳地区的铁路运输与一般的国内铁路运输有所不同。运往我国香港地区的货物具体操作办法是,货物发运地的外运公司或外贸进出口公司根据《铁路货物运输规程》的相关规定,首先向当地铁路局提出月度要车计划和旬度要车计划,填制铁路运单,将货物运往深圳北站;接着将货物送到车站指定的货位,办理出关手续,并委托深圳外运公司办理接货过轨、租车等中转事宜;最后,由深圳外运分公司通知其在香港的代理人即香港中国旅行社做好接车准备工作,并负责在香港地区报关,向香港广九铁路公司办理香港段铁路运输的托运报关和卸货送货等事宜。

对我国澳门地区的铁路运输是由出口公司在发货地车站将货物先运到广州,由中外运广东省公司收货。由于澳门目前尚未开通铁路,货物到达广州后由中外运广东省公司办理水路中转将货物运往澳门,货物运到澳门后由南光集团的运输部门先负责收货再交给收货人。

8.2.3　航空运输

航空运输是国际贸易中一种既迅速又安全的货物运输方式。该运输方式具有运送速度较快、安全、运量有限、运费较高、节省包装费和保险费等特点。因此,急需物资、鲜活商品、精密仪器以及贵重物品采用航空运输方式。航空运输方式包括班机运输、包机运输、集中托运和航空急件传递等。

8.2.3.1　班机运输

班机运输(scheduled airline)是指使用在固定时间、航线、始发站和目的站飞行的飞机所进行的货物运输。班机运输的飞机货舱容量较小,运价较贵,但是由于航期固定,有利于客户安排鲜活商品、急需商品和季节性商品的运送。

8.2.3.2　包机运输

包机运输（chartered carrier）是指发货人（或航空货运代理公司）包租整架飞机或由几个发货人（或航空货运代理公司）联合包租一架飞机来运送货物的运输方式。包机运输采用全货机，适合于运输数量较大的大宗货物或有多个发货人但目的地相同的货物。包机运输费率低于班机，但运送时间长于班机运输。

8.2.3.3　集中托运

集中托运（consolidation）是指航空货运公司把若干单独发运的货物（每个货主货物要出具一份航空运单）组成一整批货物，用一份总运单（附分运单）整批发运到预定目的地，由航空公司在那里的代理人收货、报关、分拨后交给实际收货人。该航空运输方式因运价低廉而受到发货人的青睐。

8.2.3.4　航空急件传递

航空急件传递（air express service）是目前国际航空货物运输中最快捷的运输方式。

8.2.4　集装箱运输

集装箱运输（containerized transport）是指将货物装载于标准规格的集装箱内，以集装箱为运输单位进行货物运输的一种现代化运输方式，适合海洋运输、铁路运输、航空运输以及国际多式联运等运输方式。

集装箱又称货柜或货箱，是有一定强度和刚度、能长期反复使用、外形像箱子的大型货物容器，可以集装成组货物而专供周转使用，而且便于机械操作和运输。集装箱按装载货物所属货主分为整箱货（full container load，FCL）和拼箱货（less than container load，LCL）。

集装箱应具备的条件包括：

第一，能够长期反复使用，具有足够的强度；

第二，使用集装箱运输货物时转运可以直接换装；

第三，便于货物装满和卸空；

第四，集装箱容积大到足以装下待运输的货物而又尽量不浪费空间。

集装箱运输具有以下特点：

第一，用标准化设备装卸货物，节约劳动力和装卸费用。

第二，与拆散货物运输相比，货物被盗受损的风险小。

第三，货物只需较少的包装，冷冻集装箱甚至不需要任何包装，节省运输成本。

第四，有可靠的海运日程表，运输效率高、速度快，值得信赖。

8.2.5　国际多式联运

国际多式联运是在集装箱运输的基础上产生和发展起来的一种综合性的连贯运输方式，它一般是以集装箱装载形式，把海、陆、空各种运输方式连贯起来进行国际运输的一种新型运输方式。采用国际多式联运是以至少两种运输方式，由国际多式联运经营人将货物从国境内接收货物的地点运至另一国境内指定交付货物的地点。

国际多式联运的主要特点有货运手续简便，货运速度较快，运输成本低和节省运杂费用，有利于加速资金周转和实现"门到门"的运输等。

国际多式联运经营人是指本人或本公司或通过其代表订立多式联运合同的任何人或公司，该经营人具有法人身份，是一个独立的经济实体。它对货主而言，是货物的承运人；但对部分承运人而言，又是货物的托运人。它自己可以是拥有装运工具的实际承运人，经营全部或部分运输业务，也可以是无船承运人，即将全程运输交给各段实际承运人来履行。

构成国际多式联运的条件如下：

第一，运输单据必须覆盖全程。

第二，包括两种或两种以上不同运输方式的连贯运输。

第三，必须是国际的货物运输。

第四，多式联运经营人必须对全程运输负责。

第五，必须是全程单一运费费率。

8.2.6　大陆桥运输

大陆桥运输（landbridge transport）是指将横贯大陆的铁路（公路）运输系统作为中间桥梁，把大陆两端的海洋连接起来的集装箱连贯运输方式。海陆联运中的大陆运输部分就称为大陆桥运输。这种运输方式具有缩短运输里程、降低运输成本、加速货物运输的特点。目前运用较广的世界最主要的大陆桥有三条：

第一条是西伯利亚大陆桥，又称亚欧大陆桥，是利用俄罗斯西伯利亚铁路作为陆地桥梁，东起纳霍德卡，西至荷兰鹿特丹，并且可以通过欧洲和西亚各地，把太平洋远东地区与波罗的海和黑海沿岸以及西欧大西洋口岸连接起来。这是目前使用最多的大陆桥。

第二条是新欧亚大陆桥，东起中国连云港，经陇海铁路、兰新铁路、北疆铁路，在阿拉山口与中亚铁路相连，最终抵达鹿特丹、阿姆斯特丹等西欧主要港口。

第三条是北美大陆桥，主要由贯穿美国、加拿大境内的各条东西向铁路构成。

8.3　运输单据

运输单据是指承运人收到承运货物后签发给托运人的证明文件，是交接货物、处理索赔与理赔以及向银行结算货款或进行议付的重要单据。运输单据的种类很多，运用较多的主要包括海运提单、海上货运单、铁路运单、航空运单和国际多式联运单据等。

8.3.1　海运提单

海运提单（ocean bill of lading）是指用以证明海上货物运输合同和货物已经由承运人接收或装船，以及承运人保证据以交付货物的书面凭证。它是货物承运人或其代理人收到货物后，签发给托运人的一种证明（见样本8-1）。

8.3.1.1 海运提单的性质和作用

第一，它是承运人应托运人的要求所签发的货物收据，表明承运人已按提单所列内容收到货物。

样本 8-1　　　　　　　　　　海运提单

1.Shipper　Insert Name, Address and Phone GREAT WALL TRADING CO., LTD. RM201, HUASHENG BUILDING, NINGBO, P.R. CHINA	B/L No. COSCO 020867

中远海运集装箱运输有限公司
COSCO SHIPPING LINES

TLX:33057 COSCO CN
FAX:+86(021)6545 8984
ORIGINAL

Port-to-Port or Combined Transport

BILL OF LADING

2.Consignee　Insert Name, Address and Phone TO ORDER

3.Notify Party　Insert Name, Address and Phone (It is agreed that no responsibility shall attach to the Carrier or his agents for failure to notify) F.T.C. CO. AKEKSANTERINK AUTO P.O. BOX 9, FINLAND

RECEIVED in external apparent good order and condition except as otherwise noted. The total number of packages or unites stuffed in the container, the description of the goods and the weights shown in this Bill of Lading are furnished by the Merchants, and which the carrier has no reasonable means of checking and is not a part of this Bill of Lading contract. The carrier has issued the number of Bills of Lading stated below, all of this tenor and date, one of the original Bills of Lading must be surrendered and endorsed or signed against the delivery of the shipment and whereupon any other original Bills of Lading shall be void. The Merchants agree to be bound by the terms and conditions of this Bill of Lading as if each had personally signed this Bill of Lading.
SEE Clause 4 on the back of this Bill of Lading (Terms continued on the back hereof, please read carefully).
*Applicable Only When Document Used as a Combined Transport Bill of Lading.

4.Combined Transport* Pre-carriage by	5.Combined Transport* Place of Receipt
6.Ocean Vessel Voy. No. YANGFNA V.009W	7.Port of Loading NINGBO
8.Port of Discharge HELSINKI	9.Combined Transport* Place of Delivery

Marks & Nos. Container/Seal No.	No.of Containers or Packages	Description of Goods (If Dangerous Goods, See Clause 20)	Gross Weight	Measurement
ROYAL 05AR225031 JEDDAH C/N: 1-UP	CBHU 0611758/ 25783 CY / CY PACKED IN 460 CTNS	OXYDEXA INJECTION ZL0322+BC05 230 SETS ZL0319+BC01 230 SETS DETAILS AS PER SALES CONTRACT GW2021M062 DATED APR. 22, 2023 CIF HELSINKI L/C NO.LRT9802457 DATE APRIL 28, 2023 CY/CY CONTAINER NO.76589 ZL0322+BC05 ZL0319+BC01	 4,255 KGS 4,255 KGS	 34 M³ 34 M³
TOTAL	460 CTNS	FREIGHT PREPAID	8,510 KGS	68 M³
Declared Cargo Value		Description of Contents for Shipper's Use Only (Not Part of This B/L Contract)		

10.Total Number of Containers and/or Packages (in words)
　　Subject to Clause 7 Limitation

11.Freight & Charges	Revenue Tons	Rate	Per	Prepaid	Collect

Ex. Rate:	Prepaid at CHINA	Payable at	Place and Date of Issue MAY 25, 2023, NINGBO, P.R. CHINA
	Total Prepaid	No. of Original B(s)/L THREE	Signed for the Carrier COSCO SHIPPING LINES

第二，它是一种货物所有权的凭证。

第三，它是承运人与托运人之间订立的运输契约的证明。

8.3.1.2　海运提单的基本内容

海运提单的正面内容主要有托运人（shipper）、收货人（consignee）、被通知人（notify party）、提单号码（B/L No.）、船名（name of vessel）、装货港（port of loading）、卸货港（port of discharge）、货名（description of goods）、件数和包装种类（number and kind of packages）、唛头（shipping marks）、毛重（gross weight）、尺码（measurement）、运费和费用（freight and charges）以及提单的签发日期和地点（place and date of issue）等。

海运提单的反面内容主要有定义条款、管辖权条款、责任期限条款、包装和标志、运费和其他费用、自由转船条款、错误申报、承运人责任限额、共同海损、美国条款、舱面货、活动物和植物等。

8.3.1.3　海运提单的分类

第一，根据货物是否已经装船，海运提单可以分为已装船提单和备运提单。已装船提单是指货物装上船后，承运人向托运人签发的提单，提单上必须用文字注明货物已装某某船，并且记载装船日期，还要有船长、船东、承运人或其代理人的签字。备运提单是指承运人收到货物、尚未装船而向托运人签发的提单。备运提单上加注"已装船"批注、装船日期及船名后，即具备已装船提单的法律效力。

第二，根据提单上是否记载货物外表状况不良的批注，海运提单可分为清洁提单和不清洁提单。清洁提单是指货物装船时，表面状况良好，承运人未在提单上加注"货损"或"包装不良"之类批注的提单。国际贸易结算中，银行只接受清洁提单。不清洁提单是指承运人加注了"货物外表状况不良"或"存在缺陷"等批注的提单。这种情况下，托运人必须重新包装，或者更换受损货物，才可以改签清洁提单。

第三，根据提单收货人抬头的填写内容不同，海运提单可以分为记名提单、不记名提单和指示提单。记名提单是指在提单"收货人"栏内记载特定收货人名称的提单。该提单只能由该收货人提货，不能转让。不记名提单是指在提单"收货人"栏内不填写收货人名称而留空或在"收货人"栏内填写"来人"字样的提单。指示提单是指提单"收货人"栏只填写"凭指示"或"凭某人指示"字样的提单。这种提单可以经过背书转让，又被称为可转让提单，在国际贸易业务中使用较广泛。背书是转让提单的手续，指提单的所有人在提单的背面签字盖章，表示转移提单的所有权的一种法律行为。常用的是凭指示的空白背书提单，习惯上称为"空白抬头，空白背书提单"。

第四，根据船舶运营方式的不同，海运提单可以分为班轮提单和租船提单。班轮提单是指由班轮公司承运货物后签发给托运人的提单，班轮提单上载明运输合同的条款，船货双方受其约束。租船提单是指采用租船运输时船方签发给托运人的提单。租船提单受另行制定的租船合同约束，因此银行或买方在接受这种提单时，往往要求船方提供租船合同副本。

8.3.2 海上货运单

海上货运单简称海运单（sea way bill，SWB），又称不可转让海运单（non-negotiable sea way bill），是国际海上货物运输合同的证明和承运人已将货物接管或装船的证明，是承运人保证将货物交给指定收货人的不可流通的运输单据。海上货运单有以下基本作用。

第一，记录承运人收到由其照管的货物的数据。

第二，作为运输契约的证明。

第三，在解决经济纠纷时作为货物担保的基础。

由于海运单方便进口商及时提货，简化了手续，节省了费用，并且有助于减少以假单据进行诈骗的现象，因此越来越多的国家倾向于使用这种不可转让的海运单。

海运单与海运提单的区别有两点：

第一，海运单不是物权凭证，并不可转让，与海运提单有根本区别；

第二，海运单的收货人提货时无须出示海运单正本，承运人仅需核实提货人的身份与海运单载明的指定收货人一致即可放货。具体可通过收货人提供的有效身份证明（如公司授权文件、身份证件）或承运人签发的到货通知（arrival notice）完成验证。

8.3.3 铁路运单

铁路运单（rail way bill）是铁路承运人收到货物后所签发的铁路运输单据。我国铁路运输分为国际铁路联运和通往中国港澳地区的国内铁路运输，分别使用国际铁路货物联运单和承运货物收据。国际铁路货物联运单是国际联运中铁路承运人和托运人之间的运输契约，也是铁路承运人收到货物后签发的货物收据。它规定了铁路、收货人、发货人在货物运输中的权利与义务。

承运货物收据是对港澳铁路运输中使用的一种结汇单据，是由接受托运的中国对外贸易运输公司对运往中国香港或澳门地区的货物在其装上火车后签发给托运人的一份承运货物收据。我国内地通过铁路运往港澳地区的出口货物，不论是以港澳为目的地还是为中转站，发货人都委托中国外贸运输公司或中国外运地方分公司承运货物装车后，由上述部门签发承运货物收据。承运货物收据既是承运人出具的货物收据，也是承运人与托运人签署的运输契约，具有物权凭证的作用，托运人凭铁路运单结算，收货人凭铁路运单提取货物。

8.3.4 航空运单

航空运单（air way bill，AWB）是承运人与托运人之间签订的运输契约，也是承运人或其代理人签发的货物收据。通常航空货物运单正本是一式三份，每份的背面都印有承运条款。第一份交给托运人，第二份由承运人保留，第三份随机同行最终交给收货人。其副本由航空公司按规定和需要进行分发，以作为报关、结算、国外代理中转分拨等用途分别使用。

航空运单根据签发人不同，可以分为总运单和分运单两种。总运单是航空公司签发给集中托运商（即航空货运代理公司）的单据。分运单是航空货运代理公司签发给托运人的单据，内容和法律效力都与总运单相似或相同。

不同于海运提单的是，航空运单不是物权凭证，因此不能背书转让，也不能用于提货，只能凭航空公司的提货通知单提货。

8.3.5　国际多式联运单据

国际多式联运单据（multimodal transport document，MTD）也叫国际多式联运提单，是指证明多式联运合同和承运人在起运地点接管货物，以及在目的地据以交付货物的单据。其作用与海运提单相似，既是货物收据，也是运输契约的证明。在单据做成指示抬头或不记名抬头时，可以作为物权凭证，经过背书后可以转让。国际多式联运单据可以分为可转让式的多式联运单据和不可转让式的多式联运单据。

国际多式联运单据与联运提单是有区别的，不同之处如下：

第一，单据签发人不同。国际多式联运单据是由国际多式联运经营人签发的；联运提单则是由承运人、船长或承运人的代理人签发的。

第二，签发人的责任不同。联运提单的承运人只对自己执行的一段负责；而国际多式联运单据的承运人要对全程运输负责。

第三，运输方式不同。国际多式联运单据项下的运输可以采用各种方式；联运提单项下的运输仅限于海运和其他运输方式的联合使用。

第四，已装运证明不同。国际多式联运单据可不表明货物已经装船（或装进其他的运输工具），也无须载明具体的运输工具，若信用证或合同明确要求注明某段运输细节（如船名），则需按约定填写；联运提单必须表明货物已经装船并载明具体船名和装船日期。

拓展阅读 8-1

本章小结

1.装运条款详细规定了货物的装运时间、装运港（地）和目的港（地）、分批装运和转运等关键事项。装运时间是买卖双方必须严格遵守的条件，提前或延迟装运都可能构成违约，导致合同解除和损害赔偿。装运港和目的港的选择则关系到货物的起运和最终交付地点，通常需要经过双方的协商确定。此外，分批装运和转运条款的灵活性也为大宗货物和有特殊需求的交易提供了便利。

2.国际货物运输方式多种多样，包括国际公路运输、国际铁路运输、国际海洋运输、国际航空运输、国际集装箱运输以及国际多式联运等。每种运输方式都有其独特的优缺点和适用范围。在实际操作中，买卖双方应根据货物的性质、数量、交货期限以及成本效益等因素综合考虑选择合适的运输方式。

3.运输单据不仅是交接货物的依据，也是处理索赔与理赔以及向银行结算货款或进行议付的重要工具。本章介绍了海运提单、铁路运单、航空运单、多式联运单据等主要运输单据的种类和用途。其中，海运提单作为物权凭证在国际贸易中具有极高的法律地位和价值；航空运单虽然也作为运输契约和货物收据使用，但并不具备物权凭证的效力。正确理解和使用这些运输单据对于保障交易双方的权益和促进贸易顺利进行具有重要意义。

基础训练

第8章单选题

第8章多选题

❖ 名词解释

装运条款　装运港　目的港　分批装运　班轮运输　班轮运输四固定　班轮运输费用　租船运输　定程租船　定期租船　国际货物铁路联运　班机运输　包机运输　集装箱运输　国际多式联运　大陆桥运输　海运提单　海上货运单　铁路运单　航空运单

❖ 简答题

1.简述班轮运输的主要特点。

2.国际多式联运需要满足哪些条件？

3.海运提单的三大作用是什么？

4.国际货物运输的主要方式有哪些？

❖ 计算题

1.某公司出口货物200箱，每箱毛重30千克，尺寸为50厘米×30厘米×20厘米。班轮运费计收标准为W/M，基本费率每运费吨80美元，燃油附加费10%，港口拥挤费15%。要求：总运费是多少？

2.一批货物按FOB价计收运费，FOB总价值为50 000美元，从价费率为2.5%。要求：运费金额是多少？

3.某贸易公司出口一批货物至汉堡港，该货物总毛重18公吨，总体积为25立方米。班轮公司运费标准：按"W/M"（重量吨或体积吨从高计费），基本运费率：USD 80/运费吨。此外，附加费：燃油附加费（BAF）20%，港口拥挤附加费（PCS）10%。要求：该批货物的班轮运费是多少？

❖ 案例分析题

1.A公司委托B船公司运输一批精密仪器，合同约定允许分批装运。B船公司将货物分两批装运，第一批按时到达，但第二批因船舶故障延迟10天。A公司因第二批货物延迟导致生产线停工，遂向B公司索赔。B公司辩称合同仅允许分批装运，未规定每批交货时间，因此不承担延迟责任。要求：B公司的抗辩是否合理？依据是什么？

2.中国A公司与德国B公司签订一份国际货物买卖合同，约定出口500吨机械设备至德国汉堡港。合同中的运输条款规定：

（1）运输方式：海运（整箱运输）。

（2）装运条款：

装运时间：2025年6月30日前完成装船。

装运港：上海港，目的港：汉堡港。

允许分批装运，禁止转船。

（3）运输单据：要求提供全套清洁已装船提单、装箱单及商业发票。

运输过程中，A公司因生产延误，分两批装运（300吨于6月15日发运，200吨于7月5日发运）。货到汉堡后，B公司以第二批货物延迟交付为由拒收，并要求赔偿。

要求：

（1）为何合同中选择海运而非空运或铁路运输？

（2）B公司拒收第二批货物的理由是否合理？

第9章 国际货物运输保险

学习目标

◆能够熟练地运用国际货物运输保险知识，开展国际货物运输及国际货运代理活动。

◆能够熟练运用国际贸易、国际货物运输与保险等相关知识，掌握国际货物运输报关、报检及投保流程。

◆能够恰当选择国际货物运输保险险别、正确计算保险费，并将运输与保险实务与其他贸易环节紧密地结合。

◆使学生能够掌握国际货物运输保险的工作流程及实务等相关知识。

❖ 导入案例

货车突发火灾烧毁货物，保险公司应赔付

货车突发火灾几乎烧毁全部货物，保险公司在两年多的时间里以未逐项申报为由而拒赔。近日，广州铁路运输法院公开了案件审理详情。

2021年12月31日，天津某物流公司委托运输的车辆突发火灾，所载货物几乎全部烧毁。此前，该物流公司向保险公司购买了货物运输保险，事故发生在保险有效期内。事发当天，物流公司便向保险公司报案并要求理赔。但此后长达两年多的时间里，保险公司既未出具不予理赔的正式通知，也未及时处理理赔事宜。

为履行对上游托运人的责任，物流公司先行通过银行转账或运费抵扣等方式赔付了总计73万余元。这一赔付使得物流公司经营陷入困境，濒临破产边缘。在理赔请求无果后，物流公司无奈向法院提起诉讼，请求保险公司支付扣除免赔20%部分后的理赔款58万余元。

庭审过程中，保险公司辩称物流公司未申报本案货物，所以未予承保，依法不应承担保险责任。承办法官深入剖析案件事实，精准适用法律，对案件进行了细致分析。

最终，依法判定涉案货物属于保险公司承保范围，保险公司应承担保险责任。法院判决保险公司向物流公司支付保险理赔款58万余元及利息损失，还有评估费损失5 000元。

一审宣判后，各方当事人均未上诉。保险公司收到判决书后的短短几天内，就将保险理赔款支付给了物流公司。

【分析】未逐项申报系保险公司导致，保险公司怠于定损和理赔应担责。

本案为财产损失保险合同纠纷。物流公司与保险公司之间建立的保险合同关系，系双方当事人的真实意思表示，不违反法律和行政法规的强制性规定，应受法律保护，各方当事人均应依照约定履行义务并享有权利。

保险公司作为保险人，应当根据《中华人民共和国保险法》第二条的规定，向被保险人物流公司支付保险理赔款。

经查，虽然双方签订的《保险协议》第三条约定投保方式为"承运前通过 E-cargo 系统逐笔申报"，但是保险公司并未举证证明其向物流公司提供过 E-cargo 系统的用户代码和初始密码，后续双方沟通理赔时也未提及该系统。

物流公司在承运前未能通过 E-cargo 系统逐笔申报不可归责于其自身，而系保险公司的原因导致，且物流公司已经根据保险协议的约定，向保险公司预交了全年总保险金额所对应的保险费 50 000 元，应视为保险公司承保的范围包括本案货物，应当承担保险责任。

本案中，火灾事故发生后，物流公司向保险公司及时报案。保险公司虽然委托了查勘人员，但查勘人员并未及时出具关于货物损失的查勘或评估报告，保险公司怠于定损和理赔。

物流公司为查明和确定货物损失程度，委托具有价格评估资质的公司对货物损失进行评估的行为具有合理性，根据《中华人民共和国保险法》第六十四条的规定，保险公司应当向其支付评估费损失 5 000 元。

资料来源：赵青，余娇，邓慧筠. 货车突发火灾烧毁货物，保险公司以未逐项申报拒赔，判了[N]. 南方都市报，2025-03-05.

9.1　保险的基本原则

最大诚信原则、可保利益原则、近因原则和损失补偿原则是有关保险业务的四项基本原则，在此基础上又派生出其他一些相关原则。这些原则是在保险的发展过程中逐步形成并为国际保险业所公认的。这些原则作为进行保险活动的准则，贯穿于整个保险业务的始终。坚持这些基本原则不仅有利于维护投保人、被保险人和保险人各方的合法权益，更好地发挥保险的职能和作用，也有利于保障人们的生产正常、生活安定以及社会的稳定和进步。

9.1.1　最大诚信原则

最大诚信原则是保险人和投保人在签订合同时以及在保险合同有效期内，任何一方当事人对合同的另一方当事人不得有隐瞒、欺骗行为，必须善意全面地履行自己的合同义务。当事人中的一方如以欺骗或隐瞒的手段诱使他方签订合同，一旦被发现，他方有权解除合同，如有损害可要求给予补偿。

9.1.2 可保利益原则

9.1.2.1 可保利益的概念

可保利益（insurable interests）又称保险利益或可保权益，是指投保人或被保险人对保险标的具有的法律上承认的可以投保的经济利益。它体现了投保人或被保险人同保险标的之间存在合法的经济上的利益关系。

就货物保险而言，反映在运输货物上的利益，主要是货物本身的价值，以及与此相关联的费用，如运费、保险费、关税和预期利润等。

任何一个保险都承保着某一特定的保险标的。特定的保险标的是保险合同订立的必要内容，但是订立保险合同的目的并不是保险标的本身，而是保障投保人对保险标的所具有的合法的经济利益，即保险利益。

可保利益的主体就是对保险标的有保险利益的人。

9.1.2.2 保险利益原则及其作用

保险利益原则是指投保人或被投保人必须对保险标的具有保险利益，才能同保险人订立有效的保险合同，如果投保人或被保险人对保险标的没有保险利益，则同保险人所签订的保险合同是非法的和无效的。

保险利益原则在保险实际业务中具有以下几方面的重要作用：

第一，防止变保险合同为赌博性合同。

第二，防止被保险人的道德风险。

第三，可以限制保险补偿的程度。

9.1.2.3 保险利益原则在国际贸易中的应用

保险利益原则应用于国际贸易领域，主要解决货物从卖方仓库运送到买方仓库的整个运输过程中，发生的货损货差应由买方还是卖方向保险公司索赔的问题。

第一，国际贸易术语对买卖双方关于风险转移时间的规定，决定保险利益的转移时间。

第二，国际货物运输保险，允许投保人在投保时不具有保险利益，但在发生事故和向保险人索赔时，被保险人对保险标的必须具有保险利益。

第三，保险利益原则与仓至仓条款的关系。在处理货物损失的实际业务中，保险公司将仓至仓条款同保险利益原则结合起来，它们之间的关系是：货物在运输途中发生的损失，一定要发生在仓至仓的范围内；在损失发生时，对货物具有保险利益的一方可向保险公司提出赔偿请求，对无可保利益的一方，保险公司有权拒赔。

9.1.3 近因原则

近因原则（proximate cause）是指引起保险标的损失的直接的、起决定作用的原因。

如果造成损失有两个或两个以上的原因时，只有直接导致标的损失、对损失形成起决定性作用的原因才是近因，在时间和空间上，最接近损失结果的原因不一定是近因。近因原则是指若发生保险事故，造成保险标的损失的近因属保险人的责任范围，保险人承担赔偿责任，否则保险人不予赔偿。

9.1.4 补偿原则

补偿原则（principle of indemnity）是指当保险标的发生了保险责任范围内的损失时，保险人应按照保险合同条款的规定履行赔偿责任，保险人的赔偿金额不能超过保单上的保险金额或被保险人遭受的实际损失，保险人的赔偿不应使被保险人因保险赔偿而获得额外利益。保险补偿原则是对补偿性保险合同的赔偿金额所做的有关限制性的规定。

9.1.5 代位追偿原则

代位追偿（subrogation）原则是保险补偿原则派生出来的原则，目的是防止被保险人通过保险补偿而得到额外的利益。

代位追偿是指当保险标的物发生了保险责任范围内的第三者责任造成的损失，保险人向被保险人履行了损失赔偿的责任后，有权在其已赔付的金额的限度内取得被保险人在该项损失中向第三者责任方要求索赔的权利。保险人在取得该项权利后，即可站在被保险人的地位上向责任方进行追偿。简言之，代位追偿就是保险人取代被保险人向责任方追偿，是一种权利代位，即追偿权的代位。

代位追偿原则的实施，可以使被保险人既能及时取得保险赔偿，又可避免产生双重补偿，同时第三方也不能逃脱其应承担的法律责任。

9.2 货物运输保险承保范围

国际货物运输保险可以从不同的角度进行分类，但最主要的是根据运输方式进行的分类。海运、陆运、空运和邮运等不同运输方式的货物保险承保的具体责任自然有所不同，但它们的保障范围却基本一致。由于在各种运输方式中海洋运输是采用得最为广泛的一种，国际货物贸易的大部分是通过海洋运输来实现的，因此海上货物运输保险在国际贸易中占有重要的地位。下面，我们将围绕海上货物运输保险，通过对其所保障的风险、保障的损失、保障的标的和保障的费用这四个方面的分析来认识和了解国际货物运输保险的保障范围。

9.2.1 海上货物运输保险保障的风险

货物在海上运输过程中可能遭遇到的风险种类很多，海上货物运输保险并不是对所有海上风险造成的货物损失都予以负责。只有在被保险货物遭受的损失是由保险单上具体列明的承保风险所造成的情况下，保险人才承担赔偿责任。海上货运险承保的风险，从形式上来看，可以分为基本承保风险和特约承保风险两类。

9.2.1.1 基本承保风险

基本承保风险是指保单上所列举的承保风险。这些风险基本上是由各国的海上保险人参照劳合社 S.G. 保单（The S.G. Form Marine Insurance Policy）即劳氏船货保单的标准格式，以条款的形式所列明承保的。S.G. 保单是劳合社自成立后的 1779 年起就一直使用的标准海上保险单，在国际海上保险市场上风行达两个世纪之久，1983 年 3 月 31 日才被伦敦保险协会正式摒弃并自此退出历史舞台。尽管如此，该保单所包含的大部分条款作为几百年来保险实践的产物，还是被与替代它的英国伦敦保险协会制定的《协会货物条款》（Institute Cargo Clause，ICC）和《协会船舶定期条款》（ITC）保留下来。根据这些条款，当前海上货运险所列举承保的风险大致可归纳为海难、火灾和爆炸、抛货，以及船长或船员的恶意行为等 4 种。

（1）海难

海难（perils of the sea）又称海上风险，是指海上发生的自然灾害和意外事故，它们是海上固有的风险。但是，须注意的是，海难并非包括航海时所发生的一切灾难或意外事故。根据英国《1906 年海上保险法》附则第 7 条规定，海难是指海上所特有的偶然发生的事件或灾难，如搁浅、触礁、沉没、碰撞、破船、船舶失踪及恶劣气候等，但不包括风和浪的正常作用。

第一，海上自然灾害（marine natural calamity），是指海上发生的人力不可抗拒的自然界破坏力量所造成的灾害。属于海上自然灾害的主要有恶劣气候、雷电、地震、海啸、洪水、火山爆发和浪击落海等。这些灾害在海上货运险业务中都有其特定的含义。

① 恶劣气候（heavy weather）不是指一般的、常见的、可预测的气候条件，而是指载运货物的船舶在海上偶然遭受的不常见的、未能预测的不可抗拒的气候条件，如暴雨、飓风和大浪等，它们可能导致船舶倾覆、船舱进水，造成船体破裂、船舶机器设备损坏，进而造成货物潮淋、倒垛、散包等损失。需要指出的是，在不同的时间、不同的地点，恶劣气候的构成标准是有所不同的。例如，在冬季的太平洋水域的航线上，气候条件一般均为风力 8 级以上、浪高 10 米，此时的气候条件虽然恶劣，但却是可以预防的，即不是一种自然灾害，所以不构成海上货运险所承保的恶劣气候。然而，在春季的太平洋水域的航线上，气候条件一般均为风力 2~3 级、浪高 2~3 米，如果此时船舶在海上突然遭受风力 8 级以上、浪高 10 米以上的气候条件，便构成了海上货运险所承保的恶劣气候。

恶劣气候这一概念来自 S.G. 保单，是该保单所承保海难中的一项灾难。由于恶劣气候没有一个明确的定义，加上该灾难发生时造成载货船舶颠簸、倾斜，所载货物在船舱内倒垛或移位而受损，常常很难与船方对搬运进舱堆放的货物配载不当所导致的倒垛或移位损失区分清楚，而因配载不当造成的货损应由船方负责，保险人是除外不保的。正因为如此，1982 年的英国《协会货物条款》已不再使用恶劣气候这个概念。

② 雷电（lightning）灾害主要是指雷击闪电自然现象造成在海上运输过程中的货物的直接损失，或者由于雷电引起的火灾所造成的货物损失。

③ 地震（earthquake）灾害是指因地壳发生急剧的自然变异而引起地面断裂和剧烈运动的破坏力极强的自然灾害。地震发生在海底，就会引起海水强烈扰动，产生高达数十米

的巨浪，即为海啸，使在海上航行的船舶及船上所载货物顷刻间倾覆、沉没。

④ 海啸（tsunami）灾害是指地震、火山爆发或风暴引起海水巨大涨落，导致航行于海上的船舶及其所载货物的损毁或灭失。按其成因，海啸可分为地震海啸和风暴海啸两种。地震海啸指由于海底的地壳发生变动或海底的火山喷发而引起海水剧烈震荡产生巨浪，2004年12月26日的印度洋大海啸即是因地震而引起的地震海啸；风暴海啸指因海上风暴引起海面异常升起，形成巨浪，已甚为常见。

⑤ 洪水（flood）灾害是指偶然暴发的具有灾害性质的大水，如山洪暴发、江河泛滥、潮水上岸或倒灌，以及暴雨积水成涝，造成航行或停泊于沿海水面的船舶及其所载货物被淹没、冲散、冲毁、浸泡等损失。

⑥ 火山喷发（volcanic eruption）灾害是指火山内部的岩浆突然冲破地壳向外喷射流出，造成处于运输过程中的货物损失。

⑦ 浪击落海（washing overboard）灾害是指装载在船舶舱面上的货物在运输过程中被海浪冲击而落海的损失。浪击落海不属于《中国人民保险公司海洋货物运输保险条款》（以下简称《海洋货物运输保险条款》）的基本险所承保的风险，而应由作为特别附加险的舱面险承保。

第二，海上意外事故（fortuitous marine perils），是指偶然的、难以预料的原因所造成的海上事故。但是并非所有在海上发生的意外事故均由海上货物运输保险所承保，根据我国《海洋货物运输保险条款》和英国《协会货物条款》的规定，属于海上意外事故范畴的主要有船舶沉没、碰撞、触碰、触礁、搁浅、倾覆和失踪等。

① 沉没（sunk）是指船舶由于海水进入舱内而失去浮力，致使船体全部或大部分浸没于水面之下或沉入海底，而且已丧失继续航行的能力，船上所载货物因此而遭受损失的事故。如果船体只没入水中一部分，或者海水虽然不断涌入船舱，但船舶仍保持航行能力的，则不能视为沉没。

② 碰撞（collision）是指船舶在水中与其他船舶发生直接接触或撞击，船上所载货物因此而遭受损失的事故。

③ 触碰（contact）是指船舶在水中与船舶以外的其他任何物体发生直接接触或撞击而造成所载货物损失的事故。其他物体包括码头、防波堤、桥墩、浮筒、灯塔、航标及浮冰、漂流物等各种固定的或浮动的物体。

④ 触底（grounding）指船舶在航行中因意外与水下障碍物（礁石、沉船等）发生接触，可能导致船体或货物损毁的海事事故。其区别于搁浅的关键在于接触的短暂性和自主脱困可能性。

⑤ 搁浅（stranding）是指船舶在航行或锚泊中因意外外力（如风浪、机械故障）导致船底与海底、礁石持续接触并卡住，使其丧失机动能力且需外部救助方能脱困，并造成船体或货物实际损失的海事事故。其区别于触底的关键在于接触的持续性和脱困的依赖性。船底在航行中与海底或障碍物虽发生接触，但船舶未因此而受阻，仍能继续航行的，这叫作擦底，不属于搁浅。船舶在浅水区停泊或作业时，因潮汐或装载而引起船舶吸底现象致使船舶坐落在海底，这叫作坐浅（国外则称之为习惯性搁浅），也不能视为搁浅。还有船舶为了避免碰撞或者由于其他原因，有意抢滩坐浅而受损，同样不属于搁浅。搁浅与触礁常常伴随着发生，一般不易区别。搁浅又有坐礁和坐滩之分：坐礁是指船舶搁置在礁石或

其他坚固的障碍物上而受阻，即相当于触礁；坐滩，亦称胶滩，是指船舶驶上砂地或浅滩等非坚固场地而受阻。

⑥倾覆（capsizing）是指船舶在航行中因遭受自然灾害或意外事故而失去平衡，致使船身侧倾翻倒，不能恢复正常状态，非经施救不能继续行驶，船上所载货物因此而遭受损失的事故。

⑦失踪（missing vessel）是指船舶在航行途中突然失去联系，经过相当的时间而依然行踪全无。对船舶失踪的时间，各国的法律有不同规定，按现有的国际惯例，一般为半年。《中国人民保险公司船舶保险条款》规定构成船舶失踪的时间为两个月。船舶失踪，船上所载货物自然也因下落不明而遭受损失。

（2）火灾和爆炸

这两类风险一旦发生，其危害都相当巨大。

第一，火灾（fire），是指在航海中，船舶因意外起火失去控制并造成经济损失的燃烧。火灾并不是海上特有的灾难，在陆地上也会发生火灾，但载货船舶在海上航行时一旦发生火灾，后果将十分严重，造成船货的损失特别大，海上货运险因此把火灾列为基本承保风险。

船舶或其所载货物被火焚毁、烧焦、烟熏、烧裂等的损失，以及救火时由于搬移货物、消防灌水等造成水渍或其他损失，都属于海上火灾事故的范围。在海上货运险中，引起火灾的原因有很多：有雷击、闪电起火的自然灾害因素；有货物本身特性并在被海水浸湿或因货舱通风不良情况下而发热自燃的质量变化因素；有因船上人员或修理人员在作业中的过失疏忽而酿成火灾的人为因素；还有其他不明原因引起的火灾。保险人对这些原因引起的火灾损失均负责赔偿，但对战争行为引起的火灾，以及因货物的固有缺陷或在不适当情况下运输而引起的自燃则列为除外。

第二，爆炸（explosion），是指货物在海上运输过程中因自身性质并在外界因素的作用下发生物理或化学变化而引起的爆炸，以及载货船舶的锅炉或设备装置发生爆炸而殃及货物。

（3）抛货

抛货（jettison），是指船舶在航行中遇到直接危及船舶及船上所载货物安全的海上灾害事故时，为摆脱共同危险而故意将船上的一部分货物抛入海中所造成的损失。抛货行为必须是有意的，目的在于获得船货的共同安全，避免船货的全部损失。抛弃的货物必须有实际使用价值，它们置于舱面上必须符合航运习惯。如果抛弃的是已经损坏或霉变的货物，或是不允许置于舱面上的货物，则不属于抛货的范围。

（4）船长或船员的恶意行为

船长或船员的恶意行为（barratry of the master and mariners）是指载货船舶的船长或船员出于非法的目的，背着船东或货主作出有损于船东或货主利益的恶意行为，以致船舶或货物遭受损失。常见的恶意行为有：在航行途中恶意弃船，或破坏船上设施，或纵火焚烧或凿沉船身，或故意使船舶搁浅，或非法将船舶或货物出售或抵押给他人或侵占价款，或擅自与敌人进行交易，或从事走私活动，载运违禁货物，造成船货被扣押或没收等。构成恶意行为的条件有两个：一是船长或船员的行为，船东或货主事先不知情，也未唆使、纵容、授意乃至共谋，否则就应作为船东或货主的故意行为；二是故意的、怀着恶意做的，而不是无意的过失，如果并非出于不良动机或出于恶意的话，他们的行为就构成疏忽行为。

英国《协会货物条款》将船长或船员的恶意行为列入其A险的承保范围，即属于基本承保风险，我国《海洋货物运输保险条款》则不把这项风险作为基本承保风险，而是作为特约承保风险由海上货运罢工险来承保。

9.2.1.2 特约承保风险

特约承保风险，是指根据货物的特点或运输的条件和环境，为满足货主获得更充分的保障的需要，经双方特别约定，在承保保单上所列明的一般风险的基础上，以附加条款的形式增加承保某些特殊的风险。这类风险大都属于外来风险（extraneous risks），即由海上自然灾害和意外事故以外的其他外部因素所引起的风险。外来风险与海难的区别就在于前者并不是海上固有的，而且有一般外来风险和特殊外来风险之分。

（1）一般外来风险

一般外来风险（general extraneous risks）是指在海上运输过程中，引起货物损失的一般外来原因，不包括货物自身的固有缺陷和自然损耗，主要有偷窃、提货不着、淡水雨淋、短量、玷污、渗漏、碰损和破碎、串味、受潮受热、锈损和钩损等。

第一，偷窃（theft，pilferage），是指整件货物被人偷走，或包装完整的整件货物中仅一部分为人窃取。偷窃行为应与公开的用暴力劫夺区分开来，通常可从两个方面来辨别偷窃：一是暗中进行的小偷小摸；二是由内部人员如船员或旅客所为。

第二，提货不着（non-delivery），是指货物起运后，由于运输上的原因未能运抵目的地，致使整件货物或全部货物未为收货人提着。

第三，淡水雨淋（fresh and rain water damage），是指货物在运输途中直接遭雨淋或淡水所造成的水渍损失。雨淋所致损失包括雨水、冰雪融化给货物造成的损失，淡水所致损失则包括因船舱内水汽凝聚而成的舱汗、船上淡水舱或水管漏水给货物造成的损失。

第四，短量（shortage in weight），是指在运输途中或运抵目的地以后，包装货物因外包装破裂而发生数量短少，或者散装货物的重量出现短缺。在确定散装货物是否发生短量时，要注意不能把正常途耗当作重量短缺。

第五，玷污（contamination），是指货物在运输过程中由于与其他物质接触而被污染或混进杂质，以至于质量受到影响所造成的损失。

第六，渗漏（leakage），指流质、半流质或油类货物因运输过程中容器破损导致的物质外泄损失（第一损失），以及由此引发的盛装液体货物腐败变质损失（衍生损失）。

第七，碰损和破碎（mechanical damage，including deformation and breakage），是指货物在运输途中因受颠簸、震动、碰撞、挤压等原因而发生弯曲、凹瘪、变形，或引起破碎、破裂、折裂等损失。

第八，串味（taint by odour），是指货物因受其他有腥味或异味物品的影响而引起串味、变味。

第九，受潮受热（damage by sweat and/or heat），是指在海上运输途中，货舱内的货物由于气温突然变化，或是船上通风设备失灵致使货舱内水汽凝结，引起货物发潮、发热而最终发霉变质。

第十，锈损（rusting），是指金属或金属制品这类极易生锈的货物在装运时没有生锈，而在运输途中发生的锈蚀损失。

第十一，钩损（hook damage），是指捆装或袋装的货物在运输、装卸的过程中，因使用手钩、吊钩一类工具而造成本身直接被钩破的损失，以及外包装被钩坏造成货物外漏的损失。

（2）特殊外来风险

特殊外来风险（specific extraneous risks）是指在海上运输过程中，造成货物损失的是一些包括军事、政治、国家政策法令及行政措施等在内的特殊外来原因，主要有战争、罢工、暴力盗窃、海盗行为、交货不到、拒收等。

第一，战争（war），是指海上发生的战争、类似战争行为、敌对行为和武装冲突等，以及由此引起的轰炸、封锁、拦截、捕获、拘留、限制、扣押等所造成的货物损失。但是由于合法的扣留，如债权人通过合法途径向法院申请要求扣押债务人的货物，则不属于此类风险。

第二，罢工（strike），是指货物在运输途中由于船员或港口码头工人集体拒绝工作，或者其他任何人的恶意行为而造成的直接损失。

第三，暴力盗窃（forcible entry theft）或偷窃（thieves），是指以暴力手段对航行于海上或停泊在码头的船舶及船上所载货物进行掠夺、抢劫和破坏。暴力盗窃明显不同于偷窃，其构成的必要条件有两个：一是来自船外对象的行为；二是必须有暴力行为或采取威胁手段，即武力抢夺。

第四，海盗（piracy）行为，是指海盗抢劫、掠夺运输途中的货物。根据英国《1906年海上保险法》附则第11条的解释："海盗包括船上作乱的旅客和来自岸上攻击的暴徒。"按照1982年《联合国海洋法公约》的规定，海盗行为须具备的条件是："一是必须旨在扣留人质或者掠夺财物的非法行为；二是通过暴力或威胁手段达到目的；三是并非出自某一官方或半官方的指令或默许而进行的对敌方的攻击；四是必须发生在沿海国家管辖范围以外的海域或上空。"该公约还正式把包庇海盗和窝藏海盗的行为也列为海盗行为。

我国《海洋货物运输保险条款》把海盗行为作为战争风险，列入海上货运战争险的保险责任范围。然而，海盗行为与战争事实上是两种不同性质的风险，所以英国《协会货物条款》已将海盗行为从其货物战争险的承保责任中剔除，而是作为基本承保风险由其A险承保。

第五，交货不到（failure to deliver），是指货物起运后，由于运输上的原因或政治上的原因不能在预定抵达目的地的日期起6个月内交货的损失。与一般是运输上的原因而提货不着相比，导致交货不到的原因要多些，但以政治上的原因居多，如因禁运、在中途港被强行卸载造成交货不到等。

第六，拒收（rejection），是指货物因各种原因而被进口国政府或有关当局拒绝进口或没收所造成的损失。

9.2.2　海上货物运输保险保障的损失

货物在海上运输过程中遭受的损失简称海损（average），有广义上的和狭义上的两种解释。广义上的海损是对货物在海上运输途中所发生的任何损失的统称，包括通常海损和非常海损：通常海损，是指可以预料的正常的耗损，即一般风浪造成的磨损或损坏；非常海损，则指海上自然灾害或海上意外事故造成的损失。狭义上的海损仅指非常海损。海上货物运输保险当然只对货物遭受的非常海损而不是通常海损提供保障。但是，海上货运险也并不是无条件地补偿所有承保风险造成的货物损失，只有在保险单上具体约定由承保风险所导致的某种特定损失，它才负责赔偿。

海上货运险承保的损失可以从不同的角度进行区分，我们只介绍其中按损失程度区分和按损失性质区分这两种主要分类：按前一种分类方式，可分为全部损失和部分损失，其中的全部损失又可分为实际全损和推定全损两种；按后一种分类方式，则可分为单独海损和共同海损。

9.2.2.1　实际全损和推定全损

按货物损失程度的大小，海损可以分为全部损失（total loss）和部分损失（partial loss）。被保险货物全部毁损、灭失、无法修复或丧失原有性质的损失即为全部损失，被保险货物部分毁损、灭失或部分无法修复，也就是损失尚未达到全部损失的程度则为部分损失。

全部损失可简称全损，根据全损情况的不同，又可分为实际全损和推定全损。

（1）实际全损

实际全损（actual total loss）是指货物实际上完全毁损或灭失。构成海上货运险承保的实际全损一般有以下几种情况。

第一，被保险货物完全毁损或灭失。这是指货物的实体已经完全毁损或不复存在。例如，货物在运输途中被大火全部焚毁；载货船舶的舱内进水，糖、盐这类易溶货物被海水溶解。

第二，被保险货物失去原有的性质和用途。这是指货物受损以后，其形体虽然依旧存在，但不再具有投保时的属性，已丧失商业价值或使用价值。例如，茶叶被海水浸泡，虽外表形体还在，但既不能饮用也不能销售；水泥浸海水后已变成硬块，不再具有水泥的特性，成为无用之物；大米在运输过程中因受潮发热或串味变质，不能食用。

须注意的是，如果货物虽然受损，但经处理后，其原有属性并未丧失，或仍有使用价值，则不构成实际全损，被保险人不能以全损索赔。例如，小麦在途中被海水浸泡而湿损，到岸后经烘干整理再削价出售，因为小麦仍可食用或使用，且已削价出售挽回部分利益，保险人只能赔偿部分损失。

第三，被保险货物的所有权丧失，已无法追回。这是指货物实际上仍存在，也未丧失原有属性和用途，但被保险人已丧失了对它的有效占有，而且无法挽回。例如，货物在运输途中遭遇海盗被劫夺，或在战争期间被敌对国家扣留、没收。

第四，被保险货物因船舶失踪而随之不知去向。这是指船舶在航行途中突然失踪，如目前时常有船舶在驶入百慕大地区和其他群岛的水域以后，出现无线电通信中断的现象，也收不到呼救信号，神秘地消失。根据英国《1906年海上保险法》第58条规定，船舶在航行途中失踪，经过相当时间，仍得不到消息的，可以认为是实际全损。船舶失踪，船上所载货物自然也下落不明，同样可以作为实际全损处理。

对构成船舶失踪的时间，各国的法律规定不一：现按国际惯例，一般为半年；而我国规定构成船舶失踪的时间为两个月。《中国人民保险公司船舶保险条款》第十一条第1款规定：被保险船舶在合理预计应到达目的港之日期届满后两个月内，尚未获得其行踪消息时，即构成实际全损。保险人按保险金额全额赔偿。

（2）推定全损

推定全损（constructive total loss）是指货物因遭受承保风险而产生损失以后，虽然事实上并未达到完全毁损或灭失的程度，但实际全损已不可避免，或者为避免实际全损所需支付的费用超过货物的保险价值。构成海上货运险承保的推定全损一般有以下几种情况。

第一，被保险货物的实际全损已经无法避免。这是指货物在遭遇承保风险后的受损程度一时还未达到完全灭失的地步，但将无法避免实际全损。例如，船舶在航行途中被风浪推上礁石搁浅，船壳损坏严重，因地处远离航道的偏僻水域，加上当地的地理和气候条件很差，救助船无法驶近对其进行救助，船舶沉没将不可避免，而船上所载货物将同时沉入海底。

第二，为了防止实际全损发生而需要支付的费用将超过货物的保险价值。这是指货物遭遇承保风险后，为避免发生实际全损而采取的施救措施或请求的救助行为，最终可能因施救费用、救助费用及继续运输至目的地的总成本超过货物在目的地的实际价值，而导致经济上得不偿失。例如，载货船舶在航行途中遭巨浪袭击，海水进舱，舱内货物眼看要被全部打湿，若采取施救等措施以避免实际全损，估计需花费200万元，而该批货物获救后运往目的地的价值仅150万元。

第三，修理受损货物的费用将超过货物修复后的价值。这是指货物受损后，估计用于修复和整理的费用以及其他必须支出的费用相加，总成本将超过货物本身的价值。例如，一批价值500万元的机器设备在运输途中损坏，必须修理，但估计修理费用需700万元，显然是划不来的。

第四，为收回已经丧失所有权的货物所需支出的费用将超过货物的价值。这是指被保险人对货物拥有的所有权因承保风险发生而丧失，收回的可能性不大，或者即使收回，但所需支出的费用超过货物收回后的价值。例如，两国交战，双方将某水域宣布为战区而加以封锁，封锁前恰好有一艘载货船舶经过该水域，该船及其载运的货物因而被困。由于货主已丧失自由支配和处理其货物的权利，也不可能在合理的时间内恢复这一权利，尽管货物未遭到所承保风险损失，也未因战争而被炮火击中毁损，但这批被困货物亦已构成推定全损。

（3）实际全损与推定全损的区别

实际全损与推定全损都属于全损，可以从两个方面来分析它们的区别：

一是在灭失的性质上不同。实际全损强调的是货物遭受承保风险后，确实已经完全毁损、灭失，或失去原有的性质和用途，并且不能再恢复原样或收回，所以是一种实质性的物质上的灭失。推定全损所涉及的灭失显然不是实质性的，因为货物虽已经受损，但并未完全灭失，可以修复，或可以获救，或可以收回，不过因此而需支出的费用将超过货物修复或获救或收回后的价值，可见推定全损是一种推定性的经济上的灭失。

二是在全损索赔手续上不同。实际全损发生后，被保险人即可按一般的海上保险索赔程序，要求保险人赔偿全部损失。当推定全损成立时，被保险人有权选择按部分损失索赔或要求保险人按推定全损赔偿。若选择后者，必须向保险人提交不可撤销的委付通知，将受损货物的全部权益转移给保险人。《中华人民共和国海商法》（以下简称《海商法》）第二百四十九条规定：保险标的发生推定全损，被保险人要求保险人按全部损失赔偿的，应当向保险人委付保险标的。因此，推定全损就实质而言，只是保险人和被保险人双方达成协议后解决保险赔款问题的办法。

下面我们就海上货运险实务中涉及委付（abandonment）的3个具体问题进行分析：

第一，所谓委付，是指海上保险独有的一种处理保险标的损失的手段，在海上货运险中，是指被保险人把因遭遇承保风险而受损，但尚未达到实际全损地步的被保险货物的一切权益转移给保险人，而要求保险人按全损赔偿。委付是被保险人按推定全损索赔的前提条件。提交委付通知是被保险人的一种单方面行为，不必征得保险人的同意。被保险人不提交委付通知，保险人对受损的被保险货物只能作部分损失处理。但委付行为须经保险人的承诺才能成立。保险人在收到委付通知以后，可以作出接受委付或是不接受委付的决定，不过一旦同意接受，便不能反悔。接受委付本身即构成对全损的最后确认，也就是说必须按全损赔偿被保险人，哪怕以后发现损失并非承保风险所致，也无法改变。被保险人在保险人没有表示接受委付之前，可以收回已提交的委付通知，但当委付已被接受后即不能撤回。

第二，保险人接受委付，意味着他在取得被保险货物权益的同时，也接受了与该货物有关的各种责任和义务，如清理航道的责任或因污染海域而引起的罚款。所以，保险人在接受委付之前必须十分谨慎，要仔细了解情况，进行权衡，主要考虑他若按全损赔偿后将归他支配的被保险货物的残余价值是否抵得上将由他承担的那些义务和责任可能带给他的经济损失。保险人通常不接受委付，只有在经过调查了解和作出权衡比较之后，确信自己不会因为承认推定全损而处于不利境地时才会接受。在实践中，保险人为了避免在接受委付后承担由此而产生的有关法律责任和义务，除了拒绝接受委付以外，还常常采用另外一种办法，那就是在被保险人尚未宣布推定全损之前主动放弃要求被保险人提交委付通知的权利，而按全损赔偿对方，从而解除保险合同的一切责任。

第三，当被保险人在提交委付通知后迟迟未获得保险人有关接受或拒绝委付的答复时，他不能因此而把对方的这种沉默态度单方面地理解或解释为已接受委付的表示，同样也不能根据保险人的其他行动，如指导被保险人安排对受损货物的施救或协助被保险人施救，来推测保险人是在默示他已经接受或准备接受委付。我国的《海洋货物运输保险条款》和英国《协会货物条款》都明确地提出了如下原则：在被保险人已提交委付通知的情况下，不论是被保险人还是保险人，凡为恢复、救助或保存被保险货物所采取的任何行动，均不应被对方认为是放弃或接受委付的表示。

9.2.2.2 单独海损和共同海损

按货物的损失性质，海损可以分为单独海损和共同海损。单独海损和共同海损与按货物损失程度区分的部分损失和全部损失并没有内在联系，这两种损失皆属于部分损失。一般来说，在部分损失中，除共同海损以外，都是单独海损。在海上货运险中，对部分损失中的单独海损，保险人是根据被保险人所投保险别的具体规定来确定是否承担赔偿责任的，如我国《海洋货物运输保险条款》中的平安险就不承保自然灾害所造成的被保险货物的部分损失，事实上这里的部分损失仅指单独海损；但是，对被保险货物的全部损失，保险人则不管被保险人投保哪一种基本险别，是都负责赔偿的。因此，全部损失中没有单独海损和共同海损之分。

（1）单独海损

单独海损（particular average）是指货物在运输途中因遭受承保风险而造成的无共同海损性质的部分损失。英国《1906年海上保险法》第64条第1款规定："单独海损是保险标的因承保的海上风险发生所造成的部分损失，但不是共同海损。"

构成单独海损必须具备以下两个条件：

一是特定的保险标的单独遭受损失，由对此标的具有保险利益的一方单独承担由此而引起的损失，而并非由该受损方与其他各方共同承担所遭遇的风险损失；

二是损失是由于偶然的和意外的海上灾害事故所致，而并非人们故意采取的行为造成的。

例如，一艘船舶满载袋装砂糖驶往某地，途中因气候恶劣，海水涌进舱内，致使部分糖包浸水，砂糖被溶解，此项货物损失属于货物的单独海损。

（2）共同海损

共同海损（general average）是指在同一海上航程中，船舶、货物和其他财产因遭遇自然灾害、意外事故或其他特殊情况而面临共同危险，为了共同的安全和利益，采取有意的、合理的抢救措施所直接造成的特殊牺牲或支出的额外费用。例如，载货船舶在海上遭遇风暴，船上主机损坏且船身严重倾斜，随时有沉没的危险，船长当即下令抛弃船上所载部分货物，以使船身恢复平衡，同时依靠过往船舶的救助，被拖带至附近的安全港口。为避免船货全部损失而被抛弃入海的货物即为特殊牺牲，而支付给救助船舶的报酬则为额外费用，它们都属于共同海损。

共同海损也属于部分损失的范畴。它可以是一种牺牲，也可以是一种费用，或者两者并存，但它们必须是非常性质的，必须是在航行过程中遭遇共同危险时，为了共同安全而由船长或船舶上的其他负责人指挥进行抢救的各种行为所导致的船货部分损失或所支出的额外费用。共同海损是人为的，与海上灾害事故所造成的单独海损不同。牺牲被称作共同海损牺牲，费用则被称作共同海损费用。与共同海损相比较，单独海损仅指保险标的本身的损失，不包括费用。

共同海损成立必须具备4个条件：

第一，共同海损危险必须是危及船舶和货物共同安全的，而且必须是实际存在的。这个条件具体包含两层意思：

一是危险必须是船货共同面临的。船舶与其所载货物在海上航行途中可能遭遇到的风险事故很多，一旦风险事故发生，出现危险，不是危及船方就是危及货方，有时则是危及船货双方。如果发生的危险仅仅威胁到船或货一方的安全，那么为解除这种危险而采取措施所造成的损失和费用就不能构成共同海损。例如，船上冷冻机在航行途中发生故障，使船上所载的冷藏货面临着腐烂的危险。船舶为修理冷冻机而驶往附近港口所支出的各种费用就不能构成共同海损，因为冷冻机的故障仅危及冷藏货一方，而对船舶安全未产生威胁。又如，载货船舶在航行中与他船碰撞，机舱损失严重，主机停止运转，船舶处于失控状态。为摆脱危境而请求救助机构将船舶拖至附近港口修理以恢复适航条件，所支出的费用可列入共同海损范围，因为由于碰撞所造成的船舶失控这种危险已经威胁到船货的共同安全。

二是危险必须是实际存在的。共同危险必须是确确实实来自突发的自然灾害或意外事故，是实际存在的而不是主观臆想出来的。为避免实际存在的危险而采取措施所引起的损失和费用，就构成共同海损。例如，船舶在航行中，货舱内的货物突然起火，船长下令灌水灭火，火最终被扑灭，但灭火行动中一些未着火的货物和船上的设备因而被水浇湿。在这种情形下，由于货物起火确实威胁着船货的安全，是实际存在的，因此灌水灭火造成其他货物和船上设备的水损属于共同海损。又如，船长认为装有树脂的货舱内冒烟是有火情，在未入舱作任何调查的情况下，贸然下令向该货舱灌水灭火。事后发现舱内并无任何着火痕迹，火灾的危险纯粹是船长推测和臆想出来的，并不是真实存在的，因盲目行为下令灭火而给船上设备和货物造成的水损不能列入共同海损。

第二，共同海损行为必须是有意而合理的。这个条件包含两层意思：

一是行为必须是有意的。所谓有意，是指明知这一行为会造成船货的部分损失和支出一定的额外费用，但考虑到为解除危险并防止船货遭到更大乃至全部的损失，不得不故意地、主动地采取措施。例如，船舶在航行途中发生搁浅事故，为使船舶起浮脱浅，船长下令抛货，尽管他也明知这样做会损失货物，但为了保存整体而故意牺牲局部，这种人为的故意行为所带来的损失就应作为共同海损处理。又如，船舶的舱面货落入大海，是因船舶在风浪冲击下船身剧烈颠簸所致，这种损失并非有意行为造成，不属于共同海损。

二是行为必须是合理的。所谓合理，是指采取这一行为在当时的危险情况下对排除险情来说是必要的，是符合船货各方共同利益的。例如，为使搁浅的船舶脱浅而抛货，应被认为是合理的。不过合理与不合理并无绝对的标准，只能结合当时当地的具体情况来确定，抛货时先抛重货、笨货、廉价货、容易抛弃的舱面货应是合理的；反之，先抛轻货、贵重货或开舱抛货则显然不合理。又如，船舶搁浅后的抛货，等到船舶起浮后即应停止，若仍下令继续抛而不停，这就使该项原是合理的共同海损行为因超过限度而变成不合理的了。凡是不合理的行为或超出合理限度的行为，都不能被认定为共同海损行为。

第三，共同海损牺牲必须是特殊的。共同海损费用必须是额外的，而且是共同海损行为的直接后果。这个条件包含两层意思：

一是牺牲和费用必须是特殊的。所谓特殊，是指这项牺牲和费用在正常情况下是不会发生的，它们只能是非正常运输情况下所采取的行为的产物。例如，船舶在航行中因故搁浅，为摆脱险境，船长下令采取顺倒车措施，反复用车，虽明知此举已超出机器正常负荷，肯定会造成损坏，但为了共同安全达到脱浅的目的，迫不得已作出牺牲。如果该船脱浅后因无法自行驶往目的港而由前来救助的拖轮拖至避难港，为此支付了拖带费和港口使用费。上述的牺牲和费用都是特殊的，属于共同海损。

二是这些牺牲和费用必须是共同海损行为的直接后果。因采取共同海损行为而产生的牺牲和费用并非一定就属于共同海损，只有与共同海损有直接因果关系的牺牲和费用才能列入共同海损。例如，船舶在航行中被浮冰撞击受损而不能续航，后由过往船舶拖至避难港修理，为修理方便，船上货物被卸下存放在仓库，修理结束后重新装上船继续驶往目的地。由此支出的救助费、避难港口使用费、修理费、货物卸下和重装的费用，乃至在装卸过程中造成的货损都是共同海损行为的直接后果，属于共同海损。但是如果货物卸下后在存放的码头仓库内遭火灾被焚毁，此时的货损就不是共同海损行为的直接后果，不能列入共同海损。

第四，共同海损行为必须取得效果。采取共同海损行为的目的是通过牺牲局部以保住全部。如果在采取了有意的合理的措施，作出了特殊牺牲和支付了额外费用以后，但最终未能使船货获救而仍遭全损，这样既没有获救财产也没有受益方，共同海损也就不能成立。

对共同海损行为与其效果之间有无因果关系，各国的法律有不同的规定。一般有因果主义和残存主义两种做法和主张：前者要求所采取的行为一定要取得效果，两者之间一定要存在因果关系，没有效果的行为不能被视作共同海损行为；后者不强调行为与效果之间的因果关系，只要行为作出以后最后有所保存，那就应承认该行为为共同海损行为。例如，船舶搁浅后，船长为起浮脱浅采取顺倒车行为，主机因超负荷运转受损，修理费50万元，船长见此举并未奏效，只得再雇用拖轮拖带，支出拖船费用20万元，结果成功脱险。若按因果主义，可属共同海损的只有20万元的牺牲；而根据残存主义，合计70万元的牺牲和费用都可列为共同海损。相比之下，残存主义的做法要更为实际和更为客观，也因此容易被人们接受。当前国际上在确定共同海损行为有效与否时，通常以残存主义为原则。

以上4个条件是构成共同海损的一个统一体，必须同时具备才构成共同海损。由于共同海损成立与否在实践中有着十分重要的作用，直接关系到船货双方的利益，因此也常常成为双方争议的关键问题。解决此类海事争议，一定要熟练地掌握这4个条件，认真仔细地加以判断。

（3）单独海损与共同海损的区别

就损失程度而言，单独海损与共同海损均属于部分损失，这是它们的共同点。然而，两种海损的性质和起因却完全不同，补偿方式也不一样。我们可以通过下面的"三看"来对它们加以区别。

一看损失的起因，即损失是意外造成的还是人为造成的。单独海损是船舶或货物因遭遇承保风险而直接造成的意外损失，共同海损则是为了解除或减轻船货的共同危险而人为造成的。

二看损失的构成，即损失是仅有标的物本身损失还是既有标的物本身损失又有费用损失。单独海损仅指保险标的本身的损失，而共同海损既包括船或货的牺牲也包括采取共同海损行为所额外支出的费用。

三看损失的承担，即损失是由一方承担还是由各方分摊。单独海损是由受损的船方或货方单独承担；共同海损，包括共同海损牺牲和共同海损费用，则应由受益的船方、货方和运费方三方分摊。

在掌握这"三看"的方法来区别单独海损和共同海损的同时，我们还应注意到这两种部分损失发生的先后：在一般情况下，船舶或货物的单独海损往往先于共同海损行为发生，因危及船货双方的共同安全，才有意采取措施而产生共同海损。由此可见，单独海损和共同海损之间经常存在密切的内在联系，这一点也可供我们在区别它们时进行参考。

下面我们通过一个实例来加以说明。一艘海轮满载各类货物离开A港驶向南美某地，不料在航行途中遇到海啸，船身的剧烈颠簸使停放在舱面且采取了加固、防滑措施的卡车有半数被颠入大海，海轮因此而发生严重倾斜。为使船身平衡，减轻负荷，船长在此危急的时刻下令将舱面剩下的卡车全部抛入海中，海轮因此而免遭倾覆的厄运，安全驶入附近的避难港，船上的其他货物也因此得以保住。那么，按照前面提及的方法来分析，被颠入大海的卡车损失显然是属于单独海损，因为它不是人为措施造成的，而是由于意外事故即在海啸引起的船舶剧烈颠簸中被颠离海轮而落入咆哮的大海为海浪卷没。而船长下令将舱面剩下的卡车抛入大海所引起的损失。我们不难判断是属于共同海损的，理由就是在海轮严重倾斜的时刻确实存在危及海轮和货物（包括舱面剩下的那些尚未被颠入大海的卡车和装载在货舱内的其他货物）共同安全的风险，船长为了解除船货面临的共同危险，毅然决定采取抛弃措施，由此作出的特殊牺牲无疑保护了船方和其他货主的共同利益。

9.2.3 海上货物运输保险保障的标的

海上货物运输保险是为以海洋运输方式进行的国际贸易提供保障的险种。经营国际贸易的货主通过投保海上货运险，把他们交易的对象即货物在海上运输途中有可能遭受灾害事故损失的风险转嫁给保险人。货物是海上货运险保障的标的，但并不是所有的货物都能为它所承保。货物作为海洋运输的对象和海上货运险承保的标的，是有其特定的含义和范围的。

9.2.3.1 货物的含义

海上货运险中所称的"货物"，即是指在海上运输过程中的货物，也就是运送到目的地为目的的物品，包括商品和其他动产。

各国有关运输货物的法规及有关提单的国际公约对货物下的定义基本是一致的，但也存在一些区别。

英国1924年《海上货物运输法》的附则第1条第3款、美国1936年《海上货物运输法》第1条第3款和《海牙规则》第1条第3款对货物下的定义完全相同：货物，包括各种货物、制品、商品和任何各类的物件，但活动物和在运输合同中载明装载于舱面上且实际如此装载的货物除外。

然而，《汉堡规则》第1条第5款关于货物的定义却规定：货物，包括活动物；如果货物是用集装箱、货盘或类似装运工具集装，或者货物带有包装，而此种装运工具或包装系由托运人提供，则货物应包括这些装运工具或包装。

我国《海商法》第四十二条第5款同样规定："货物，包括活动物和由托运人提供的用于集装货物的集装箱、货盘或者类似的装运器具。"

如果加以比较，我们可以明显地看出《汉堡规则》和我国的《海商法》所规定的货物概念要比《海牙规则》和英、美《海上货物运输法》规定的范围大。

9.2.3.2 货物的范围

综合上述这些定义，我们可以将海上货运险中作为承保标的的货物的范围确定如下：

一是指各种货物、制品、商品和任何各类的物件，也就是除船舶及船上的物料、备件和燃料以外的一切有形动产，甚至包括货币、有价证券、文件等在内。

二是指装在船上的或处于运输过程中的，包括由岸上发送到船上，由船上发送到岸上，或由起运港的仓库发送到船上，自船上发送到目的港的仓库等过程中的，以运送到目的地为目的的货物。但是，装在船上且也处于运输过程中的船舶压舱物、船员的私有财物等物品，因为不属于海上运输的对象，亦即没有运输的目的地，自然不能归在海上货运险所承保的货物之列。此外，乘坐客船的旅客随身携带的行李尽管是随旅客一起运送的，然而由于它们不是客船运送的客体（客船运输合同的标的是旅客本身），所以同样不能包括在海上货运险的货物概念之中。当然，如果旅客要求保险人对其乘坐海上客轮时随身携带的行李物品提供保障的话，他同样可以投保海上货运险，但必须在保险单上注明这些货物是"个人随身携带的行李"。

三是舱面货和活动物。应该注意的是，舱面货和活动物在《海牙规则》中不被视为海上运输的货物，《汉堡规则》和我国的《海商法》却并不将它们排除在货物之外，因此它们也可成为海上货运险承保的标的。不过，被保险人在投保时都需在保险单上注明它们的名称。

四是根据《汉堡规则》第 1 条第 5 款和我国《海商法》第四十二条第 5 款对"货物"的定义，由托运人提供的用于集装货物的集装箱、货盘或类似装运器具，在海上货运险合同中可被纳入承保范围，但需以保险单的明确约定为前提。

9.2.3.3　货物的分类

货物作为海洋运输的对象和海上货运险承保的标的，可以从不同角度进行分类。我们在第 1 章 1.3 节中已介绍过货物的一些重要分类，如按货物在运输中的形态可分为包装货物、散装货物和裸装货物，按货物的重量与体积之比可分为重量货物和体积货物，按货物的运量大小可分为大宗货物、件杂货物和笨重货物等。现在要叙述的是按货物的性能和在运输中受损可能的分类，目的是让我们对海上货运险具体承保的货物有一个全面的了解，并进而能够合理地与被保险人商定承保条件和保险费率。

目前我国海上货运险承保的货物大致可分为 14 个大类。它们的类别名称及运输过程中存在的主要风险如下：

（1）粮油食品类

此类货物可细分为粮谷饲料类，油脂类，食品类，冻品类，活牲畜、活禽、活鱼类，酒类和饮料类，糖类等。此大类货物主要具有吸湿性、吸收异味性等特征，在运输途中易发生霉变、短量、渗漏、挤碎和玷污等损失。

（2）土产畜产类

此类货物可细分为麻类，毛绒类，皮张类，盐渍肠衣、兽皮类，茶叶等。此类货物主要具有吸湿性、吸收异味性和韧性等特征，在运输途中易发生变质、自燃、玷污、渗漏、受潮和串味等损失。

（3）轻工品类

此类货物可细分为玻璃制品类，陶、瓷、大理石制品类，家用电器和相机类，仪器、仪表类，杂货类，纸张、纸浆、胶合板类等。此大类货物主要具有脆性，在运输途中易发生破碎、碰损、玷污、受潮和遭偷窃等损失。

（4）工艺品类

此类货物可细分为首饰类、珐琅类、雕刻品类、漆器类、工艺陶瓷器类等。此大类货物一般供佩戴或观赏，价值高，在运输途中易发生遭偷窃、碰损、破碎等损失。

（5）五金类

此类货物可细分为金属条、板、管、块类，铸铁制品类，镀锌、镀锡、冷轧钢板或钢卷类，小五金类等。此大类货物一般比较粗重，但有的如冷轧钢板或钢卷却有附加值高、专用性强等特点，在运输途中易发生破碎、短卸、锈蚀等损失。

（6）矿产类

此类货物可细分为矿砂、矿石类，水泥类，建筑材料类等。此大类货物由于一般都是大宗散舱运输，容易发生短量、破碎等损失，并产生损耗。

（7）化工类

此类货物可细分为液体类（如原油、成品油等）、固体类（如橡胶等），或按有毒、可燃或无毒分类。此大类货物大都采用散舱运输，有的具有毒性、可燃性、化学稳定性不高等特性。在运输途中，液体类化工品易发生短量、玷污、漏损等损失，固体类化工品易发生湿霉、干霉、老化、变质等损失，而有毒、可燃的化工产品则易燃、易挥发或易溶于水等。

（8）机械类

此类货物可细分为各种机床类、通用电力机械类、车辆类、医疗器械类等。此大类货物常常因遭受碰撞而影响使用的效能，它们在运输中最容易受到的损失也就是碰损、擦损、凹瘪等。

（9）纺织纤维类

此类货物可细分为纤维匹头类、抽纱制品类、服装类等。此大类货物价值比较高，有的还带有工艺品性质，在运输途中可能遭受损失的因素较多，如玷污、钩损、偷窃、短少、雨淋、霉烂、脆化等损失。

（10）成套设备类

大多数这类设备是系列的生产线，结构比较复杂，尤其是进口的大型成套设备，修复有一定难度或无法修理。它们可分为新设备和旧设备。

（11）易燃易爆货物类

此类货物如烟花、爆竹或油类、打火机等。它们容易引起爆炸，风险较高。

（12）医疗保健品类

此类货物如蜂蜜和各种保健食品。它们容易受潮霉变、发生漏损或玷污。

（13）IT类

此类货物可细分为IT设备、IT软件、芯片、液晶显示器等，大多数为高附加值产品，价值一般较高，有的还含有知识产权。它们在运输途中遭遇盗窃和全损的可能性很大。

（14）药品和医疗用品

此类货物卫生要求较高，一旦受损，被保险人通常索赔全损。

9.2.4 海上货物运输保险保障的费用

海上货物运输保险除了对货物因承保风险发生而造成的损失进行补偿以外，还对由此产生的各种费用负责赔偿。海上货运险承保的费用有很多，包括施救费用、救助费用，以及其他各种有关费用。我们将着重讨论分析施救费用和救助费用。

9.2.4.1 施救费用

施救费用（sue and labour charges）是指货物在遭受保险责任范围内的灾害事故时，

被保险人为避免或减少损失而采取抢救、保护或整理等措施所支出的合理、必要的费用。

施救，意即自救，也就是自己采取措施以摆脱危险。在海上货运险中，施救是指作为被保险人的货主对遭受灾害事故的货物进行自救的行为，由此而产生的费用就叫作施救费用。施救的目的毫无疑问是减少灾害事故对货物的损害和影响，防止损失进一步扩大，而损失减少既保护了被保险人自身的利益，也有利于保险人减少保险赔款支出。为此，海上货运险对被保险人在保险责任范围内所支出的合理的施救费用予以负责，以鼓励被保险人积极进行施救。《海商法》第二百四十条规定："被保险人为防止或者减少根据合同可以得到赔偿的损失而支出的必要的合理费用，应当由保险人在保险标的损失赔偿之外另行支付。"

规定被保险人履行施救义务即施救条款，我们可以把它看作海上货运险合同的一项单独的补充协议，因为保险人是在承担对被保险货物损失赔偿责任以外负责对施救费用的赔偿。这就是说，当被保险人履行了施救义务，对被保险货物采取了各种旨在减少损失或避免损失扩大的措施以后，不管是否取得成效，哪怕施救无效，货物仍旧遭到全损，保险人在按全损赔偿了以后依然负责赔偿被保险人所支出的施救费用。

但是，并非所有因对被保险货物采取施救措施而支出的费用，保险人都予以赔偿。海上货运险合同项下负责赔偿的施救费用必须具备以下5个条件：

第一，施救行为必须是因承保风险所引起的。

第二，必须是为了避免或减少被保险货物单方的损失而产生的费用，如果是出于对船货共同利益考虑的话，那就可能属于共同海损费用。

第三，只能是由被保险人（或其雇佣人员或代理人）所支出，不同于被保险人支付给参与对货物救助的第三者的报酬，即救助费用。

第四，必须是为避免或减少承保的损失而支出的，如果保险单上载有单独海损不赔条款或免赔额规定，对为避免或减少此项不赔的单独海损而支出的费用也就不予负责。

第五，费用的支出必须是谨慎而合理的，如同被保险人在没有投过保的情况下为保护自己货物少受损失而支出。

根据施救费用的这些特点，不难看出该项费用与共同海损和救助费用的区别。也正因为如此，各国的海上货运险条款都规定共同海损和救助费用不能在施救条款项下得到赔偿。换言之，保险人负责赔偿的施救费用不包括共同海损和救助费用。

施救费用与货物损失的赔偿总额共享同一保险金额，而非独立计算。《海洋货物运输保险条款》的"平安险"第五条规定：被保险人对遭受承保责任内危险的货物采取抢救、防止或减少货损的措施而支付的合理费用，但以不超过该批被救货物的保险金额为限。

9.2.4.2 救助费用

救助费用（salvage charges）是指货物在遭受保险责任范围内的灾害事故时，由保险人和被保险人以外的第三者采取救助措施并使货物有效避免或减少损失，由作为被救助人的被保险人支付给救助人的报酬。

救助，意即他救，也就是依靠他人的援救来摆脱危险。在海上货运险中，救助是指作为被保险人的货主在自身无法排除货物危险的情况下，借助外界的力量来对遭受灾害事故的货物进行援救的行为，救助人由此而获得的报酬就叫作救助费用。前来援救的外界力量可以应遇难货主的请求而来，也可自愿赶来；可以是专业的海上救助机构，也可以是在海上航行的其他过往船舶。救助的目的是使遭遇灾害事故的货物得救或使其损失尽可能减少到最低限度，这同样有利于保险人减少保险赔款支出。为此，海上货运险对作为被救助人的被保险人所支出的救助费月，只要是属于保险责任范围的，即予以偿还。

救助人与被救助人为了明确双方在实施海上救助行动中的权利和义务，以使救助工作顺利进行，一般在救助行动开始之前通过口头或书面的形式达成协议，这即为救助合同。海上救助合同主要有雇佣救助合同和"无效果、无报酬"救助合同两种形式。

雇佣救助合同，是指被救助人通过代理人事先与救助人（大多数为专业的海上救助机构）约定对前来的救助船舶支付一定的劳务费用或按工时计算费用的救助合同。由于是雇佣性的，合同签订后，由被救助人指挥救助人进行救助，在救助过程中所发生的一切风险由被救助人负责，而救助人的救助行动不管是否取得成效，被救助人都要以救助人所花的人力和设备按规定计时为依据支付救助费用给救助人。按雇佣救助合同支付的救助费用就叫作雇佣合同救助费用。

"无效果、无报酬"（no cure，no pay）救助合同，是指由被救助人与救助人在救助行动结束以后，根据救助取得成效的大小，通过协商或仲裁来确定救助报酬金额的救助合同。在"无效果、无报酬"的原则下，海上救助要成立必须具备 3 个条件：

首先，被救的船舶、货物或其他财产必须处于某种不能自救的危险境地。

其次，救助人必须是无救助义务的第三者，进行救助是出于自愿，即并不是因为对被救助人负有法律义务（如两船相撞，肇事船对被撞船就应承担营救的法律责任）或合同规定的义务（如两船签订拖带合同，拖带船努力拖带遇难的被拖船脱离险境是其合同义务）。

最后，救助必须取得成效。

由于是有效果才支付报酬给救助人，而且支付报酬的多少取决于救助效果的大小，这种救助报酬因而被称作"无效果、无报酬"合同救助费用。

救助费用往往与共同海损有着密切的联系，这是因为如果救助人的救助行动是为了解除船货所面临的共同危险而进行的，救助报酬也就成为共同海损救助费用。共同海损救助费用与一般救助费用主要存在两点区别：一是共同海损救助费用的支出关系到船货双方的共同安危，而一般救助费用仅仅涉及货物一方的利益；二是共同海损救助费用只能在航程终止以后由各受益方进行分摊，而一般救助费用在救助行动结束时就可向被救助人实施索取。

9.2.4.3　施救费用与救助费用的区别

施救费用与救助费用是海上货运险主要保障的两种费用，我们可以从四个方面来对它们加以区别。

（1）按行为实施的主体来区别

施救是自救，实施的主体是被保险人（或其雇佣人员或代理人）自己；救助是他救，实施的主体是被保险人和保险人以外的第三者。

（2）按保险赔偿的原则来区别

被保险人实施施救以后，不管是否取得成效，保险人对其支出的施救费用均负责赔偿；救助人对被救助人实施救助，被救助人按照雇佣救助合同或"无效果、无报酬"原则决定是否支付报酬，保险人只有在作为被救助人的被保险人向救助人支付报酬的前提下才承担对这笔救助费用的赔偿。

（3）按保险赔偿的额度来区别

保险人对施救费用的赔偿以另一个保险金额为限，即在对被保险货物本身损失赔偿的那个保险金额之外，再给一个保险金额赔偿施救费用；保险人对救助费用的赔偿则是放在与对被保险货物本身损失赔偿的那个保险金额之内，即将对救助费用的赔偿与对被保险货物本身损失的赔偿合在一起，以一个保险金额为限。

（4）按与共同海损的联系来区别

施救费用是因被保险人为减少自己的货物损失采取施救措施而产生的，与共同海损没有联系；救助费用在大多数情况下是由于作为救助人的其他过往船舶为船货获得共同安全而前来救助并取得成效而产生的，因此可列入共同海损费用项目。

9.3 《海洋货物运输保险条款》

在国际海上保险市场上，各国保险组织都制定了自己的保险条款。为适应国际货物海运保险的需要，中国人民保险公司根据我国保险实际情况并参照国际保险市场的习惯做法，分别制定了各种保险条款，总称为"中国保险条款"（China Insurance Clause，CIC），其中货物运输条款是它的重要组成部分，主要包括海洋、陆上、航空及邮包等四种不同运输方式的货物保险条款。在我国进出口实务中，一般采用中国保险条款。但在实际业务中，也通常会应外商的要求，而采用国外的保险条款，其中最为普遍采用的是英国伦敦保险协会制定的《协会货物条款》。本章着重介绍我国《海洋货物运输保险条款》，以及伦敦协会海洋货物运输保险条款——《协会货物条款》，并对两者进行比较。

我国现行的《海洋货物运输保险条款》（2018年版）包括平安险、水渍险及一切险三种。该条款包括除外责任、责任起讫、保险人义务、投保人义务、被保险人义务、赔偿处理、索赔期限。

9.3.1 条款

9.3.1.1 责任范围

（1）平安险

平安险（free from particular average，FPA），作为海上货物运输保险的基本险别，其承保范围不能简单从字面理解为"保证货物平安运抵目的地"。该险别名称源自其英文原意"不负责单独海损"，中文译名显然不贴切，但在我国保险行业内习惯沿用至今。平安险对单独海损不承担赔偿责任，单独海损属于部分损失，因此早先也有人就此把该险别的责任范围局限于对全部损失的赔偿，部分损失不赔。经过长期实践对此险别不断修订和补充，平安险的承保责任已经超出仅对全损赔偿的范围，保险人对某些原因造成的部分损失也负责赔偿。按照我国的条款，平安险的责任范围共有8项，负责赔偿下列损失和费用。

第一，自然灾害造成的全损，是指"被保险货物在运输途中由于恶劣气候、雷电、海啸、地震、洪水自然灾害造成整批货物的全部损失或推定全损"。本项列出保险人在该基本险别项下承保的自然灾害共有5种，对这5种自然灾害造成整批货物的全部损失或推定全损，保险人是负责赔偿的。除此以外的其他自然灾害则被排除在保险责任以外。

需要说明一下"整批货物"的概念。所谓整批货物，是指被保险货物的全部损失，也就是整批被保险货物因所列出的自然灾害发生而全部毁损或永远失去有效的占有或无法恢复原状或丧失原有性质。如果整批被保险货物只是一部分遭灾受损，而并不是全部发生损失，保险人就不承担责任。但是，需要注意的是，整批货物全损在海上货运险的理赔实践中，并不仅仅是以一张保险单上所载运货物的全部灭失为标准来确定的，只要一张保险单所承保的货物中可以分割的某一部分发生全部灭失，便可视为全损。有人把这种全损称为部分全损（partial total loss）。

第二，意外事故造成的全损或部分损失，是指由于运输工具遭受搁浅、触礁、沉没、互撞、与流冰或其他物体碰撞，以及失火、爆炸等意外事故造成货物的全部或部分损失。本项列出保险人在该基本险别项下承保的意外事故共有7种，对运载被保险货物的船舶在运输途中因遭受这些意外事故而造成被保险货物的全部损失，保险人负责赔偿；对因此造成的部分损失，保险人同样负责赔偿。

第三，意外事故发生前后自然灾害造成的部分损失，是指在运输工具已经发生搁浅、触礁、沉没、焚毁等意外事故的情况下，货物在此前后又在海上遭受恶劣气候、雷电海啸等自然灾害所造成的部分损失。本项的保险责任包括运载被保险货物的船舶在发生搁浅、触礁、沉没、焚毁这4种意外事故之际，即发生之前或之后，被保险货物遭受了恶劣气候、雷电、海啸这3种自然灾害而造成的部分损失，保险人是予以负责的。须注意本项的保险责任不包括以下两种情况：在这些意外事故发生之前，运载被保险货物的船舶在正常的运输过程中因遭受自然灾害已经造成被保险货物部分损失，保险人是不负责赔偿的；另一种情况是，在这些意外事故发生之后，运载货物的船舶已经完全脱险，在以后正常的运输过程中，被保险货物因遭受自然灾害而造成的部分损失，保险人同样不予负责。

第四，落海损失，是指在装卸或转运时由于一件或数件整件货物落海造成的全部或部分损失。本项责任中所提及的整件货物落海造成的全损不难理解，比较费解的是部分损失。这主要是指整件货物落海以后，经过被保险人努力抢救，打捞了一部分，损失了一部分，虽未达到全损，但为了鼓励被保险人积极打捞抢救以减少货损，因而规定保险人对一件或数件货物全部落海后经施救仍遭受的部分损失也负责赔偿，这显然是具有积极意义的。但是如果由于一件或数件整件货物的一部分散落在海里所造成的部分损失，保险人不负责赔偿。

第五，施救费用，是指被保险人对遭受承保责任范围内危险的货物采取抢救、防止或减少货损的措施而支付的合理费用，但以不超过该批获救货物的保险金额为限。在理解本项的内容时要注意，保险人负责的施救费用是被保险人（包括他的雇用人或代理人）为了避免或减少保险人所承保风险引起被保险货物损失采取必要措施而合理支出的费用。如果被保险人是为了自己的方便或为了自己的本身利益，或者是为了避免或减少并非由保险人承保的风险所造成的货物损失，则保险人对被保险人采取施救措施而支出的费用是不予负责的。

保险人承担对施救费用赔偿的最高限额以被保险货物的保额为限，但在被保险货物赔偿的那个保额以外计算。如果保额低于保险价值，也就是在不定额保险的情况下，除海上货运险合同另有规定的以外，保险人所承担的施救费用应按保额与保险价值的比例计算。

第六，避难港损失和费用，是指运输工具遭遇海难后，在避难港由于卸货所引起的损失，以及在中途港或避难港由于卸货、存仓以及运送货物所发生的特别费用。本项规定中所说的海难是指海上固有的风险，而且仅指海上意外事故，如沉没、碰撞触礁、飓风及其他偶发的灾难，不能把火灾、爆炸、战争、海盗、抢劫、盗窃、抛弃，以及船长船员的不法行为等也列为海难。保险人负责赔偿在避难港因卸货所造成的被保险货物的损失，对此不难理解，但我们有必要解释一下避难港的特别费用。这里的特别费用主要是指中途港、避难港为卸货和卸货后存仓及转运而产生的卸货费用、存仓费用和转运费用，以及与卸货、存仓、转运有直接关系的其他费用，如雇佣工人装卸所支付的费用，保险人均予赔偿。

第七，共同海损牺牲、分摊或救助费用。在本项规定中，保险人只负责赔偿被保险货物因共同海损行为所作出的牺牲和被保险人所分摊到的那部分共同海损金额，而不是全部。在共同海损成立的前提下，被保险货物本身因共同海损行为所造成的损失，保险人可先行赔付而无须由被保险人向其他共同海损受益方索取分摊。保险人赔偿了共同海损内的损失后有权从其他受益方摊回共同海损理算金额，但仅以已经赔付的金额为限。保险人对共同海损的赔偿以保险单载明的保额作为根据，在不定额保险的情况下，被保险人同样应就其差额部分与各有关受益方进行分摊。如果保险人对被保险人应分摊的部分不负赔偿责任的话，就不能引用上述规定先行赔付。

对救助费用，保险人也仅仅是负责赔偿共同海损项下的应由被保险人分摊的部分救助费用。如果是不定额保险的话，保险人同样按比例赔偿被保险人应分摊的救助费用。

第八，货方根据运输合同条款偿还船方的损失，是指运输契约订有"船舶互撞责任条款"，根据该条款规定应由货方偿还船方的损失。与上面7项规定的内容相比，本项的内容显然不那么好理解，必须对其进行一番解释说明。首先要说明的是，船舶互撞责任条款，是在英国《协会货物条款》中订有的一条有关货物运输责任的条款。该条款（即ICC（A）第3条）规定：保险人负责赔偿被保险人因运输合同中的"船舶互撞责任条款"而应承担的比例责任，视作本保险单项下应予以补偿的损失。如果船东根据上述条款提出任何索赔要求，被保险人同意通知保险人，保险人有权自负费用为被保险人就此项索赔进行辩护。

从条款的名称来看，"船舶互撞责任条款"涉及的是船舶在航行中因与其他船舶发生碰撞而引起的责任承担问题。两艘载货船舶在航行中发生碰撞事故，以致造成两船及两船所载货物损失，根据1910年《关于统一船舶碰撞若干法律规定的国际公约》（简称《船舶碰撞公约》）的规定，如果碰撞是由于两船互有过失所引起的，损害赔偿责任应由每艘船舶按各自的过失程度比例分摊。因碰撞事故引起的损害赔偿责任既有对两船碰撞损失的赔偿责任，也有对两船上所载货物损失的赔偿责任，因为我们在这里讨论的是货物运输，所以只谈有关货物损失的赔偿责任。既然两船所载货物的损失由两船各自分摊，这就意味着两船对各自所载货物的损失也应承担一部分赔偿责任。然而，根据《海牙规则》，由于船长、船员或引航员在航行或管理船舶中的疏忽或过失导致的本船货物损失，承运人通常可免除赔偿责任，但需满足船舶适航及妥善管理货物的基本义务。这样一来，每艘船舶所载货物的货主只能向对方船舶索赔该方按其过失比例应承担的那部分赔款。那部分得不到赔偿的损失，货主可以以被保险人的身份向承保其货物的保险人索赔。一般来说，国际上对因船舶互撞引起的货物损失赔偿，即以上述方式处理解决。

（2）水渍险

水渍险（with particular average，WA或WPA）也是我国保险界长期使用的称谓，我们同样不能简单地从字面上去理解它的含义，不能认为凡是由该基本险别承保的货物在运输途中发生水渍损失，保险人都得负责赔偿。水渍险按其原意应当是"负责赔偿单独海损"，也就是平安险不负责赔尝的部分损失，它予以赔偿。

根据我国的条款，水渍险承保的责任范围共有9项：

第一，平安险所承保的8项。在平安险的责任范围中，被保险货物因以上列出的5种自然灾害所造成的部分损失是被排除在外的，而在水渍险项下可以从保险人那里获得赔偿。因此，我们也可以用另一种表述方式来说明水渍险的责任范围，那就是在平安险的全部责任范围的基础上，加上被保险货物由于海上自然灾害所造成的部分损失。可见，水渍险的责任范围要大于平安险的责任范围。

第二，自然灾害造成的部分损失。这里的自然灾害是指"被保险货物由于恶劣气候、雷电、海啸、地震、洪水自然灾害所造成的部分损失"。

需要注意的是，虽然水渍险承担赔偿部分损失的责任，然而对被保险货物因某些外部因素所导致的部分损失，如碰损、锈损、破碎等是不负责的。一般来说，水渍险适用于不大可能发生碰损、锈损、破碎，或者容易生锈但不影响使用的货物，如铁钉、铁丝、螺丝等小五金类产品，以及旧汽车、旧机末、旧设备等二手货。

（3）一切险

一切险（all risks）的含义基本上如其字面原意，但不能解释为所有一切风险造成被保险货物的损失，保险人均负责赔偿。该基本险别承保责任范围共有10项：

第一，水渍险所承保的9项。

第二，外来风险所造成的全部或部分损失，这是指"被保险货物在运输途中由于外来原因所致的全部或部分损失"。

按照我国有关条款规定，一切险的责任范围除包括上述平安险和水渍险承保的各项责任以外，还负责被保险货物在运输途中由于外来原因所造成的损失，不论损失程度如何，均负责赔偿。但是，我们不能因此便得出一切险承保被保险货物在运输途中遭受的一切外来风险所造成的损失这样的结论，因为该基本险别承保的外来风险不是必然发生的，而是被保险货物因意外导致货损发生的外部因素。例如，被保险货物因自然属性、内在缺陷引起的自然损耗，就不是外来原因造成的损失，而属于内在的必然损失，对此保险人并不负责。即使是在外因的影响下，被保险货物的内因发生变化所造成的损失，如鱼粉、煤炭的自燃是它们本身的特性受到外界气候、温度等的影响后才发生的，同样属于非意外性质的必然损失，也不能列入一切险的承保责任范围。一切险承保的外来原因必须是意外的，事先难以预料的，不是必然出现。同时要指出的是，一切险承保的是包括偷窃、提货不着、淡水雨淋、短量、玷污、渗漏、碰损、破碎、串味、受潮受热、锈损和钩损等在内的一般外来风险，因此，我国海上货运险的11种一般附加险所承保的责任均在它的责任范围之内。换句话说，被保险人如果投保了一切险，就无须再加保任何一种一般附加险。但是，诸如交货不到、拒收或战争、罢工等特别和特殊外来风险，是不为该基本险别承保的，被保险人如果需要获得这些外来风险的保障，仍要通过加保相应的特别或特殊附加险。

在我国《海洋货物运输保险条款》规定条件下，我们同样可以把一切险的责任范围概述为是在水渍险的全部责任范围的基础上，加上11种一般附加险所承保的责任。由此可见，一切险是海上货运险的3个基本险别中责任范围最大的一个。正因为一切险能够向货主提供较为充分的风险保障，一些可能遭受损失因素较多的货物适合投保，特别是一些粮油食品、纺织纤维类商品，以及新的机械设备投保一切险更有必要。

9.3.1.2 除外责任

我国海上货运险条款将保险人除外不保的风险损失一一列出，它们都是一些非偶然非意外的，或者是比较特殊的风险，包括人为的道德风险、未按贸易合同履行的风险、被保险货物本身特性所产生的风险以及市价跌落或运输延迟等，明确规定这些原因导致被保险货物发生损失或费用，保险人不负责任，旨在划清保险人与被保险人、承运人、发货人、托运人等在货物发生损失时各自应该承担的责任范围，使保险人对被保险货物确是因遭遇承保风险而发生的损失按保险合同规定履行赔偿义务，也促使货物运输合同的当事人和有关诸方各尽其职。因此，海上货运险除外责任的列明比起其他险种来，其作用更加明显。

我国海上货运险的3种基本险别，不论是平安险、水渍险还是一切险，都规定保险人对下列原因所造成的货物损失不负责赔偿：

（1）被保险人的故意行为或过失行为所造成的损失

在法律上，故意行为是指明知自己的行为会发生损害的结果，还放任或希望这种结果发生的各种行为；过失行为则是指应当预见自己的行为可能发生损害结果，却因为疏忽大意而没有预见，或者已经预见但轻信能够避免，以致发生这种损害结果。

在海上货运险实践中，被保险人的故意行为或过失行为具体体现为：被保险人未能及时提货而造成被保险货物损坏或损失扩大；被保险人租用不适航船舶或是租用资信不良的承运人的船舶导致被保险货物损坏或是在货损后无法向承运人追偿；被保险人没有及时申请检验而致使货损扩大；被保险人参与海运欺诈或者对海运欺诈知情却未及时采取措施以避免或减少损失等。

（2）发货人责任所引起的损失

发货人的责任即发货人的故意行为或过失行为，具体表现为：发货人租用不适航船舶或是租用资信不良的承运人的船舶导致被保险货物损坏或是在货损后无法向承运人追偿；发货人提供的货物品质不良、申报不实、包装不善、标志不清、货物原装短少、短量，以及发货人未履行售货合同的有关规定而引起的货损；在采用集装箱运输的条件下，整箱发运的集装箱按CY/CY运输方式（起运港集装箱堆场到目的港集装箱堆场），由发货人装箱引起的短装、积载不当、错装及所选用的集装箱不适货所造成的损失。发货人参与海运欺诈或者对海运欺诈知情却未及时采取措施以避免或减少损失等。

（3）货物原已存在品质不良的除外

这里指保险责任开始前，被保险货物已存在品质不良或数量短差所造成的损失。品质不良是指货物的质量原来就不佳；数量短差则是指货物的数量原来就短少或短量。

（4）货物的自然损耗或本质缺陷的除外规定

这里指被保险货物的自然损耗、本质缺陷、特性致损，以及市价跌落、运输延迟所引起的损失或费用。自然损耗是指货物自身特性而非灾害事故造成的必然的、正常的减少或损毁，如粮谷、豆类含水量蒸发而导致的自然短重，油脂类货物在油舱、油管周壁沾留而造成的短量损失等。本质缺陷是指货物本身固有的缺陷，如玻璃、陶瓷制品原来就有的裂痕，也指货物发运前已经存在的质量上的瑕疵，如有些粮谷类货物在装船前就已有虫卵，遇到适当温度而孵化，导致货物被虫蛀受损。特性致损是指在没有外来原因或意外事故的情况下，在运输过程中，货物自身性能变化引起的损坏，如水果腐烂，面粉发热、发霉，砂糖发潮结块，煤炭自燃、氧化发白等。对于以上这些必然发生的损失和货物本身的固有瑕疵，保险人不承担赔偿责任。对于市价跌落与运输延迟所造成的损失，保险人不负责赔偿，即使它们发生的原因是由承保风险所引起的。

（5）战争险和罢工险条款规定的责任范围和除外责任

由于海上货运保险中有专门的战争险条款承保战争风险，并由专门的罢工条款承保罢工险，因此这一项责任是基本险的除外责任。

9.3.1.3　责任起讫

责任起讫，即保险期间，亦称保险期限，在海上货运险中，就是指保险人对被保险标的承担保险责任的起讫时间。我国《海洋货物运输保险条款》对海上货运险在正常运输和非正常运输两种情况下的责任起讫分别作出了以下规定：

（1）正常运输情况下的责任起讫

正常运输是指按照正常的航程、航线行驶并停靠港口包括途中的正常延迟和正常转船，其过程自货物运离保险单所载明的起讫地发货人仓库或储存处所开始，直至货物到达保险单所载明的目的地收货人仓库或储存处所为止。

第一，"仓至仓条款"（warehouse to warehouse clause）的含义。在正常运输情况下海上货运险的责任起讫时点以"仓至仓条款"为依据，即保险人对货物所承担的保险责任从货物运离保险单所载明的起运地发货人的仓库或储存处所开始运输时生效，一直到运抵保险单所载明的目的地收货人的最后仓库或储存处所时为止。一旦货物进入收货人的最后仓库，保险责任即行终止。

第二，"仓至仓条款"的内容。从字面上看，仓至仓条款已经把保险责任阐述得很清楚了，但在实践中，情况却并非如此简单。因为该条款未具体说明发货人仓库的含义，它是指发货人在港区码头自设的专用仓库，还是发货人临时租用的港区码头仓库？同样，对于收货人仓库的含义也没有明确的解释，它是指收货人在卸货港设有的仓库，抑或收货人租用的港口、码头、海关等临时性运输仓库。如果保险单上载明的目的地是卸货港或是内陆某地，对收货人最后仓库的理解又是怎样呢？毫无疑问，明确这些概念具体的含义是极其必要的。

保险责任自被保险货物为运输目的首次运离保险单载明的起运地发货人仓库或其他储存处所时开始（以"仓至仓条款"为准）。这表明，货物在开始为运输目的移动之前（即仍处于静态存储状态时）发生的损失，保险人不负责赔偿。但一旦开始为运输目的移动（包括从仓库搬出和装上运输工具的过程），即视为已达到保险责任"起的时点"，在此期间发生的损失属于保险责任范围。

发货人仓库有两个含义：一是指发货人在起运地自己的仓库；二是指发货人临时租用的承运人仓库或港区码头仓库。在第一种情况下，发货人在起运地自己的仓库当然属于仓至仓条款中所指的发货人仓库，不过有一个前提条件，它必须是发货人将起运的被保险货物装上运输工具并直接运往港口码头装船之前的那个仓库。但在下列几种情况下，保险人仍对被保险货物的损失承担责任：

一是货物在运离发货人在起运地的仓库以后，先存放在承运人的仓库里待运；

二是货物在运离发货人在起运地的仓库以后，存放在港区码头的仓库里待运；

三是货物在运离发货人在起运地的仓库以后，运入发货人在港区码头自设的专用仓库待运。

在第二种情况下，有些发货人在港区码头没有固定的仓库，为使自己的货物能集中装船出运，往往临时租用承运人仓库或港区码头仓库，把从自己在起运地仓库一批批运来的货物储运在那里集中，等候装船。在上述情况下，这些临时租用的仓库便应被视为发货人仓库，因为正常的运输过程只能是从货物运离这些仓库后才算是真正开始。而被保险货物在储存于临时租用仓库期间发生的损失，保险人是不负责的，保险责任终止。按照仓至仓条款的规定，保险责任在被保险货物运抵保单载明的目的地收货人仓库时终止，但若货物未送达仓库，则以卸货后满 60 天或开始分配时为终止时点（以先发生者为准）。

保险责任"讫"的时点事实上有 3 种情况：

一是货物运抵保险单载明的目的地收货人仓库之时；

二是发生战争、罢工或灾害事故时，从货物卸离船舶完毕时起算的第 60 天；

三是被保险货物在卸载港从船上卸下后，如未抵达目的地仓库，保险责任以货物在最后卸载港全部卸离海轮后满 60 天终止。

收货人最后仓库的含义。在海运实务中，被保险货物所运往的目的地有的就在卸载港，也有的是在内陆某地，正因为保险单上所载明的目的地不同，对收货人最后仓库的含义便也相应作不同的理解。

如果保险单载明的目的地为卸载港，收货人的最后仓库可以有以下几种情况：一是收货人自己设在卸载港的仓库；二是收货人的代理人或受托人设在卸载港的仓库；三是收货人在卸载港没有仓库，为储存货物而租用的港口、码头、海关等临时性运输仓库。上述前两种情况都应被视为收货人的最后仓库，被保险货物一经运入，保险责任即告终止。而对于临时性仓库，则要根据货物以后的"去向"来确定：若以后是从这里再进入收货人的代理人、委托人在卸载港的仓库，就不是最后仓库；若以后从这里运往内陆目的地，则是最后仓库；若运入后在仓库内进行整理、分配，它们就是最后仓库。如果保险单载明的目的地为内陆某地，收货人的最后仓库就是指收货人自己在内陆目的地的仓库，保险人对被保险货物一直负责到运抵该仓库为止。然而，在货物运抵内陆目的地之前，收货人在途中某个仓库内对货物进行分配、分散转运，则途中仓库也就被视为最后仓库，保险责任即刻终止。

（2）非正常运输情况下的责任起讫

根据相关的国际货物运输保险条款，非正常运输下的责任起讫是指因被保险人无法控制的合理原因（如战争、罢工、自然灾害），导致运输合同在原定卸货港前终止、货物被迫中途卸货或转运、运输绕航或延迟等情况。在此情形下，保险责任可延续至货物到达中途港或转运地，但需满足条款规定的通知与续保条件。

第一，航程终止后的保险责任终止。被保险货物在运输途中不再运往原卸货港，而是在中途的某个港口将货物卸下后不再向保险单载明的目的地发运，这就是说原来的航程已经终止。一旦出现航程终止，保险责任的终止取决于以下两种情况中的先发生者：一是货物卸离完毕后满60天；二是下列两种情况中的任何一种发生。

①货物在中途港卸下后进入仓库，即被保险货物因航程终止而在中途港从载运船舶上全部卸离以后，进入任何用于储存该批货物的仓库或是其他储存处所。只要货物一进入仓库，保险责任即行终止。

②货物在非载明的目的地卸下后进入仓库，即被保险货物在运输途中由于被保险人无法控制的原因，发生了运输延迟、绕航、被迫卸货、重装、转运或承运人运用货物运输合同赋予他的权限所作的任何航线上的变更或终止货运合同等情况，致使被保险货物运到非保险单所载明的目的地。

第二，扩展责任的保险责任终止。这是指被保险人在获知因其无法控制的原因致使被保险货物发生了运输延迟、绕航等情况后，及时通知了保险人并根据情况加缴了适当的保险费，原保险单继续有效。在扩展责任情况下，保险责任按以下规定终止：在非载明目的地出售。被保险货物如果在非保险单所载明的目的地出售，保险责任至交货时为止，但不论在何种情况下，均是以货物在卸载港全部卸离载运船舶后的60天为限。卸离后继续运往目的地。被保险货物如果在中途卸载港全部卸离载运船后的60天期限内，仍旧继续运往保险单所载明的目的地或其他目的地时，保险责任仍按照正常运输情况下所规定的仓至仓条款内容处理。

9.3.1.4　被保险人义务

海上货运险作为海上保险的一个主要险种，承保的风险要比其他财产损失保险大得多。保险人为了控制自己的责任，在保险条款中具体规定了被保险人对已投保的货物应该履行的义务和应该办理的事项。如果由于被保险人未能履行这些规定的义务而使保险人的利益受到损害，保险人有权对有关损失拒绝赔偿。我国的《海洋货物运输保险条款》要求被保险人履行的义务具体为以下5项：

（1）及时提货，尽快报损，保留对责任方的追偿权

当被保险货物运抵目的地后，被保险人应及时提货；当发现被保险货物遭受任何损失，应立即向保险单上所载明的检验、理赔代理人申请检验，并向有关当局（如海关、港务局）索取货损货差证明。如涉及第三者责任，被保险人应以书面方式向他们提出索赔，必要时还须取得延长索赔时效的凭证。

（2）合理施救，减少损失，不作为放弃委付表示

对遭受承保责任范围内危险的货物，被保险人应迅速采取合理的抢救措施，防止或减少货物的损失。被保险人采取此项措施，不应视为放弃委付的表示，而保险公司采取施救措施，也不视为接受委付的表示。

（3）内容变更，通知加费，以使保险单继续有效

如遇航程变更或发现保险单所载明的货物、船名或航程有遗漏或错误时，被保险人应在获悉后立即通知保险人并在必要时加缴保费，保险才继续有效。

（4）备全单证，办妥手续，以供保险人定损结案

被保险人在索赔时需要提供的单证包括：保险单正本、提单、发票、装箱单、磅码单、货损货差证明、检验报告及索赔清单。如涉及第三者责任，还须提供向责任方追偿的有关函电及其他必要单证或文件。

（5）船舶互撞，通报责任，相助保险人抗辩船方

被保险人在获悉有关运输契约中"船舶互撞责任"条款的实际责任后，应及时通知保险人。

9.3.1.5　索赔期限

被保险人提出保险索赔的时效为两年，从货物在最后卸载港全部卸离海轮之日起算。需要注意的是：索赔期限不同于诉讼时效，前者是债权人向债务人提出赔偿要求的最长时限，后者是债权人请求法院或仲裁庭保护其债权的最长时限；前者灭失的是实体权利，后者灭失的则是诉讼权利。

9.3.2　附加险条款

附加险别是指不能单独投保，必须在投保基本险别的基础上方被允许根据实际需要加保，也就是依附于基本险别项下的险别。海洋运输货物在运输途中除发生遭遇海上自然灾害或意外事故所造成的损失以外，还可能遭受由于各种外来原因所引起的损失。为了取得更多、更充分的保障，货主就有必要为运输货物加保有关的附加险别。

海上货物运输保险的附加险别分为一般附加险、特别附加险和特殊附加险三类。

9.3.2.1　一般附加险

一般附加险（general additional risks）承保一般外来原因所引起的货物损失，亦可称为普通附加险。我国海上货物运输保险目前承保的一般附加险共有以下11种：

（1）偷窃、提货不着险

偷窃、提货不着险（theft，pilferage and non-delivery risk）承保被保险货物在保险有效期内遭受的3项损失：一是因偷窃行为所致的损失；二是货物抵达目的地后，未为收货人提到所致的损失；三是根据运输合同规定船东和其他责任方免除赔偿的部分。保险人对这些损失按保险价值负责赔偿。

有必要对该附加险中的一些概念作些说明。首先，应区分偷窃行为与抢劫行为：偷窃多指暗中进行的小偷小摸，而抢劫则是指公开的、使用暴力手段的劫夺。对货物因被抢劫所致的损失，该附加险是不负责赔偿的。其次，要了解保险条款中的"偷"与"窃"两种行为在含义上的区别：所谓偷，一般是指整件货物被偷走；窃则是指包装完整的整件货物中仅一部分被窃走。最后，整件提货不着意指无明确原因且无踪迹的损失，若因海关没收、政府行为等已知原因导致，保险人不负责赔偿。

根据我国有关条款的规定，作为货主的被保险人有义务及时提货。如果发现被保险货物遭受偷窃损失，如包装被挖破、箱板经重钉，内装货物短少而且包装内部的空间有间隙等，被保险人必须在提货之日起10日内向保险人或保险单上注明的检验/理赔代理人申请检验。如果被保险货物遭受整件提货不着的损失，被保险人必须向责任方取得整件提货不着的证明，否则保险人不负责赔偿。此外，保险人有权收回被保险人向船东和其他责任方追偿到的任何货损赔款，但其金额以不超过保险人支付的赔款为限。

（2）淡水雨淋险

淡水雨淋险（fresh water &/or rain damage risk）承保被保险货物在运输途中直接由于淡水、雨淋、冰雪融化所造成的损失。雨淋所致的损失包括雨水、河水激溅，还有冰雪融化给货物造成的损失；淡水所致的损失则包括因船舱内水汽凝聚而成的舱汗、船上淡水舱或淡水管漏水给货物造成的损失。

注意区分淡水损失（fresh water damage）与海水损失（sea-water damage）很重要，因为平安险和水渍险只承担对海水损失的赔偿，不负责淡水损失。当货物上或其包装外部出现水渍斑损时，就要弄清楚这是遭雨淋的结果还是海水泡湿的结果。如果是前者，而货物仅投保了水渍险，不加保雨淋险，保险人就不必负责。须指出的是，保险人对货物的淡水、雨淋损失承担赔偿责任是有前提条件的：一是货物的包装外部应当有淡水或雨水痕迹或者有其他适当证明；二是被保险人必须及时提货，并在提货后10日内向保险人或保险单载明的检验/理赔代理人申请检验。不具备这两个条件的话，保险人不负责赔偿。

（3）短量险

短量险（risk of shortage）承保被保险货物在运输过程中发生的数量短少及重量短缺的损失。造成短少、短量损失的原因有很多，主要有自然损耗、包装破裂、扫舱不净、装卸散失、计量误差和被偷等。

（4）混杂、玷污险

混杂、玷污险（risk of intermixture of contamination）承保被保险货物在运输过程中因混入杂质或接触其他物质导致的污染（或玷污）损失。某些货物，特别是散装的粮谷、矿砂和粉粒状化工产品，容易混进泥土、草屑、碎石等，致使质量受到影响；纸张、布匹、服装以及食品等货物却较可能被油类或带色物质污染而引起损失。加保此附加险后保险人对混杂、玷污损失予以赔偿。

（5）渗漏险

渗漏险（risk of leakage）承保液体、流质类货物在运输过程中由于容器损坏的渗漏损失，装运原油等油类的管道破裂造成渗漏损失，以及用液体储装的货物因储液渗漏而发生的腐烂、变质的损失。所谓用液体储装的货物，如盐渍肠衣（木桶装）、湿牛羊皮和坛装的酱菜、腐乳一类腌制食品，一旦发生储液渗漏，盐渍肠衣、兽皮就容易变质腐败，腌制食品则不能食用。

（6）碰损、破碎险

碰损、破碎险（risk of clash & breakage）承保被保险货物在运输途中因震动、碰撞、受压或搬运不慎造成的货物本身的破碎、折裂、裂损，发生弯曲、凹瘪、脱瓷、脱漆等损失。易发生碰损的主要是一些金属制品、漆木制品，如机器、仪表、仪器、搪瓷器皿、漆木器用具和家具等；而破碎损失主要集中在那些易碎品上，如玻璃制品、陶瓷制品、大理石板，以及玉、石、牙、木、竹器雕刻和贝壳制品等观赏性工艺品。由于这类货物在保险期内因海上自然灾害或运输工具发生的意外事故所造成的碰损、破碎损失，已被平安险和水渍险这两种基本险别列入其承保范围，因此碰损、破碎险作为一种一般附加险，主要是对一切外来因素，如卸货不当、装卸操作粗鲁或未按操作规程进行作业等所致的破损、破碎的损失承担赔偿责任。

（7）串味险

串味险（risk of odour）又称变味险，承保被保险货物在运输过程中因受其他物品气味的影响而引起的串味、变味损失。易发生串味、变味的多为食品、饮料、茶叶、中药材、香料等货物，它们在运输途中若与皮革、樟脑和有腥味或异味物品存放在同一货仓内，就极有可能发生串味而使本身品质受损。此外，这些货物如果装载在未洗干净的货舱内，同样会受到货舱内遗留的异味的影响而使品质受损。

（8）受潮受热险

受潮受热险（damage caused by sweating &/or heating risk）承保被保险货物在运输途中因在货舱中受潮受热的损失。受潮受热险必须是在运输过程中发生的，直接损失的原因是船舱内水汽凝结、发潮、发热，而这种船舱内水汽凝结、发潮、发热必须是在运输过程中因气温突然变化，或是船上通风设备失灵导致的。

（9）钩损险

钩损险（risk of hook damage）承保被保险货物在运输、装卸过程中，因使用手钩、吊钩等钩类工具而本身直接被钩破的损失，或外包装被钩坏造成货物外漏的损失。捆装棉布、袋装粮食发生钩损的情况较多。保险人不但要负责赔偿货物被钩坏的损失，对因包装被钩破而进行调换、修补所支付的合理费用也予以承担。

（10）包装破裂险

包装破裂险（loss &/or damage caused by breakage of packing risk）承保被保险货物在运输过程中因搬运或装卸不慎，导致包装破裂而造成的短少、玷污、受潮等损失。一般用袋装、箱装、桶装、盒装的块、粒、粉状货物容易发生这类损失。如果包装破裂是由于包装不良等其他原因所引起的，进而造成被保险货物损失，保险人不负责赔偿。

（11）锈损险

锈损险（risk of rusting）承保被保险货物在运输过程中因生锈而造成的损失。容易生锈的货物当然指金属或金属制品。但这种生锈必须是在原装时未存在，而在保险期内发生的。对于极易生锈的铁丝、钢丝绳、水管零件等，以及不可避免生锈的裸装金属条板、块、管等，往往保险人都拒绝承保。此外，对于那些由于体积长（或大），习惯装载于舱面的大五金，也往往将锈损责任除外。

当被保险人投保的基本险别为平安险或水渍险时，他们可以根据自己的需要，选择加保上述11种一般附加险中的一种或数种。然后，在投保的基本险别为一切险的情况下，被保险人就无须再加保一般附加险，因为一切险的承保责任范围已经包括了这11种一般附加险所承保的风险。

9.3.2.2　特别附加险

特别附加险（particular additional risks）承保一些涉及政治、国家政策法令和行政措施等的特殊外来风险所造成的货物损失。这些特别附加险不包括在基本险别的承保责任范围内，必须另行加保才能获得保障。我国海上货物运输保险目前承保的特别附加险主要包括：

（1）舱面险

舱面险（on deck risk）又叫甲板险，对装载在舱面的被保险货物，除按基本险别的保险条款负责以外，还承保它们因被抛弃或被风浪冲击落水所造成的损失。海上运输的货物，无论是在干货船上还是在散装船上，一般都是装载在舱内的。装载在舱面上的货物以及活牲畜、活家禽按照国际惯例，不能视作货物，保险人对它们在运输过程中的损失是不负责的。但在实际业务中，有些货物或是因为体积庞大，或是因为含有毒性或酸性、有污染性，乃至是易燃易爆的危险品，根据航运习惯必须装载于舱面上，它们因此被称为"舱面货"。为了满足这些货物保险保障的需要，就产生了舱面险。至于装载在舱面上的活牲畜、活家禽，则由活牲畜、活家禽保险（livestock transit insurance）来解决它们在运输途中死亡的损失补偿问题。

由于装载在舱面上的货物暴露于外，极易遭受海水浸湿、雨淋和生锈损失，因此保险人通常只愿意在平安险的基础上加保舱面险，而不愿意在一切险的基础上加保，主要是为防止责任过大。

随着集装箱运输进入海运，装于舱面的集装箱货物提单已经为国际贸易界普遍接受，银行也把装载在舱面上的集装箱货物以及舱面上的集装箱均视为舱内货物承保。

（2）进口关税险

进口关税险（import duty insurance）承保被保险货物由于遭受保险事故损失，但被保险人仍需按完好货物价值缴纳进口关税所造成的损失。各国政府对运输途中受到损失的进口货物在征收进口税时的政策并不相同。有的国家规定受损货物可按货物受损后的实际价值减免关税；有的国家规定要区别对待发生在进口前还是进口后的货损，前者可以减免税而后者则不能。还有规定不论货物抵达目的港时是否完好，都一律按发票上载明的货物价值或者海关估价征收关税。需要注意的是，货物的损失必须是保险责任事故所引起的。还要注意，当单独投保关税险时，保险金额应按货物在目的港应缴纳的关税税额确定，而非货物本身价值。这里，关税险通常需在货物主险基础上附加投保；货物本身的保险金额仍按 CIF 价值加成计算；两种保险责任范围相互独立。此外，当被保险人索赔关税损失时，必须提交关税证明。

（3）拒收险

拒收险（rejection risk）承保被保险货物在进口港被进口国政府或有关当局拒绝进口或没收所造成的损失。如果货物起运前进口国已经宣布禁运或禁止，保险人对拒收不负责；如果货物在起运后尚未抵达进口港期间进口国宣布禁运或禁止，保险人只负责赔偿将货物运回出口国或转口到其他目的地而增加的运费，但所赔金额不超过保险金额。加保拒收险的货物主要是与人体健康有关的食品、药品等。由于大多数国家对这类货物的进口基本上都有卫生检验标准，而且有些标准往往隐蔽、多变，一旦违反了进口国规定的标准，就会被拒绝进口甚至是被没收或销毁。由于这种风险较大，保险人一般不愿意承保，即使同意承保，其加保费率也很高。也有些保险人采取先收取高额保费，若不发生事故，再按一定比例退还部分保费的做法。加保时，被保险人必须提供两项证明：一是被保险货物的生产、质量、包装和商品检验符合产地国和进口国的有关规定；二是一切必需的有效进口特许证或许可证。应注意该附加险对于被保险货物因市价跌落、记载错误、商标或标记错误、贸易合同或其他文件发生错误、遗漏，以及违反产地国政府或有关当局出口货物的有关规定而被拒绝进口或没收所造成的损失，不予以赔偿。

（4）黄曲霉素险

黄曲霉素险（aflatoxin risk）承保某些含有黄曲霉素的食物因超过进口国对该毒素的

限制标准而被拒绝进口、没收或强制改变用途的损失。黄曲霉素是一种致癌毒素，发霉的花生、油菜籽、大米等往往含有这种毒素，很多国家对这种毒素的含量都有严格的限制标准，一旦超标，就会被拒绝进口、没收或强制改变用途。由此可见，黄曲霉素险是一种专门的拒收险。

（5）交货不到险

交货不到险（failure to deliver clause）承保不论由于什么原因，已装上船的被保险货物不能在预定抵达目的地的日期起6个月内交货的损失。引起交货不到损失的原因，既有运输上的原因，也有政治上的原因，而且往往政治上的原因居多，如禁运、在中途港被强行卸载。

9.3.2.3 特殊附加险

特殊附加险（special additional risks）与特别附加险一样，也不包括在任何基本险别中，需另行加保才能获得保障。我国海上运输保险承保的特殊附加险主要有以下两种：

（1）战争险

战争险（war risks）承保被保险货物由于战争、类似战争行为和敌对行为、武装冲突或海盗行为，以及由此而引起的捕获、拘留、扣留、禁制、扣押所造成的损失，各种常规武器包括水雷、鱼雷、炸弹所致的损失。战争险只承保战争风险造成的直接物质损失，对由于战争风险所致的附加费用并不予以承保。例如，因战争而导致航程中断，或引起卸货、存仓或转运等额外支出的费用，并不属于战争险的承保责任。如果被保险人希望保险人对这些附加费用也予以负责，可再加保战争险的附加费用险（war risks supplementary expenses cover），它实际上是对战争险责任范围的扩展。

（2）罢工险

罢工险（strikes risks）承保被保险货物因罢工者、被迫停工的工人或参加工潮暴动、民众斗争的人员采取行动而造成的直接损失。罢工险只承保罢工行为所致的被保险货物的直接损失。如果因罢工造成劳动力不足或无法使用劳动力，而使货物无法正常运输、装卸以致损失，属于间接损失，保险人不予以负责。

9.3.2.4 其他附加条款

除了上述三类附加险别以外，海上货运险还有一些其他附加条款，主要是易腐货物条款、海关检验条款、码头检验条款、卖方利益保险条款、进口集装箱货物运输保险特别条款、海运进口货物国内转运期间保险责任扩展条款等。这些附加条款基本上都是对被保险人投保或加保相关的基本或附加险别规定承保条件，旨在限制保险责任。

（1）易腐货物条款

该附加条款规定，对被保险货物因市场变动引起的损失或者不论什么原因（包括承保风险）而造成延迟所引起的损失或腐败，保险人概不负责。

（2）海关检验条款

该附加条款规定，保险人在被保险人加保了相关的附加险别的前提下对被保险货物发生的偷窃或短少损失，以货物到达约定地点的海关内为止，并要求被保险人在约定地点发现损失后向保险单所指定的检验/理赔代理人申请检验，确定损失。被保险货物在此之后所遭受的偷窃或短少损失，保险人不予负责。

（3）卖方利益保险条款

该附加条款规定，保险人对卖方因被保险货物遭受承保险别的责任范围内的损失而受到的利益损失负责赔偿，但前提是买方不向卖方支付该项受损货物部分的损失，而且要求被保险人在获得保险赔偿以后将其对买方及第三方责任方的全部追偿权利不可撤销地转让给保险人。

（4）进口集装箱货物运输保险特别条款

该特别条款规定，在被保险人加保了本条款后，保险人按原海上货运险保险单的责任范围承保进口集装箱货物，但保险责任至原保险单载明的目的港收货人仓库终止。如果集装箱货物运抵目的港，原箱未经启封而转运内地的，保险责任至转运目的地收货人仓库终止。若集装箱货物运抵目的港（或转运站）后，开箱需继续转运内地，被保险人或其代理人必须向目的港保险人申请批单（endorsement），按原保险条件和保额支付附加保费后，保险责任可扩展至转运单载明的最终收货人仓库。

（5）海运进口货物国内转运期间保险责任扩展条款

该特别条款是扩展海上货运险责任期限的条款，对被保险货物在卸货港转运期间、等待转运期间的保险责任具体作了规定：

第一，对转运期间保险责任延长的规定。当海上货运险承保的货物运至海运提单载明的我国卸货港后，如果需要转运至国内其他地区，保险人按海上货运险的险别（战争险除外）继续承担转运期间的保险责任，直至被保险货物运至卸货港货物转运单据上载明的国内最后目的地，以下面两种情况中先发生的为准：一是经收货单位提货后运抵其仓库时终止，二是从货物进入承运人仓库或堆场当日零时起算满30天终止。

第二，对等待转运期间保险责任延长的规定。海运进口货物在卸货港等待转运期间的保险责任，自货物全部卸离海轮当日24时起算满60天终止。如货物不能在60天内转运，收货或接货单位可在60天满期前提交经海关或港口当局确认的滞留证明及货物清单（含货物品名、数量、存放位置），申请展延保险期限。保险人可根据具体情况决定是否展延和确定展延的日期。如同意展延，展延期限最长不能超过60天。在期限届满120天以后，若仍要求继续展延，经保险人同意后，每30天为一期按每30天追加原保费20%~50%的标准加缴保险费。如果转运货物在卸货港存放满60天或经展延期限届满而未继续办理保险责任展延申请的，收货或接货单位应立即在港口进行检验。若发现货物有短损，应在保险责任终止之日起10天内通知保险人进行联合检验。保险人只对在港口检验确定的货物损失负保险责任。

9.3.3 专门险条款

海运货物专门险又称特种货物保险，是根据海运货物的特性而设立的专门险种，可以单独投保。目前我国海运货物险的专门险主要有海洋运输冷藏货物保险和海洋运输散装桐油保险。

9.3.3.1 海洋运输冷藏货物保险

一些新鲜的货物，如蔬菜、水果，以及经过冷冻处理的鱼、虾、肉等货物，为保持其新鲜程度，运输时须置于专门的冷藏容器或冷藏舱内，并根据其特性保持一定的冷藏温度。这些冷藏货物在运输途中，除和一般货物一样，可能遭受各种海上灾害事故损失，还可能因冷藏设备失灵而导致货物腐烂变质，海洋运输冷藏货物保险（ocean marine insurance for refrigerated cargo）就是为此而设立的。

（1）险别及其责任范围

我国海运货物冷藏险分为冷藏险和冷藏一切两种险别。

第一，冷藏险（risks for frozen products）。冷藏险的承保范围和水渍险的基本相同，只增加承保货物"由于冷藏机器停止工作连续达24小时以上所造成的腐烂或损失"。这里所说的冷藏机器包括载运货物的冷藏车、冷藏集装箱以及冷藏船上的制冷设备。

第二，冷藏一切险（all risks insurance for refrigerated cargo）。冷藏一切险的责任范围是在冷藏险的基础上，增加承保冷藏货物在运输途中由于外来原因（包括偷窃、雨淋、污染等一般附加险承保风险）所致的腐烂或损失，冷藏险要求冷藏机器停止工作连续24小时以上，而且被保险人负有举证责任，这对被保险人索赔十分不利。因此，对低温要求苛刻的货物，宜投保冷藏一切险。

（2）除外责任

海运货物冷藏险针对冷藏货物的特点，在海运货物基本险的除外责任基础上，增加了两点规定：

第一，被保险货物在运输过程中的任何阶段，因未存放在有冷藏设备的仓库或运输工具中，或辅助工具没有隔温设备所造成的货物腐烂或损失，保险人不予赔偿。

第二，被保险人在保险责任开始时，因未保持良好状态，包括整理加工和包扎不妥，冷冻上的不合规定及骨头变质所引起的货物腐烂或损失，保险人不予赔偿。

（3）责任起讫

海运货物冷藏险的责任起讫与海运货物基本险的基本相同，但又根据冷藏货物的特点作了一定的变化，具体如下所示：

第一，保险责任自被保险货物运离保险单所载明的起运地冷藏仓库装入运输工具开始运输时起（包括正常运输过程中的海上、陆上、内河和驳船运输），直至到达保险单所载明的目的港30天内全部卸离船舶，并将货物存入岸上的冷藏仓库后，从货物卸离船舶时起算满10天终止。

第二，由于被保险人无法控制的运输延迟、绕航、被迫卸货、重装、转运或承运人行使货物运输合同赋予的权限所作出的任何航海上的变更或终止运输契约，致使被保险货物运到非保险单所载明的目的地时，只要被保险人及时通知保险人，并在必要时加缴保险费的情况下，保险责任继续有效。

9.3.3.2 海运散装桐油保险

桐油是我国的特产，作为油漆的重要原料，是我国大宗出口商品之一。桐油因其自身的特性，在运输过程中容易遭受污染、短量、渗漏和变质等损失，为此，它需要不同于一般货物保险的特殊保障,海运散装桐油保险(ocean marine insurance for tung oil in bulk)就是为了满足这种货物的特殊保障而设立的。

(1)责任范围

海运散装桐油保险的险别为专门条款,其责任范围在涵盖海上货运险的基础上,针对散装桐油的特性扩展承保以下两项:

第一,短量与渗漏损失:因任何意外原因导致被保险桐油的短量或渗漏损失,超过约定免赔率(额)的部分;

第二,污染与变质损失:因运输过程中意外事故导致的桐油污染、沾染或变质损失。(具体责任免除以条款约定为准。)

(2)除外责任

海运散装桐油保险的除外责任与海上货运险的完全相同。

(3)责任起讫

与基本险中关于责任起讫的规定一样,海运散装桐油保险也采取"仓至仓"原则,具体规定如下:

第一,保险责任自被保险桐油运离保险单所载明的起运港的岸上油库或盛装容器开始运输时生效,在整个运输过程中继续有效,直至安全交至保险单所载明的目的港的岸上油库为止。但如果桐油不能及时卸离船舶或未交至岸上油库,则保险责任以船舶到达目的港后15天为限。

第二,由于被保险人无法控制的运输延迟、绕航、被迫卸货、重装、转运或承运人行使货物运输合同所赋予的权限所作的任何航海上的变更或终止货运合同等情况,致使被保险货物运到非保险单所载明的目的地时,只要被保险人及时通知保险人,并在必要时加缴保险费,保险责任继续有效。被保险桐油应在到达该港口15天内卸离船舶,保险责任从桐油卸离船舶之日起算满15天终止。此处有两点需要注意:

① 在上述15天期限内,被保险油在该地出售,则保险责任至交货时终止。

② 在上述15天期限内,被保险油继续运往保险单所标明的目的地或其他目的地时保险责任仍按照正常运输情况下的规定终止。

(4)特别约定

海运散装桐油保险针对其承保标的的特性,还向被保险人提出了以下一些特别约定:

第一,在起运港必须取得的检验证书。散装桐油在装运港装船前须经过抽样化验,被保险人必须取得下列检验证书:

① 由中国海关下属的出入境检验检疫局(CIQ)或双方认可的第三方机构代表上船对船上油舱在装油前的清洁工作进行检验并出具合格证书。

② 由中国海关下属的出入境检验检疫局或双方认可的第三方机构代表对桐油装船后的容量或重量及温度进行详细检验并出具的证书上的装船重量即作为保险人负责的装运量。

③ 由中国海关下属的出入境检验检疫局或双方认可的第三方机构代表对装船桐油的品质进行抽样化验,证明在装船时确无沾污、变质或"培他"(Beta,油损失专门名词)等现象后出具的合格证书。

第二,因非正常运输而在非目的港卸货时必须取得的检验证书。被保险人在运输途中因遭遇意外情况（如船舶故障、港口限制等）而被迫在非目的港卸货时，应取得以下检验证书：

① 卸货环境检验证书，即由保险人认可的独立检验机构对接收桐油的油驳、岸上油库或其他容器，以及重新装载的船舶进行检验，确保其符合储存和运输要求，并出具合格证明。

② 桐油品质检验证书，即由同一检验机构在卸货前对桐油进行抽样检测，确保其未因运输事故导致变质或污染，并出具品质合格证明。

上述证书将作为保险索赔的必要文件。

第三，在目的港必须取得的检验证书。被保险人在运抵保险单载明的目的港后应取得的检验证书是：

① 由保险单所指定的检验/理赔代理人派员上船对卸船前的油舱中的温度、容量、重量和量尺等进行检验，并由检验/理赔代理人指定的合格化验师一次或数次抽样化验，最后出具的确定当时桐油品质状况的证书。

② 若油轮抵港后需通过驳船转运（ship-to-ship transfer），检验机构必须在装油前对驳船货舱进行清洁度与适载性检验，并签发适载证书（fitness certificate），确认其符合装运要求。

（5）赔偿处理

赔付金额不超过保险单载明的保险金额。针对桐油的特性，海运散装桐油保险对赔偿处理作了如下规定：

第一，如被保险桐油经检验和化验证明已发生短少或损失时，必须同装船时的检验和化验报告相比较，估计损失数额。如发生全损，则以装船后由商品检验局出具的装船重量报告中的装运量作为计算标准。

第二，如根据化验报告中的鉴定，确认被保险桐油品质有变异时，按照实际所需的提炼费用（包括提炼后的短量、贬值、运输、人工、存仓和保险等各项费用）减去通常所需的提炼费用后的差额赔付。

第三，一切检验和化验费用均由被保险人负担，但为了决定赔款数额而支付的必要检验和化验费用，可由保险人负担。

9.4 其他运输方式下的货物运输保险

在国际贸易中，货物运输除了主要采用海上运输方式外，还采用陆上运输、航空运输、邮包运输方式。随着科学技术的发展，国际经济联系日益密切和频繁，通过上述运输方式进行运输的货物数量在整个国际贸易货运量中的比重也呈明显上升趋势，因此，陆上、航空、邮包等的保险业务也随之发展，在整个保险业务中的重要性日益突出。由于陆上、航空、邮包等的保险业务都是从海上运输保险发展而来，但又有各自的特点，因而，本章要求掌握采用陆上、航空、邮包运输方式时，保险人在承保风险、险别、责任范围和保险期限等方面与海运货物保险的不同之处。

9.4.1　陆上运输货物保险

陆上运输货物保险始于19世纪末期，在第一次世界大战爆发后得到较快发展。在欧洲、非洲及拉丁美洲内陆国家，经由陆上运输的国际贸易货物比重相当大。陆上运输货物保险主要承保以火车、汽车等陆上运输工具进行货物运输的保险。目前，我国与周边毗邻国家的进出口货物，以及通过"大陆桥"运输的货物大都采用陆运方式进行，其业务量正在不断增加，与之相适应的陆运保险业务也有明显增长。

与海洋货物运输可能遭受的风险不同，陆上货物运输的风险有其自身的特点。常见的陆上货物运输的风险主要有：运输工具碰撞、倾覆、出轨；公路、铁路坍塌，桥梁折断、道路损坏及失火、爆炸等意外事故；暴风、雷电、洪水、地震、泥石流、山体滑坡等自然灾害。此外，在海洋运输中由于外来原因可能造成的风险，陆上运输同样存在。按照保险业的习惯，在陆上运输货物保险业务中，只要因发生承保责任范围内的风险所导致的损失，保险人一般都予以赔偿，因此陆运货物保险不再区分全部损失和部分损失。这就决定了陆上运输货物保险的基本险别与海洋运输货物保险的险别有所不同。

陆上运输主要包括铁路和公路运输两种，运输工具主要是火车和汽车。国际上保险公司对于采用人力车和牲口驮运等落后工具运输货物的风险一般不予承保。中国人民保险公司现行的陆上运输货物险条款也明确规定以火车、汽车为限。在基本险方面，火车、汽车均采用相同险别和责任范围。而在国际保险市场上，保险公司对于火车和汽车运输往往分别列有不同的条款。根据中国人民保险公司1981年1月1日修订的《陆上运输货物保险条款》的规定，陆上运输货物保险的基本险别分为陆运险与陆运一切险两种。适用于陆运冷藏货物的专门保险，即陆上运输冷藏货物险，其性质也属于基本险。此外，在附加险中，除仅适用于火车运输的陆上运输货物战争险（火车）条款外，海运货物保险中的附加险，陆运货物保险也均适用。

9.4.1.1　陆运险与陆运一切险

（1）承保责任范围

陆运险的承保责任范围与《海洋货物运输保险条款》中的"水渍险"相似。保险公司负责赔偿被保险货物在运输途中遭受暴风、雷电、洪水、地震等自然灾害，或由于运输工具遭受碰撞、倾覆、出轨或在驳运过程中因驳运工具遭受搁浅、触礁、沉没、碰撞，或由于遭受隧道坍塌、崖崩或失火、爆炸等意外事故所造成的全部或部分损失。陆运一切险的承保责任范围与《海洋货物运输保险条款》中的"一切险"相似。保险公司除承担上述陆运险的赔偿责任外，还负责被保险货物在运输途中由于一般外来风险所造成的全部或部分损失。

以上责任范围均适用于火车和汽车运输，并以此为限。陆运险与陆运一切险的除外责任与海洋运输货物险的除外责任基本相同。

（2）责任起讫

陆上运输货物险的责任起讫也采用"仓至仓"责任条款。保险人负责自被保险货物运离保险单所载明的起运地仓库或储存处所开始运输时生效，包括正常运输过程中的陆上和与其有关的水上驳运在内，直至该项货物运达保险单所载目的地收货人的最后仓库或储存处所或被保险人用作分配、分派的其他储存处所为止。如未运抵上述仓库或储存处所，则以被保险货物运抵最后卸载的车站满60天为止。

9.4.1.2 陆上运输冷藏货物险

陆上运输冷藏货物险是陆上运输货物险中的一种专门保险，其主要责任范围除负责陆运险所列举的自然灾害和意外事故所造成的全部或部分损失外，还负责赔偿由于冷藏机器或隔温设备在运输途中损坏所造成的被保险货物解冻融化以致腐败的损失；但对于因战争罢工或运输延迟而造成的被保险冷藏货物的腐败或损失，以及被保险冷藏货物在保险责任开始时未能保持良好状况，包括整理、包扎不妥或冷冻上的不合规定及骨头变质造成的损失则除外。一般的除外责任条款也适用本险别。

陆上运输冷藏货物险的责任自被保险货物运离保险单所载起运地点的冷藏仓库装入运送工具开始运输时生效，包括正常的陆运及其有关的水上驳运在内，直至货物到达保险单所载明的目的地收货人仓库为止。但是最长保险责任的有效期限以被保险货物到达目的地车站后10天为限（中国人民保险公司的该项保险条款还规定：装货的任何运输工具，必须有相应的冷藏设备或隔温设备；或供应和储存足够的冰块使货箱内始终保持适当的温度，保证被保险冷藏货物不致因融化而腐败，直至目的地收货人仓库为止）。

陆上运输冷藏货物险的索赔时效为：从被保险货物在最后目的地全部卸离车辆后起计算，最多不超过两年。

9.4.1.3 陆上运输货物战争险

陆上运输货物战争险是陆上运输货物保险的一种特殊附加险，只有在投保了陆运险或陆运一切险的基础上方可加保。这种陆运战争险，国外私营保险公司大都不予承保，但为适应外贸业务需要，我国保险公司接受加保，但目前仅限于火车运输，若使用汽车运输则不能加保。

加保陆上运输货物战争险后，保险公司负责赔偿在火车运输途中由于战争、类似战争行为和敌对行为、武装冲突所致的损失以及各种常规武器（包括地雷、炸弹）所致的损失。但是，由于敌对行为使用原子或热核武器所致的损失和费用，以及根据执政者、当权者或其他武装集团的扣押、拘留引起的承保运程的丧失和挫折而造成的损失除外。陆上运输货物战争险的责任起讫与海运战争险相似，以货物置于运输工具时为限，即自被保险货物装上保险单所载起运地的火车时开始，到卸离保险单所载目的地火车时为止。如果被保险货物不卸离火车，则以火车到达目的地的当日午夜起计算，满48小时为止；如在运输中途转车，则不论货物在当地卸载与否，保险责任以火车到达该中途站的当日午夜起计算，满10天为止。如货物在此期限内重新装车续运，仍恢复有效。但需指出，如运输契约在保险单所载目的地以外的地点终止时，该地即视作本保险单所载目的地，在货物卸离该地火车时为止，如不卸离火车，则保险责任以火车到达该地当日午夜起计算，满48小时为止。陆上运输货物保险的特殊附加险，除战争险外，还可加保罢工险。与海洋运输货物保险相同，在投保战争险的前提下，加保罢工险不另收费。如仅要求加保罢工险，则按战争险费率收费。陆上运输罢工险的承保责任范围与海洋运输货物罢工险的责任范围相同。

9.4.2 航空运输货物保险

航空运输货物保险是以飞机为运输工具的货物运输保险。利用飞机进行国际货物运输始于20世纪初第一次世界大战前一两年。伦敦签发第一份航空保单，承保机体坠落险及第三人责任险。近年来，随着航空技术的迅速发展和对航空运输的需求猛增，航空运输在国际贸易货物运输中的重要性日益显著，航空运输货物保险也随之蓬勃发展起来。

由于航空运输与其他运输方式相比较为复杂，加上航空运输货物保险起步较晚，致使航空运输货物保险迄今未能发展成为一个完整、独立的体系。为适应航空货物运输及保险业务的顺利开展，伦敦保险协会直至1965年才对实际业务中最常见的航空运输货物一切险制定了一份比较完整的《协会航空运输货物保险（一切险条款）》（邮包除外）。该条款于1982年重新修订，现为《协会货物险条款（航空）》（邮包除外）。此外，伦敦保险协会还制定了《协会战争险条款（航空货物）》（邮包除外）和《协会罢工险条款（航空货物）》两种协会空运货物保险条款。目前，国际保险市场较多采用上述条款进行航空运输货物保险。为了满足我国外贸业务发展的需要，中国人民保险公司也接受办理航空运输货物保险业务，并制定"航空运输险"和"航空运输一切险"两种基本险条款以及"航空运输货物战争险"的附加险条款。此外，海洋运输货物保险中的附加险别也可在航空运输货物保险中有选择地使用。现将中国人民保险公司的航空运输货物保险条款和伦敦协会航空条款分述如下。

9.4.2.1 我国航空运输货物保险险别和条款

根据中国人民保险公司1981年1月1日修订的《航空运输货物保险条款》规定，航空运输货物保险的基本险别分为航空运输险和航空运输一切险两种，还有航空运输货物战争险。

（1）航空运输险和航空运输一切险

第一，航空运输险与航空运输一切险的承保责任范围。航空运输险的承保责任范围与《海洋货物运输保险条款》中的"水渍险"大致相同。保险公司负责赔偿被保险货物在运输途中遭受雷电、火灾、爆炸或由于飞机遭受恶劣气候或其他危难事故而被抛弃，或由于飞机遭受碰撞、倾覆、坠落或失踪等自然灾害和意外事故所造成的全部或部分损失。航空运输一切险的承保责任范围除包括上述航空运输险的全部责任外，保险公司还负责赔偿被保险货物由于被偷窃、短少等一般外来原因所造成的全部或部分损失。航空运输险和航空运输一切险的除外责任与海洋运输货物的除外责任基本相同。

第二，航空运输险与航空运输一切险的责任起讫。航空运输货物险的两种基本险的保险责任也采用"仓至仓"条款，但与海洋运输险的"仓至仓"责任条款不同的是：

① 如货物运达保险单所载明目的地而未运抵保险单所载明的收货人仓库或储存处所，则以被保险货物在最后卸载地卸离飞机后满30天为止。如在上述30天内被保险货物需转送到非保险单所载明的目的地时，则以该项货物开始转运时终止。

② 由于被保险人无法控制的运输延迟、绕道、被迫卸货、重新装载、转运或承运人运用

运输契约赋予的权限所作的任何航行上的变更或终止运输契约，致使被保险货物运到非保险单所载目的地时，在被保险人及时将获知的情况通知保险人并在必要时加缴保险费的情况下，本保险单继续有效，保险责任按下述规定终止：被保险货物如在非保险单所载目的地出售，保险责任至交货时为止。但不论任何情况，均以被保险货物在卸载地卸离飞机后满30天为止。被保险货物在上述30天期限内继续运往保险单所载原目的地或其他目的地时，保险责任仍按上述①的规定即在保险单所载目的地或其他目的地卸离飞机后满30天终止。

（2）航空运输货物战争险

航空运输货物战争险是航空运输货物险的一种特殊附加险，只有在投保了航空运输险或航空运输一切险的基础上方可加保。

加保航空运输货物战争险后，保险公司承担赔偿在航空运输途中由于战争、类似战争行为、敌对行为或武装冲突以及各种常规武器和炸弹所造成的货物的损失，但不包括因使用原子或热核武器所造成的损失。航空运输货物战争险的保险责任起讫是自被保险货物装上保险单所载明的起运地的飞机时开始，直到卸离保险单所载明的目的地的飞机时为止。如果被保险货物不卸离飞机，则以飞机到达目的地当日午夜起计算满15天为止；如果被保险货物需在中途转运时，则保险责任以飞机到达转运地的当日午夜起计算满15天为止；待装上续运的飞机，保险责任再恢复有效。航空运输货物保险的特殊附加险除战争险外，还可加保罢工险。与海运、陆运险相同，在投保战争险前提下，加保罢工险不另收费。如仅要求加保罢工险，则按战争险费率收费。航空运输罢工险的责任范围与海洋运输罢工险的责任范围相同。

9.4.2.2 协会航空运输货物保险险别和条款

在过去，由于缺乏针对航空运输规定的保险条款，凡航空运输货物需要保险时，保险人在接受承保时只能临时借用海运货物保险条款的平安险、水渍险等条款。为适应航空运输保险的特定需要，伦敦保险协会于1965年首次制定与航空运输有关的保险条款《协会航空运输货物保险（一切险条款）》（邮包除外），在1982年加以修订成为现行的《协会货物险条款（航空）》（邮包除外）。该条款与新的适用于海运的协会货物ICC条款的规定方法颇为相似。此外，伦敦保险协会还于1982年颁布了新的《协会战争险条款（航空货物）》（邮包除外）和《协会罢工险条款（航空货物）》。上述3种险别条款均按条文的性质分为8个部分：承保风险、除外责任、保险期限、索赔、保险利益、减少损失、防止延迟和法律惯例。这些条款结构统一、体系完整，具备了独立性及自身的完整性，所以均可单独投保。现将3种险别分别介绍如下：

（1）《协会货物险条款（航空）》（邮包除外）

第一，承保责任范围。该条款的承保责任范围较广，对承保风险的规定与ICC（A）条款样，采用一切风险减除外责任的方法。在本保险条款中被特别规定的除外责任是一般除外责任、战争除外责任和罢工除外责任。与ICC（A）条款的不同之处是缺少不适航、不适货除外责任。这是考虑到飞机运输的特殊性而采取的一种措施。即使没有规定，承担货物运输的飞机起飞时均应具备适航性，用于航空运输的特殊集装箱也必须适合于货物的安全运输。这些都是应当具备的前提条件。此外，在"承保风险"的标题下，该条款与ICC（A）条款相比，没有共同海损条款和船舶互有过失碰撞责任条款，而只有风险条款。

这是因为航空运输有其特殊性，一旦发生事故，其发生全损的可能性最大。

第二，保险期限。《协会货物险条款（航空）》的保险期限亦采用"仓至仓"条款。与我国的航空运输险和航空运输一切险的规定相同，卸货后的保险期限是在最终卸货地，货物从飞机上卸下以后30天。如在上述30天内被保险货物运到非保险单所载明的目的地时，则以该货物开始转运时保险责任终止。该条款的其他内容均与海运ICC（A）条款的各有关内容相同。

（2）《协会战争险条款（航空货物）》（邮包除外）

投保协会战争险（航空货物），保险公司承担赔偿在航空货物运输途中因战争、内乱革命、叛乱、动乱及由此而发生的国内斗争或由交战国采取的或对交战国采取的一切敌对行为引起的捕获、扣留、禁制、拘留而造成的保险标的的损失，其中也包括废弃水雷、鱼雷、炸弹以及其他废弃武器造成的损失。可见，该条款不包括因使用原子或热核制造的武器所造成的损失。此外，在一般除外责任中还包括专门针对航空运输的飞机与集装箱等不合格的除外责任。协会战争险（航空货物）的保险期限是自保险标的或其一部分因开始运输而被装上飞机时开始，直到在最终卸货地卸离飞机时为止。如保险标的不卸离飞机，则以飞机到达最终卸货地当天午夜12时起满15天为止。若保险标的在中途转运，在转运地的承保期限是15天，装上续运飞机，保险责任再恢复有效。由此可见，如同海上运输的战争险适用"水上危险"一样，航空运输战争险适用的是所谓"空中危险"。该条款中的其他内容，诸如索赔、保险利益、减少损失等条款均与海运货物保险ICC（A）条款相同。这些条款的存在，使该险别具有独立性及完整性，因而也可以单独投保。

（3）《协会罢工险条款（航空货物）》

投保协会罢工险（航空货物），保险公司负责赔偿在航空货物运输途中因罢工、关厂劳资纠纷、暴动、骚乱或出于恐怖主义与政治动机而采取的行动所引起的保险标的的损失。该险别的保险期限与《协会货物险条款（航空）》的原则一致，采用的是"仓至仓"责任原则、货物卸离飞机后的承保期限是30天。该险别的其他条款与《协会战争险条款（航空货物）》一样，具有独立性和完整性，可单独投保。

9.4.3　邮包运输货物保险

邮包运输是一种比较简便的运输方式。近年来，国际采用邮包递送货样或少量质轻价高的货品逐渐增多。但邮包运输一般须经由海、陆、空辗转运送，在运送过程中遭受自然灾害和意外事故而导致损失的可能性较大。邮包运输货物保险是保险公司承保邮包在运送途中因自然灾害、意外事故或外来风险造成包裹内物件的损失。由于邮包运送可能同时涉及海、陆、空3种运输方式，因此，保险公司在确定承保责任范围时必须同时考虑这3种运输方式可能出险的因素。各国保险公司针对邮包运输而使用的险别和条款不尽相同。比较常见的是沿袭海洋运输货物险的"平安险""水渍险""一切险"的险别名称，但具体条款与海洋运输货物险的同名险别不完全相同。英国伦敦保险协会迄今只对邮包战争险制定了《协会战争险条款（邮包）》，而未制定邮递货物保险的标准条款。

在我国，中国人民保险公司参照国际上的通行做法，结合我国邮政包裹业务的实际情况，于1981年1月1日修订并公布了一套较为完备的邮包运输货物保险条款，具体包括"邮包险"

"邮包一切险""邮包战争险"3种。现将有关条款及《协会战争险条款（邮包）》介绍如下：

9.4.3.1 我国邮政包裹运输保险险别与条款

（1）邮包险和邮包一切险

邮包险的承保责任范围是负责赔偿被保险邮包在运输途中由于恶劣气候、雷电、海啸、地震、洪水、自然灾害或由于运输工具搁浅、触礁、沉没、碰撞、出轨、倾覆、坠落、失踪，或由于失火和爆炸意外事故造成的全部或部分损失；负责被保险人对遭受承保责任范围内风险的货物采取抢救、防止或减少货损的措施而支付的合理费用，但以不超过该批被救货物的保险金额为限。

邮包一切险的承保责任范围除包括上述邮包险的全部责任外，还负责被保险邮包在运输途中由于一般外来原因所产生的全部或部分损失。但是，这两种险别，保险公司对因战争、敌对行为、类似战争行为、武装冲突、海盗行为、工人罢工所造成的损失，直接由于运输延迟或被保险物品本质上的缺陷或自然损耗所造成的损失以及属于寄件人责任和被保险邮包在保险责任开始前已存在的品质不良或数量短差所造成的损失，被保险人的故意行为或过失所造成的损失，不负赔偿责任。邮包险和邮包一切险的保险责任是自被保险邮包离开保险单所载起运地点寄件人的处所运往邮局时开始生效。责任终止分为两种情形，以先发生者为准：情形一，邮包递送至收件人处所时立即终止；情形二，若未及时递送，则自邮局向收件人发出取件通知后满15天终止（从通知发出当日午夜起算）。

（2）邮包战争险

邮包战争险是邮政包裹保险的一种特殊附加险，只有在投保了邮包险或邮包一切险的基础上，经投保人与保险公司协商方可加保。

加保邮包战争险后，保险公司负责赔偿在邮包运输过程中由于战争、类似战争行为、敌对行为、武装冲突、海盗行为以及各种常规武器包括水雷、鱼雷、炸弹所造成的损失。此外，保险公司还负责赔偿被保险人对遭受以上承保责任内危险的物品采取抢救、防止或减少损失的措施而支付的合理费用。但保险公司不承担因使用原子或热核制造的武器所造成的损失的赔偿。邮包战争险的保险责任是自被保险邮包经邮政机构收讫后自储存处所开始运送时生效，直至该项邮包运达保险单所载明的目的地邮政机构送交收货人为止。邮包运输保险的特殊附加险除战争险外，还有罢工险。在投保战争险的前提下，加保罢工险不另收费。如仅要求加保罢工险，按战争险费率收费。邮包罢工险的责任范围与海洋运输罢工险的责任范围相同。

9.4.3.2 协会战争险条款（邮包）

协会战争险（邮包）的承保责任范围与协会战争险条款（如协会货物战争险条款）的核心风险条款相同，但因邮包通过邮政系统运输的特性，其一般除外责任中无须规定运输工具/承运人资质的除外条款（如船舶/飞机不适航、承运人破产等），同时增加了因邮寄地址或收件人信息不完整、错误导致的损失除外责任。协会战争险（邮包）的保险责任自保险标的运离保险单所载明的发件人住所时开始，至保险标的在邮包上所标明的收件人住所交货后终止。这一规定考虑了邮包运输方式的特殊性，为邮包规定了"仓至仓"责任原则。该险别的其他条款与协会战争险条款类似，因而本条款具备了独立性及自身完整性，故也可单独投保。

拓展阅读9-1

本章小结

1. 国际货物运输保险遵循一系列基本原则，以确保保险活动的合法性、公平性和有效性。这些原则包括合法原则、保险利益原则、最大诚信原则、近因原则及补偿原则。合法原则要求保险活动符合法律规定；保险利益原则强调投保人或被保险人对保险标的必须具有法律上承认的利益；最大诚信原则则要求双方在签订保险合同时如实告知重要情况；近因原则明确了保险责任的判定标准，即只有损失的直接原因属于保险责任范围时，保险人才会承担赔偿责任；补偿原则则强调保险的目的是补偿被保险人的实际损失，而非让其获取额外利益。

2. 货物运输保险承保范围广泛，覆盖了运输过程中可能遇到的各种风险。这些风险包括但不限于自然灾害（如雷电、海啸、地震等）和意外事故（如船舶搁浅、触礁、沉没、失踪、碰撞等）。火灾、偷窃、短量、破碎、船长或船员的恶意行为等外来危险也在承保范围之内。根据具体险种的不同，如平安险、水渍险和一切险，其承保责任范围和赔偿标准也有所差异。

3. 海洋货物运输保险是货物运输保险的重要组成部分，其条款通常包括平安险、水渍险和一切险等。这些险种在承保范围、赔偿条件和责任免除等方面各有特色。例如，平安险主要承保因自然灾害造成的整批货物的全部损失，以及因运输工具发生意外事故造成的部分损失；水渍险则在此基础上增加了因自然灾害造成的部分损失的赔偿责任；一切险则提供了最为全面的保障，覆盖了上述所有风险以及外来原因导致的全部或部分损失。此外，海洋货物运输保险还设有附加险，以进一步扩大承保范围并满足特定需求。

4. 除了海洋货物运输保险外，货物运输保险还涵盖了陆上货物运输保险和航空运输货物保险等其他运输方式。陆上货物运输保险主要承保陆上运输过程中因自然灾害或意外事故导致的货物损失；而航空运输货物保险则以航空运输中的货物为保险标的，承保因自然灾害或意外事故导致的货物损失。这些险种在承保范围、赔偿条件和责任免除等方面与海洋货物运输保险类似，但具体条款和赔偿标准可能因运输方式和风险特点的不同而有所差异。

基础训练

第9章单选题

第9章多选题

❖名词解释

最大诚信原则 可报利益 保险利益原则 近因原则 补偿原则 代位追查原则 基本承保风险 特约承保风险 一般外来风险 实际全损 推定全损 单独海损 共同海损 施救费用 平安险 水渍险

❖简答题

1.货运保险在对外贸易中有何作用?

2.什么叫实际全损?构成实际全损有哪几种情况?

3.什么叫推定全损?构成推定全损有哪几种情况?

4.构成共同海损应具备哪些条件?

5.根据《海洋货物运输保险条款》的规定,平安险的责任范围有哪些?

6.《协会货物条款(A)》的除外责任有哪些?

❖案例分析题

1.某外贸公司按CIF术语出口一批货物,装运前已向保险公司按发票总值110%投保平安险,6月初货物装妥顺利开航。载货船舶于6月13日在海上遇到暴风雨,致使一部分货物受到水渍,损失价值2 100美元。数日后,该轮又突然触礁,致使该批货物又遭到部分损失,价值为8 000美元。要求:保险公司对该批货物的损失是否赔偿?为什么?

2.我某外贸公司与荷兰进口商签订一份皮手套合同,价格条件为CIF鹿特丹,向中国人民保险公司投保一切险。生产厂家在生产的最后一道工序将手套的温度降到了最低程度,然后用牛皮纸包好装入双层瓦楞纸箱,再装入20尺集装箱,货物到达鹿特丹后,检验结果表明:全部货物湿、霉、玷污、变色,损失价值达8万美元。据分析:该批货物的出口地不异常热,进口地鹿特丹不异常冷,运输途中无异常,完全属于正常运输。要求:

(1)保险公司对该批损失是否赔偿?为什么?

(2)进口商对受损货物是否支付货款?为什么?

(3)你认为出口商应如何处理此事?

3.某货物从天津新港驶往新加坡,在航行途中船舶货舱起火,大火蔓延到机舱,船长为了船、货的共同安全,决定采取紧急措施,往舱中灌水灭火。火虽被扑灭,但由于主机受损,无法继续航行,于是船长决定雇用拖轮将货船拖回新港修理。检修后重新驶往新加坡。事后调查,这次事件造成的损失有:①1 000箱货被火烧毁;②600箱货由于灌水灭火受到损失;③主机和部分甲板被烧毁;④拖船费用;⑤额外增加的燃料和船长、船员工资。要求:从上述各项损失性质来看,各属于什么海损?

4.我国某外贸公司向日、英两国商人分别以CIF和CFR价格出售蘑菇罐头,有关被保险人均办理了保险手续。

(1)这两批货物自启运地仓库运往装运港的途中均遭受损失。要求:这两笔交易中各由谁办理货运保险手续?该货物损失的风险与责任各由谁承担?保险公司是否给予赔偿?请简述理由。

(2)货物在运输途中均遭受损失。要求:在这两笔交易中的货物损失由谁承担?由谁办理索赔?

5.我国某公司按CFR条件向英国出口一批货物。该公司于8月8日10时装船完毕,即以电传通知买方。买方于当日 17 时在其所在地向保险公司投保英国 ICC 条款 A 险。货轮于当日 15 时在公海上着火，该批货物被焚。要求：这种货物遭损失在前，投保在后，保险公司对此是否负责？

6. 某出口公司按 CIF 条件成交货物一批，向中国人民保险公司投保了水渍险，货物在转船过程中遇到大雨，货到目的港后，收货人发现货物有明显的雨水浸渍，损失达 70%，因而向我方提出索赔。要求：我方能接受吗？

7. 中国某外贸公司以 FOB 价格条件出口棉纱 2 000 包，每包净重 200 千克。装船时已经双方认可的检验机构检验，货物符合合同规定的品质条件。该外贸公司装船后因疏忽未及时通知买方，直至 3 天后才给予装船通知。但在启航 18 小时后，船只遇风浪致使棉纱全部浸湿，买方因接到装船通知晚，未能及时办理保险手续，无法向保险公司索赔。买方要求卖方赔偿损失，卖方拒绝，双方发生争议。要求：该合同中，货物风险是否已转移给买方？应该如何处理？

第10章 国际结算

学习目标

◆掌握国际结算的基本概念，深刻理解国际结算的基本理论，掌握国际结算的基本原理和学科方法，了解国际结算学科的发展前沿。

◆理论联系实际，提高运用所学理论知识和国际结算的原理和方法分析现实国际结算问题和具体国际结算案例的能力。

◆掌握国际贸易结算中单据制作技巧，并能设计出一整套结汇单据。

◆学习掌握从国际结算实践中探索一般规律并进行理论概括的思维方法。

❖ **导入案例**

国内某出口商向韩国出口1万吨水泥，价值40万美元，FOB成交，由韩国买方租用越南籍货轮从青岛港运至韩国某港口，支付方式为议付信用证。后因我国货源紧张，请求韩国延迟装船，买方同意，但信用证不展期，付款方式按"随证托收"办理。我方对此并未表示异议。

买方船到，我方发货后取得船长签发的提单交中国银行办理"随证托收"，单据交韩国开证行，因提单日期晚于信用证有效期，单证不符，韩国开证行向进口商按D/P方式代收货款，但此时，韩国进口商拒付，并称货物已失踪。

经调查，韩国进口商在无提单的情况下已从买方手中提走了货物，而该船从此也再未到过中国港口，造成中方钱货两失。试分析此教训。

【教训】

FOB条件下，进口商负责租船订仓，支付运费和保险费。存在进口商选择自己比较熟悉的船只或容易违规的船只，给进口商不提单就取货埋下伏笔。在这种情况下，进口商很可能不投保运输保险，出口商不能获得保险赔偿。

信用证不展期，改为"随证托收"，使银行信用转为商业信用，不仅付款责任得不到保证，还不易得到银行融资机会。

资料来源：徐进亮，耿伟，李贞. 货物贸易新规程：进出口交易操作最新发展［M］. 北京：中国经济出版社，1997：51-52.

📖 10.1　支付工具 🎏

当今国际货款的收付大多采用非现金结算，在此方式下需要使用一定的支付工具来结清国际的债权债务，票据就是一种能起到货币的支付功能和结算作用的支付工具。国际结算中使用的票据主要包括汇票、本票和支票。汇票是最典型、使用最为广泛的国际贸易支付工具；支票多用于国内同城支付；本票不论是银行本票还是商业本票，在国际结算和国内结算中都很少见。

10.1.1　汇票

10.1.1.1　汇票的定义

汇票是票据的典型代表，是国际结算中使用最为广泛的一种票据。

《中华人民共和国票据法》（简称《票据法》）第十九条对汇票下的定义是：汇票是出票人签发的，委托付款人在见票时或者在指定日期无条件支付确定的金额给收款人或持票人的票据。各国广泛引用或参照的英国票据法对汇票的定义是：汇票是由一人向另一人签发的无条件书面命令，要求受票人即期、定期或在将来某个可确定的时间，向某人或其指定人或持票人支付一定金额的书面命令。

我国和英国的两个定义实质是相同的，都强调汇票是出票人签发的无条件的书面付款的命令。

10.1.1.2　汇票的当事人

（1）出票人

出票人（drawer）指签发命令要求另一人支付一定金额的人。在进出口贸易中，出票人通常是出口商或出口地银行，而且是受票人的债权人。

（2）受票人

受票人（drawee）又称付款人（payer），指接受命令并将付款的人。在进出口贸易中，受票人通常是进口商或信用证下的指定银行。在信用证付款方式下，若信用证没有指定付款人，根据《跟单信用证统一惯例》（UCP600）的规定，开证行即是付款人。

（3）受款人

受款人（payee）即收款人，指汇票规定可受领金额的人，如个人、商号、公司或银行等。在进出口贸易中，受款人通常就是出口商自己或其指定的银行。

10.1.1.3　汇票的内容

汇票的内容一般称汇票的要项。按照各国票据法的规定，汇票的要项必须齐全，否则受票人有权拒付。例如，根据《票据法》的有关规定，汇票一般应包括下列基本内容：

第一，表明"汇票"的字样。

第二，无条件支付的委托。

第三，确定的金额。

第四，付款人名称。

第五，收款人名称。

第六，出票日期。

第七，出票人签章。

汇票通常签发一式两份（银行汇票只签发一份），一份写明“正本”（Original）或“第一份汇票”（First of Exchange），另一份则写明“副本”（Copy）或“第二份汇票”（Second of Exchange）。两份汇票具有同等法律效力，但银行只对其中一份承兑或付款。为防止重复承兑和付款，票上注明“付一不付二，付二不付一（Second or First Unpaid）”。英文汇票样本如图10-1所示。

NO. ADMIN-INV-PM-0321

BILL OF EXCHANGE

FOR USD26490.00 HANDAN

AT XXXXXXXX SIGHT OF THIS SECOND BILL OF EXCHANGE (FIRST OF THE SAME TENOR AND DATE BEING UNPAID)

PAY TO BANK OF CHINA OR ORDER THE SUM OF

U.S.DOLLARS TWENTY SIX THOUSAND FOUR HUNDRED AND NINETY ONLY

VALUE RECEIVED AND CHARGE THE SAME TO ACCOUNT OF

DRAWN UNDER JAMUNA BANK LIMITED

L/C NO. 3039-11-01-0136 DATED 110330

TO JAMUNA BANK LIMITED

DARMIT COMMUNE COMPANY LIMITED

图10-1 英文汇票样本

10.1.1.4 汇票的种类

汇票从不同的角度可分为商业汇票和银行汇票、光票和跟单汇票、即期汇票和远期汇票。

（1）按出票人划分

第一，商业汇票（commercial bill），是指出票人是工商企业或个人，付款人是其他工商企业、个人或者银行的汇票。

第二，银行汇票（banker's bill），是指出票人和付款人都是银行的汇票，是一家银行向另一家银行签发的书面支付命令。

在国际贸易中，通常使用商业汇票。

（2）按是否附有商业单据划分

第一，光票（clean bill），是指不附带商业单据的汇票。银行汇票多是光票。

第二，跟单汇票（documentary bill），是指需要附带提单、商业发票、装箱单等商业单据才能进行付款的汇票。商业汇票一般是跟单汇票。

在国际货款的收付中，通常使用跟单汇票。

（3）按付款时间划分

第一，即期汇票（sight bill），又称见票即付汇票，是指付款人见票时立即付款的汇票。

第二，远期汇票（usance bill），是指付款人在将来一个可以确定的日期或在一个指定的日期付款的汇票。

在实际业务中，远期汇票付款时间的表示方法主要有以下4种：

① 见票后若干天付款（如30天、60天、90天、120天等，"Payment at ××× days after sight..."）：汇票付款时间的起算日是付款人的见票日。而在信用证结算中，开证行（或指定银行）收到受益人（出口商）提交的全套合规单据的日期，即为收单日。

② 出票日后若干天付款（At ××× days after date of draft...）：这种办法不受付款人见票的限制，可以节省从出票日到见票日的这段时间，对出票人较有利。

③ 提单签发日后若干天付款（A: ××× days after date of B/L...）：这种汇票的付款时间以提单签发日起算，较客观合理，易为双方接受。

④ 某一特定日期（At fixed date...）付款。

在上述4种表示远期汇票付款日期的方式中，通常使用第一种和第三种，第二种和第四种则较少使用。汇票到期日的计算方法采用"算尾不算头"的原则，如到期日为节假日，则顺延到下一个工作日付款。

10.1.1.5　汇票的使用过程

汇票的使用也称汇票票据行为，一般包括出票、提示、承兑和付款等。如果转让，通常还需背书。汇票遭到拒付，则要涉及作成拒绝证书和依法行使追索权等问题。汇票使用过程中的各种行为由《票据法》加以规范。

（1）出票

出票（draw）是指在汇票上填写相关项目，经签字交给受款人的行为。出票包括两个步骤：出票人缮制汇票并签名；出票人将汇票交付给受款人。出票是设立债权债务的行为，只缮制汇票而不提交不叫出票，只有经过交付，汇票才开始生效。出票人出票后即承担保证汇票得到承兑和付款的责任，受款人在取得汇票后，成为汇票债权人，拥有付款请求权及追索权。

（2）提示

提示（presentation）是指持票人向付款人出示汇票，并要求承兑或付款的行为。这是持票人要求取得票据权利的必要程序。付款人看到汇票的行为即为见票。提示分为承兑提示和付款提示两种。承兑提示（presentation for acceptance）是指在远期付款的情况下，持票人向付款人提交汇票，付款人见票后办理承兑手续，到期付款的行为。付款提示（presentation for payment）是指持票人向付款人提交汇票，要求付款的行为。即期汇票只有一次提示，受票人见票后必须立即付款。远期汇票的提示分两步：第一次提示为承兑提示，受票人只需对汇票加以承兑，等汇票到期后，持票人再做第二次提示，即付款提示，受票人见票后必须立即付款。承兑提示和付款提示均应在法定期限内进行。《票据法》规定，见票即付的汇票，自出票日起1个月内向付款人提示付款；定日付款、出票后定期付款或者见票后定期付款的汇票，自到期日起10天内向承兑人提示付款。

（3）承兑

承兑（acceptance）是指付款人对远期汇票表示承担到期付款责任的行为。付款人应自收到提示承兑的汇票之日起3天内承兑或者拒绝承兑。如未注明承兑日期，则以付款人收到汇票之日起的第三天为承兑日期。具体做法是由付款人在汇票的正面写上"承兑"字样，注明承兑日期并签字，随后将汇票交还持票人，也可自己留存，仅向持票人签发承兑通知书。要求见票后定期付款的汇票，承兑时还需写明付款日期。汇票一经承兑，付款人就成为承兑人（acceptor），以主要债务人的地位承担在远期汇票到期时付款的法律责任；而出票人便成为汇票的次债务人。

（4）付款

付款（payment）是指受票人在持票人做付款提示时，向持票人支付汇票金额的行为。即期汇票的付款人在持票人提示付款时立即付款；远期汇票经承兑后于到期日在持票人提示时由付款人付款。付款人付款后，持票人在汇票上签收，并交给付款人作为收据存档，汇票上的一切债权债务关系即告终止。

（5）背书

在国际市场上，汇票既是一种支付工具，又是一种流通工具，可以在票据市场上流通转让。背书是转让汇票权利的一种法定手续。

背书（endorsement）是指持票人（俗称受款人、背书人，endorser）在汇票背面签上自己的姓名或再加上受让人（被背书人，endorsee）的姓名，并把票据交给受让人以示将票据所赋权利转让给他人的行为。经背书后，汇票的权利即由背书人转移给被背书人。

背书有空白背书（blank endorsement）和记名背书（special endorsement）两种基本方式。空白背书是指背书人在汇票的背面只签上自己的姓名，而不写被背书人的姓名。这样的汇票票据，持有人就是该汇票的所有人。经空白背书之后，受让人可以不需背书，仅凭交付即可继续转让汇票。记名背书又称特别背书，是指背书人在汇票背面签上自己的姓名，并写上被背书人的姓名，例如"pay to Smith or order"。这样，被背书人就成为该汇票的所有人。经过记名背书的汇票，被背书人还可再背书转让给他人，这种再背书可以是记名背书，也可以是空白背书。在国际贸易中通常使用的是空白背书。另外，还有一种限制性背书（restrictive endorsement），如"仅付A银行（Pay to A bank only）"，这样的汇票就不能继续转让，因而在国际贸易中很少使用。

汇票可以通过连续不断的背书一直转让下去。对于受让人来说，所有在他以前的背书人及出票人都是他的"前手"；对于出让人来说，所有在他以后的受让人都是他的"后手"。"前手"对"后手"负有担保汇票必然被承兑或付款的责任。汇票一旦被拒付，"后手"可以向"前手"行使追索权（right of recourse）。

（6）拒付

拒付（dishonor）也称退票，是指持票人向付款人提示汇票时，付款人拒绝承兑

（dishonor by non-acceptance）或拒绝付款（dishonor by non-payment）。拒付不仅包括付款人明确表示拒绝承兑或拒绝付款，还包括付款人避而不见、逃匿、破产、死亡等原因致使持票人无法取得承兑或付款的情形。如果持票人在合理时间内提示汇票后遭到拒付，持票人则有权不按先后顺序，对"前手"中任何一人、数人或全体追索票款，即享有追索权。追索权是指汇票遭到拒付时，持票人对其"前手"有请求其偿还汇票金额及费用的权利。持票人为行使追索权应及时作出拒付证书（protest）。拒付证书是由付款地的法定公证人或其他依法有权作出证书的机构，如法院、银行、同业公会、邮局等作出的证明拒付事实的文件，它是持票人凭以向其"前手"进行追索的法律依据。如拒付的汇票已经承兑，出票人可凭以向法院起诉，要求承兑人付款。

汇票的出票人、背书人、承兑人和保证人对持票人承担连带责任。汇票的出票人或背书人为避免承担被追索的责任，可在出票或背书时加注"不受追索"（without recourse）字样，但这样的汇票在市场上难以流通。

10.1.2　本票

10.1.2.1　本票的含义和基本内容

根据《票据法》第七十三条，本票是出票人签发的，承诺自己在见票时无条件支付确定的金额给收款人或持票人的票据；第七十四条又规定，本票的出票人必须具有支付本票金额的可靠资金来源，并保证支付。

各国票据法对本票内容的规定各不相同。《票据法》规定，本票必须记载下列事项：

第一，表明"本票"的字样。

第二，无条件支付的承诺。

第三，确定的金额。

第四，收款人名称。

第五，出票日期。

第六，出票人签章。

本票上未记载上述规定事项之一的，本票无效。

10.1.2.2　本票的种类

本票可分为商业本票和银行本票。由工商企业或个人签发的称为商业本票或一般本票。由银行签发的则称为银行本票。商业本票有即期和远期之分。银行本票则都是即期的。在国际贸易结算中使用的本票，大多是银行本票。有的银行发行见票即付、不记载收款人的本票或是来人抬头的本票，它的流通性与纸币相似。

10.1.2.3　本票与汇票的区别

第一，本票的票面有两个当事人，即出票人和收款人；而汇票则有 3 个基本当事人，即出票人、付款人和收款人。

第二，本票的出票人即是付款人，远期本票无须办理承兑手续；而远期汇票则要办理承兑手续。

第三，在任何情况下，本票出票人都是绝对的主债务人，一旦拒付，持票人就可以立即要求法院裁定，命令出票人付款；汇票的出票人在承兑前是主债务人，在承兑后，承兑人是主债务人，出票人则处于从债务人的地位。

第四，本票只能开出一张；汇票可以开出一套，多为一式两份，甚至数份。

第五，英国票据法规定，外国本票退票时，无须作成拒绝证书；外国汇票退票时，必须作成拒绝证书。

第六，本票是一种无条件付款承诺，是出票人保证自己付款；汇票是一种无条件支付命令，出票人要求别人付款。

10.1.3　支票

10.1.3.1　支票的含义与主要内容

《票据法》第八十二条规定，支票是出票人签发的，委托办理支票存款业务的银行或者其他金融机构在见票时无条件支付确定金额给收款人或持票人的票据。

出票人在签发支票后，应负票据上的责任和法律上的责任。前者是指出票人对收款人担保支票的付款；后者是指出票人签发支票时，应在付款银行存有不低于票面金额的存款。如存款不足，支票持有人在向付款银行提示支票要求付款时，就会遭到拒付。这种支票叫空头支票。开出空头支票的出票人要负法律上的责任。

《票据法》规定，出票人必须按照签发的支票金额承担保证向该持票人付款的责任。出票人在付款人处的存款足以支付支票金额时，付款人应当在当时足额付款。支票的出票人所签发的支票金额不得超过其付款时在付款人处实有的存款金额。出票人签发的支票金额超过其付款时在付款人处实有的存款金额，为空头支票。禁止签发空头支票。

《票据法》第八十五条规定，支票必须记载下列事项：标明"支票"的字样；无条件支付的委托；确定的金额；付款人名称；出票日期；出票人签章。支票上未记载前款规定事项之一的，支票无效。

10.1.3.2　支票的种类

按照《票据法》的规定，支票可分为现金支票和转账支票两种，用以支取现金或转账，均应分别在支票正面注明。

现金支票只能用于支取现金，转账支票只能用于通过银行或其他金融机构转账结算。但在其他许多国家，支取现金或转账通常可由持票人或收款人自主选择，但一经划线只能通过银行转账，而不能直接支取现金。因此，就有划线支票和未划线支票之分。划线支票通常在其左上角划上两道平行线。视需要，支票既可由出票人，也可由收款人或代收银行划线。对于未划线支票，收款人既可通过自己的往来银行代向付款银行收款，存入自己的账户，也可径自到付款银行提取现款。但如果是划线支票，或原来是未划线支票，经自己划线后，收款人就只能通过往来银行代为收款入账。

按各国票据法规定，支票可由付款银行加"保付"（certified to pay）字样并签字而成为保付支票。付款银行保付后就必须付款。支票经保付后身价提高，有利于流通。

10.1.3.3 支票的有效期

支票的使用有一定的有效期。由于支票是代替现金的即期支付工具，因此有效期较短。

《票据法》规定，支票的持票人应当自出票日起10日内提示付款；异地使用的支票，其提示付款的期限由中国人民银行另行规定。超过提示付款期限的，付款人可以不予付款；付款人不予付款的，出票人仍应当对持票人承担票据责任。

10.2 支付方式

10.2.1 汇付

10.2.1.1 汇付的定义

汇付（remittance）是指付款人主动通过银行或其他途径将款项汇交收款人的一种支付方式。

国际贸易货款采用汇付，一般是由买方按合同约定条件（如收到单据或货物）和时间，将货款通过银行汇交给卖方。

10.2.1.2 汇付的当事人

第一，汇款人（remitter），即汇出款项的人，一般为进口人、买方。

第二，收款人（payee），即收取款项的人，在进出口业务中一般为卖方。

第三，汇出行（remitting bank），即接受买方的委托汇出款项的银行，通常是进口地银行。

第四，汇入行（paying bank），即解付汇款的银行，一般是出口地银行。

汇款申请书是买方与汇出行之间的一项合同；汇出行与汇入行是代理合同，承担解付汇款的义务。

10.2.1.3 汇付的种类

（1）信汇

信汇（mail transfer，M/T）指汇出行应汇款人申请，将信汇委托书寄给汇入行，授权汇入行解付一定金额给收款人。

信汇的优点是费用低廉；缺点是收取汇款时间长。

信汇流程简要说明：

① 汇款人和收款人约定采用信汇方式汇款；

② 汇款人向当地银行提交信汇申请书并交款付费；

③ 汇出行向汇款人签发回单；

④ 汇出行向汇入行发出信汇委托书；

⑤ 汇入行向收款人发出取款通知书；

⑥ 收款人凭取款通知书到汇入行取款；

⑦ 汇入行向收款人付款；

⑧ 汇入行向汇出行发出付讫通知。

（2）电汇

电汇（telegraphic transfer，T/T）指汇出行应汇款人的申请，拍发加押电报或电传（目前世界各国银行都以SWIFT方式电汇）给在另一个国家的分行或代理行（汇入行），指示解付一定金额给收款人的付款方式。SWIFT是环球银行金融电信协会（Society for World Wide Interbank Financial Telecommunication）的简称。电汇申请人在电汇时填写收入行的SWIFT代码，能保证汇款快速准确地到达收款人账户。电汇的速度快，但费用高，卖方能尽快收到货款，有利于卖方资金周转。

电汇流程简要说明：

① 汇款人和收款人约定采用电汇方式汇款；

② 汇款人向当地银行提交电汇申请书并交款付费；

③ 汇出行向汇款人签发回单；

④ 汇出行向汇入行发出电汇委托书；

⑤ 汇入行向收款人发出取款通知书；

⑥ 收款人凭取款通知书到汇入行取款；

⑦ 汇入行向收款人付款；

⑧ 汇入行向汇出行发出付讫通知。

（3）票汇

票汇（remittance by banker's demand draft，D/D）是汇出行应汇款人的申请，在汇款人向汇出行交款并支付一定费用的条件下，代替汇款人开立的以其分行或代理行为解付行、支付一定金额给收款人的银行即期汇票，寄交收款人，由收款人凭以向汇入行取款。

（4）票汇与信汇、电汇的区别

第一，票汇的汇入行无须通知收款人，而是由收款人自行持票到银行取款；电汇和信汇需要通过银行完成资金汇付，并通知收款人。

第二，票汇的汇票除有限制转让和流通的规定外，经收款人背书，可以转让、流通；电汇、信汇的收款人不能将收款权转让。

10.2.1.4　汇付的应用

汇付可分为货到付款和预付货款两种。

（1）货到付款

货到付款（cash on delivery，COD）指买方在收到卖方的单据或货物后再付款。实际上，这是卖方向买方提供的一种信用，也是一种赊销（open account transaction），对卖方来说，风险最大。卖方交货以后，能否得到偿付，全凭买方个人信用。

（2）预付货款

预付货款（payment in advance）是指在卖方还未生产交货时，买方预付货款。这种方式是买方向卖方提供了信用，买方存在一定的风险，这种做法有的叫随订单付现（cash with order）或者在合同签订后若干天，买方即将货款电汇或信汇给卖方。

10.2.1.5 合同中的汇付支付条款

例如：

买方应于××××年××月××日前将全部货款用电汇（信汇/票汇）方式预付给卖方。

The buyer shall pay the total amount of the purchase price to the seller in advance by T/T（M/T or D/D）no later than ［date］.

买方应于合同签署后30天内，以电汇方式预付给卖方合同价格××%（××美元）。

The buyer shall pay the seller ××% of the contract price（USD ××）in advance by T/T within thirty days after signing this contract.

买方应在收到本合同所列单据后，于××天内电汇付款。

Payment by T/T：Payment to be effected by the buyer shall not be later than ×× days after receipt of the documents listed in the contract.

10.2.2 托收

10.2.2.1 托收的含义

托收（collection）是指债权人（出口商）出具汇票委托银行向债务人（进口商）收取货款的一种支付方式。

托收方式一般通过银行办理，所以又称银行托收。由于托收的资金流向与收付工具的传递方向相反，因此，托收方式采用的是逆汇方法。在托收方式下，出口商能否收回货款，完全取决于进口商信誉的好坏，与被委托银行的信用无关，所以托收的性质为商业信用。

10.2.2.2 托收的当事人

（1）委托人

委托人（consignor）是债权人，是指委托银行办理托收业务的人，通常是出口商。委托人不仅应承担货物买卖合同项下的责任，还应承担托收项下的责任，包括填写托收申请书；未经银行同意，不应将货物直接发至银行或以银行或银行指定的人为收货人及委托银行代为存仓和办理保险；若接到托收行的意外情况通知，须及时作出明确指示；无论银行托收成功与否，委托人均须承担一切手续费和其他相关费用等。

（2）托收行

托收行（remitting bank）又称寄单行，也称出口方银行，指接受出口商委托办理托收业务的银行，通常是出口商所在地银行。托收行与委托人之间是委托代理关系，有义务按委托人的指示办事，审核托收申请书及委托人的指示，如不愿受理应及时通知委托人；审核单据，但对单据的正确性不负责任；按规定填写托收委托书，选定代收行，按常规处理业务；及时通报信息。

（3）代收行

代收行（collecting bank）也称进口方银行，指接受托收银行的委托向付款人收款的进口地银行，一般是托收行的国外分行或代理行。代收行应遵从托收行的指示审核单据，确定其表面上是否与托收指示书完全相符；按委托方的指示处理单据，尽快向付款人提示汇票，要求其付款或承兑；在付款人付款或承兑后，应无延误地通知托收行。

（4）付款人

付款人（payer）是指汇票的受票人（drawee），通常是应该支付货款的进口商。付款人必须承担买卖合同项下付款赎单的责任和义务，但他与托收业务的银行之间无任何合同关系，若其拒付，代收行不能强求。

除了以上4个基本当事人，托收业务中还可能遇到提示行和需要时的代理。

（5）提示行

提示行（presenting bank）是指向付款人提示汇票和单据要求付款的银行，通常由代收行兼任。若代收行与付款人之间没有直接往来，它就要委托一家与付款人有往来账户的银行作为提示行。

（6）需要时的代理

需要时的代理（principal's representative in case of need）是委托人在付款人所在地指定的代理人，负责在付款人拒付货款时，代委托人办理货物的存仓、保险、转售、运回等事宜，以最大限度地减少委托人的损失。

10.2.2.3 托收的种类

根据托收单据的不同，托收可分为光票托收与跟单托收两种。

（1）光票托收

光票托收（clean collection）是指出口商仅凭汇票而不附带货运单据，委托出口地银行代其向进口商收款的一种结算方式。它在国际贸易中使用不多，主要用来收取货款尾款、样品费、佣金及其他贸易从属费用。

（2）跟单托收

跟单托收（documentary collection）是国际贸易中常见的一种支付方式，是指出口商开立汇票，连同代表货物所有权的全套货运单据一起交给出口地银行，委托其通过进口地银行向进口商收取货款的一种结算方式。

按交单条件的不同，跟单托收可进一步分为付款交单和承兑交单两种。

第一，付款交单（documents against payment，D/P）是指出口商的交单以进口商的付款为条件，即出口商发货并取得装运单据后，委托出口地银行办理托收，并在托收委托书中指示，银行只有在进口商付清货款后，才能向进口商交付货运单据。

按照付款时间的不同，付款交单可以分为即期付款交单和远期付款交单。

即期付款交单（D/P at sight）是指银行提示即期汇票和单据，进口商见票时应立即付款，并在付清货款后取得单据。

即期付款交单业务流程简要说明：

① 出口商（委托人）申请托收、开具即期汇票并送交全套货运单据给托收行；

② 托收行缮制托收委托书，连同汇票、货运单据寄交代收行；

③ 代收行向进口商（付款人）提示汇票、单据；

④ 进口商（付款人）审单、付款；

⑤ 代收行交单给进口商（付款人）；

⑥ 代收行通知货款已收妥，打入托收行账户；

⑦ 托收行转付货款给出口商（委托人）。

远期付款交单（D/P after sight）是指银行提示远期汇票和单据，进口商审核无误后在汇票上进行承兑，于汇票到期日付清货款后再领取全套货运单据。

在远期付款交单条件下，若付款日和实际到货日基本一致，则不失为进口商的一种资金融通方式。如果付款日晚于到货日，进口商为了抓住有利时机转售货物，有两种做法：

其一，在付款到期日之前付款赎单，银行扣除提前付款日至原付款到期日之间的利息，作为进口商享受的一种提前付款的现金折扣；

其二，代收行允许资信较好的进口商在付款前凭信托收据（trust receipt，T/R）向代收行借单提货，在汇票到期时再付清货款，换回信托收据。

所谓信托收据，是指进口商向代收银行出具的表示愿意以银行受托人的身份代银行提货、报关、存仓、保险或出售，承认货物所有权仍属银行，并保证在汇票到期日向银行付清货款的一种书面文件。在进口商借单后、付款前，货物所有权属于银行。若代收行未经出口商授权自行凭信托收据放单，而进口商到期不能付款，则代收行需对出口商承担责任；若代收行已获出口商授权借单，则风险由出口商承担。如果出口商指示代收行借单，即付款交单凭信托收据借单，那么出现进口商于汇票到期日拒付的情况，则与银行无关，应由出口商自己承担风险。这种做法的性质与承兑交单差不多，均使出口商面临货款两空的风险，但付款交单凭信托收据借单下进口商未正式承兑汇票，风险更高，因此需谨慎使用。

第二，承兑交单（documents against acceptance，D/A）是指出口商的交单以进口商在远期汇票上的承兑为条件，即出口商根据合同发运货物后，开立远期汇票，连同全套货运单据，通过银行向进口商提示，进口商审核单据无误后，在汇票上承兑，进口商承兑汇票后即可向银行领取全套货运单据，于汇票到期时再行付款。承兑交单只适用于远期汇票的托收。因进口商只凭承兑汇票即可取得全套货运单据并凭以提货，出口商已交出物权凭证，能否收回货款便只能取决于进口商的信誉。一旦进口商到期不付款，出口商就可能蒙受货款两空的损失。因而，承兑交单在国际贸易中很少使用。

承兑交单业务流程简要说明：

① 委托人（出口人）与付款人（进口人）订立合同；

② 委托人提交申请书、签发远期汇票给托收行；

③ 托收行寄交委托书、汇票给代收行；

④ 代收行向付款人提示交单；

⑤ 付款人向代收行承兑交单；

⑥ 代收行在汇票到期日向付款人提示付款；

⑦ 付款人向代收行付款赎单；

⑧ 代收行转账给托收行；

⑨ 托收行转账给委托人。

10.2.2.4　使用托收时应注意的问题

托收的性质为商业信用。银行办理托收业务时，只是按委托人的指示办事，不过问单据的真伪，也不承担要求付款人必须付款的责任。卖方先发货后收款，实际上是向买方提供信用。如进口商倒闭破产或丧失清偿债务的能力，或因行市下跌，借故不履约、不付款，出口商就可能收不回或晚收回货款，甚至承担货款两空的损失。在进口商拒不付款赎单后，除非事先约定，银行没有义务代为保管货物。如货物已到达，出口商还要承担在进口地办理提货、缴纳进口关税、存仓、保险、转售以致被低价拍卖或被运回国内的损失。可见，托收对出口商有一定的风险。

进口商使用托收时虽可免于支付国外银行手续费，但也有一定的风险。例如，买方在付款赎单提货后可能发现货物与合同规定不符，或卖方伪造单据骗取买方的货款而使买方货款两空。但两者相比，对进口商还是较为有利的，所以在出口业务中采用托收有利于调动进口商采购货物的积极性，有利于促成交易和扩大出口。

就出口商而言，使用托收应注意以下问题：

第一，调查和考虑进口商的资信情况和经营作风，妥善掌握成交金额，不宜超过其信用程度。国外代收行一般不能由进口方指定，如确有必要也必须征得托收行的同意。

第二，了解进口国家的贸易管制和外汇管制条例，如进口国是否允许资金汇出，买方是否须将本国货币兑换成外币支付，买方是否要等待外汇的分配等，以免货到目的地后，由于不准进口或延迟收汇或收不到外汇而造成损失。对贸易管制和外汇管制较严的国家和地区，不宜使用托收。

第三，了解进口国家的商业惯例，以免由于当地习惯做法而影响安全迅速地收汇。如拉美国家银行按当地法律和习惯，把远期付款交单的托收改为按承兑交单处理，容易引起纠纷，从而增加收汇风险。欧洲有些国家不做远期付款交单。北欧和拉美许多国家习惯把单到付款或承兑视为货到付款或承兑，从而拖后付款时间。对此必须作出明确规定。

第四，出口合同应争取按 CIF 或 CIP 条件成交，由出口商办理货运保险或投保出口信用险。在不采取 CIF 或 CIP 条件时，应投保仅保障卖方利益险（contingency insurance clause covers seller's interest only）。

第五，出口商选择以托收方式结算时，海运提单的抬头不应作成记名式的，应作成空白抬头。另外，应尽量避免采用承兑交单方式，因为如果采用承兑交单结算，由于进口商提货在先、付款在后，出口商必须严格按照合同交货；否则，可能遭到进口商拒付或提出降价或赔偿的要求。

10.2.2.5　托收的国际惯例

在托收业务中，由于各方当事人对权利、义务和责任的解释不同，各个银行的具体做法也有差异，容易产生误会、争议和纠纷。国际商会为了统一各国银行托收业务的做法，减少托收业务各有关当事人可能产生的矛盾和纠纷，曾于 1958 年草拟了《商业票据托收统一规则》，建议各国银行采用，经过 1967 年和 1978 年两次修订，并更改名称——《托收统一规则》（Uniform Rules for Collections）。1995 年，国际商会公布了新的修订本，为国际商会第 522 号出版物（ICC Publication No. 522，缩写为 URC 522），于 1996 年 1 月 1 日起实施。

　　《托收统一规则》分为总则与定义，托收的形式与结构，提示的形式，义务与责任，付款，承兑，拒绝证书、需要时的代理及其他等七大部分，共计26条。此外，URC 522还对托收费用、部分付款、拒绝证明、托收情况的通知等问题做了具体规定。

　　《托收统一规则》是国际商会制定的仅次于《国际贸易术语解释通则》《跟单信用证统一惯例》的有重要影响的规则，自公布实施以来，对减少当事人在托收业务中的纠纷和争议起了较大作用，很快被各国银行采用。但由于它只是一项国际惯例，不是法律，因而只有在托收指示书中约定按此行事时，才对当事人有约束力。我国银行在进出口业务中使用托收方式时，也参照这个规则的解释办理。

10.2.3　信用证

10.2.3.1　信用证的含义

　　信用证（letter of credit，L/C），是指一项不可撤销的安排，无论其名称或描述如何，该项安排构成开证行对相符交单予以承付的确定承诺。承付是指：

　　① 如果信用证为即期付款信用证，则即期付款；

　　② 如果信用证为延期付款信用证，则承诺延期付款并在承诺到期日付款；

　　③ 如果信用证为承兑信用证，则承兑受益人开立汇票并在汇票到期日付款。

　　简而言之，信用证是指开证行根据进口商的要求，向出口商开立的有条件的保证付款的书面承诺文件。

10.2.3.2　信用证的特点和性质

（1）信用证是一种银行信用

　　信用证是由开证行以自己的信用作出付款的保证，在符合信用证规定的条件下，开证行承担第一性的付款责任。在信用证业务中，开证行对受益人的付款责任是首要的、独立的，即使开证申请人事后丧失偿付能力，只要受益人提交的单据符合信用证条款的规定，开证行也必须承担付款责任。

（2）信用证是一种独立文件

　　信用证是依据买卖合同开立的，一经开立，就成为独立于买卖合同之外的另一种契约。信用证业务中的各有关当事人的权利和责任完全以信用证条款为依据，不受买卖合同的约束。简而言之，信用证一旦开立并被受益人接受，受益人能否顺利收汇的依据就是信用证的条款，而非买卖合同本身。

（3）信用证是一种单据买卖

　　信用证业务是一种纯粹的凭单付款的业务。银行处理信用证业务只凭单据，不问货物的真实状况。银行以受益人提交的单据是否与信用证条款相符为依据，决定是否付款。如开证行拒付，也必须以单据上的不符点为由。这种"相符"必须是"严格符合"，不仅要单证一致、单单一致，还要求单内一致。

　　根据UCP600，自2007年7月1日起，所有信用证均具有不可撤销性，信用证一经开立并通知受益人，在有效期内未经受益人及有关当事人包括开证申请人、保兑行（如有）同意，开证行不能片面修改或撤销。即信用证自开立之日起，开证行就受其条款和承诺的约束。信用证的这个性质有效保障了受益人的收款，使其在国际贸易中被广泛使用。

10.2.3.3 信用证的当事人

（1）开证申请人

开证申请人（applicant）是指向银行申请开立信用证的人，一般是进口商或实际买主。在信用证业务中通常又称开证人，也称出账人。如由银行自己主动开立信用证，则此种信用证所涉及的当事人中没有开证申请人。

（2）开证行

开证行（issuing bank）是指接受开证申请人的委托或根据其自身的需要开立信用证的银行，一般是进口商所在地的银行。它应开证申请人的要求正确、及时地开立信用证并有权收取手续费，向受益人承担第一性的付款责任。开证行一般无追索权，但在凭索汇电报和偿付行仅凭汇票对外付款时，它有追索权。

（3）通知行

通知行（advising bank）是指受开证行的委托，将信用证转交给出口商的银行，一般是出口商所在地的银行。它通常是开证行的代理行。买方通常指定自己的开户行为通知行。它收到开证行的信用证后，责任是鉴别信用证的表面真实性，而不承担其他义务。它可以由进口商在开证时指定，也可以不指定。

（4）受益人

受益人（beneficiary）是指信用证上指定的有权使用该证的人，一般是出口商或实际供货人。它拥有按时交货、提交符合信用证要求的单据，向指定的银行索取价款的权利和义务，又有对其后的持票人保证汇票被承兑和付款的责任。

（5）议付行

议付行（negotiating bank）是指根据开证行的授权买入或贴现受益人开立和提交的符合信用证规定的汇票或单据的银行。议付行议付货款后，如事后遭到开证行的拒付，对受益人的付款有追索权。议付行一般是出口商所在地的银行或通知行。实务中，议付行虽然在议付款项后如遭到开证行的拒付可以向受益人追索，但是仍然存在追索不回的风险，因此，在我国，极少有银行同意议付信用证款项。

议付是指被指定银行在其应获得偿付的银行日或在此之前，通过向受益人预付或者同意向受益人预付款项的方式购买相符提示项下的汇票（汇票付款人为被指定银行以外的银行）及（或）单据的行为。

（6）付款行/承兑行

付款行/承兑行（paying bank/accepting bank）是指开证行授权进行信用证项下付款或承兑并支付受益人出具的汇票的银行，它多数是开证行本身，也可以是开证行指定的另一家银行（代付行）。付款行一经付款，不能对受益人追索。

（7）偿付行

偿付行（reimbursing bank）是指信用证上指定的，且在议付行或付款行等索偿行和开证行之间没有开立存款账户时，被开证行指定向索偿行付款的第三家银行，一般是开证行指定的账户行，多为开证行的分行或存款行。偿付行不收单和审单。

（8）保兑行

保兑行（confirming bank）是指应开证行的请求在信用证上加具保兑的银行，保兑行具有与开证行相同的责任和地位，对受益人独立负责，保兑行对相符交单有必须议付或承付之责。在已经议付或承付之后，不论开证行倒闭或无理拒付，都不能向受益人追索。保兑行通常由通知行兼任，也可由其他银行加具保兑责任。保兑费用一般由受益人承担。

10.2.3.4 信用证的种类

（1）按照信用证是否随附单据划分

第一，跟单信用证（documentary L/C），是指开证行凭跟单汇票或仅凭单据付款的信用证。所谓单据，包括代表货物所有权或证明货物已交运的运输单据、商业发票、保险单、装箱单、产地证等。国际贸易的货款结算，绝大部分使用的是跟单信用证。

第二，光票信用证（clean L/C），是指开证行凭不附单据的汇票付款的信用证。光票信用证在国际贸易的货款结算中使用不广，主要用于预付货款、清偿贸易从属费用等。

（2）按照信用证付款时间划分

第一，即期信用证（sight L/C），是指开证行或付款行收到符合信用证条款的跟单汇票或装运单据后，立即履行付款义务的信用证。这种信用证的特点是出口商收汇迅速、安全，有利于资金周转，因此在国际贸易结算中使用最广。即期信用证可要求出具汇票（汇票付款人必须是银行），有时为避免印花税，也规定无须出具汇票而只凭单据付款。即期信用证中有时加列电汇索偿条款，即开证行允许议付行或寄单行用电报通知开证行或付款行，说明各种单据与信用证条款完全相符，开证行有义务立即用电汇方式将款项拨交议付行。它比一般的即期信用证收汇快。

第二，远期信用证（usance L/C），是指开证行或付款行收到信用证的单据时暂不立即付款，而是在规定的期限内履行付款义务的信用证。远期信用证主要包括远期议付信用证、承兑信用证和延期付款信用证。

第三，假远期信用证（usance L/C payable at sight），是指在买卖双方商定以即期信用证付款的交易中，开证申请人出于某种需要，在信用证中要求受益人开立远期汇票，由付款行负责贴现，并规定一切利息和费用由进口商负担。这种表面上看是远期信用证，出口商却可以即期足额地收到货款的信用证就叫假远期信用证。简单来说，假远期信用证一般要求出口商开立远期汇票。开证申请人之所以使用假远期信用证，其原因一般有以下方面：

① 一些国家的银行利息一般较商人之间的借贷利息低，进口商使用假远期信用证，就是充分利用银行信用和较低的贴现息来融通资金，减轻费用负担，降低进口成本。

② 一些国家由于外汇较紧张，外汇管理条例规定进口交易一律须远期付款。所以，银行只能对外开立远期信用证。可为了满足出口商即期收款的要求，进口商就只能采用承担贴现利息、利息和费用的假远期做法。

（3）按照信用证的兑用方式划分

第一，付款信用证（payment L/C），是指指定某一银行付款的信用证，包括即期付款信用证和延期付款信用证。其中，即期付款信用证是指采用即期兑现方式的信用证，证中通常注明"某银行付款兑现（Available with ×× bank by sight payment）"字样；延期付款信用证是指开证行在信用证中规定货物装船后若干天付款，或开证行收单后若干天付款的信用证，证中通常注明"某银行延期付款兑现"（Available with ×× bank by deferred payment）字样。采用付款信用证结算时，在实际业务中应注意以下几点：

① 付款信用证一般不要求受益人开立汇票，仅凭受益人提供的单据付款。

② 付款信用证的付款行可以是开证行，也可以是出口地的通知行或指定的第三国银行。

③ 在付款信用证项下，出口商必须在信用证有效期内把单据提交给付款行。因此，出口商不宜接受非出口地银行为付款行的付款信用证，否则必须承担单据提交异地银行时遗失或耽误的风险，这样不利于交单取款、及时取得资金。

④ 付款行一经付款，对受益人无追索权。延期付款信用证与一般远期信用证的区别是：远期信用证要求受益人交单时出具远期汇票，经过信用证上规定的付款人承兑后，可以通过在金融市场贴现进行资金融通；而延期付款信用证不要求出口商开立汇票，所以出口商不能利用贴现融通资金，只能自行垫款或向银行借款。

第二，承兑信用证（acceptance L/C），是指付款行在收到符合信用证规定的远期汇票和单据时，先在汇票上履行承兑手续，并于汇票到期日再行付款的信用证。证中通常注明"某银行承兑兑现"（Available with ×× bank by acceptance）字样。

承兑信用证的汇票付款人可以是开证行或其他指定银行，一般要由汇票付款人办理承兑手续，所以这种信用证又称银行承兑信用证（banker's acceptance L/C）。这种信用证的汇票经由开证行或其指定的付款银行承兑后，受益人可用此汇票向当地的贴现市场办理贴现，在扣除利息后立即收入现金。如当地无贴现市场，则可向承兑银行要求贴现，也可以将汇票保存起来，待到期时持汇票到承兑银行取款。由于承兑人是银行，比较容易到贴现市场去转让，因此对受益人比较有利。

第三，议付信用证（negotiation L/C），是指开证行授权受益人向某一指定银行或任何银行交单议付的信用证。通常在单证相符的情况下，议付行扣除垫付利息和手续费后，即将款项付给受益人。因此，在实际业务中，议付信用证使用最多。

议付信用证可分为两种形式：

① 公开议付信用证（freely negotiable L/C），又称自由议付信用证，是指开证行对愿意办理议付的任何银行做公开议付邀请和普遍付款承诺的信用证，即指任何银行均可按信用证条款自由议付的信用证。证中通常注明"可在任何银行议付"（Available with any bank by negotiation）字样。公开议付信用证由于在任何银行都可以议付，所以对受益人比较方便。

② 限制议付信用证（restricted L/C），是指开证行指定某一银行或开证行进行议付的信用证。证中通常注明"限定××银行议付"（Available with ×× bank by negotiation）字样。

采用议付信用证结算时，在实际业务中应注意以下几点：

① 议付信用证一般要求受益人开立汇票，汇票付款人为开证行或开证行指定的付款行；汇票的付款期限既可以是即期的，也可以是远期的。

② 限制议付信用证和公开议付信用证的到期地点通常都在指定议付行所在地。因此，出口商选择使用限制议付信用证时，受益人应审慎接受将议付行限定为受益人所在地以外银行的信用证，以避免单据递送风险。

③ 议付信用证经议付后，如议付行因故不能向开证行索得票款，议付行可以向受益人行使追索权。

④ 议付与付款的主要区别之一，在于议付行如因不符点或开证行无力偿付等原因而未能收回款项时，可向受益人追索；开证行、保兑行或指定付款行一经付款就无权追索。

（4）按照有无第三者提供信用划分

第一，保兑信用证（confirmed L/C），是指开证行开出的信用证，由另一家银行保证对符合信用证条款规定的单据履行付款义务。对信用证加保兑的银行称为保兑行（confirming bank）。保兑行通常是通知行，有时也可以是出口地的其他银行或第三国银行。信用证一经保兑，即构成保兑行在开证行以外的一项确定承诺。保兑行与开证行一样承担付款责任，对受益人独立负责，并对受益人负首先付款责任，即保兑行收到相符的单据后须先付款后再向开证行索汇，即使遭到开证行的拒付，其对受益人或其他"前手"亦无追索权。可见，对于受益人来说，保兑信用证意味着两家银行的付款保证。

保兑一般是受益人或通知银行对开证行的资信不够了解或不够信任，或对进口国政治或经济环境存在担忧才提出。除此以外，有的开证行考虑本银行开出的信用证不能被受益人接受或不易被其他银行议付时，主动要求另一家银行对该信用证加具保兑。

第二，不保兑信用证（unconfirmed L/C），是指开证行开立的信用证没有经另一家银行保兑。当开证行资信较好或成交金额不大时，一般使用这种信用证。

（5）按照信用证可否转让划分

第一，可转让信用证（transferable L/C），是指开证行授权被委托付款或承兑的银行或议付行在受益人提出申请后可以将信用证的全部或部分转让给一个或数个第三方使用的信用证。这个第三方称为第二受益人。在实际业务中应注意以下几个问题：

① 可转让信用证的转让条件。根据UCP600的规定，唯有开证行在信用证中明确注明"可转让"（transferable），信用证才可转让。其他如"可分割"（divisible）、"可分开"（fractional）、"可让渡"（assignable）、"可转移"（transmissible）等字句，均不能代表可转让。

② 可转让信用证的使用规则。根据UCP600的规定，除非信用证另有规定，可转让信用证只能转让一次，即只能由第一受益人转让给第二受益人，第二受益人不得再将信用证转让给其后的第三受益人。但是，可转回第一受益人。如果信用证不禁止分批装运，在总和不超过信用证金额的前提下，可分别按若干部分转让给数个第二受益人，该项转让的总和将构成信用证的一次转让。

③ 可转让信用证的变更内容。信用证只能按照原信用证条款转让，但是，信用证的金额可以减少，不得增加；单价可以降低，不得提高；装运期、交单期、到期日可以提前，不得延展；投保加成率可以增加；第一受益人的名称可以代替开证申请人的名称；第一受益人还可以用自身的发票替换第二受益人的发票。

④ 可转让信用证的使用范围。在实际业务中，要求设立可转让信用证的第一受益人通常是中间商。为了赚取差额利润，中间商可将信用证转让给实际供货人，由供货人办理出运手续。

⑤ 信用证的转让不等于买卖合同也被转让，当第二受益人不能交货或提交的单据存在问题时，第一受益人仍须对开证申请人负责。但是，对进口商来说，它毕竟对第二受益

人的情况不了解或了解不多。所以，除了对信用证的第一受益人特别信任外，进口商一般不愿意随便开立可转让信用证。

第二，不可转让信用证（nontransferable L/C），是指受益人不能将信用证的权利转让给他人的信用证。

（6）其他信用证

第一，背对背信用证（back to back L/C），也称从属信用证（subsidiary L/C），是指受益人要求原证的通知行或其他银行以原证为基础，另开一张内容相似的新信用证，这种另开的信用证就是背对背信用证。

背对背信用证的开立通常是中间商转售他人货物，以从中获利，或两国不能直接办理进出口贸易时，通过第三者来达成交易。

背对背信用证和可转让信用证很相似，除了上面所述的主要用于中间商转售货物外，还包括背对背信用证的金额可以减少，单价可以降低，装运期、交单期、到期日可以提前，投保加成率可以增加等。但是，两者之间也有很多不同点，如可转让信用证的新证和原证都由同一个开证行保证付款，背对背信用证和原证分别由两个不同的银行保证付款；可转让信用证第二受益人的主要风险是单据替换，而背对背信用证新证受益人则面临条款不匹配风险。

第二，循环信用证（revolving L/C），是指信用证内金额被全部或部分使用后，其金额又恢复到原金额，可再次使用，直至达到规定的次数或规定的总金额为止的信用证。循环信用证又分为按时间循环的信用证和按金额循环的信用证两种。

按时间循环的信用证是指受益人在一定时间内可以多次支取信用证规定金额的信用证。

按金额循环的信用证是指受益人金额得到议付后，仍恢复到原金额，可再次使用，直至用完规定的总金额为止的信用证。恢复到原金额的具体做法有自动循环、半自动循环和非自动循环3种：

① 自动循环（automatic revolving），即受益人每期用完一定金额后，无须等待开证行的通知即可自动恢复到原金额供再次使用。

② 半自动循环（semi-automatic revolving），即受益人每期用完一定金额后，在若干天内开证行未提出不能恢复原金额的通知，即自动恢复到原金额。

③ 非自动循环（non-automatic revolving），即受益人每期用完一定金额后，须经开证行通知才能恢复原金额再次使用。

循环信用证适用于分批、等量、定期的长期贸易。对出口商而言，可避免重复审证；对进口商而言，能减少开证次数和押金占用。但需注意明确循环类型（金额/时间）、恢复条件及最大循环次数，以规避风险。

第三，对开信用证（reciprocal L/C），是指两张信用证的开证申请人互以对方为受益人而开立的信用证。对开信用证的特点是，第一张信用证的受益人（出口商）和开证申请人（进口商）就是第二张信用证（也称回头证）的开证申请人和受益人，第一张信用证的通知行就是第二张信用证的开证行。两张信用证的金额相等或大体相等，两证可同时互开，也可先后开立。

对开信用证多用于易货贸易、来料加工和补偿贸易业务，交易的双方都担心对方凭第一张信用证出口或进口后，另外一方不履行进口或出口的义务，于是采用这种互相联系、互为条件的开证办法来约束彼此。在实际业务中，应尽量争取对方向我方开出即期信用证、我方向对方开出远期信用证的成交条件。

第四，预支信用证（anticipatory L/C），是指开证行授权代付行（通常是通知行）向受益人预付信用证金额的全部或部分，由开证行保证偿还、负担利息的信用证。

预支信用证与远期信用证正好相反，开证行付款在先，受益人交单在后。预支信用证凭出口商的光票付款，也有的要求出口商附一份负责补交信用证规定单据的声明书。如出口商以后不交单，开证行和代付行并不承担责任。当货运单据交到后，代付行在付给剩余货款时，将扣除预支货款的利息。为了引人注目，这种预支货款的条款原先习惯用红字表示，故又称红条款信用证（red clause L/C）。

进口商之所以选择以预支信用证结算，主要由于进口地市场货源紧缺，或是进口商主动以预付货款为条件争取出口商供货，或是进口商为了使其在出口地的代理人能够掌握一笔资金，以便随时在出口地收购货物。事实上，预支信用证是开证申请人利用银行融通资金的一种方式。

10.2.4　其他支付方式

10.2.4.1　备用信用证

（1）备用信用证的含义

备用信用证（standby letter of credit）是指开证行保证在开证申请人未能履行其应履行的义务时，受益人只要按照备用信用证的规定向开证行出具汇票（或不出具汇票），并提交开证申请人未履行义务的声明或证明文件，即可取得开证行偿付的书面文件。

备用信用证是一种特殊形式的信用证，属于银行信用。在备用信用证项下，开证行对受益人保证，在开证申请人未履行其义务时，即由开证行付款。因此，备用信用证对受益人来说是开证申请人发生毁约时取得补偿的一种方式。如果开证申请人按期履行合同的义务，受益人就无须要求开证行在备用信用证项下支付货款或赔款。备用信用证一般用在投标、技术贸易、补偿贸易的履约保证、预付货款和赊销等业务中，也用于带有融资性质的还款保证业务中。

（2）备用信用证与跟单信用证的异同

备用信用证与跟单信用证的相同之处在于：

① 两种信用证的开证行所承担的付款义务都是第一性的。

② 两种信用证都是凭信用证所规定的凭证或单据付款。

③ 两种信用证都是自主文件，即信用证均在买卖合同或其他合同的基础上开立，但是，一经开出就成为独立于合同之外的另一种契约。

备用信用证与跟单信用证的不同之处在于：

① 在跟单信用证项下，受益人只要提交与信用证要求相符的单据，就可向开证行要求付款；而在备用信用证项下，受益人只有在开证申请人未履行义务时，才能行使信用证规定的权利。如开证申请人履行了约定的义务，则备用信用证就成为备而不用的文件。

② 跟单信用证一般只适用于货物的买卖；而备用信用证适用于货物以外的多方面的交易。例如，在投标业务中，备用信用证可保证投标人履行其职责；在赊销业务中，备用信用证可保证赊销人到期付款等。

③ 跟单信用证一般以受益人提交符合信用证规定的货运单据为付款依据；而备用信用证一般只以受益人出具的说明开证申请人未能履约的证明文件为付款依据。

（3）备用信用证的国际惯例

备用信用证最早流行于美国、日本，发展历史虽短，但使用范围日益扩大，在国际经贸交往中，涉及备用信用证方面的争议也时有发生。为了便于商定备用信用证条款和解决备用信用证业务涉及的争议问题，美国国际银行法律与惯例学会在参照《跟单信用证统一惯例》等国际惯例的基础上率先制定出"备用信用证规则草案"，后经国际商会的银行技术与惯例委员会于 1998 年 4 月 6 日批准，于 1999 年 1 月 1 日起实施，并由国际商会以第 590 号出版物出版，即《国际备用信用证惯例》（International Standby Practices 1998，ISP98）。它是结合备用信用证的特点而制定的一项专门的国际惯例，它的公布和实施，不仅使备用信用证业务的操作更加有章可循，而且也有利于解决备用信用证使用过程中可能产生的纠纷，从而推动备用信用证的使用和发展。

10.2.4.2　银行保函

（1）银行保函的含义

银行保函又称银行保证书（letter of guarantee，L/G），是指银行或其他金融机构（担保人）应申请人的请求，向第三方（受益人）开立的一种书面信用担保凭证。保证在申请人未能按双方协议履行其责任或义务时，由担保人代其履行一定金额、一定期限范围内的某种支付责任或经济赔偿责任，其性质属于银行信用。

（2）银行保函的种类

第一，按索偿条件不同分为见索即付保函和有条件保函。

① 见索即付保函又称无条件保函（unconditional L/G），是指担保人保证在收到符合保函条款的索赔书或保函中规定的其他文件时，承担付款责任的书面承诺文件。可见，见索即付保函的担保人承担的是第一性的、直接的付款责任。银行保函大多属于见索即付保函。

② 有条件保函（conditional L/G）是指担保人保证只有在符合保函规定的条件下，才承担付款责任的书面承诺文件。有条件保函的保证人承担的是第二性的付款责任。

第二，按用途不同分为投标保函、履约保函和还款保函。

① 投标保函（tender guarantee）是指银行（担保人）应投标人（申请人）的请求，开给招标人（受益人）的一种书面信用担保凭证，保证申请人在开标前中途撤销投标、片面修改投标条件，以及中标后拒绝交付履约保证金等时负责赔偿受益人的损失。

② 履约保函（performance guarantee）是指银行（担保人）应签约一方（申请人）的请求开给另一方（受益人）的一种书面信用担保凭证，保证当申请人不履行其与受益人之间订立的合同义务时，银行按约定金额负赔偿责任。

③ 还款保函（repayment guarantee）是指银行（担保人）应债务人（申请人）的请求开给债权人（受益人）的一种书面信用担保凭证，保证当申请人不履行其与受益人订立的

合同义务，把受益人预付、支付或贷放的款项退还或偿还给受益人时，银行将向受益人支付一定金额限度内的款项。还款保函除在融资时使用外，在货物进出口、劳务合作和技术贸易等业务中也使用。

10.2.4.3 国际保理

（1）国际保理的含义

国际保理（international factoring）是指在国际贸易中以托收、赊账方式结算货款时，出口商为了避免收汇风险而采用的一种请求第三者（保理商）承担风险责任的做法。在国际保理业务中，保理商向出口商提供的是一项包括对买方进行资信调查、百分之百的风险担保、财务管理、催收应收账款及出口贸易融资在内的综合性金融服务。

国际保理的具体做法是：出口商以商业信用（如 O/A、D/A）出口货物，在保理商核准买方信用额度后，将发票、提单、运输单据等应收账款凭证（无追索权）卖断给保理商，获得发票金额 80%~90% 的融资。保理商负责账款催收及承担买方信用风险，尾款在买方付款后结算（扣除保理费用）。保理商买进出口商的票据，即承购了出口商的债权后，通过一定的渠道向进口商催还欠款，如遭拒付则不能向出口商行使追索权。保理商与出口商的关系在形式上是票据买卖、债权承购与转让的关系，而不是一种借款关系。

（2）国际保理的特点

第一，保理组织承担了信贷风险。出口商将全套单据卖断给保理商时，保理商就承担了出口商的全部债权，并承担了进口商的信贷风险。如果进口商到期不付款或不按期付款，保理商不能向出口商行使追索权，全部风险由保理商承担。这是保理最重要的特点。

第二，保理业务是一种广泛的、综合性的服务。在保理业务中，保理商向出口商提供的是一项包括对进口商进行资信调查、风险担保、催收应收账款、财务管理以及融通资金等综合性财务服务。

第三，预支货款。典型的保理业务是出口商在卖断单据后，立即收到现款，得到资金融通。

10.2.4.4 不同收付方式的结合使用

通常情况下，对每一笔交易，进出口双方只选用一种结算方式。但是由于每一和结算方式都有其利弊，在特定贸易条件下，为促成交易或加速资金周转或安全收汇付汇，可将不同结算方式结合使用，从而降低单一结算方式带来的风险。

（1）信用证与汇付结合

信用证与汇付的结合通常有两种具体做法：

第一，部分货款采用信用证方式支付，余额用汇付方式支付。它一般用在成交数量大的大宗交易商品上，如矿砂、煤炭、粮食等散装货物。一般是买卖合同的多数货款以信用证方式支付，少数余额部分待货物到达目的地，经检验核实货物数量，并计算出确切金额后，以汇付的方式支付。

第二，先汇付部分货款，余额部分在出口商发货时由进口商开立信用证支付。这主要用于须先预付定金的交易（如成套设备的交易），进口商成交时须交的定金以汇付方式支付，余额部分以信用证支付。

（2）信用证与托收结合

信用证与托收的结合即部分货款用信用证方式支付，部分货款用托收方式支付。一般是来证规定，出口商开立两张汇票：一张为信用证项下货款的汇票；一张为托收项下货款的汇票。信用证项下凭光票付款，全套单据附在托收汇票项下。托收部分的货款由出口商在装货后与信用证项下的货款一并委托议付行通过开证银行向进口商托收，以付款交单方式收取。发票和其他单据并不分开，仍按全部货款金额填制，而汇票开立两张。

在实际业务中，为防止开证行在收妥托收部分货款前将单据交给进口商，出口商应要求在信用证上注明"在发票金额全部付清后方可交单"的条款。

（3）跟单托收与预付定金结合

跟单托收与预付定金的结合主要指先由进口商预付一定比例的定金作为保证后，出口商再采取付款交单的跟单托收方式收取余款，即出口商收到预付定金后发运货物，从货款中扣除已收款项后，凭汇票和其他单据委托银行向进口商收取余款。如托收的货款遭到进口商的拒付，出口商可凭单据将货物运回或在目的地委托他人处理，而已收货款则可以用于弥补往来运费、保险费、利息等合理支出的损失。

（4）备用信用证与跟单托收结合

备用信用证与跟单托收结合，主要是为了跟单托收项下的货款遭到进口商拒付时，出口商可凭备用信用证向开证行收回货款，即凭受益人所开立的汇票和签发开证申请人拒付的声明书要求开证行进行偿付。值得注意的是，为了便于出口商在被进口商拒付后有充裕的时间向开证行索偿，备用信用证的到期日必须晚于托收付款期限后一段适当的时间。在办理托收委托时，出口商应在托收申请书中明确要求托收行请代收行在进口商拒付时，立即用电报或电传通知，以免贻误时机，导致备用信用证过期失效。

（5）汇付、托收与信用证结合

大型成套设备项目、船舶、飞机等金额大、交货期长的交易，一般按工程进度和交货进度分期付款或延期付款，采用汇付、托收和信用证结合的方式。

第一，按进度付款（progression payment）是指买方根据合同规定，在产品投产前采用汇付方式预付部分定金，其余货款根据商品制造进度或交货进度，开立不可撤销信用证，分若干期即期支付，在货物交付完毕时付清货款。买方付出定金前，往往要求卖方通过银行出具保函或备用信用证，以确保买方预付定金的安全。

第二，延期付款（deferred payment）是指买卖双方在合同中规定，买方在预付一部分定金后，其余大部分货款在卖方交货后相当长时间内分期摊还，即为延期付款。延期付款的那部分货款可采用远期信用证方式支付。这实际上是卖方向买方提供商业信贷，因而带有赊销的性质，所以，买方应承担延期付款的利息。

10.3　各种结算方式的选择使用

10.3.1　客户信用

在国际贸易中，货物买卖合同能否顺利得到履行，客户信用是决定性的因素。因此，进出口双方在选择收付方式时，通常把客户信用放在首要位置来考虑。对于信用不太好，或者尚未充分了解的客户，应选择风险小的结算方式交易。这时，出口商宜选择跟单信用证来结算，或者争取以前T/T（卖方发货前买方T/T汇款）的方式成交。而对于信誉较好，或已经是长期合作伙伴的客户，出口商可适当考虑以D/P结算。只在确有把握或特别的交易背景条件下，出口商才可以考虑采用后T/T（卖方发货后买方T/T汇款）或承兑交单来收取货款。通常情况下，进口商的选择和出口商刚好相反。总之，出口商要想顺利发货收汇，进口商要想顺利收货付汇，双方均应事先做好交易对象的信用调查，并根据客户的信用度选择适当的收付方式来结算。

10.3.2 交易形势

在国际货物买卖合同的磋商过程中，收付方式是仅次于价格条款的重要条款，常常是交易达成的关键因素之一。当所交易货物处于买方市场时，货物滞销，供大于求，价格疲软，进口商占主动地位，可尽量选择对自己有利的托收或汇付等方式结算；而当交易货物处于卖方市场时，货物紧俏，供不应求，价格呈上涨趋势，出口商占有利地位，可要求进口商在结算方式上作出适当让步，选择前T/T或信用证等收付方式。如果交易双方势均力敌，并没有明显的卖方或买方市场，就需要双方都妥协，否则难以达成交易。

10.3.3 贸易术语

不同的贸易术语，决定了进出口双方责任义务的不同，同样会影响对结算方式的选择。当以CFR、CIF、CPT和CIP这组典型的象征性交货的贸易术语成交时，出口商凭单交货，进口商凭单付款，货物所有权的转移以单据为媒介，符合跟单信用证只处理单据业务的特点，适合选择跟单信用证方式结算。以CIP和CIF这两个贸易术语成交时，出口商关于货物运输的风险可以转嫁给保险公司，可以选择托收支付方式中的付款交单收付货款。在使用EXW这个实际交货贸易术语时，如果采用托收方式，意味着出口商交货在先、收款在后，属于赊销，则对出口商风险太大而不宜采用。而在FOB和FCA贸易术语条件下，货物的运输由进口商承办，容易出现进口商和承运人勾结骗货的情况，出口商不易控制货权，因此，也不适宜采用托收方式。

10.3.4 运输单据

不同的运输方式签发的运输单据不同。只有当所签发的运输单据属于物权凭证时，进口商才需要凭单提货，出口商才能凭单控制货权。在所有的运输单据中，只有可转让的海运提单、可转让的国际多式联运单据和对港铁路运输下的承接货物收据是物权凭证。所以，只有在使用这3种运输单据凭以结汇的情况下，才可以选择托收方式结算；否则，货到目的地后，进口商仅凭到货通知和身份证件即可提货，就不需要通过银行付款或承兑赎单，使出口商处于极其不利的被动地位。

除了以上4个主要方面外，进出口双方在磋商结算方式时，还应考虑合同金额的大小、进口国的外汇管制情况、交易对象的经营意图、手续费和融资需求等方面的因素。例如，合同金额较大时，出口商收款的风险加大，宜考虑信用证方式；进口国的外汇管制较严时，为避免进口商无法申购到外汇对外支付，出口商宜考虑信用证方式；在进口商信用较好的情况下，如果出口商的交易目的是开拓市场，而不是考虑单笔业务的利润，出口商不仅要在价格上作出让步，结算方式也要作出一定的妥协。如果进出口双方是母子公司或相互充分了解且信誉较好的企业，则应该通过比较手续费的高低选择成本最低的汇付方式，托收次之，信用证则因手续费最高、手续最复杂而不宜选用。另外，在信用证结算方式下，进口商可以通过开立远期信用证，或者利用信用证作进口押汇和提货担保等业务获得资金融通，而出口商可以利用信用证申请打包贷款、出口押汇和贴现来获得银行的金融支持。所以，当进口商或出口商拟利用结算方式获得便利的贸易融资时，不宜采用汇付或托收方式结算。

拓展阅读10-1

拓展阅读10-2

本章小结

1.国际结算中的支付工具主要是票据，其中汇票、本票和支票是最主要的三种。汇票是出票人签发的，要求付款人在见票时或在指定日期无条件支付一定金额给收款人或持票人的票据。本票则是一个人向另一个人签发的，保证于见票时或定期支付一定金额的书面承诺。支票则是出票人签发的，授权银行或其他金融机构在见票时无条件支付一定金额给收款人或持票人的票据。这些票据作为支付工具，在国际贸易中扮演着至关重要的角色，为买卖双方提供了安全、便捷的支付手段。

2.国际结算中的支付方式主要包括信用证、托收和汇付。信用证是由银行根据买方申请开立的，保证在卖方提交符合要求的单据时支付货款的书面承诺。它是国际贸易中最常用的支付方式之一，具有银行信用的保障作用。托收则是出口商委托银行向进口商收款的一种方式，根据交单条件的不同，可分为付款交单和承兑交单两种。汇付则是付款人通过银行将款项汇交给收款人的一种支付方式，包括信汇、电汇和票汇等形式。这3种支付方式各有优缺点，适用于不同的贸易场景和需求。

3.在实际国际贸易中，买卖双方应根据交易的具体情况选择合适的结算方式。信用证作为银行信用的保证，虽然费用较高，但安全性较高，适用于大额交易和首次合作等情况。托收方式相对简单灵活但风险较大，适用于贸易关系稳定、信誉良好的买卖双方之间。汇付方式则因其简便快捷而广泛应用于小额交易和预付款等场景。此外，在选择结算方式时还需考虑贸易双方的意愿、交易金额的大小、货物的性质以及交易习惯等因素。

基础训练

第10章单选题

❖**名词解释**

汇票 本票 支票 汇付 信汇 电汇 票汇 托收 光票托收 跟单托收 信用证 背对背信用证（从属信用证） 循环信用证 备用信用证 银行保函 国际保理

❖**简答题**

1.什么叫汇票？它有哪几种类型？汇票的票据行为有哪些？

2.汇付有哪几种类型？这几种类型有什么不同？汇付的特点是什么？

3.什么叫托收？付款交单与承兑交单有何异同？采用托收结算方式时，应该注意哪些方面？

4.什么叫信用证？信用证有何特点？跟单信用证的结算有哪些程序？

5.银行保函各当事人之间是什么关系？常见的银行保函有哪些？

6.国际保理业务的优势和劣势何在？

7.如何根据具体情况选用不同的结算方式？

❖**案例分析题**

1.天津某外贸公司接到外国某客户采购猪肠衣的一笔大订单，金额上百万美元。外贸公司对猪肠衣的品质要求及购货渠道不熟悉，但外商承诺由自己负责收购猪肠衣，由外贸公司办理出口手续，并承诺开来某知名大银行的不可撤销信用证。合同签订后，外商通过某知名大银行开来了不可撤销信用证，在信用证中，除了规定卖方应提供的单据外，还要求受益人在交单时提供一份由外商签署的猪肠衣质量合格证明。对此要求，外贸公司未加注意。根据外商的国内公司提供的货源，外贸公司收购并准备出运，制单时，发现要有一份外商签署的质量合格证书，便致电外商要求提供，外商开始借故拖延，最后销声匿迹。外贸公司花巨资大量收购的猪肠衣无法出运和结汇，造成巨额损失。要求：在此案例中，外贸公司应接受的教训是什么？

2.江苏省南通市某轻工产品进出口公司（简称"南通公司"）从外国某公司进口一批小家电产品，货物分两批装运，支付方式为不可撤销议付信用证，每批分别由中国银行某分行开立一份信用证。第一批货物装运后，卖方在有效期内向银行交单议付，议付行审单后，未发现不符点，即向该外商议付货款，随后中国银行对议付行作了偿付。南通公司在收到第一批货物后，发现货物品质不符合合同规定，进而要求中国银行对第二份信用证项下的单据拒绝付款，但遭到中国银行的拒绝。要求：中国银行这样做是否有理？为什么？

3.我国某食品进出口公司向澳大利亚某客户出口鲜活品一批，双方规定以即期信用证为付款方式。买方在合同规定的开证时间内开来信用证，证中规定"一俟开证人收到单证相符的单据并承兑后，我行立即付款"。我方银行在审核信用证时，把问题提出来，要求受益人注意该条款。但该食品进出口公司的业务员认为该客户为老客户，应该问题不大，遂根据信用证的规定装运出口。当结汇单据交到付款行时，付款行以开证行认为单据不符不愿承兑为由拒付。要求：银行拒绝付款有无道理？我方的失误在哪里？

4.我国某贸易有限公司以 CIF 大阪向日本出口一批货物，4月20日由日本东京银行开来一份即期信用证。信用证金额为 50 000 美元，装船期为5月，证中还规定，议付行为纽约花旗银行。我中行收到信用证后，于4月22日通知出口公司，4月底该公司获悉进口方因资金问题濒临倒闭。要求：在此情况下，我方应如何处理？

5.我国某贸易有限公司向国外某客商出口货物一批，合同规定的装运期为6月，D/P 60天付款。合同订立后，我方及时装运出口，并收集好一整套结汇单据及开出以买方为付款人的60天远期汇票委托银行托收货款。单证寄抵代收行后，付款人办理承兑手续时，货物已到达目的港，且行情看好，但付款期限未到。为及时提货销售取得资金周转，买方经代收行同意，向代收银行出具信托收据借取货运单据提前提货。不巧，在销售的过程中，因保管不善导致货物被火焚毁，付款人又因其他债务问题倒闭，无力付款。要求：在这种情况下，责任应由谁承担？我方于汇票到期日还能收回货款吗？

6.某笔进出口业务，约定分两批装运，支付方式为即期信用证。第一批货物发送后，买方办理了付款赎单手续，但收到货物后，发现货物品质与合同严重不符，便要求开证行通知议付行对第二批信用证项下的货运单据不要议付，银行不予理睬。后来，议付行对第二批信用证项下的货运单据仍予议付。议付行议付后，付款行通知买方付款赎单，遭到买方的拒绝。要求：银行处理方法是否合适？买方应如何处理此事？

7.我国某轻工业进出口公司向国外客户出口某商品一批，合同中规定以即期信用证为付款方式，信用证的到期地点规定在我国。为保证款项的收回，应议付行的要求，我方公司请上海某银行对中东某行（开证行）开立的信用证加以保兑。在合同规定的开证时间内，我方收到通知银行（即议付行）转来的一张即期保兑信用证。我方出口公司在货物装运后，将有关单据交议付银行议付。不久接到保兑行通知：由于开证行已破产，我行将不承担该信用证的付款责任。要求：保兑行的做法是否正确？为什么？

8.天津某出口企业在交易会与某外商洽谈一批运动鞋出口，外商声明该批运动鞋最终目的地为美国，需用配额。外商手中的配额为6月底到期，如我方出口企业接受该订单，要保证在6月底前交货。如延期不能交货，外商也无法出口至美国，要承担违约责任。作为签约时的条件，要求我方出口企业先交30万元的保证金，客户承诺开来某知名银行的不可撤销信用证，出口企业在收到信用证时，未察觉到交单时应提交"由开证申请人签署的允许装船的批准书"的条款。出口企业在生产完毕制单结汇时，发现了这一条款，并要求外商删除该条款或出具批准书，但外商百般推脱。最后致使我方出口企业无法出运并结汇，损失保证金。要求：在此案例中，我方应接受的教训是什么？

9.我国某外贸公司收到国外开来的不可撤销信用证一份，由设在我国境内的某外资银行通知并加保兑。我方在货物装运后，正拟将有关单据交银行议付时，忽然接到该外资银行通知，由于开证行已宣布破产，该行不承担对该信用证的议付或付款责任，但可接受我方出口公司委托向买方直接收取货款的业务。要求：我方应如何处理为好？

第11章 商品检验与争议处理

学习目标

◆ 了解商品检验的作用、检验权及商品检验机构，了解仲裁。

◆ 掌握不可抗力的含义、相关规则、实务操作等基本内容。

◆ 掌握检验权、仲裁、不可抗力。

◆ 掌握仲裁的法律后果，不可抗力的判断及法律后果。

❖ **导入案例**

1989年11月，我某公司与国外一公司签订了一份进口香烟生产线合同。设备是二手货，共18条生产线，由A国某公司出售，价值100多万美元。合同规定，出售商保证设备在拆卸之前均在正常运转，否则更换或退货。

设备运抵目的地后发现，这些设备在拆运前早已停止使用，在目的地装配后也因设备损坏、缺件根本无法马上投产使用。但是，由于合同规定如要索赔需商检部门在"货到现场后14天内"出证，而实际上货物运抵工厂并进行装配就已经超过14天，无法在这个期限内向外索赔。这样，工厂只能依靠自己的力量进行加工维修。经过半年多时间，工厂花了大量人力、物力，也只开出了4条生产线。

请对该案例进行分析。

【分析】

该案例的要害问题是合同签订者把引进设备仅仅看作订合同、交货、收货几个简单环节，完全忽略了检验、索赔这两个重要环节。特别是索赔有效期问题，合同质量条款订得再好，索赔有效期订得不合理，质量条款就成为一句空话。大量事实说明，外商在索赔有效期上提出不合理意见，往往表明其质量上存在问题，需要设法掩盖。如果你只满足于合同中形容质量的漂亮词汇，不注意索赔条款，就很可能发生此类事故。

资料来源：孙凤鸣. 商检条款与国际贸易风险［M］. 苏州：苏州大学出版社，1993：7.

11.1 商品检验

进出口商品检验是随着国际货物买卖的发展而产生和发展起来的，它在国际货物买卖中占有十分重要的地位。在国际货物买卖中，由于交易双方身处异地，相距遥远，货物在长途运输过程中难免会发生残损、短少甚至灭失，尤其是在凭单证交接货物的象征性交货条件下，买卖双方对所交货物的品质、数量等问题更易产生争议。因此，为了便于查明货损原因、确定责任归属，以利货物的交接和交易的顺利进行，就需要有一个公证的第三者，即商品检验机构，对货物进行检验。由此可见，进出口商品检验是国际货物买卖中不可缺少的一个重要环节，做好进出口商品检验工作并在国际货物买卖中约定好商品检验条款，有着非常重要的意义。

11.1.1　商品检验的重要性

国际货物买卖中的商品检验（commodity inspection），简称商检，是指检验机构对进出口商品的品质、数量、包装、卫生、装运条件以及对涉及人类的健康安全、动植物的生命和健康的保护、环境保护、欺诈行为的防止、国家安全的维护等项检验内容进行检验、鉴定和监督管理。

由于商品检验直接关系到买卖双方在货物交接方面的权利与义务，特别是某些进出口商品的检验工作还直接关系到人类的健康安全、动植物的生命和健康的保护、环境保护、欺诈行为的防止、国家安全的维护以及生产、建设的顺利进行，因此，许多国家的法律和国际公约都对商品的检验问题作了明确规定。

例如，根据英国有关货物买卖的法律规定，买方在没有合理机会检验货物之前，不能认为他明示地通知卖方他已接收货物。

又如，《联合国国际货物销售合同公约》（简称《公约》）第38条也对货物的检验问题作出了明确规定："买方必须在按实际情况可行的最短时间内检验货物或由他人检验货物。如果合同涉及货物运输，检验可推迟到货物到达目的地后进行。"同时按该《公约》第36条规定，卖方对货物风险转移到买方时所存在的任何与合同不符的情形，均负有责任，即使这种不符在风险转移后才明显也不例外。

鉴于进出口商品检验如此重要，故我国进出口商品，一般都需要依法进行检验，按《中华人民共和国进出口商品检验法》的规定，凡列入出入境检验机构"必须实施检验的进出口商品目录"的进出口商品，必须由海关总署及各地海关按照国家技术规范的强制性要求进行检验；尚未制定国家技术规范的强制性要求的，应当依法及时制定，未制定之前，可以参照海关总署指定的国外有关标准进行检验。除经海关总署审查批准免予检验者外，进口商品未经检验的，不准销售、使用；出口商品未经检验合格的，不准出口。必须实施的进出口商品检验，是指确定列入目录的进出口商品是否符合国家技术规范的强制性要求的合格评定活动。合格评定程序包括：抽样、检验和检查；评估、验证和合格保证；注册、认可和批准以及各项的组合。

上述规定体现了一个共同的原则，即除非买卖双方另有规定，买方在接收货物之前，应有权对其购买的货物进行检验。但买方对货物的检验权，并不是买方接收货物的前提条件。如买方未利用合理的机会检验货物，那么他就自动放弃了检验货物的权利。另外，如果合同中的检验条款规定，以卖方的检验为准，此时，就排除了买方对货物的检验权。

综上所述，有关商品检验权的规定是直接关系到买卖双方权利与义务的重要问题，因此，交易双方应在买卖合同中对与商品检验有关的问题作出明确、具体的规定，这就是合同中的检验条款。国际货物买卖合同中的检验条款，其内容因商品种类和特性的不同而有差异，但通常都包括检验时间和地点、检验机构、检验证书、检验所依据的标准以及货物与合同规定不符时买方索赔的时限等项内容。下面仅就一般商品检验条款作简要介绍。

11.1.2　检验时间和地点

检验时间和地点是指在何时、何地行使对货物的检验权。所谓检验权，是指买方或卖方有权对所交易的货物进行检验，其检验结果即作为交付与接收货物的依据。确定检验的时间和地点，实际上就是确定买卖双方中的哪一方行使对货物的检验权，也就是确定检验结果以哪一方提供的检验证书为准。谁享有对货物的检验权，谁就享有了对货物的品质、数量、包装等项内容进行最后评定的权利。由此可见，如何规定检验时间和地点，是直接关系到买卖双方切身利益的重要问题，因而是交易双方商定检验条款时的核心所在。

在国际货物买卖合同中，根据国际贸易的一般习惯做法和我国的业务实践，有关检验时间和地点的规定办法，可主要归纳为以下几种：

11.1.2.1　在出口国检验

此种方法又包括产地（工厂）检验和装运港（地）检验两种。

（1）产地（工厂）检验

产地（工厂）检验是指货物在产地出运或在工厂出厂前，由产地或工厂的检验部门或买方的验收人员进行检验和验收，并由买卖合同中规定的检验机构出具检验证书，作为卖方所交货物的品质、重量（数量）等项检验内容的最后依据。卖方只承担货物离开产地或工厂前的责任，对于货物在运输途中所发生的一切变化，卖方概不负责。

（2）装运港（地）检验

装运港（地）检验又称"离岸品质、离岸重量"（shipping quality and weight），是指货物在装运港或装运地交货前，由买卖合同中规定的检验机构对货物的品质、重量（数量）等项检验内容进行检验，并以该机构出具的检验证书作为最后依据。卖方对交货后货物所发生的变化不承担责任。

采用上述两种规定方法时，即使买方在货物到达目的港或目的地后，自行委托检验机构对货物进行复验，也无权对商品的品质和重量等项检验内容向卖方提出异议，除非买方能证明，他所收到的与合同规定不符的货物是由于卖方的违约或货物的固有瑕疵所造成的。因此，这两种规定办法从根本上否定了买方的复验权，对买方极为不利。

11.1.2.2　在进口国检验

此种方法又分为目的港（地）检验和买方营业处所（最终用户所在地）检验。

（1）目的港（地）检验

目的港（地）检验习惯称为"到岸品质、到岸重量"（landed quality and weight），是指货物运达目的港或目的地时，由合同规定的检验机构在规定的时间内，就地对商品进行检验，并以该机构出具的检验证书作为卖方所交货物品质、重量（数量）等项检验内容的最后依据。采用这种方法时，买方有权根据货物运抵目的港或目的地时的检验结果，对属于卖方责任的品质、重量（数量）等项检验内容的不符点，向卖方索赔。

（2）买方营业处所（最终用户所在地）检验

对于一些因使用前不便拆开包装，或因不具备检验条件而不能在目的港或目的地检验的货物，如密封包装货物、精密仪器等，通常都是在买方营业处所或最终用户所在地，由合同规定的检验机构在规定的时间内进行检验。货物的品质和重量（数量）等项检验内容，以该检验机构出具的检验证书为准。

采取上述两种做法时，卖方实际上须承担到货品质、重量（数量）等项检验内容的责任。由此可见，这两种方法对卖方极为不利。

11.1.2.3 出口国检验、进口国复验

出口国检验、进口国复验是指卖方在出口国装运货物时，以合同规定的装运港或装运地检验机构出具的检验证书，作为卖方向银行收取货款的凭证之一，货物运抵目的港或目的地后，由双方约定的检验机构在规定的地点和期限内对货物进行复验。复验后，如果货物与合同规定不符，而且属于卖方责任所致，此时，买方有权凭该检验机构出具的检验证书，在合同规定的期限内向卖方索赔。由于这种做法兼顾了买卖双方的利益，较为公平合理，因而它是国际货物买卖中最常见的一种规定检验时间和地点的方法，也是我国进出口业务中最常用的一种方法。

11.1.2.4 装运港（地）检验重量、目的港（地）检验品质

在大宗商品交易的检验中，为了调和买卖双方在商品检验问题上存在的矛盾，通常商品的重量检验和品质检验分别进行，即以装运港或装运地验货后检验机构出具的重量检验证书，作为卖方所交货物重量的最后依据，以目的港或目的地检验机构出具的品质检验证书，作为商品品质的最后依据。货物到达目的港或目的地后，如果货物在品质方面与合同中规定的不符，一旦该不符点是卖方责任所致，则买方可凭品质检验证书，就货物的品质向卖方提出索赔，但买方无权对货物的重量提出异议。这种规定检验时间和地点的方法就是，装运港（地）检验重量，目的港（地）检验品质，习惯称"离岸重量、到岸品质"（shipping weight and landed quality）。

需要指出的是，由于实际业务中检验时间和地点的规定，常常与合同中所采用的贸易术语、商品的特性、检测手段、行业惯例以及进出口国的法律、法规密切相关，因此，在规定商品的检验时间和地点时，应综合考虑上述因素，尤其要考虑合同中所使用的贸易术语。在通常情况下，商品的检验工作应在货物交接时进行，即卖方向买方交付货物时，买方随即对货物进行检验。货物经检验合格后，买方即受领货物，卖方在货物风险转移之后，不再承担货物发生品质、数量等变化的责任。在采用装运港交货的贸易术语成交的情况下，卖方只要按合同规定在装运港将货物装上船舶，并提交合同规定的单据，就算完成交货义务，货物风险也自货物装上船开始由卖方转移给买方。此时买方却并没收到货物，自然更无机会检验货物。因此，按装运港交货的贸易术语达成的买卖合同，在规定检验时间和地点时，采用"出口国检验、进口国复检"最为适宜。

11.1.3　检验机构

在国际货物买卖中，交易双方除了自行对货物进行必要的检验外，通常还要委托独立于买卖双方之外的第三方对货物进行检验。有时，虽然买卖双方未要求对所交易的商品进行检验，但根据有关法律或法规的规定，必须由某机构进行检验，经检验合格后方可出境或入境。这种根据客户的委托或有关法律、法规的规定对进出境商品进行检验、鉴定或监督管理的机构就是进出口商品检验机构，简称检验机构或商检机构。

11.1.3.1　国际上商品检验机构的类型

国际上的商品检验机构，其种类繁多，名称各异，有的称作公证行（independent inspection company）、宣誓衡量人（sworn measurer），也有的称为实验室（laboratory）。检验机构的类型大体可归纳为官方检验机构、半官方检验机构和非官方检验机构。

（1）官方检验机构

官方检验机构是指由国家或地方政府投资，按照国家有关法律法令对出入境商品实施检验、鉴定和监督管理的机构。例如，中华人民共和国海关总署、美国食品药品监督管理局（FDA）、美国动植物检疫署和美国粮谷检验署以及日本经济产业省（原通商省）相关检验机构等。

（2）半官方检验机构

半官方检验机构是指一些有一定权威的、由国家政府授权、代表政府行使某项商品检验或某一方面检验管理工作的民间机构。例如，根据美国政府的规定，凡是进口与防盗报警系统、化学危险品以及与电器、供暖、防水等有关的产品安全检验和鉴定，必须经美国保险人实验室（Underwriters Laboratories）这一半官方检验机构检验认证合格，并贴上该实验室的英文缩写标志"UL"后，该产品方可进入美国市场。

（3）非官方检验机构

非官方检验机构主要是指由私人创办的、具有专业检验、鉴定技术能力的公证行或检验公司，如英国劳氏船级社（Lloyd's Register），瑞士SGS集团等。

11.1.3.2　我国的商品检验机构

我国的国家市场监督管理总局（简称国家市场监管总局）主管全国质量监督、认证认可和标准化工作。中国进出口商品检验检疫工作由国务院直属机构海关总署统一管理。海关总署在各省、自治区、直辖市设立直属海关，在重要口岸、集散地设立隶属海关，具体实施进出口商品检验监管工作。

海关总署根据保护人类健康和安全、保护动植物生命健康、保护环境、防止欺诈行为、维护国家安全的原则，制定、调整"必须实施检验的进出口商品目录"并公布实施。海关机构对列入"目录"的进出口商品以及法律、行政法规规定须经检验的其他进出口商品实施法定检验。列入"目录"的进口商品，未经检验的，不准销售、使用；列入"目录"的出口商品未经检验合格的，不准出口。符合国家规定免予检验条件的进出口商品，由收货人、发货人或者生产企业申请，经海关总署审查批准，海关机构免予检验。

海关总署对法定检验以外的进出口商品，根据国家规定实施抽查检验。经海关总署审核批准，获得许可并依法办理登记的检验机构，方可接受委托办理进出口商品检验鉴定业务。

海关总署根据国家统一的认证制度，对进出口商品实施认证管理。海关可根据与外国机构签订的协议或委托开展进出口商品质量认证工作，准许在认证合格的进出口商品上使用质量认证标志。海关对实施许可制度和国家规定必须认证的进出口商品实施检验监管，查验单证并核对证货相符。

11.1.4　检验证书

检验证书（inspection certificate）是检验机构对进出口商品进行检验后签发的书面证明文件。

11.1.4.1　检验证书的种类

国际货物买卖中的检验证书种类繁多，卖方究竟需要提供哪种证书，要根据商品的特性、种类、贸易习惯以及政府的有关法令而定。在实际业务中，常见的检验证书主要有以下几种：

第一，品质检验证书（inspection certificate of quality），即证明进出口商品品质的证书。

第二，数量检验证书（inspection certificate of quantity），即证明进出口商品数量的证书。

第三，重量检验证书（inspection certificate of weight），即证明进出口商品重量的证书。

第四，价值检验证书（inspection certificate of value），即证明出口商品价值的证书，通常用于证明发货人发票所载的商品价值正确、属实。

第五，产地检验证书（inspection certificate of origin），即用于证明出口商品原生产地的证书，通常包括一般产地证、普惠制原产地证、野生动物产地证等。

第六，卫生检验证书（sanitary inspection certificate），即证明食用动物产品、食品在出口前已经过卫生检验、可供食用的证书。

第七，兽医检验证书（veterinary inspection certificate），即证明动物产品在出口前已经过兽医检验、符合检疫要求的证书。

第八，消毒检验证书（disinfection inspection certificate），即证明动物产品、货物或运输工具等在出口前已经过消毒处理、符合安全及卫生要求的证书。

第九，验残检验证书（inspection certificate of damaged cargo），即证明进口商品残损情况、估算残损贬值程度、判定致损原因的证书。

此外，常见的检验证书还有植物检疫证明、积载鉴定证书、船舱检验证书、货载衡量检验证书等。

11.1.4.2　检验证书的作用

（1）检验证书是证明卖方所交货物符合合同规定的依据

检验证书是证明卖方所交货物的品质、数量、包装以及卫生条件等方面符合合同规定的依据。在国际货物买卖中，交付与合同相符的货物是卖方的基本义务之一。因此，合同或信用证中通常都规定，卖方交货时必须提交规定的检验证书，以证明所交货物与合同规定一致。

（2）检验证书是报关验放的有效证件

为维护本国的政治经济利益，许多国家对某些进出口商品的品质、数量、包装、卫生、安全、检疫都制定了严格的法律法规，在有关货物进出口时，当事人必须向海关提交符合规定的检验证书，否则，海关不予放行。检验检疫机构签发的检疫证书、卫生证书、兽医证书、原产地证书等，是进口国海关和卫生、检疫部门准予进口的有效文件凭证。如在我国，凡属法定检验范围的商品，在办理进出口清关手续时，必须向海关提供检验检疫机构签发的检验证书，海关方予以验放。

（3）检验证书是买卖双方办理货款结算的依据

当合同或信用证规定在出口国检验，或规定在出口国检验、进口国复验时，一般合同或信用证都规定，卖方须提交规定的检验证书。在此种情况下，卖方向银行办理货款结算时，在所提交的单据中，必须包括检验证书。此外，在某些特定商品的交易中，为充分体现公正合理的原则，买卖双方往往以检验证书中所确定的货物等级、规格、重量、数量来计算货款。此时，检验证书是卖方向银行办理货款结算时必须提交的文件。例如，煤炭、棉花交易以检验证书所确定的公量来计算交接货物的重量及费用；铁矿石交易以检验证书中所验明的含铁量来确定等级和计价标准。

（4）检验证书是明确责任归属、办理索赔和理赔的依据

当报验货物与合同规定不符时，检验检疫机构签发的有关品质、数量、重量、残损证书，是收货人向有关责任方提出索赔和有关责任方办理理赔的重要依据。检验检疫机构应申请人委托，经检验鉴定后出具的货物积载状况证明、监装证明、监卸证明、集装箱的验箱、拆箱证明，为船舱检验提供的验舱证明、封舱证明、舱口检视证明，为散装液体货物提供的油温、空距证明，为冷藏箱（舱）提供的冷藏温度证明、取样和封样证明等，均表明货物在装运和流通过程中的状态，是证明事实状态、明确责任归属的重要依据。

（5）检验证书是解决争议的依据

在国际货物买卖中，当交易双方发生争议未能协商解决而提交仲裁或进行司法诉讼时，检验证书是当事人向仲裁机构或法院举证的重要凭证，也是仲裁机构或法院进行裁决的重要依据。

（6）检验证书是计算关税的依据

由出入境检验检疫机构出具的重量、数量证书是海关核查及征收进出口货物关税时的重要依据。残损检验证书可以作为向海关申请退税的有效凭证。出入境检验检疫机构出具的原产地证明书是进口国海关给予差别关税待遇的基本凭证。其签发的一般产地证是出口商品取得进口国海关最惠国关税的证明文件；而签发的普惠制原产地证明书（如 FORM A）是出口至给惠国时享受普惠制关税优惠待遇（即在最惠国关税基础上进一步减免）的法定证明文件。

（7）检验证书是计算运输、仓储等费用的依据

通过检验或货载衡量（如水尺计重、体积测量）所确定的货物重量或体积，既是承运人与托运人之间计算运费的有效依据，也是港口、仓储、运输部门计算装卸、理货等费用的有效凭证。

在我国，法定检验商品的检验证书由出入境检验检疫机构签发；法定检验以外的商品的检验出证，按交易双方的约定办理。在填制检验证书时，要注意证书的名称和具体内容必须与合同及信用证的规定一致。另外，除非检验时间规定为出口装运后，否则检验证书的签发日期不得迟于运输单据签发日期，但也不宜比运输单据签发日期提前时间过长。

11.1.5　检验标准

在国际贸易中，检验标准是商品检验机构对进出口商品实施检验的基本依据。在国际货物买卖合同中，即使是同一种商品，对其实施检验所依据的标准和方法不同，检验结果往往会大不一样。因此，交易双方在签订买卖合同时，除了规定检验时间和地点、检验机构及检验证书之外，往往要明确检验所依据的标准。检验标准的具体内容，视商品的种类、特性及进出口国家有关法律或行政法规的规定而定。

11.1.5.1　国际上对标准的分类

在国际货物买卖中，商品的标准可归纳为以下三类：

（1）买卖双方自行商定的具有法律约束力的标准

买卖双方自行商定的具有法律约束力的标准，是国际货物买卖中普遍采用的检验标准，其中最常见的是买卖合同和信用证。

（2）贸易有关国家所制定的强制执行的法规标准

贸易有关国家所制定的强制执行的法规标准，主要指商品生产国、出口国、进口国、消费国或过境国所制定的法规标准，如货物原产地标准、安全法规标准、卫生法规标准、环保法规标准、动植物检疫法规标准。

（3）权威性标准

权威性标准是指在国际上具有权威性的检验标准，其中又包括国际专业化组织标准、区域性标准化组织标准和某国权威性标准。

第一，国际专业组织标准是指由国际权威机构制定的标准。例如，国际标准化组织（ISO）、国际电工委员会（IEC）、国际计量局（BIPM）、国际海事组织（IMO）、国际食品法典委员会（CAC）、国际民航组织（ICAO）、国际法制计量组织（OIML）、国际羊毛纺织组织（IWTO）、国际橡胶研究组织（IRSG）等。

为了促进世界各国产品质量及企业质量管理水平的提高，更好地保护消费者权益，国际标准化组织（International Organization for Standardization，ISO）在总结传统产品检验、测试及质量控制工作的基础上，于1987年首次发布了ISO 9000质量管理与质量保证系列国际标准，并于1993年、2000年修订发布。自发布以来，ISO 9000系列标准受到各国的

普遍重视并被广泛采用。例如，该标准被ISO（国际标准化组织）的合格评定委员会（CASCO）规定为国际市场商品生产企业质量体系评审的统一标准；欧盟还作出了出口商品生产企业应符合ISO 9000系列标准要求的规定；我国近些年来也一直在大力推广ISO 9000系列标准。由此可见，对出口商品生产企业进行质量体系评审，已成为国际贸易中重要的发展趋势。

第二，区域性标准化组织标准是指区域性组织所制定的标准，如欧洲标准化委员会、欧洲电工委员会、泛美标准委员会等制定的标准。

第三，某国权威性标准是指某些国家所制定的具有国际权威性的检验标准，如美国食品药品监督管理局标准、美国保险人实验室安全标准、美国官方分析化学师协会标准、美国材料实验协会标准、《英国药典》等。

11.1.5.2 我国对标准的分类

根据《中华人民共和国标准化法》（简称《标准化法》）和《中华人民共和国标准化法实施条例》（简称《标准化法实施条例》）的规定，商品的标准分为国家标准、行业标准、地方标准和企业标准。

对需要在全国范围内统一的技术要求，制定国家标准。国家标准由国务院标准化行政主管部门编制计划，组织草拟，统一审批、编号、发布。

对没有国家标准而又需要在全国某个行业范围内统一的技术要求，可以制定行业标准（含标准样品的制作）。行业标准由国务院有关行政主管部门编制计划，组织草拟，统一审批、编号、发布，并报国务院标准化行政主管部门备案，在公布国家标准之后，该项行业标准即行废止。

针对没有国家标准和行业标准而又需要在省、自治区、直辖市范围内统一的工业产品，可以制定地方标准规定相关安全、卫生要求。地方标准由省、自治区、直辖市标准化行政主管部门编制计划，组织草拟，统一审批、编号、发布，并报国务院标准化行政主管部门和国务院有关行政主管部门备案，在公布国家标准或者行政标准之后，该项地方标准即行废止。

企业生产的产品没有国家标准和行业标准的，应当制定企业标准，作为组织生产的依据。企业标准由企业组织制定（农业企业标准制定办法另定），并报当地政府标准化行政主管部门和有关行政主管部门备案。已有国家标准或者行业标准的，国家鼓励企业制定严于国家标准或者行业标准的企业标准，在企业内部适用。法律对标准的制定另有规定的，依照法律的规定执行。国家鼓励积极采用国际标准。《标准化法》《标准化法实施条例》还规定，国家标准、行业标准分为强制标准和推荐性标准。

保障人体健康、人身、财产安全的标准和法律、行政法规规定强制执行的标准是强制标准。例如，药品标准，食品卫生标准，兽药标准；产品及产品生产、储运和使用中的安全、卫生标准，劳动安全、卫生标准，运输安全标准；工程建设的质量、安全、卫生标准及国家需要控制的其他工程建设标准；环境保护的污染物排放标准和环境质量标准；重要的通用技术术语、符号、代号和制图方法；通用的试验、检验方法标准；互换配合标准；国家需要控制的重要产品质量标准（国家需要控制的重要产品目录由国务院标准化行政主管部门会同国务院有关行政主管部门确定）是强制性标准。省、自治区、直辖市标准化行政主管部门制定的工业产品的安全、卫生要求的地方标准，在本行政区域内是强制性标准。

11.1.5.3 我国海关总署对进出口商品实施检验的标准

根据现行《中华人民共和国进出口商品检验法实施条例》及相关法律法规，我国海关总署对进出口商品的检验标准如下：

（1）**法定检验标准与实施主体**

检验依据：法定检验的进出口商品，由海关总署下属的出入境检验检疫机构依据国家技术规范的强制性要求实施检验；尚未制定国家技术规范的，优先参照国际通行标准（如WTO规则、ISO标准）执行；无国际标准的，由海关总署指定国外技术标准作为补充依据。

主管部门：海关总署统一管理全国进出口商品检验工作。根据2018年国务院机构改革方案，原国家质量监督检验检疫总局（以下简称原国家质检总局）的出入境检验检疫管理职责和队伍划入海关总署，相关职能已全面整合。

（2）**检验目录动态调整机制**

目录制定与公布：海关总署负责制定并调整《必须实施检验的进出口商品目录》，调整前需征求商务部、国家市场监督管理总局等意见；目录更新应提前30日向社会公布（紧急情况除外）。

检验范围：列入《必须实施检验的进出口商品目录》的商品，须经海关全流程法定检验，未经检验合格不得销售、使用或进出口；目录外商品由海关实施风险监测和抽查检验，重点监管食品、化妆品、儿童用品等涉及安全卫生的高风险商品。

（3）**检验方式与特殊规定**

一般来说，对进出口商品实行分类检验制度。

法定检验：目录内商品由出入境检验检疫机构强制检验；

抽查检验：目录外商品按国家规定进行抽查，抽查结果向社会公开；

免检制度：符合条件的商品（如非贸易性物品、符合免检条件的目录内商品）可向海关总署申请免检。

特殊商品检验分工：进出口药品、计量器具、压力容器、船舶、航空器、核设备等，由行业主管部门所属机构按专门法律法规实施检验。

（4）**技术规范与国际接轨**

标准制定：海关总署根据实际需求和国际标准，制定进出口商品检验方法技术规范，推动与国际检测认证体系互认。

新兴领域监管：针对跨境电商、生物医药等业态，新增专项检验标准（如跨境电商零售进口清单管理、高风险生物制品风险评估）。

（5）**法律责任与执行**

违反检验规定的进出口企业，海关总署可采取责令退运、没收违法所得、罚款等措施；情节严重者依法追究刑事责任。

11.1.6　进出口商品检验法

11.1.6.1　制定与修改我国进出口商品检验法的意义

为了使我国进出口商品检验工作有法可依，规范进出口商品检验行为，并维护社会公共利益和进出口贸易有关各方的合法权益，以促进对外经济贸易关系的顺利发展，1989年2月我国第七届人大常委会第六次会议审议通过了《中华人民共和国进出口商品检验法》（简称《商检法》）。该法自1989年8月1日实施以来，在保证我国进出口商品质量、保护对外贸易有关各方及消费者的合法权益以及维护国家利益等方面，都发挥了重要的作用。但是，随着我国社会主义市场经济的不断发展和日益完善，国家进出口商品检验管理体制也相应地进行了较大的改革和调整，特别是在我国加入世界贸易组织后，原《商检法》中的有些规定，已经不能适应新形势、新情况变化的要求，因此，适时地对原《商检法》进行修改，势在必行。

2002年4月28日，我国第九届全国人大常委会第二十七次会议审议通过了关于修改《中华人民共和国进出口商品检验法》的决定，并于2002年10月1日正式施行。这部修订的法律是我国加入世贸组织后全国人大常委会审议通过的第一部法律修正案。这部法律的修改以及随后颁布施行的《中华人民共和国进出口商品检验法实施条例》，是我国商检法建设的一个重要标志，其重要意义主要表现在下列方面：

第一，使我国商检工作更好地适应我国加入世贸组织后形势发展的要求，符合世贸组织的相关规定，有利于我国的贸易做法能为国际社会普遍接受，做到同国际接轨。

第二，随着我国经济体制和对外贸易的改革和发展，进出口商品检验管理制度和许多规定，与改革的实际情况明显不一致，通过对原《商检法》的修订，将改革成果用法律形式固定下来，有利于进一步推进商检工作的改革和发展，从而能更有效地为国家经济建设和对外贸易发展服务。

第三，通过修改原《商检法》，有利于维护国家的法制统一。《商检法》自1989年颁布后，历经5次修正，其修改动因包括适应社会主义市场经济改革、加入WTO后的国际规则接轨需求，以及与其他新颁布法律的衔接问题。我国相继颁布了一系列与《商检法》紧密相关的法律法规，其中不少法律规定与原《商检法》规定不尽一致，为了使有关法律、法规和规章互相衔接和保持一致，对原《商检法》适时予以修订并颁布新的实施条例，有着非常重要的现实意义。

11.1.6.2　现行《商检法》主要内容简介

现行《商检法》包括总则、进口商品的检验、出口商品的检验、监督管理、法律责任和附则共6章，现分别概括介绍如下：

（1）总则

《商检法》总则部分首先明确了立法的目的与宗旨，规定了由海关总署主管全国进出口商品检验工作，各地海关具体实施检验。海关总署负责制定、调整《必须实施检验的进出口商品目录》（《目录》）并公布实施，列入《目录》的进出口商品由海关实施检验。

对《目录》内商品是否符合国家技术规范强制性要求的合格评定，需依法定程序进行，相关评定程序和检验标准在总则中明确规定。经海关总署许可的检验机构，可接受对外贸易关系人或外国检验机构委托，办理进出口商品检验鉴定业务。此外，海关工作人员在履行职责时负有保密义务。

（2）进口商品的检验

《商检法》规定：必须实施检验的进口商品的收货人或其代理人，应向报关地海关报验，海关凭海关签发的通关证明验放。收货人应在海关规定的地点和期限内接受检验，海关应在海关总署规定的期限内完成检验并出具证单。若发现进口商品质量不合格或残损短缺需索赔，收货人应及时向海关申请检验出证。对重要进口商品或大型成套设备，收货人应依约在出口国装运前进行预检验、监造或监装，海关可根据需要派员参与。

（3）出口商品的检验

《商检法》规定：必须实施检验的出口商品的发货人或其代理人，应在海关规定的地点和期限内向海关报验。海关应在海关总署规定的时限内完成检验，并出具电子证单。海关凭海关电子信息办理通关验放。经海关检验合格的出口商品，应在规定的期限内报关出口，逾期需重新报验。生产出口危险货物的企业必须申请海关进行包装容器的使用鉴定，使用未经鉴定合格的包装容器的货物不准出口。装运出口易腐变质食品的船舱和集装箱，必须在装运前申请检验，未经检验合格的不准装运。

（4）监督管理

为了加强对进出口商品检验工作的监督管理，海关对法定检验以外的进出口商品可按国家规定实施抽查检验；对列入《目录》的出口商品可实施出厂前的质量监督管理；海关总署依法对经其许可的检验机构的进出口商品检验鉴定业务活动进行监督，并可实施抽查检验。海关总署根据国家统一的认证制度，对进出口商品实施认证管理。《商检法》规定海关总署应当对下属检验机构和工作人员执行本法的情况进行监督，建立健全内部监督制度。检验人员应当忠于职守，文明服务，遵守职业道德，不得滥用职权。

（5）法律责任

按《商检法》的规定：① 逃避检验的法律责任。必须经海关检验的进口商品未报检擅自销售/使用的，或出口商品未经检验合格擅自出口的，由海关没收违法所得并处罚款；构成犯罪的追究刑事责任。② 非法从事检验业务的责任。未经海关总署许可擅自从事进出口商品检验鉴定业务的，由海关责令停止经营，没收违法所得并处罚款。③ 商品质量违法的责任。进出口掺杂掺假、以次充好商品的，由海关责令停止进出口，没收违法所得并处罚款；构成犯罪的追究刑事责任。④ 单证造假的刑事责任。伪造、变造、买卖或盗窃海关检验单证/印章/标志的，依法追究刑事责任；尚不构成犯罪的，没收违法所得并处罚款。⑤ 执法人员责任。海关工作人员徇私舞弊、伪造结果或玩忽职守的，给予行政处分；有违法所得的予以没收；构成犯罪的追究刑事责任。

（6）附则

《商检法》是规范进出口商品检验活动的核心法律，其立法宗旨在于加强商品检验工作、维护社会公共利益和贸易相关方权益，并促进对外贸易发展。该法授权国务院制定配套行政法规，据此《中华人民共和国进出口商品检验法实施条例》于2005年颁布并多次修订，现行有效版本为2022年3月29日第五次修订版，自2022年5月1日起施行。法律体系明确由海关总署及各地海关主管检验工作，对目录内商品实施法定检验，涵盖质量、安全、卫生等标准，并规定检验费用依据国务院价格主管部门与财政部门制定的标准收取。同时，法律与条例对检验程序、免验规则、违法责任等作出细化规定，形成覆盖进出口商品全流程的监管框架。

11.2　争议与索赔

11.2.1　约定异议与索赔条款的意义

在国际货物贸易中，情况复杂多变，在履约过程中，如市场情况发生变化或某一环节出了问题，就可能导致合同一方当事人违约或毁约，而给另一方当事人造成损害。受损害的守约方，为了维护自身的权益，势必向违约方提出异议，并要求赔偿其损失。违约方对守约方提出的异议与索赔，应当适当处理，即为理赔。由此可见，索赔与理赔是一个问题的两个方面。索赔事件产生的原因是多方面的，一般地说，容易发生与交货期、交货品质、数量与包装等有关的问题，故买方向卖方提出索赔的情况较多。当然，买方不按期接运货物或无理拒收货物与拒付货款的情况也时有发生，因此，也有卖方向买方索赔的情况。在我国进出口业务中，履行出口合同时，外商向我方索赔的情况比较多；履行进口合同时，则由我方向外商索赔的情况比较多。为了便于处理这类问题，在国际货物买卖合同中，通常都应订立异议与索赔条款。约定此项条款具有双重意义，即一方面有利于促使合同当事人认真履约，另一方面也便于依约处理合同争议。

11.2.2　异议与索赔条款的主要内容

国际货物买卖合同中的异议与索赔条款，通常包括下列主要内容：

11.2.2.1　索赔的证据

在异议与索赔条款中，一般都规定：货到目的地卸货后，若发现交货品质、数量或重量与合同规定不符，除由保险公司或承运人负责外，买方应凭双方指定的国际公认的检验机构出具的检验证明向卖方提出异议与索赔。货物在运输途中发生品质和重量上的自然变化，则不在索赔之列。

11.2.2.2　索赔期限

在异议与索赔条款中，一般都规定守约方向违约方索赔的时限，如超过约定时限索赔，违约方可不予受理。在约定索赔时限时，对该时限的起算时间，也应一并作出具体规定，常见的起算方法有下列几种：
第一，货到目的地后××元起算；
第二，货到目的地卸离运输工具后××天起算；
第三，货到买方营业处所或用户所在地后××天起算；

第四，货到检验后××天起算。

此外，凡有质量保证期的商品，合同中应加订质量保证期限，若在质量保证期内出现质量问题，买方有权凭相关证明向卖方提出索赔。

11.2.2.3　索赔金额

由于索赔金额事先难以预计，故订约时一般不作具体规定，待出现违约事件后，再由有关方面酌情确定。一般地说，一方违约给对方造成损失的，索赔金额应相当于因违约所造成的损失，其中包括合同履行后可以获得的利益，但不得超过违约方订立合同时能预见到或应当预见到的因违约可能造成的损失。

与此相反，若买卖合同中约定了损害赔偿的金额或损害赔偿额的计算方法，则按约定的赔偿金额或根据约定的损害赔偿额的计算方法计算出的赔偿金额提出索赔。

11.2.2.4　索赔方法

在有的异议与索赔条款中，对守约方如何索赔和违约方如何理赔都分别作了具体规定。例如，有的进口合同规定："货到目的港后，买方如发现品质及/或数量/重量与合同规定不符，除属于保险公司及/或船公司的责任外，买方可以凭双方同意的检验机构出具的检验证书向卖方提出异议。"品质异议，须于货到目的港之日起30天内提出；数量/重量异议，须于货到目的港之日起15天内提出。卖方收到异议后，20天内答复，凡有此类规定的，应按约定办法处理。如合同未作具体规定，则应本着实事求是和公平合理的原则，在弄清事实与分清责任的基础上，区别不同情况，有理有据地对违约事件进行适当处理。

11.2.3　约定异议与索赔条款的注意事项

为了合理地约定异议与索赔条款，需要注意下列事项：

11.2.3.1　应按公平合理原则约定索赔证据

在国际货物买卖合同的异议与索赔条款中，通常都规定由双方约定的国际公认的检验机构出具检验证明，作为双方交接货物、结算货款和办理索赔的依据。可见选择公正、权威的检验机构出具对双方都有约束力的证明文件，关系到合同当事人的切身利益。我国某公司曾在一项购买设备的进口合同中约定："货到后，中国海关初步检验，若买方索赔，卖方有权指派国际公认的检验机构检验员证实有关索赔，检验员的检验结果为最终的，对双方具有约束力。"这项规定，显然违反公平合理的原则。后因到货质量很差，设备始终无法正常运转，但买方却无法通过索赔途径挽回损失。

11.2.3.2　索赔期的长短应合理

索赔期的长短，同买卖双方有利害关系。若索赔期规定过长，势必使违约方承担责任的期限也随之延长，从而加重了其负担；如索赔期规定太短，有可能使守约方无法行使索赔权而蒙受更大的损失。因此，交易双方约定索赔期时，必须根据不同种类商品的特点，并结合运输、检验条件和检验所需的时间等因素，酌情作出合理的安排。对于一些性能比较复杂和有质量保证期的机械、电气、仪器仪表等设备的交易，由于在合同中需要加订质量保证期，故其索赔期可适当放长一些。此外，在不影响守约方行使其索赔权的前提下，索赔期可适当缩短。

11.2.3.3 应注意索赔条款与检验条款之间的联系

异议与索赔条款同商品检验条款有着密切的联系。例如，买方索赔的期限同买方对货物进行复验的有效期就互相关联，故约定索赔期限时，必须考虑检验条件和期限的长短等因素。为了使这两项条款的约定互相衔接和更加合理，以免出现彼此脱节或互相矛盾的情况，在有些买卖合同中，有时便将这两项条款结合起来订立，即并称为"检验与索赔条款"（inspection & claim clause）。

11.3 不可抗力条款

在国际货物贸易中，由于自然原因或社会原因引起的人力不可抗拒的事件，使买卖双方签署的合同不能履行，在此情况下，按照国际贸易有关法律和惯例，可以免除合同当事人的责任。为了明确责任，在国际货物买卖合同中，一般都约定了此项免责条款，即所谓不可抗力条款。

11.3.1 约定不可抗力条款的意义

国际上对不可抗力的含义及其称呼并不统一。在英美法中，有"合同落空"之说；在大陆法中，有"情势变迁"或"契约失效"之说；按《联合国国际货物销售合同公约》的解释是，合同签订后，发生了合同当事人订约时无法预见和事后不能控制的障碍，以致不能履行合同义务。尽管上述称呼和解释不一，但其基本精神和处理原则大体相同，即合同签订后，发生了当事人无法预见、无法预防和无法控制的意外事件，致使合同不能履行，可以免除当事人的责任。鉴于国际上对不可抗力事件及其引起的法律后果并无统一规定，为防止合同当事人对不可抗力事件的性质、范围作随意解释，或提出不合理的要求，或无理拒绝对方的合理要求，故有必要在买卖合同中订立不可抗力条款，明确约定不可抗力事件的性质、范围、处理原则和办法，以免引起不必要的争议，并有利于合同的履行。由此可见，在买卖合同中约定不可抗力条款，有着重要的法律和实践意义。

11.3.2 不可抗力条款的主要内容

不可抗力条款的约定繁简不一，也并无统一的格式和规定，但归纳起来，一般包括下列内容：

11.3.2.1 不可抗力事件的性质与范围

不可抗力事件有其特定的解释，并不是任何一种意外事件都可随意称作不可抗力事件。不可抗力事件的范围较广，它包括自然力量引起的水灾、旱灾、冰灾、雪灾、雷电、暴风雨、地震、海啸等和社会原因引起的战争、暴动、骚乱、政府颁布禁令、封锁禁运和调整政策制度等。关于不可抗力事件的性质与范围，交易双方商定合同时应达成共识，并具体写明，以免事后引起争议。

11.3.2.2 不可抗力事件的通知与证明

不可抗力事件发生后如影响合同履行，发生事件的一方当事人，应按约定的通知期限和通知方式，将事件情况如实通知对方，对方在接到通知后，应及时答复，如有异议也应及时提出。此外，发生事件的一方当事人还应按约定办法出具证明文件，作为发生不可抗力事件的证据。在国外，这种证明文件一般由当地的商会或法定公证机构出具，在我国可由中国国际贸易促进委员会出具。

11.3.2.3 不可抗力事件的处理原则与办法

发生不可抗力事件后，应按约定的处理原则和办法及时进行处理。不可抗力的后果有两种：一是解除合同；二是延期履行合同。究竟如何处理，应视事故的原因、性质、规模及其对履行合同所产生的实际影响程度，由双方当事人酌情依约处理。

鉴于在实践中往往会出现一旦发生不可抗力事件，一方就提出解除合同的问题，且合同是否延期执行或解除直接关系到交易双方的经济利益，故在不可抗力条款中，应就不可抗力所引起的法律后果作出明确规定，以利于执行。例如，我国进出口合同一般都规定，因不可抗力事件的影响而不能履行合同时，可根据实际所受影响的时间延迟履行合同的期限；如因不可抗力事件延迟履行合同达若干天（如60天或90天），双方应就履行合同的有关问题进行协商。按照这样的规定，当发生不可抗力事件时，可先推迟履行合同的期限；只有当不可抗力事件持续下去超过合同规定的期限以后，双方才能通过协商，最后决定是否解除合同。

11.3.3 约定不可抗力条款的注意事项

11.3.3.1 对不可抗力事件性质与范围的约定办法要合理

关于不可抗力事件的性质与范围，通常有下列几种约定办法，我们应在权衡利弊的基础上，选用其中有利的一种。

（1）概括规定

在合同中不具体规定哪些事件属于不可抗力事件，而只是笼统地规定："由于公认的不可抗力的原因，致使卖方不能交货或延期交货，卖方不负责任"或"由于不可抗力事件使合同不能履行，发生事件的一方可据此免除责任"。这类规定办法过于笼统，含义模糊，解释伸缩性大，容易引起争议，合同中不宜采用。

（2）具体规定

具体规定即在合同中详列不可抗力事件。这种（列举）办法虽然明确具体，但文字烦琐，且可能出现遗漏情况，因此也不是最好的办法。

（3）综合规定

列明经常可能发生的不可抗力事件（如战争、洪水、地震、火灾等）的同时，再加上"以及双方同意的其他不可抗力事件"的文句。这种规定办法既明确具体，又有一定的灵活性，是一种可取的办法。我国进出口合同一般都采取这种规定办法。

11.3.3.2　约定不可抗力条款应体现公平合理原则

不可抗力条款应对买卖双方都有约束力，任何一方当事人因发生不可抗力事件，以致不能履行合同义务，均可免除责任。过去我国某外贸公司从国外订购货物时，在进口合同中仅片面约定"如卖方发生不可抗力事件可免除责任"的条款，这种显失公平的规定是极不合理的。

11.3.3.3　不可抗力条款的内容应当完备

为了便于履行合同和按约定办法及时处理不可抗力事件，不可抗力条款的内容应当完备。在实际业务中，有的合同只约定了不可抗力事件的性质和范围，而对不可抗力事件的通知、提供证明和如何处理等事项，缺乏明确具体的规定，以致影响对不可抗力事件作出及时妥善的处理。

11.4　仲裁

在国际货物贸易中，情况错综复杂，市场变化多端，因此，交易双方签订合同后，常常由于种种原因，合同没有履行，因而引起交易双方当事人之间的争议。交易双方一般都习惯于采用仲裁（arbitration）的方式来解决合同争议。

11.4.1　仲裁是解决合同争议的重要方式

买卖双方解决合同争议有下列途径：

11.4.1.1　友好协商

争议双方本着公平合理的原则，通过友好协商，达成和解，这是解决合同争议的好办法。但是，遇到与合同当事人有较大利害关系的争议时，争议双方往往各持己见，难以达成共识，故此种解决争议的办法有一定的局限性。

11.4.1.2　调解

若争议双方通过友好协商不能达成和解，则可在争议双方自愿的基础上，由第三者出面从中调解。调解应在确定事实、分清是非和责任的基础上，尊重合同规定，依照法律，参照国际惯例，根据客观公正和公平合理的原则进行，以促使当事人互谅互让，达成和解。实践表明，这也是解决争议的一种好办法。多年来，我国仲裁机构首创的"调解与仲裁相结合"的做法，体现出基于我国优秀文化传统之上的中国仲裁制度的特点，这种做法已收到了良好的效果。其具体做法是：结合仲裁的优势和调解的长处，在仲裁程序开始之前或之后，仲裁庭可以在当事人自愿的基础上，对受理的争议进行调解，如调解失败，仲裁庭仍按照仲裁规则的规定继续进行仲裁，直到作出终局裁决。

11.4.1.3 仲裁

国际货物贸易中的争议，如经友好协商与调解都未成功，当事人又不愿意诉诸法院解决，则可采用仲裁的办法。仲裁已成为国际上解决这种争议普遍采用的方式。仲裁的优势在于其程序简便，结案较快，费用开支较少，且能独立、公正和迅速地解决争议，给予当事人以充分的自治权。此外，仲裁还具有灵活性、保密性、终局性和裁决易于得到执行等优点。

11.4.1.4 诉讼

争议双方经过友好协商与调解，都未达成和解，他们又不愿采取仲裁方式，则可通过诉讼途径解决争端。诉讼具有下列特点：

第一，诉讼带有强制性，只要一方当事人向有管辖权的法院起诉，另一方就必须应诉，争议双方都无权选择法官。

第二，诉讼程序复杂，处理问题比仲裁慢。

第三，通过诉讼处理争议，双方当事人关系比较紧张，有伤和气，不利于以后贸易关系的继续发展。

第四，诉讼费用较高。

综上所述，友好协商与调解的使用都有一定的局限性，而诉讼也不是理想的途径，所以仲裁就成为解决合同争议广泛采用的一种行之有效的重要方式。

在此需要强调指出的是，我国一向提倡并鼓励以仲裁的方式解决国际商事争议。早在1956年，我国便已成立了涉外商事仲裁机构。该机构在审理案件中，坚持根据事实，依照法律和合同规定，参照国际惯例，公平合理地处理争议和作出裁决，其裁决的公正性得到国内外的公认，我国现已成为当今世界上主要的国际商事仲裁中心之一。在我国进出口合同中，一般都订立了仲裁条款，以便在发生争议时通过仲裁解决争端。

11.4.2 仲裁协议

11.4.2.1 仲裁协议的形式

在国际货物贸易中，仲裁协议是指合同当事人或争议双方达成的有关解决彼此争议的一种书面协议。它主要包括下列两种形式：

一是在争议发生之前订立的，它通常作为合同中的一项仲裁条款（arbitration clause）出现，在绝大多数国际货物买卖合同中都有此项条款。

二是在争议发生之后订立的，将争议提交仲裁的书面协议。需要强调说明的是，仲裁协议应当采取书面形式。书面形式包括合同书、信件、电报、电传、传真、电子数据交换和电子邮件等可以有形地表现所载内容的形式。在仲裁申请书和仲裁答辩书的交换中一方当事人声称有仲裁协议而另一方当事人不做否认表示的，视为存在书面仲裁协议。

11.4.2.2　仲裁协议的效力

上述买卖合同中规定的仲裁条款和交易双方发生争议之后提交仲裁的协议，其法律效力是相同的，而且它们都具有独立性。根据我国仲裁条款的规定，合同中的仲裁条款，应视为与合同其他条款分离的、独立存在的条款，附属于合同的仲裁协议，也视为与合同其他条款分离的、独立存在的一部分；合同的变更、解除、终止、失效或无效以及存在与否，均不影响仲裁条款或仲裁协议的效力。

根据我国法律，有效的仲裁协议必须载有请求仲裁的意思表示、选定的仲裁委员会和约定的仲裁事项（该仲裁事项依法应具有可仲裁性）；必须是书面的；当事人具有签订仲裁协议的行为能力；形式和内容合法。否则，依中国法律，该仲裁协议无效。

此外，还要指出的是，仲裁委员会有权对仲裁协议的存在、效力以及仲裁案件的管辖权作出决定。如当事人对仲裁协议及/或仲裁案件管辖权有异议，应当在仲裁庭首次开庭前书面提出。书面审理的案件，应当在第一次实体答辩前提出。对仲裁协议及/或仲裁管辖权提出异议，不影响按仲裁程序进行审理。

11.4.3　仲裁协议的作用

仲裁协议的作用，包括下列方面：

第一，约束双方当事人只能以仲裁方式解决争议，不得向法院起诉。

第二，排除法院对有关案件的管辖权。如果一方违背仲裁协议，自行向法院起诉，另一方可根据仲裁协议要求法院不予受理，并将争议案件提交仲裁庭裁断。

第三，使仲裁机构取得对争议案件的管辖权。

这里需要强调说明的是，在上述作用中，最关键的是排除法院对争议案件的管辖权。因此，若双方当事人不愿将其争议提交法院审理，就应在争议发生前在合同中约定仲裁条款，以免将来发生争议后，由于达不成仲裁协议而不得不诉诸法院。

11.4.4　仲裁条款的基本内容

国际货物买卖合同中的仲裁条款，通常包括仲裁地点、仲裁机构、仲裁规则、仲裁裁决的效力和仲裁费的负担。现分别介绍和说明如下：

11.4.4.1　仲裁地点

交易双方磋商仲裁条款时，都极为关心仲裁地点的确定，这是因为仲裁地点与仲裁所适用的法律密切相关。按各有关国家的法律规定，凡属程序方面的问题，除非仲裁条款（或协议）另有规定，一般都适用审判地法律，即在哪个国家仲裁，就往往适用哪个国家的仲裁法规。至于确定合同当事人权利、义务的实体法，如在合同中未具体约定，一般则由仲裁庭按仲裁地点所在国的法律冲突规则予以确定。

鉴于仲裁地点是买卖双方共同关心的一个十分重要的问题，故在仲裁条款中必须作出明确具体的规定。在我国进出口合同中，关于仲裁地点通常有3种规定办法：一是约定在中国仲裁；二是约定在被申请人所在国仲裁；三是约定在双方同意的第三国仲裁。

11.4.4.2 仲裁机构

国际上的仲裁机构有很多，其中有常设的仲裁机构，也有由双方当事人共同指定仲裁员临时组成的仲裁庭。

在国际上，有些国际组织和许多国家或地区，都分别成立了常设仲裁机构。除设在巴黎的国际商会仲裁院外，还有英国伦敦国际仲裁院、瑞典斯德哥尔摩商会仲裁院、瑞士苏黎世商会仲裁院、美国仲裁协会、日本商事仲裁协会等。我国常设的涉外仲裁机构主要是中国国际经济贸易仲裁委员会和中国海事仲裁委员会。根据业务发展的需要，中国国际经济贸易仲裁委员会在上海和深圳分别设有分会。此外，我国有些省市和地区，近年来还按实际需要设立了若干地区性的仲裁机构。

鉴于国际上的仲裁机构很多，甚至在一个国家或地区就有多个仲裁机构，合同当事人究竟选用哪个仲裁机构，应在合同仲裁条款中具体列明。

专为审理某争议案而临时组成的仲裁庭，待案件审理完毕即自动解散，因此，在采取此种办法处理争议时，买卖双方应在合同仲裁条款（或协议）中，就临时仲裁庭的组庭人数、是否需要首席仲裁员和指定仲裁员的办法等作出明确规定。

11.4.4.3 仲裁规则

各国仲裁机构一般都制定了自己的仲裁规则，按照国际仲裁的通常做法，原则上都采用仲裁所在地的仲裁规则，但值得注意的是，在法律上也允许根据双方当事人的约定，采用仲裁地点以外的其他国家（或地区）仲裁机构所制定的仲裁规则进行仲裁。在中国仲裁时，双方当事人通常都约定适用《中国国际经济贸易仲裁委员会仲裁规则》。根据该仲裁规则的规定，凡当事人同意将争议提交中国国际经济贸易仲裁委员会仲裁的，均视为同意按照该仲裁规则进行仲裁。在此需要指出，如果当事人约定适用其他仲裁规则，或约定对本规则有关内容进行变更的，从其约定。但其约定无法实施或与仲裁强制性法律规定相抵触者除外。

11.4.4.4 仲裁裁决的效力

仲裁庭依法作出的裁决，通常都是终局性的，对争议双方当事人均具有法律效力，任何一方都必须依照裁决执行，并不得向法院起诉要求变更裁决。即使当事人向法院起诉，法院一般也只是审查程序，而不审查实体，即只审查仲裁裁决在法律手续上是否完备、有无违反程序上的问题，而不审查裁决本身是否正确。若法院查出仲裁程序上确有问题，则可宣布仲裁裁决无效。

由于仲裁是建立在双方当事人自愿基础上的，因此，仲裁庭作出的裁决，如仲裁程序上没有问题，双方当事人应当承认和执行。若败诉方不执行裁决，胜诉方有权向有关法院起诉，请求法院强制执行，以维护自身的合法权益。若仲裁裁决的承认与执行涉及一个国家的仲裁机构所作出的裁决要由另一个国家的当事人去执行的问题，在此情况下，若国外当事人拒不执行仲裁裁决，则可依据国际的双边协议或多边国际公约的规定来解决。

为了明确仲裁裁决的效力，以利于执行裁决，在订立合同中的仲裁条款时，应明确规

定 "仲裁裁决是终局性的，对双方当事人均有约束力" 的条文。

11.4.4.5　仲裁费的负担

仲裁费由谁负担，通常都在仲裁条款中予以约定，以明确责任。根据双方当事人的意愿，有的约定由败诉方承担，也有的约定由仲裁庭裁决确定。

11.4.5　我国通常采用的仲裁条款格式

为了体现上述仲裁条款的基本内容和便于约定好仲裁条款，我国各进出口公司通常采用中国国际经济贸易仲裁委员会向合同当事人推荐的下列几种示范仲裁条款格式：

11.4.5.1　在中国仲裁的条款格式

"凡因本合同引起的或与本合同有关的任何争议，均应提交中国国际经济贸易仲裁委员会 （贸仲）＿＿＿＿＿＿分会/仲裁中心，按照申请仲裁时贸仲有效的仲裁规则进行仲裁。仲裁裁决是终局的，对双方均有约束力。"

11.4.5.2　在被申请人所在国仲裁的条款格式

"凡因本合同引起的或与本合同有关的任何争议，双方应当通过友好协商的方式来解决；如果协商不能解决，应提交仲裁，仲裁在被申请人所在国进行。如在××国 （被申请人所在国名称）由××国××仲裁机构 （被申请人所在国的仲裁机构的名称）根据该组织现行有效的仲裁程序规则进行仲裁。仲裁裁决是终局的，对双方都有约束力。"

11.4.5.3　在第三国仲裁的条款格式

"凡因本合同引起的或与本合同有关的任何争议，双方应通过友好协商来解决，如果协商不能解决，应按××国××地××仲裁机构根据该仲裁机构现行有效的仲裁程序规则进行仲裁。仲裁裁决是终局的，对双方都有约束力。"

合同当事人除酌情分别采用上述仲裁条款外，还可以在仲裁条款 （或仲裁协议）中对仲裁员人数、国籍、开庭地点、普通程序或简易程序、适用法律及仲裁语言等事项作出约定，或者在仲裁条款 （或仲裁协议）达成之后，争议提交仲裁之前或者仲裁程序开始之前，以书面补充协议的形式进行补充约定。

11.4.6　约定仲裁条款的注意事项

交易双方商定买卖合同时，为了明确合理地约定仲裁条款，必须注意下列事项：

11.4.6.1　选择合适的仲裁地点

因仲裁地点的约定与双方当事人有利害关系，故在商定仲裁地点时，应考虑适用的法律与费用负担等问题。

众所周知，仲裁地点不同，适用的法律则不同，不同法律对同一问题的解释与处理结

果也会有别，因此，交易双方都希望选择法律环境比较利于己方的地点仲裁。同时，仲裁
地点与合同当事人所在地距离的远近以及在该处仲裁所花费的开支大小等，也是需要考虑
的因素。若争议金额不大，一般应选择与自身距离近的地点仲裁，最好争取在本国仲裁，
以利于节省开支和避免出现得不偿失的情况。

此外，交易双方如约定在双方同意的第三国仲裁，则应选择允许受理双方当事人都不
是本国公民的争议案，而且态度比较公正并具有一定的业务能力的仲裁机构。

11.4.6.2　择优选择适当的仲裁机构

国际上常设的仲裁机构很多，它们的情况各有不同，因此，需要根据择优选择的原则
约定适当的机构。选择时，要考虑成交金额的大小，并考虑下列各种因素：该机构的历史
沿革和背景、审理案件的态度是否公正、办案效率和业务水平的高低、裁决的权威性和对
外影响程度等。

11.4.6.3　合理约定仲裁费的负担

在仲裁条款中，关于仲裁费由何方负担有各种不同的规定，有的只约定由败诉方负
担，也有的约定由仲裁庭决定。鉴于有时出现的争议双方均有违约情况，双方都负有不同
程度的责任，有时虽属一方违约引起争议，但由于胜诉方"狮子大开口"，索赔金额过
高，而仲裁费是按索赔金额计收的，加之某些费用开支又不合理，致使仲裁费用加大，若
这些不合理的加大部分费用，也由败诉方负担，显失公平。因此，在约定仲裁费用的负担
时，最好同时约定：由败诉方承担或由仲裁庭酌情决定相互承担的比率。这种约定办法，
既符合实事求是的原则，也体现尊重仲裁庭的裁量权。

11.4.6.4　仲裁条款的规定应当明确具体

仲裁条款应当明确、具体，以利于争议的解决。例如，有的合同在约定仲裁地点时，
规定"在中国或外国仲裁"，或者规定"在进口国或出口国仲裁"；有的合同约定"由中国
国际经济贸易仲裁委员会仲裁"，同时又约定"在美国仲裁"；有的合同规定"发生争议在
中国的仲裁机构或法院依法解决"；还有的合同约定"若双方发生争议，通过仲裁解决"，
但仲裁地点、仲裁机构和仲裁规则等内容，都未具体规定。上述这些模棱两可或含糊其词
的规定，都不利于解决争议。因此，订立合同中的仲裁条款或签订仲裁协议，应使其内容
明确具体，以利于及时解决争议。

11.4.7　仲裁裁决的承认与执行

仲裁裁决是终局性裁决，仲裁裁决对双方当事人都有法律上的约束力，当事人必须执
行。双方当事人都在本国的情况下，如一方不执行裁决，另一方可请求法院强制执行。如
一方当事人在国外，则涉及一个国家的仲裁机构所作出的裁决要由另一个国家的当事人去
执行的问题。在此情况下，如国外当事人拒不执行裁决，则只有到国外法院去申请执行，
或通过外交途径要求对方国家有关主管部门或社会团体（如商会、同业公会）协助执行。
为了解决在执行外国仲裁裁决问题上的困难，国际上除通过双边协定就相互承认与执行仲

裁裁决问题作出规定外，还订立了多边国际公约，1958年6月10日，联合国在纽约召开了国际商事仲裁会议，签订了《承认及执行外国仲裁裁决公约》（Convention on the Recognition and Enforcement of Foreign Arbitral Awards）（简称《1958年纽约公约》），公约于1959年6月7日正式生效。该公约强调了两点：一是承认双方当事人所签订的仲裁协议有效；二是根据仲裁协议所作出的仲裁裁决，缔约方应承认其效力并有义务执行。只有在特定的条件下，才根据被诉人的请求拒绝承认与执行仲裁裁决。例如，裁决涉及仲裁协议未提到的或不包括在仲裁协议之内的一些争议；仲裁庭的组成或仲裁程序与当事人所签仲裁协议不符等。

1986年12月，我国第六届全国人民代表大会常务委员会第十八次会议决定中华人民共和国加入上述《1958年纽约公约》，并同时作出下列两点声明：

第一，中华人民共和国只在互惠的基础上对在另一缔约方领土内作出的仲裁裁决的承认和执行适用该公约；

第二，中华人民共和国只对根据中华人民共和国法律认定为属于契约性和非契约性商事法律关系所引起的争议适用该公约。

我国政府对上述公约的加入和所作的声明，不仅为我国承认与执行外国仲裁裁决提供了法律依据，而且也有利于我国仲裁机构所作出的裁决在国外公约成员内的执行。

拓展阅读11-1

本章小结

1.商品检验是国际贸易中确保商品质量、规格、数量等符合合同规定的重要环节。本章首先介绍了商品检验的定义和目的，即运用科学的检验技术和方法，对商品的品质、规格、数量、包装、安全及卫生等方面进行检查，并出具合格与否的判定证书。商品检验分为生产检验、验收检验和第三方检验等多种类型，每种类型都有其特定的目的和适用场景。此外，本章还详细阐述了商品检验的内容，包括品质检验、数量和重量检验、包装检验、安全卫生检验以及残损鉴定等，为买卖双方提供了清晰的检验标准和流程。

2.在国际贸易中，各种原因可能导致合同履行过程中出现争议。本章介绍了争议与索赔的基本概念和处理方式。当争议发生时，买卖双方应首先通过友好协商解决；若协商不成，则可依据合同条款或国际贸易惯例进行索赔。索赔条款的订立和内容是争议处理的关键，双方应在合同中明确规定索赔的条件、程序、期限以及赔偿方式等。此外，本章还强调了索赔过程中证据的收集和提交的重要性，以确保索赔的合法性和有效性。

3.不可抗力条款是国际贸易合同口常见的免责条款之一。本章详细解释了不可抗力的含义和构成条件，即不是由于合同当事人的过失或疏忽，而是发生了无法预见、无法预防、无法避免和无法控制的事件使合同无法履行。不可抗力事件的范围广泛，包括自然力事件（如水灾、火灾、地震等）和社会性事件（如战争、罢工等）。本章还介绍了不可抗力事件的处理原则和合同中的不可抗力条款内容，包括解除合同或变更合同的条件、免责的期限、通知和证明的要求等。

4.仲裁是解决国际贸易争议的一种重要方式。本章介绍了仲裁的基本概念、特点和优势，并详细阐述了仲裁协议的作用和内容。仲裁协议是双方当事人在争议发生前或发生后达成的将争议提交仲裁解决的书面协议。仲裁具有程序简便、费用较低、保密性强等优点，因此在国际贸易中得到了广泛应用。本章还介绍了仲裁的程序和裁决的效力等内容，为当事人选择仲裁解决争议提供了参考。

基础训练

第11章单选题

第11章判断题

❖ 名词解释

商品检验　产地（工厂）检验　装运港（地）检验　目的港（地）检验　检验证书　官方检验机构　半官方检验机构　非官方检验机构　权威性标准　不可抗力　仲裁协议

❖ 案例分析题

1.我新力外贸公司长期向澳大利亚某商提供棉布。202×年3月，澳商寄来上衣一件，声称该上衣系我方出口合同项下所交染色棉布经其转销给某制衣厂制作的成衣，其两袖色泽明显不同，表明我方所供棉布有严重色差，不能使用。为此，要求将全部已缝制的成衣退回，并重新按照合同规定的品质和数量交货，要求：我公司应如何答复？为什么？

2.某粤商与中东某客商签订一批进口精炼油合同。后客商提炼原油的3个工厂之一遭受火灾，此时正值国际市场油价大幅上涨，故客商以不可抗力事故为由要求解除合同。要求：该粤商应如何处理此事？

3.我国某公司向某国出口一批冻鸡，到货后买方在合同规定的索赔有效期内向我方提出品质索赔，索赔金额约占合同金额的半数以上。买方附来的证件有：（1）法定商品检验证，注明该商品有变质现象（表面呈乌黑色，实际上为一小部分乌皮鸡），但未注明货物的详细批号，也未注明变质货物的数量与比例。（2）官方化验机构根据当地某食品零售商店送验的食品而作出的品质变质证明，我方未经详细分析就复函对方同意赔偿。要求：分析我方对此处理的不当之处。

4.美国一客商订购一批特别规格的鞋子2 000双，经过广州厂商加工制成。该批货装箱存入码头仓库，因仓库失火烧掉全部货物。要求：该广州厂商能否撤销合同？为什么？

5.上海某造纸厂以CIF条件向非洲出口一批纸张，因上海与非洲的湿度不同，货到目的地后因水分过分蒸发而使纸张无法使用。要求：买方能否向卖方索赔？为什么？

6.国内某研究所与日本客户签订一份进口合同，欲引进一台精密仪器，合同规定9月交货。9月15日，日本政府宣布该仪器为高科技产品，禁止出口。该禁令自公布之日起15日后生效。日商来电以不可抗力为由要求解除合同。要求：日商的要求是否合理？我方应如何妥善处理?

7.A商场进口一集装箱彩电,通关后由承运人B公司另雇C运输队运往北京。运送的集装箱车在中途翻车,电视机部分受损。要求:在A、B、C三方都已投保了一切险的情况下,A商场应向何方索赔?

8.广州伞厂与意大利客户签订了雨伞出口合同。买方开来的信用证规定,8月装运交货,不料7月初,该伞厂仓库失火,成品、半成品全部烧毁,以致无法交货。要求:卖方可否援引不可抗力条款要求免交货物?

9.国内某公司于1990年11月2日与伊朗签订了一份进口合同,交易条件为FOB。后因海湾战争爆发,我方接货货轮无法驶抵伊朗,到1991年4月海湾战争结束后,我方才能派船接货,而外商以我方未能按时派船接货为由,要求我方赔偿其仓储费。要求:外商这一要求是否合理?

第12章 国际贸易合同的签订

学习目标

◆熟悉国际贸易合同，掌握合同签约的流程与礼仪。

◆能够顺利进行并完成合同的签约仪式。

◆通过对本章的学习，使学生了解订立国际贸易合同的法律步骤。

◆掌握发盘、接受的条件等问题；掌握合同成立的时间与合同生效的要件以及合同的形式及基本内容。

❖ 导入案例

中欧班列（重庆）累计开行10万列 "钢铁驼队"再出发

2024年11月15日，X8083次中欧班列满载着医药、整车零配件、通信设备、冷链食品等货物，驶出重庆团结村中心站。它将从阿拉山口出境，大约14天后抵达德国杜伊斯堡。至此，我国的中欧班列跑出了新记录：累计开行突破10万列，发送货物超1 100万标箱、货值超4 200亿美元。这是中欧班列这支"钢铁驼队"交出的又一份亮眼成绩单。

现在团结村中心站每天开行中欧班列3至4列。开行之初，主要装载的货物是笔记本电脑等，现在重庆的新能源汽车、电池等外贸"新三样"扬帆出海，叫响全球。团结村也曾经是中欧班列的起点。我国探索开行首列重庆至德国杜伊斯堡的国际列车，就是从这里始发的。到如今，10万列的新纪录又诞生在重庆。从0到10万，驶出了亚欧陆路运输的"新干道"和沿线经贸发展的"快车道"。重庆也成为全国中欧班列开行时间最早、运输货值最高、带动产业最强的城市。

2010年10月，重庆成功开行首趟"渝新欧"到新疆阿拉山口的测试班列，验证了国内段通行的可行性。2011年3月，"渝新欧"班列首次全程运行：从团结村出发，历经16天，抵达德国杜伊斯堡。重庆在全国率先打通了直达欧洲的国际列车。班列畅通和常态化运行之前的亚欧大陆桥，各国海关重复查验，货物滞留时间长、班列信息反馈不及时、冬天沿途温差高达70℃，甚至国与国之间铁轨的轨距都不一样……重庆人在亚欧大陆桥运输史上，开创了全程卫星定位监控货物安全、沿途海关不重复查验、多国铁路合资搭建服务平台、跨洲际使用国际铁路联运统一运单等七大先河。

重庆不仅是中欧班列的"开拓者"，也是中欧班列政策、模式的"先行者"。2014年6月，国务院召开专题会议，明确指出以"渝新欧"为代表的中欧铁路集装箱班列打通了我国西向通道，带动了沿线地区经济发展和经贸交流，是共建"一带一路"的重要基础和支撑。2016年，国家发展改革委宣布，各地开行的"新欧"全部统一品牌，统称中欧班列。

重庆在中欧班列的运营上一直处于全国前列，稳定运行线路51条，境外集散分拨点116个，辐射欧洲14个国家。截至2024年10月，已累计开行班列超1.6万列。运输货值超5 600亿元人民币，居全国第一。中欧班列在运营创新上也不断取得新进展。从越南始发的"东盟快班"，满载汽车高端电子零配件、PVC材料等货物，经西部陆海新通道抵达重庆，随即无缝衔接中欧班列，奔赴波兰马拉。这趟快班全程采用"一单制"，实现了"一次委托、一单到底、一次保险、一箱到底、一次结算"。创新还体现在运输方式的优化上，以汽车出口为例，中欧班列开行的JSQ商品车专列，运载能力强、安全系数高、运输成本低。

现在的中欧班列已是共建"一带一路"的旗舰项目和标志性品牌。国内，铁路部门已铺画时速120公里图定中欧班列运行线93条，联通125个城市；国外，中欧班列已通达25个欧洲国家的227个城市以及11个亚洲国家的100余个城市。

开行班列的城市多了之后，难免出现线路重复、口岸拥堵、货源竞争等情况，想要实现高质量发展，必须有效地解决这些问题，让众多中欧班列形成合力。作为全国最早开行中欧班列的城市，重庆携手成都，在全国首创中欧班列跨省域共商共建共享机制，携手打造"中欧班列（成渝）"品牌，运营线路50余条，覆盖欧亚120余个城市节点。

截至2024年11月，中欧班列（成渝）已累计开行3.6万列，成为全国开行量最多、开行最均衡、运输货值最高、货源结构最优、区域合作最广泛、运输最稳定的中欧班列。2023年，中欧班列（成渝）开行班列数量、运输箱量两项数据均位居全国第一。通道网络不断扩充，运行质量稳步提升，货物品类大幅增长；中欧班列正越跑越快、越跑越好。

资料来源：杨骏．"中欧班列"第10万班列车从重庆发出 "钢铁驼队"再出发 [N]．重庆日报，2024-11-16（4）．

12.1 国际贸易的交易磋商

12.1.1 交易磋商的定义与内容

交易磋商（business negotiation）是指买卖双方就交易条件（即合同条款）进行协商，以达成交易的过程。

交易磋商的主要交易内容包括货物的品质、数量、包装、价格、交货和交付条件等，此外，还包括检验、索赔、不可抗力和仲裁等。

12.1.2 交易磋商的分类

交易磋商在形式上主要可分为口头磋商和书面磋商两大类。口头磋商既可以是面对面的谈判，如参加广交会、出国拜访客户或者国外客户来公司洽谈交易等，也可以通过打电话或视频会议来谈判。书面磋商是通过传真、信函、电报、电传、电子邮件等方式进行交易洽谈。

12.1.3 交易磋商的环节

交易磋商一般包括询盘、发盘、还盘、接受。其中，只有发盘与接受是法律上规定的必经环节。

12.1.3.1 询盘

询盘（enquiry）是指交易的一方向对方探询交易条件、表示交易愿望的一种行为。询盘的内容涉及商品的价格、品质、数量、包装、装运等，但是主要是询问价格，因此，询盘又称询价。由于询盘不是每一笔交易必经的环节，倘若交易双方相互很了解，那么没有必要向对方探询交易条件或交易的可能性，即不必询盘，直接向对方发盘即可，所以询盘不具备法律效力。询盘信的范文如下：

Dear Sirs,

The Overseas Trading Co., Ltd., Manchester informs us that you are exporters of handmade gloves in a variety of artificial leathers. Would you please send us details of your various ranges, including sizes, colors, and prices? As well as samples of different qualities of material used?

We are one of the largest department stores here and believe there is a promising market in our area for moderately priced goods of the kind mentioned.

When replying, please state your terms of payment and discounts you allow for purchases of quantities not less than five gross of per item.

Yours faithfully,
XX

这封询盘信的中文意思如下：

敬启者：

曼彻斯特海外贸易有限公司告知贵公司出口各类手工制造的人造革手套，能否请寄来贵公司各类产品的详细资料，包括产品的尺码、颜色以及价格，并请附寄用各种质料制成的样品？

我公司是当地最大的百货公司之一，相信价格合理的人造革手套在我方市场会有良好的销路。

回信时，请告知每款产品购买数量不少于五罗的情况下你们允许的付款方式和折扣条件。

此致

敬礼！

XX

12.1.3.2 发盘

发盘（offer）也叫发价，是指交易的一方（发盘人）向另一方（受盘人）提出各项交易条件，并且愿意按这些交易条件达成交易的一种表示。发盘多由卖方提出，称为售货发盘（selling offer），也可由买方提出，称为递盘（bid）或购货发盘（buying offer）。发盘可以不经过询盘，由一方径直发盘。发盘信的范文如下：

Dear Sirs,

We are in receipt of your letter dated March 21. As requested, we are airmailing you, under separate cover, one catalogue and two sample books for our Printed Shirting. We hope they will reach you in due course and will help you in making your selection.

In order to start a concrete transaction between us, we take pleasure in making you a specific offer, subject to our final confirmation, as follows:

Art. No.: 81000 Printed Shirting.

Design No.: 72435-2A.

Specifications: 30×36 72×69 35"/36"×42 yards.

Quantity: 18,000 yards.

Packing: In bales or in wooden cases, at seller's option.

Price: RMB ×× per yard CIFC5% Lagos.

Shipment: To be made in three equal monthly installments, beginning from June, 202×.

Payment: By confirmed, irrevocable L/C payable by draft at sight, to be opened 30 days before the time of shipment.

We trust the above will be acceptable to you and look forward to your trial order.

Yours faithfully,

××

这封发盘信的意思如下：

敬启者：

贵公司 3 月 21 日函接悉。兹按贵公司要求另封航邮寄去印花细布目录一份和样本两份，相信会及时寄到你方而且有利于你方选购。

为使双方达成一笔交易，现特报盘，以我方最后确认为准如下：

货号：81000 号印花细布。

花型：72435-2A。

规格：30×36 支纱 72×69 经纬密度 幅宽 35 英寸到 36 英寸×42 码/匹

数量：18 000 码。

包装：布包或木箱包装，由卖方选择。

价格：CIF 拉各斯每码人民币××元，包括你方佣金 5%。

交货期：从 202×年 6 月起分 3 个月等量装运。

付款：（货款）以保兑的、不可撤销的、凭即期汇票付款的信用证支付，信用证要在装运期前 30 天开立。

我方相信上述报盘可为你方接受，并且殷切期待你方试订。

××

（注：上述发盘信中的 "35"/36"" 应理解为 35 英寸到 36 英寸这个宽度范围，指布匹宽度。）

在发盘的有效期内，发盘人不得任意撤销或修改发盘的内容，发盘一经对方在有效期内表示接受，发盘人将受其约束，并且承担按照发盘条件与对方订立合同的法律责任。

（1）构成发盘的条件

有效的发盘需要具备一定的条件：

第一，向一个或者一个以上特定的人提出，即发盘要有特定的受盘人。

第二，发盘的内容应当十分确定。

第三，发盘中必须明确表明发盘人受其约束的订约意旨。

第四，发盘从送达受盘人时开始生效，即送达生效原则。

（2）发盘的失效

发盘的失效（termination）有以下几种情况：

第一，严格说来，发盘应当规定一个有效期，如果过了发盘的有效期，该发盘失效。

第二，发盘经对方拒绝或还盘即失效。

第三，发盘人作了有效的撤销。

第四，发盘人或受盘人在发盘接受前丧失了行为能力，如自然人死亡或精神病，或者法人被法院宣告破产或终止营业等。

12.1.3.3　还盘

还盘（counter offer）是指受盘人不同意发盘中的交易条件而提出修改或变更的意见，又称反要约。也就是说，还盘是受盘人对发盘条件的实质性变更，即对关于货物付款、价格、质量和数量、交货地点和时间、责任范围等条款的修改或不同意见。还盘是受盘人对发盘的拒绝，发盘因对方的还盘而失效，原发盘人不再受其约束。

还盘可以在双方之间反复进行。还盘的内容一般不再重复双方同意的交易条件，而是仅仅说明需要变更或添加的条件。

还盘相当于受盘人向原发盘人提出的一项新的发盘，一方的发盘经对方的还盘后即失去了法律效力。因此，如果受盘人还盘之后又接受原来的发盘，这种接受是无效的，交易没有达成，得到原发盘人同意的情况除外。

还盘信的范文如下：[①]

Dear Sirs,

　　We thank you for your fax offer of 1 June for 25,000 yards of rayon/wool mixed fabric and 23,000 yards of dyed cotton shirting.

　　We immediately contacted our customers, who showed great interest due to the growing demand for cotton textiles. However, your quoted prices are found to be too high. ABC Company, one of our customers, indicated they might purchase your entire stock of dyed cotton shirting if the price were lowered below 95 pence per yard. As ABC is a leading garment manufacturer in our country, there is a high likelihood of securing an order if the current price can be adjusted to meet their requirements. We hope you will seize this opportunity to benefit from the expanding market.

　　Regarding the rayon/wool mixed fabric, our customers currently hold substantial stock due to recent large shipments from [Supplier Name]. Nevertheless, you may soon receive orders from us, as we expect the strong market demand to deplete our inventory shortly.

　　Under these circumstances, we urge you to make every effort to reduce the price for dyed cotton shirting. We await your reply with keen interest.

Yours faithfully,

××

---

① 陆汉云，肖广忠.外贸函电［M］.北京：兵器工业出版社，1990：215-216.

这封还盘信的中文意思如下:

敬启者:

感谢贵司 6 月 1 日传真报价，提供 25 000 码人造丝/羊毛混纺面料及 23 000 码染色棉细布。

我方随即联系客户，因棉纺织品需求增长，彼等兴趣浓厚。然贵司报价偏高，其中客户 ABC 公司表示，若染色棉细布价格能降至每码 95 便士以下，或可全数采购。ABC 系我国主要服装制造商之一，若能降价满足其要求，成交希望甚大。盼贵司把握此机遇，从市场扩张中获益。

至于人造丝/羊毛混纺面料，因近期收到××（供应商）大量到货，客户库存充足。但鉴于市场近期需求旺盛，车存料将很快消耗，不久后我方或可下单。

综上，恳请贵司尽力降低染色棉细布价格，期待您的回复。

此致

敬礼

××

12.1.3.4　接受

接受（acceptance）是指受盘人在发盘的有效期内，无条件地同意发盘中提出的各项交易条件，并且表示愿意按照这些条件和对方达成交易。

（1）构成接受的条件

构成一项有效的接受，需要具备四个条件:

第一，接受必须由受盘人作出。

第二，接受必须是同意发盘中提出的交易条件。

第三，接受必须在发盘中规定的时间内作出。

第四，接受的传递方式应该符合发盘中提出的要求。

（2）逾期接受

逾期接受又称迟到的接受，是指接受通知没有在发盘规定的有效期内到达原发盘人所在地，或者发盘人没有规定有效期，接受没有在合理的时间内送达发盘人。这种迟到的接受一般是无效的。但是，按照《联合国国际货物销售合同公约》的规定，逾期接受在两种情况下仍然有效。第一种情况，受盘人主观上没有过错，由于邮递途中出现了意外使接受逾期了。这种因为传递延误而逾期的接受一般认为是有效的接受，但是发盘人如果及时反对，那么该接受无效。第二种情况，如果发生了逾期接受，发盘人毫不迟延地用口头或书面方式通知受盘人，确认该接受是有效的，那么该逾期接受仍然具有法律效力。

（3）接受的撤回

《联合国国际货物销售合同公约》规定，接受（承诺）于送达发盘人时生效。在接受送达发盘人之前，受盘人可撤回接受；但接受一旦生效，即不可撤销，因合同此时已成立。

接受信范文如下:

Dear Sirs,

We thank you for your quotation of 15 August, together with the patterns of Printed Shirting. We find both the quality and prices satisfactory and are pleased to place an order for the following items, on the understanding that they will be supplied from current stock at the prices named:

Quantity	Pattern No.	Price
40,000 yards	191	HKD 11 per yd
30,000 yards	193	HKD 14 per yd
40,000 yards	195	HKD 18 per yd

(All the prices are FOB London.)

We expect these goods to find a ready market and hope to place larger orders with you in the near future.

Our standard payment terms are 60-day D/P , which we trust will be acceptable to you. For reference regarding our financial standing, you may contact the following bank:

[Bank Name]

[Bank Address]

Yours faithfully,

××

这封接受信的中文翻译如下:

敬启者:

感谢贵司 8 月 15 日提供的印花细布报价及样品。我方对品质与价格均感满意,现订购以下货物,要求按指定价格现货供应:

数量	花型编号	价格
40 000 码	191	每码港币 11 元
30 000 码	193	每码港币 14 元
40 000 码	195	每码港币 18 元

(以上价格均为伦敦港离岸价。)

预计该批货物销路良好,后续将有望增订。

我方常规付款条件为 60 天付款交单 (D/P),望贵司接受。如需核查我司资信状况,请咨询以下银行:

[银行名称]

[银行地址]

此致

敬礼

××

12.2　合同的签订

在国际贸易中，书面合同不仅是买卖双方建立合同关系的依据，而且是买卖双方履行合同的依据以及合同生效的依据。

12.2.1　书面合同成立的时间与条件

12.2.1.1　书面合同成立的时间

《联合国国际货物销售合同公约》规定，合同成立的时间是接受生效的时间，而接受生效的时间，又以接受通知送达发盘人或者按照交易习惯和发盘要求作出接受行为时为准。在国际贸易中，合同关系成立有两种情况：一是在买卖双方就交易条件达成协议的时候，一项发盘被受盘人有效地接受，买卖双方就达成合同关系；二是双方当事人在洽谈交易时约定双方的合同关系在签订正式书面合同时成立。一般来说，买卖双方约定的合同成立时间有两种情况：一是以签订合同时合同上写明的日期为准；二是以收到对方确认合同的日期为准。

12.2.1.2　书面合同成立的有效条件

书面合同成立的有效条件包括以下方面：第一，合同必须经过发盘和接受才能成立。第二，合同的当事人必须有订立合同的能力。第三，合同的标的和内容必须合法。第四，合同必须真实地反映当事人的意思。第五，合同的形式必须符合法律规定的要求。第六，合同必须有对价或合法的约因。英美法认为，对价（consideration）是指当事人为了取得合同利益所付出的代价。法国法则认为，约因（cause）是指当事人签订合同所追求的直接目的。

12.2.2　书面合同的形式和基本内容

12.2.2.1　书面合同的形式

一般来说，书面合同的形式有合同（contract）、确认书（confirmation）和协议书（agreement）。其中，以合同和确认书两种形式居多。合同可以分为销售合同（sales contract）和购买合同（purchase contract）两种形式。确认书一般包括销售确认书（sales confirmation）和购买确认书（purchase confirmation）两大类。

12.2.2.2　书面合同的基本内容

（1）约首

约首一般包括合同的名称、合同编号、缔约双方的名称和地址、电报挂号、电传号码、传真号码等内容。

（2）正文

正文部分是合同的主体，包括合同的各项基本条款，如商品品名、品质、数量（或质量）、包装、价格、交货条件、运输、保险、支付、检验、索赔、不可抗力和仲裁等项内容。

（3）约尾

约尾载明合同使用的文字及其效力、合同正本的份数以及双方当事人签字等内容。

以下是一份国际货物买卖合同的样本。

Sales Contract

售货合同

No.：BS08-125	Date：November 6，202×
编号：BS08-125	日期：202×年11月6日

THE SELLER：BLUE SKY INTERNATIONAL TRADING CO.，LTD.

卖方：蓝天国际贸易有限公司

Address：No. 118，North 5th Ring Road，Chaoyang District，Beijing，P.R. China

中华人民共和国北京市朝阳区北五环路118号

THE BUYER：STAR CORPORATION

买方：明星公司

Address：No. 5，King Road，Dubai，UAE

阿拉伯联合酋长国迪拜国王大道5号

This Contract is made by and between the buyer and the seller， whereby the buyer agrees to buy and the seller agrees to sell the under-mentioned commodities according to the terms and conditions stipulated below.

本合同由买卖双方共同订立，买方同意购买、卖方同意出售下述商品，具体条款如下：

Commodity and Specification 货名及规格	Quantity 数量	Unit Price 单价	Amount 总价
Baby Blanket（100% Polyester） 婴儿毯（100%涤纶） As per the confirmed sample of Oct.22，2025 and Order NO.2025008 and Style No.SY001 按照2025年10月22日的确认样生产，订单号：2025008，款式号：SY001	5,000 PCS 5 000条	USD 12.60 per piece CIFC5% Dubai 迪拜到岸价（含5%佣金）每件12.60美元	USD 63,000.00 63 000.00美元
Total 总计	5,000 PCS 5 000条		USD 63,000.00 63 000.00美元
TOTAL CONTRACT VALUE：SAY US DOLLARS SIXTY-THREE THOUSAND ONLY. 合同总金额：63 000美元整			

Color Assortment 配色方案				
Color 颜色	White 白色	Blue 蓝色	Pink 粉色	Total 数量合计
Total 数量合计	2 000	2 000	1 000	5 000

A tolerance of plus or minus 5% in quantity and amount is permitted.

允许数量和金额有±5%的浮动。

Packing：20 pieces of baby blankets per export standard carton, with identical colors and sizes in each carton.

包装：每标准出口纸箱装20条童毯，同箱内颜色与尺寸必须一致。

Shipping Marks Shall Include：STAR, S/C No., Style No., port of destination, and carton number. Side marks must indicate color, carton dimensions, and quantity per carton.

主唛头需包含：STAR标识、销售合同号、款式号、目的港及箱号。侧唛头须标明颜色、纸箱规格（长宽高）及每箱数量。

Time of Shipment：Within 60 days after receipt of the L/C complying with all terms of this contract.

装运期限：收到完全符合本合同条款的信用证后60日内。

Ports：From Tianjin, China to Dubai, UAE. Transshipment permitted but partial shipments prohibited.

装卸港：中国天津至阿联酋迪拜。允许转运，禁止分批装运。

Insurance：To be covered by the seller for 110% of invoice value against All Risks and War Risks as per CIC (PICC 1/1/1981 edition).

保险：由卖方按发票金额110%投保一切险及战争险，依据中国人民保险公司1981年1月1日《海洋货物运输保险条款》。

Terms of Payment：By irrevocable Letter of Credit at 60 days after sight, reaching the seller not later than November 30, 2025 and remaining valid for negotiation in China for 15 days after the effected shipment. Should the L/C arrive late, the seller shall not be liable for any shipment delay and reserves the right to rescind the contract and/or claim damages.

付款条件：凭不可撤销信用证见票后60天付款，信用证须不迟于2025年11月30日送达卖方，并在装运后15天内在中国保持议付有效。若信用证迟达，卖方不承担任何延迟装运责任，且有权解除合同及/或索赔。

Documents

文件

+Signed Commercial Invoice in triplicate indicating contract number and shipping mark.

+签名的发票一式三份，注明合同号和唛头。

+Full set （3/3） of clean on board ocean bills of lading marked "Freight Prepaid", made out to order and blank endorsed, notifying the applicant.

+全套（3/3）清洁已装船海运提单，标明"运费预付"，作成凭指示、空白背书，并通知申请人。

+Insurance/Certificate in duplicate endorsed in blank.

+保险单/凭证一式两份，空白背书。

+Packing/Weight list in triplicate.

+包装单/重量单一式三份。

+Certificate of Origin certified by CCPIT and legalized by UAE Embassy/Consulate in China.

+中国国际贸易促进委员会（CCPIT）认证且经阿拉伯联合酋长国驻华使领馆认证的原产地证。

Inspection: The Certificate of Quality issued by the General Administration of Customs of China shall be final and binding as to the quality of the goods delivered.

检验：中国海关总署签发的品质证书应作为所交货物质量的最终依据。

Claims: Quality claims must be filed within 30 days after goods' arrival at destination port, while quantity claims within 15 days. The seller assumes no liability for discrepancies caused by insurers, carriers or other transportation entities.

索赔：品质索赔须于货到目的港 30 天内提出，数量索赔须于 15 天内提出。对于保险公司、承运人或其他运输方责任导致的差异，卖方概不负责。

Late Delivery and Penalty: In case of late delivery, except for force majeure cases, the sellers shall pay to the buyers for every week of delay a penalty amounting to 0.5% of the total value of the goods whose delivery has been delayed. Any fractional part of a week is to be considered a full week. The total amount of penalty shall not, however, exceed 5% of the total value of the goods involved in late delivery and is to be deducted from the amount due to the sellers by the paying bank at the time of negotiation, or by the buyers direct at the time of payment.

In case the period of delay exceeds 10 weeks after the stipulated delivery date, the buyers have the right to terminate this contract but the sellers shall not thereby be exempted from the payment of penalty.

延迟交货和罚款：如延迟交货，除不可抗力的原因外，卖方应给买方支付每一星期按延迟交货物总值的0.5%的延迟交货罚款，不足一星期的延迟交货日数作为一星期计算。此项罚款总额不超过全部迟交货物总值的5%，在议付货款时由银行代为扣除，或由买方在付款时进行扣除。

如迟延交货超过原定期限10个星期，买方有权终止本合同。但卖方仍须向买方支付以上规定的罚款，不得推诿或延迟。

Force Majeure: In the event of force majeure, the Seller shall not be liable for any delay in delivery or non-delivery of the goods, but shall immediately notify the Buyer by telex or fax. If requested by the Buyer, the Seller shall provide by registered mail a certificate issued by the China Council for the Promotion of International Trade （CCPIT） or other competent authorities attesting to such event.

不可抗力：若因不可抗力导致卖方延迟或无法交货，卖方不承担责任，但须立即以电传或传真通知买方。如买方要求，卖方应以挂号信形式提供由中国国际贸易促进委员会（CCPIT）或其他主管机构出具的事故证明文件。

Arbitration：All disputes arising out of or in connection with this Contract shall be settled amicably through negotiation. Failing such settlement，the dispute shall be submitted to the China International Economic and Trade Arbitration Commission （CIETAC）for arbitration in accordance with its rules effective at the time of arbitration application. The arbitral award shall be final and binding upon both parties.

仲裁：凡因本合同引起或与之相关的争议，应通过友好协商解决。协商不成时，应提交中国国际经济贸易仲裁委员会（CIETAC），按照申请仲裁时现行有效的仲裁规则进行仲裁。仲裁裁决是终局的，对双方均有约束力。

This Contract is executed in four originals and shall become effective upon signature， with each party retaining two originals.

本合同一式四份，签名后生效，双方各持两份正本。

Signed by：

THE SELLER：BLUE SKY INTERNATIONAL TRADING CO.，LTD.
卖方：蓝天国际贸易有限公司

THE BUYER：STAR CORPORATION
买方：明星公司

拓展阅读12-1

本章小结

1.交易磋商是买卖双方就交易条件进行谈判的过程，包括价格、数量、质量、包装、运输、保险、支付等要素。这一过程通过询盘、发盘、还盘和接受等环节逐步推进，直到双方就所有条款达成一致。交易磋商体现了买卖双方的双向沟通和灵活调整，最终确定合同的具体内容。

2.在交易磋商结束后，买卖双方将达成的协议以书面形式记录下来，即签订合同。合同明确了双方的权利和义务，为后续的合同履行提供了法律依据。签订合同是确保交易顺利进行的重要步骤，标志着买卖双方正式建立合同关系。

基础训练

第12章单选题

❖ 名词解释

交易磋商　询盘　发盘　还盘　逾期接受　约首　正文　约尾

❖ 简答题

1. 构成一项法律上有效的发盘必须具备哪些条件？

2. 简述《联合国国际货物销售合同公约》关于一项发盘能否撤销的规定。

3. 导致发盘效力终止的原因有哪些？

4. 构成一项有效的接受必须具备哪些条件？

5. 试述《联合国国际货物销售合同公约》关于逾期接受的规定。

6. 简述一项合同有效成立的条件。

❖ 案例分析题

中国出口商A向德国进口商B发盘，报价1 000台空调，每台500美元CIF汉堡，有效期7天。B在第5天回复接受，但因邮局罢工，接受通知在第8天送达A。A拒绝承认合同成立。要求：

（1）B的接受是否有效？为什么？

（2）若A在收到逾期接受后未反对，结果是否不同？

❖ 实务题

任务：根据以下信息，草拟一份发盘信。

商品：不锈钢保温杯（Stainless Steel Thermos Cup）

型号：TS-2023

数量：2 000个

价格：FOB上海，每个15美元

交货期：收到信用证后45天内装运

支付方式：即期信用证

主要参考文献

［1］李斯特．政治经济学的国民体系［M］．陈万煦，译．北京：商务印书馆，1961．

［2］李嘉图．政治经济学及赋税原理［M］．郭大力，王亚南，译．上海：译林出版社，2014．

［3］孟．英国得自对外贸易的财富［M］．袁南宇，译．北京：商务印书馆，1997．

［4］斯密．国民财富的性质和原因的研究（上卷）［M］．郭大力，王亚南，译．北京：商务印书馆，1972．

［5］里昂惕夫．投入产出经济学［M］．崔书香，译．北京：商务印书馆，1982．

［6］小岛清．对外贸易论［M］．周宝廉，译．天津：南开大学出版社，1987．

［7］陆汉云，肖广忠．外贸函电［M］．北京：兵器工业出版社，1990．

［8］杨小凯，张永生．新兴古典经济学和超边际分析［M］．北京：中国人民大学出版社，2000．

［9］袁志刚，宋京．国际经济学［M］．2版．北京：高等教育出版社，2006．

［10］陈家勤．当代国际贸易新理论［M］．北京：经济科学出版社，2000．

［11］海闻，林德特，王新奎．国际贸易［M］．上海：上海人民出版社，格致出版社，2012．

［12］克鲁格曼．国际贸易新理论［M］．黄胜强，译．北京：中国社会科学出版社，2001．

［13］波特．国家竞争优势［M］．李明轩，邱如美，译．北京：华夏出版社，2002．

［14］杨圣明．马克思主义国际贸易理论新探［M］．北京：经济管理出版社，2002．

［15］佟家栋，周申．国际贸易学：理论与政策［M］．北京：高等教育出版社，2003．

［16］许兴亚．马克思的国际经济理论［M］．北京：中国经济出版社，2003．

［17］薛荣久．国际贸易（新编本）［M］．北京：对外经济贸易大学出版社，2003．

［18］尹翔硕．国际贸易教程［M］．3版．上海：复旦大学出版社，2005．

［19］国彦兵．西方国际贸易理论：历史与发展［M］．杭州：浙江大学出版社，2004．

［20］张相文，曹亮．国际贸易学［M］．武汉：武汉大学出版社，2004．

［21］陈同仇，张锡嘏．国际贸易［M］．北京：对外经济贸易大学出版社，2005．

［22］朱钟棣，郭羽诞，兰宜生．国际贸易学［M］．上海：上海财经大学出版社，2005．

［23］战勇．国际贸易［M］．大连：东北财经大学出版社，2005．

[24] 陈霜华. 国际贸易 [M]. 上海：复旦大学出版社，2006.

[25] 何蓉. 国际贸易 [M]. 北京：机械工业出版社，2006.

[26] 喻志军. 国际贸易理论与政策 [M]. 北京：企业管理出版社，2006.

[27] 张二震，马野青. 国际贸易学 [M]. 北京：人民出版社，南京大学出版社，2007.

[28] 俄林. 区际贸易与国际贸易 [M]. 逯宇铎，等译. 北京：华夏出版社，2008.

[29] 张曙霄，孙莉莉. 国际贸易学 [M]. 北京：经济科学出版社，2008.

[30] 克鲁格曼. 战略性贸易政策与新国际经济学 [M]. 海闻，等译. 北京：中信出版社，2010.

[31] 冷柏军. 国际贸易实务 [M]. 4版. 北京：高等教育出版社，2019.

[32] 易兰华. 新编国际贸易实务 [M]. 2版. 上海：上海财经大学出版社，2012.

[33] 傅龙海. 国际贸易理论与实务 [M]. 5版. 北京：对外经济贸易大学出版社，2021.

[34] 黎孝先. 国际贸易实务 [M]. 7版. 北京：对外经济贸易大学出版社，2020.

[35] 薛荣久，崔凡，杨凤鸣. 国际贸易 [M]. 7版. 北京：对外经济贸易大学出版社，2020.

[36] 中国国际商会，国际商会中国国家委员会. 国际贸易术语解释通则（2020）[M]. 北京：对外经济贸易大学出版社，2020.

[37] 陈岩. 国际贸易理论与实务 [M]. 5版. 北京：清华大学出版社，2021.

[38] 克鲁格曼，奥伯斯法尔德，梅里兹. 国际贸易 [M]. 丁凯，等译. 11版. 北京：中国人民大学出版社，2021.

[39] 姚新超. 国际贸易惯例与规则实务 [M]. 5版. 北京：对外经济贸易大学出版社，2021.

[40] 余庆瑜. 国际贸易实务：原理与案例 [M]. 3版. 北京：中国人民大学出版社，2021.

[41] 张燕芳. 国际贸易实务 [M]. 4版. 北京：人民邮电出版社，2021.

[42] 张华，陈虹. 国际贸易理论与实务 [M]. 6版. 北京：中国财政经济出版社，2021.

[43] 赵春明，等. 国际贸易 [M]. 4版. 北京：高等教育出版社，2021.

[44] 刘治国，李远辉，吴一敏. 国际贸易实务 [M]. 重庆：重庆大学出版社，2022.

[45] 盛洪昌. 国际贸易实务 [M]. 6版. 北京：清华大学出版社，2023.

国际贸易
理论与实务

INTERNATIONAL TRADE THOERY AND PRACTICE

孙莉莉　王俊凯　主 编

吴国秋　刘 莹　副主编

为方便教学，本书配有教学资源，
请任课教师登录东北财经大学出版
社官网（http://www.dufep.cn）免费
注册会员后免费下载。

东北财经大学出版社
微信公众平台
（查询和申请教材样本、教学资源）

ISBN 978-7-5654-5415-8

9 787565 454158 >

定价：55.00元